普通高等院校文化产业管理系列教材

# 文化市场营销学

（第3版）

李康化 ◎ 著

清华大学出版社
北京

# 内 容 简 介

本书以文化企业为中心，以满足文化消费者的需求为出发点，以文化产品的营销规划、价格制定、渠道扩散、销售促进为主要内容，研究文化企业如何把文化产品与文化服务有效送达给文化消费者的全部过程，初步建构了具有鲜明中国特色的文化市场营销学内容体系，具有很强的理论价值与现实意义。本书共分三篇十五章，其中第一至五章为上篇，介绍了文化市场营销学的基础理论，第六至十一章为中篇，介绍了文化市场的各种营销策略，第十二至十五章为下篇，介绍了不同文化行业的营销状况。

本书可作为普通高等院校文化产业管理专业和其他相关专业的教材，也可作为政府文化管理部门、文化企事业单位从业人员的继续教育和培训用书。

**图书在版编目（CIP）数据**

文化市场营销学 / 李康化著. —3 版. —北京：清华大学出版社，2021.10（2024.8 重印）
普通高等院校文化产业管理系列教材
ISBN 978-7-302-59416-1

Ⅰ. ①文… Ⅱ. ①李… Ⅲ. ①文化市场—市场营销学—高等学校—教材 Ⅳ. ①G114

中国版本图书馆 CIP 数据核字（2021）第 212834 号

责任编辑：杜春杰
封面设计：刘 超
版式设计：文森时代
责任校对：马军令
责任印制：曹婉颖

出版发行：清华大学出版社
   网　　址：https://www.tup.com.cn，https://www.wqxuetang.com
   地　　址：北京清华大学学研大厦 A 座    邮　编：100084
   社 总 机：010-83470000      邮　购：010-62786544
   投稿与读者服务：010-62776969，c-service@tup.tsinghua.edu.cn
   质量反馈：010-62772015，zhiliang@tup.tsinghua.edu.cn
印 装 者：三河市人民印务有限公司
经　　销：全国新华书店
开　　本：185mm×260mm   印　张：22.75   字　数：526 千字
版　　次：2015 年 11 月第 1 版 2021 年 12 月第 2 版  印　次：2024 年 8 月第 4 次印刷
定　　价：65.00 元

产品编号：089028-01

# 普通高等院校文化产业管理系列教材
## 丛书编委会

# 总　序

党的十九大报告首次提出："中国特色社会主义进入新时代，我国社会主要矛盾已经转化为人民日益增长的美好生活需要和不平衡不充分的发展之间的矛盾。"社会需要的变化反映了财富概念的变迁，人民对"美"和"好"的向往变得前所未有的重要。

美好生活建立在生活美学的观念之上，这是社会生产力高度发达后呈现出来的一种全新的生存状态。文化将回归本质，将普照社会生活的每个角落。产业的文化化将是大势所趋。这是全新的精神经济时代，文化在经济生活中将拥有前所未有的重要地位。

在此前的几十年中，中国社会的进步更多体现在文化的产业化方面。从广州白天鹅宾馆的音乐茶座开始，"文化产业"这颗种子从 20 世纪 70 年代末破土而出，历经各种障碍，最终长成伟岸的大树和茂密的森林。我们都是亲历者和见证者。

也正因为此，很多人以为，文化产业是最近几十年的事，并且将文化产业的学术源头追溯到法兰克福学派。的确，法兰克福学派最早从学理上分析了 cultural industries（文化工业、文化产业）这一概念。但这些研究是从哲学层面、从文化批判的角度进行的，并没有研究文化产业自身的产业特性。这与我们今天所要从事的研究并没有太大的关系。

其实，从更广阔的历史维度看，中国的文化产业化，或者是产业化的文化，拥有非常悠久的历史。从新石器时代的大规模玉器雕琢、交易，青铜器生产的全流程管理，到周代对艺术品市场的管理，再到汉唐的碑铭市场，宋代的瓦肆勾栏，元代的杂剧和青花瓷，明代的小说出版，清代的绘画市场和京剧戏园，直到民国的电影，等等，无一不是文化产业的生动例证。这一切，也为我们今天理解和分析文化产业提供了重要的历史依据和文化自信。

在很长一段时期内，我们对文化产业、文化经济的研究都是严重滞后的。1987 年，钱学森在谈到精神经济理论时说过："这个大问题，我国经济学家也出不了多少力，他们也没有研究过。还望有志于此的同志继续努力！"这是老一辈学者对我们的殷殷嘱托！

进入 21 世纪以来，中国的文化产业研究者们从文学、艺术、经济、历史、伦理、社会学，以及哲学的角度，对文化产业问题进行了分析和解读，为推动国家的文化产业发展，推动相关学科建设发挥了重大作用。

但总体看，文化产业的理论研究落后于如火如荼的产业实践，相关研究也大多局限在政策研究和规划的层面。加上研究者不同的专业背景，文化产业研究难以形成最大公约数。也正因为此，文化产业作为学科的面目并不清晰。目前将文化产业管理作为二级学科归入工商管理的一级学科之下，只能说是权宜之计、无奈之举。

学科认知上的错位，反映了理论的贫瘠。缺乏理论的学科是肤浅的，更不用说在其上构建学术殿堂。正是学科定位上的不确定性和诸多专家五花八门的专业话语，给人一种文化产业管理是一个没有门槛的学科的错觉。但是，文化产业管理并不是一个不需要工具的学科。我们需要整合大家的理论贡献，并且凝聚共识，打造文化产业理论的中国学派。

从 21 世纪初国内开始有高校开设文化产业相关本科专业以来，发展到现在全国已经有上百所高校开设了文化产业管理专业，涵盖专科、本科、研究生等全部教育层次。此前，北京大学、上海交通大学等高校也先后组织出版了相应的文化产业系列教材，为推动专业建设和学科建设发挥了积极作用。同时，由于各高校开设的文化产业管理专业的学科归属千差万别，一定程度上存在着老师会什么就教什么，而不是根据专业需要，设置基础课、专业基础课和专业课。这既不利于文化产业管理专业的标准化和规范化，也不利于培养符合社会需要的合格的文化产业人才。当然，这也并不是一所学校、一位教师所能解决的。

应当看到，经过 30 余年的探索，尤其是近 20 年政策和实践的推动，以及 20 余年持续不断的人才培养，文化产业学科已经聚集了大量的从业者。教学科研队伍也因为专业多样性而显示出新文科和交叉学科的特点。我们对中国文化产业研究中所涉及的问题、提出的观点也是有价值的，对中国产业发展做出了重要的理论贡献。对此我们充满信心。

2017 年，中国艺术学理论学会中国文化产业管理专业委员会成立，这是我国文化产业学科第一个全国性的学术组织，发起单位包括北京大学、清华大学、中国人民大学、复旦大学、上海交通大学、南京大学、武汉大学、厦门大学、四川大学、云南大学、中国传媒大学、中央财经大学、中国海洋大学、深圳大学、南京艺术学院等高校和中共中央党校（国家行政学院），聚集了国内研究文化产业最活跃、最有影响力的专家学者，代表了从事文化产业教学和科研的主流力量。中国文化产业管理专业委员会成立后，大家一方面致力于推动文化产业的学科建设和智库建设，一方面致力于推动文化产业管理的专业建设，希望能够联合起来，形成一些较为规范和成熟的本科专业教材。

在这样的动议下，中国文化产业管理专业委员会成立了由会长、副会长及常务理事组成的教材编纂委员会，负责教材的遴选和把关。教材建设拟分步实施，成熟一本出版一本。计划通过几年的努力，完成 30 本左右的规范教材，推荐给全国的文化产业管理专业的教师和同学们。

在教材的编写中，我们坚持马克思主义的立场、观点和方法，博采众家之长，反映课程思政的最新成果。随着全面建成小康社会第一个百年目标的实现，我国开启了全面建设社会主义现代化强国的新征程，高质量发展成为社会的最强音。文化经济和文化产业发展任重道远。我们将以习近平新时代中国特色社会主义思想为指南，以生动宏伟的文化产业实践为归依，努力编撰出反映文化产业学科特点和水平的系列教材。

党的二十大报告指出："全面建设社会主义现代化国家，必须坚持中国特色社会主义文化发展道路，增强文化自信，围绕举旗帜、聚民心、育新人、兴文化、展形象建设社会主义文化强国"。文化产业任重道远，还望同行们共同努力！

李向民
2021 年 6 月于南京
2023 年 7 月修订

# 前　言

## 价值维度下的文化市场营销

对于关注哲学与文化领域价值问题的人们来说，市场营销往往是一个被忽视或者被非议的概念，其背后的关键原因就在于这二者之间立场的差异。人文领域的研究者所追求的目标是实现社会及其成员的全面发展，不仅是经济意义上的，更是文化与社会意义上的；而市场营销，从根本的意义上看，其所关注的更多的是为生产者带来市场、消费者，从而创造出更多符合生产者期望的效益。简单来说，对人文价值的追求是一种非功利性的行为，而市场营销活动则更多地服务于一种单向度的经济效益追逐。然而，这种终极目的方面的差异并不必然造成二者之间存在不可逾越的鸿沟，尤其是在逐步走向后工业化社会的今天，市场营销活动不再是简单的销售商品，而是要通过发现消费者的潜在需要，提供更为丰富和美好的体验与价值，从而以创造并维持与消费者的和谐关系的方式实现自身的效益追求，正如菲利普·科特勒（Philip Kotler）所说的那样，"营销包含了建立并管理与客户之间的赢利性的交换关系"，其定义就是"公司为顾客创造价值，通过建立强有力的客户关系从消费者那里获得价值的过程"①。对消费者需求的关注使得市场营销活动与其目标消费者的价值判断紧密联系在一起，换句话说，消费者需要什么样的价值，市场营销就提供满足该价值需要的产品与服务，因此，对文化价值的追求完全有可能融入市场营销之中，前提就是消费者要认同并有需要。

这种关系在现代的文化经济活动中体现得更为明显。如果套用科特勒的话来说，文化市场营销就是文化企业为顾客创造其所需的"文化价值"（可能不仅是文化价值），与客户建立稳固的关系，进而获得自身所需的经济价值。因此，文化市场营销所要努力实现的就是文化价值与经济价值的交换，问题在于，这里的经济价值是明确的，而文化价值却是一个极其含糊的范畴。消费者作为一个庞大的差异化的群体，关于文化商品的价值判断很难有统一的标准，不同的性别、年龄、职业、知识构成都会带来不同的价值选择，而这些差别化的价值内部究竟有多少可以以一个明确的价值标准进行高低的判断则是成疑的，人文领域的学者们所强调的文化价值的真实内涵也是极不清晰的，因此，要解决文化价值与文化市场营销之间的矛盾性问题，必须首先对文化价值概念本身进行界定，找到真正意义上可供检验的文化价值标准。

---

① 阿姆斯特朗，科特勒. 市场营销学：第 11 版[M]. 赵占波，译. 北京：机械工业出版社，2013：11.

## 一、文化价值的相对性与确定性

在价值哲学领域，一直存在一个悬而未决的"休谟问题"，它所关涉的是事实命题与价值命题之间的关系问题。休谟认为，在以往的哲学体系中，普遍存在一种思想的跃迁，即从"是"或"不是"为联系词的事实命题，向以"应该"或"不应该"为联系词的伦理命题（价值命题）的跃迁，而这种思想跃迁是不知不觉发生的，既缺乏相应的说明，也缺乏逻辑上的根据和论证①。简单来说，休谟的疑问就是我们无法从某种事实陈述的前提中推导出应该与否的价值判断，这个问题让休谟以后的众多哲学家很费了番工夫，却始终得不到彻底的解决，究其原因，就在于价值评断在很大程度上是人的一种主观选择，尽管它以事实为前提，然而评价的过程往往要受很多非事实因素的影响，即"对事实的评价总是在关于人的某方面的态度、感情和决断的基础上发生的"②。这就引出了价值评价的一个重要的特性，即它的相对性。

价值评价的相对性并不难理解，由于任何特定时空下的主体在对客体对象的认识与把握上往往具有不完整性，导致主体对客体功能及其对需求满足的意义评估往往也是不完整的。需要强调的是，文化价值评价的相对性要更为明显也更为特殊。首先，从评价标准的相对性上来说，构成文化价值最重要组成部分的审美评价在这方面表现得最为明显。这一点，只需要去翻一翻卷帙浩繁的美学史著作便可以得知。从柏拉图与亚里士多德时代的"模仿说"开始，一直到近代的古典主义、浪漫主义与现实主义之争，最后发展到现代主义极为抽象的艺术形式，审美判断的标准似乎从来就没有固定过，一种新的美学理论刚刚诞生，往往就意味着另一种新的美学观点的萌芽。直到后现代主义思潮的来临，原先的审美标准被逐一地解构，至此，一种更深层次上的文化价值评价的相对性开始浮现，这就关涉美学话语与文化价值论说本身存在的合理性。皮埃尔·布迪厄（Pierre Bourdieu）在《艺术的法则：文学场的生成和结构》一书中所要质疑的就是这种附着在文艺作品之上的绝对神圣价值："为什么人们执意要赋予艺术作品……这种特殊的地位，这不就是为了以一种带偏见的诽谤打击一些人的企图，而这些人想让人类行动的这些产物受到普通科学的普通对待；……为什么人们激烈反对推进关于艺术作品和审美经验的认识，这不就是因为要对这种不可表达的东西和产生它的不可表达的个体进行科学分析的抱负本身构成了一种致命的威胁……"③布迪厄以法国文学史的经验为考察对象，绘制了文学场形成与运作的基本逻辑，他指出，文学场是在和社会经济与政治权力结构场的对抗中形成的，从一开始的从属地位到"为艺术而艺术"的独立的过程伴随着长期的斗争，最终，纯粹艺术从道德和政治经济功利目的中分离出来，艺术摆脱工具、器物式的附属地位，要求以自身作为衡量

---

① 张书琛. 西方价值哲学思想简史[M]. 北京：当代中国出版社，1998：138.
② 多伊舍. 事实与价值的两分法能维系下去吗？[M]//培里，等. 价值和评价：现代英美价值论集粹. 北京：中国人民大学出版社，1989：175.
③ 布迪厄. 艺术的法则：文学场的生成和结构[M]. 刘晖，译. 北京：中央编译出版社，2011：2-3.

标准。也就是说，现代文学艺术的自主性及其所标榜的绝对价值事实上是在其与经济、政治权力的争斗中形成的，他们对自身价值的强调在很大程度上是与它们渴望获得独立于经济、政治场的更有尊严的社会地位相关的。关于这一点，贾斯汀·奥康诺（Justin O'connor）也有比较精确的论述，即艺术与艺术价值的出现"与欧洲资本主义和现代性的产生息息相关"。在文艺复兴以前的很长时间里，文化产品的交易与市场就已经出现，从事这些文化产品生产的手艺人就是后来艺术家的早期雏形。这个时候他们还没有后来社会所赋予他们的卓越地位，而这一地位的取得与文化市场的不断繁荣密切相关。随着市场需求的扩大，手艺人从行会和教会获得了更多的自主性，这个自主性逐渐使他们的劳动同一般性质的"机械"劳动区别开来。其中最为关键的作用来自 15—16 世纪西欧社会的上流阶层对于"奢侈品"的需求，在这里，贾斯汀引用了布迪厄的《区隔》一书中的观点，"权贵们不仅依靠金钱和权力将自己与穷人区分开来，他们还利用对不同于大众文化的艺术欣赏来使自己高人一等"[①]，艺术在这一过程中扮演着制造并维持社会等级区隔的作用，通过这种作用的发挥，艺术也形成并维持了自己区别于一般性生产实践的"高雅"地位。

但是，我们不能因为文化价值评价的相对性而走向一种相对主义的文化价值观，因为相对主义往往试图夸大某种参照系的作用，而完全否定了关于价值评价的任何证明努力的可能。美国哲学家查尔斯·史蒂文森（Charles Stevenson）指出，当我们依据某种理由进行某种价值评判时，我们往往会引出一种新的价值评判，即此种理由是否能证明该价值。这就会引出一条无限延伸的逻辑链条，也就是说，如果我们一定要证明某种价值评价的确定的真理性，我们就必须坚持一种怀疑主义的态度，找到那个确定无疑的逻辑起点。而相对主义的问题在于它并未探究这种逻辑链条，而是简单地从最浅层的证明出发，仅仅因为不同的证明导向不同的价值评价就断定任何一种价值判断必须明确其参照系，进而否认了任何价值评价的可能性。史蒂文森所强调的是一种非认知的观点，即日常生活中的价值评价是从某种确信的态度出发的，评价意味着赞成，"理由不是帮助我们产生态度而是更改这些态度……这种非认知的观点的职能并不是做出价值判断，是检查和澄清它们"[②]。这一理论所能带给我们的启示并非是要肯定某种绝对价值的存在，而是提醒我们，价值评价所关涉的不是纯粹意义上的真理，而是关于某种态度的表达。对于评价主体来说，只要自己所作判断的最初的出发点的信念没有改变，那么价值就是确定的。从社会层面上来说，每一个特定的社会都有其全体成员所共同认可的基本价值信条，正是这些基本价值信条的存在保证了社会内部成员间正常交往的可能性以及社会的有序运行。正如理查德·麦尔文·黑尔（Richard Mervyn Hare）[③]所认为的那样，这些信条在不同的历史时期大体上能够保持一种稳定性，即使是在现实环境发生深刻变革的时期，这些基本价值会面临一系列的质疑与挑战，经过长时期的调整与沉淀，我们会发现最终所形成的新的价值准则保留一部

---

[①] 奥康诺，顾鑫，张良丛等. 艺术、产业与现代化[J]. 马克思主义美学研究，2010，13（2）：48-71.

[②] 史蒂文森. 价值论中的相对主义与绝对主义[M]//培里，等. 价值与评价：现代英美价值论集粹. 北京：中国人民大学出版社，1989：146.

[③] 黑尔. 原则的决定[M]//培里，等. 价值与评价：现代英美价值论集粹. 北京：中国人民大学出版社，1989：150.

文化市场营销学
（第 3 版）

分原先旧有的价值准则，而这些不变的部分，就是我们在社会实践中做出任何价值评价所坚持的基本态度。

对于文化领域的价值评价来说，情况也是如此。一方面，在稳定的社会环境中，特定历史地理下的群体在他们的生活中形成并传承他们的文化价值观念，只要没有重大的环境变故，这种观念就会一直延续下去。用雷蒙德·威廉姆斯（Raymond Williams）的理论来解释，这种文化观念蕴含了特定时空下群体生活的"感知结构"，"在某种意义上，这种感知结构就是一个时代的文化，它是一般组织中所有因素带来的特殊的、活的结果"[①]。在这种感知结构的作用下，当社会结构较为稳定时，该社会群体所共享的文化价值评价就会以一种社会遗传的方式一直延续下去，呈现出深刻的确定性。另一方面，文化价值的相对性所指的是文化价值评判标准的相对性，关于标准的争论并不会消解文化作为人类精神领域的创造性劳动成果存在的必要性，相反，文化价值领域的争鸣恰恰凸显了文化之于人类文明发展的极端意义，而这一点，正是我们在做任何文化价值评价时所需要坚持的基本态度，也是文化价值评价的确定性所在。基于此种认识，我们不能完全认同布迪厄将文化的消费完全归结为社会区隔的要求，事实上，人们在欣赏艺术的过程中，确实享受到了真正的快乐、感情以及智慧的付出，正如贾斯汀·奥康诺所说，"艺术的自主性体现在，它并不是经济和文化资本斗争的副产品，它具有我们每个人都应该珍视的价值"[②]，艺术所具有的对灵魂的反思与塑造的能力，帮助脆弱的人类抵御着被金钱与权力所吞噬的风险，这种能力深深地体现在美学与文化艺术史之中，所以"对文化资本的追求是值得的"，文化资本是一种具有积极意义的资本。

因此，在承认文化价值具有相对性的基础上，我们大概可以将文化价值的基本内涵分为两个方面，一方面是为特定社会的大多数公民所认同的伦理价值准则，这种准则在时间上表现出相对的稳定性和确定性，正是这些稳定的基本伦理准则的存在保证了社会成员间有序的交往与平稳的演化；另一方面就是审美判断，尽管在审美标准上很难统一，但关于承载美的文化艺术作品本身存在的必要性则是毋庸置疑的。除此之外，关于审美判断有一条基本准则就是文化作品所蕴含的精神劳动的创造性与意义的丰富性。创造性既可以表现在形式上，也可以表现在内容上，其重要意义在于给欣赏者提供了一种不同于既有经验的新奇体验；意义的丰富性意味着对于不同时空背景下的欣赏者，可以产生不同的精神体验。需要强调的是，这种创造性与丰富性并不是任意的，而是必须与特定社会成员所共享的感知心理结构相契合，只有如此，文化所具有的潜在价值才能为其欣赏者所理解并吸收。

## 二、文化价值的追求与背离

从广义上来看，文化市场营销是一项系统的社会化活动，它涉及文化产品的生产、文化市场的竞争以及对文化产品的消费等多个阶段，因此，文化市场营销作为一种以文化为

---

① 威廉姆斯. 漫长的革命[M]. 倪伟，译. 上海：上海人民出版社，2013：57.
② 奥康诺. 艺术、产业与现代化[J]. 马克思主义美学研究，2010，13（2）：48-71.

核心的社会活动，其应该坚持的文化价值追求就不仅体现在单纯的文化产品生产层面，也应该关涉文化市场中的竞争与消费行为。

生产阶段的文化价值追求主要表现在文化产品作为一种精神审美对象的存在，其本身所应该具有的审美价值，当然，这种审美价值在不同的文化生产领域往往存在差异性，我们不能以简单的高雅与低俗作为评价标准，而应该确切地考虑到特定文化形式与审美载体的美学特殊性以及其市场消费对象的审美倾向。而抽象来说，最一般的标准就是文化内容与形式的创造性，这种创造性与其消费者的感知结构的契合度，以及其潜在意义的丰富性有关。文化生产的创造性与目标消费者感知结构的契合度显得尤为重要，契合度的高低直接决定着这种文化产品能否为其目标消费群体所理解并认可，从而达到文化市场营销的顺利实现；意义的丰富性关系到这种文化生产的结果——文化产品的生命周期以及扩大市场占有率的可能，因为意义的丰富就意味着关于这种文化产品的解读有多种可能，而从市场营销的角度来说，这种丰富性就为该文化产品预设了更为多元化也更为长久的消费市场。

市场竞争中的文化价值追求至关重要。文化市场营销的基本目标就是通过一系列营销策略的选择在与同行的市场竞争中获得优势地位，从表面上看，这一阶段的活动主要是市场与经济的行为，然而由于市场调节的天然缺陷，文化市场竞争如果缺乏充分的文化价值追求，往往导向一种无序的恶性竞争，最终不仅使消费者的经济利益受到损害，更让消费者的文化权益丧失，社会整体文化环境也受到污染。在文化市场中，参与市场竞争的文化企业在制定各种竞争策略时，首先，必须坚守基本的社会伦理准则，而这也正是文化价值基本标准的重要组成部分；其次，良性的文化市场竞争应当以塑造和传播拥有高度的文化创作与审美能力的企业形象为目标，而不是以虚假低俗的感官刺激为手段吸引消费者的目光。

消费是文化市场营销的结束，同时也是新一轮文化市场营销的开始。现代市场营销以满足消费者的消费需求为导向，消费阶段文化价值的追求直接关系到整个文化市场营销活动对文化价值追求的动力与程度。从消费的角度讲，对文化产品的消费是消费者对文化创作者的精神劳动进行阐释、吸收并分享的过程，而生产与竞争阶段的文化价值追求也正是在消费阶段才能得以实现。当代文化价值的确定性标准只有真正内化为每个文化消费者自己的文化价值标准，理想的文化价值才有可能在现代文化市场营销中彻底实现。在文化消费过程中，首要的价值追求即表现为对美的追求，消费者通过对文化产品的消费获得美的享受，进而带来精神层面的愉悦与满足。它可以是快乐的，也可以是悲伤的；可以是崇高的，也可以是日常生活化的。同时，消费过程的文化价值还体现在为消费者提供一种反思现实的机会，即通过文化的消费，暂时摒弃日常生活的琐碎细节，使消费者有机会以一种更为超脱的眼光审视当下，反思问题并寻找更好生活的出路。简单来说，这种反思性的价值是建构性的，将以消费者为代名词的经济人建构成文明与文化的人，而不是任何其他带有欺骗性和奴役性的意识形态。

总之，文化市场营销领域的文化价值内涵是多维度的，而在以消费需求满足为核心的现代文化市场营销中，消费领域的文化价值追求最终将决定当代社会的文化价值标准能否在文化市场营销领域得以充分实现。

尽管从理想的意义上说，文化市场营销致力于发现并为顾客创造文化价值，然而我们无法保证这种文化价值的创造就必然与文化价值的基本内涵相符合。因为文化市场营销所设计并实施的顾客驱动型营销策略是以消费者而不是以文化为核心的，即为市场营销买单的是消费者，而不是文化。因此，文化市场营销与文化价值能否统一的关键就在于文化消费者。

一方面，消费者是一个复数的概念，尤其是关涉文化价值的问题方面，不同的消费者的价值取向往往千差万别，这就给市场营销者在制订文化价值营销方案时带来了巨大的困难，这种困难往往表现为巨大的人力、智力与财力的投入，对于缺乏长远眼光和资源储备的文化企业来说，一种更为简单（也更忽视文化价值标准）的营销选择似乎就更为合理，这就是着眼于满足消费者较为低级的感官享乐需求，以一种强调视觉刺激与感官乐感的营销方案来吸引消费者的目光。因为审美的能力往往因人而异，而感官层面的刺激以及随之而带来的快感却是人所共有的，对于追求经济利益的营销者来说，与其投入巨大的精力去迎合消费者捉摸不定的审美和品位，倒不如直接着眼于提供消费市场更为"广阔"的感官享乐。诚然，我们不能完全否认，娱乐文化在给消费者带去欢乐与释放方面确实具有十足的重要性，在本质意义上，感官性质的娱乐为现代社会中整日沉浸于单调的工作与劳动之上的人们提供了一种短暂的狂欢与宣泄的机会，尽管开怀大笑与灯红酒绿在道义上显得很不够矜持，却也是人类所必需的，在这狂欢式的娱乐与宣泄中，被往日的权威与道义所束缚的大众得以暂时解脱，并自觉或不自觉地以笑的形式进行着反抗。正如巴赫金在分析拉伯雷笔下有关中世纪的民间狂欢节上的诙谐时所说，"狂欢式的笑……是双重性的：它既是欢乐的、兴奋的，同时也是讥笑的、冷嘲热讽的；它既否定又肯定，既埋葬又再生"[①]。但是，感官娱乐的这种释放功能对于一个社会的价值追求而言是极具腐蚀性的，它所潜藏的反抗功能是一种消极的反抗，这种感官的乐感对于消费者而言往往具有很强的成瘾性，一旦它失去了有效的控制而走向彻底的庸俗化，特定社会的正当而合理的价值追求便会遭到消解，基本伦理准则与文化价值创造能力都会在这一过程中丧失殆尽。简单来说，这种关注感官享乐的文化市场营销方式很容易对特定社会产生大量的文化污染，文化本身所应当具有的反思、批判与净化功能被粗暴的狂欢剔除。

另外，文化价值的实现受消费者文化消费能力的影响，而消费者的文化消费能力高低不一。这里的文化消费能力所指的不仅是经济支付能力，更是文化支付能力，这种文化支付能力简单来说就是对文化艺术作品的欣赏力和理解力，与创作者进行精神交流与沟通的能力。在经济意义上，部分地区艺术市场的营销者由于创作成本及观众人数等原因往往采取一种撇脂定价的策略，高昂的价格使得这些高雅艺术的消费对象局限于高收入群体。这种现象在国内尤其普遍，有学者对上海的专业演艺市场的票价问题进行调查后发现：在上海，高雅艺术市场的高档票价在 700～1100 元，有的接近 2000 元一张，而有的甚至高达

---

① 巴赫金. 巴赫金全集：第六卷[M]. 李兆林，夏忠宪，等译. 石家庄：河北教育出版社，1998：14.

2800元，接近3000元，高得惊人！中档票价400～600元，低档票价一般也要200元左右，至于100元上下的票价在水准相对高的演出中仅属个别现象。作者援引上海东方艺术中心总经理的话说道，"在美国、乌克兰、日本等国家，一场演出的平均票价一般保持在国民月均收入的1/20以下。而在我国，尤其是在北京、上海等大城市，买一张歌剧、交响乐或芭蕾舞演出的门票，通常需要花费500元以上，相当于一般教授工资的1/6至1/8。这个价格已经超出了一般观众的承受能力……看演出变成了贵族消费"[①]。但是，高收入群体的存在并不能保证艺术文化价值的实现，原因就在于文化支付能力才是真正决定文化价值交换实现的关键。正如约翰·费斯克（John Flske）的《大众经济》一文中提到的，在文化经济中扮演文化价值"生产者"的观众[②]在这一过程中的权力是相当大的，因为意义与快感的大小直接决定着该文化商品在市场上所能招揽到的消费者的人数多少，进而决定了金融经济中各环节流通的成功与否。文化商品，"我们称作'文本'的，并不是意义或快感的载体或传播媒介，倒更是意义和快感的促因。意义或快感的生产最终由消费者负责，只根据他的利益而产生"[③]。费斯克的理论所带来的重要启示就在于，文化价值确实是由市场营销者所提供，但文化价值最终得以体现并作用的对象是消费者——人本身。一部电影或者一件艺术品，无论创作者赋予其多深刻的意义，在没有被充分消费之前，它都是潜在的，只有当消费者深刻理解并认同其意义与价值时，创作者所提供的文化价值才能得以实现。从表面上看，艺术市场营销者通过高昂的定价突出了自己在文化上的高端地位，然而相当一部分拥有文化支付能力的群体却由于经济支付能力的不足而被挡在了艺术市场的门外，而在很多时候，发生在高收入群体与艺术市场营销者之间的价值交换仅仅是身份象征与经济利益的交换，艺术家们精心创作的文化价值并没有被充分地理解和传播。除此之外，对于一般性质的文化市场来说，消费者的文化支付能力在很大程度上决定了文化市场营销的潜在价值导向，要真正实现文化价值关怀与文化市场营销的统一，消费者文化支付能力的提升显得十分关键。

综合起来，文化市场营销与文化价值标准相悖离的态势是由多方面原因造成的。市场营销逐利的天然本性使经济效益而不是文化价值成为文化市场营销的首要目标，同时，消费者文化价值选择的模糊性加大了市场营销者对消费者潜在文化需求评估的难度，在缺乏外部有效管控的状态下，感官享乐需求作为人类的共性很容易成为文化市场营销的首选对象。此外，文化消费能力的差异导致文化价值的实现呈现不均衡的特点，其中，文化支付能力的大小直接关系到文化价值实现的充分与否。因此，要实现文化价值与文化市场营销的统一，就必须引入文化可持续的市场营销理念。

---

[①] 陈占彪. 上海高雅文化消费票价调查[J]. 中国文化产业评论，2011（2）：298-318.

[②] 约翰·费斯克将文化商品的流通运行过程区分为金融经济与文化经济，金融经济的参与者是文化商品的生产商、发行商和广告商，在金融经济中，生产商生产了文化商品交换给发行商，发行商通过商品又生产了观众，交换给广告商；文化经济中所流通的是意义、快感和社会身份，这个过程中，观众从金融经济中的商品角色转换为生产者，生产出意义和快感。

[③] 费斯克. 大众经济[C]//陆扬，王毅. 大众文化研究. 上海：上海三联书店，2001：136.

### 三、可持续的文化市场营销理念

如今，可持续发展的理念已经成为全世界的共识，人类在今天的一切行为都应该着眼于满足当前与未来需要两个维度，实现代内公平与代际公平的有机统一。在市场营销领域，科特勒在其广受欢迎的营销学教材中就曾提出过可持续营销观念：可持续营销提倡具有社会责任和环境责任的营销活动，这些活动不仅要满足当前的消费者需求和商业需求，还要保存或者提高后代满足自身需要的能力[①]。在这里，科特勒已经意识到传统的营销观念已经面临来自外部社会的众多批评，其原因就在于传统的营销观念是单一维度的，仅仅关注到了其目标消费者的当下需求，而忽视了社会的整体效益以及消费者的长远利益。针对其解决的途径，科特勒提出了五条可持续的营销原则，即以消费者为导向、客户价值营销、创新营销、使命感影响和社会营销。大体上，科特勒已经明确了可持续营销的一般内涵，然而在文化市场领域，这种可持续营销的观念更为丰富，也更具特点。

对于文化市场营销背后所服务的文化产业来说，其应有的社会效益至少包括三个维度：首先，在最基本层面上，文化产业的发展应当遵循为社会成员所共享的基本伦理准则；其次，文化产业作为现代文化生产的主要方式，在为生活在当下社会以及未来社会的人们提供一种代表着现代文明高度的文化经验方面必须承担应有的责任；最后，文化与人们日常生活密切相关，现代文化产业能否有助于人的主体性的回归与精神自由的实现至关重要，如果文化产业所带来的不是与自由相关联的精神解放，而是新的奴役与异化，那么其存在的合理性就值得质疑了。因此，对于文化市场营销而言，可持续营销观念的内涵就在于，文化市场营销不仅要关注到其目标消费群体当下的文化价值取向，同时也要关注到特定社会的文化价值标准。同样，这种理念也会为企业带来良好的品牌形象，从而保证其经济意义上的长远利益。

结合科特勒给出的可持续营销原则，本书初步提出了一个文化市场的可持续营销原则。首先，要坚持以建构文化人为导向，并强调不断创新的营销方式。因为文化消费与一般性质的物质消费不同，对物质产品的消费往往具有明确的功能性，而文化消费在这一方面并不十分明确，消费者所期待的是精神层面的满足，在这一过程中消费者所表现出的需要与价值倾向往往十分模糊，即使对于同一个消费者，其文化品位也是一个不断变动的过程，这就给营销者预测分析消费者的文化需求带来了很大的困难。因此，传统的以消费者需要为导向的被动式的营销应该为一种主动的营销方式所替代，即在把握目标消费群体基本文化心理特点的基础上，以一种更加积极的建构式的营销吸引消费者的注意力。文化市场营销应该反过来以独具创造力的创作者为核心，在综合运用体验、社会化媒体等营销手段的基础上，将文化创作者在精神领域的创造性体验传递给消费者，引导其产生精神上的共鸣。因而，这种创新的营销思维首先要求文化产品的高度创新，从而拥有传递卓越文化

---

[①] 科特勒，阿姆斯特朗. 市场营销学[M]. 赵占波，译. 北京：机械工业出版社，2013：388.

价值的潜在机会，在此基础上，这种创新营销思维也要求营销手段的创新，即要综合运用体验、故事、社会化媒体等新型营销手段，将这些潜在的价值传递给消费者，从而实现建构文化人的目的。其次，文化市场营销应该突出自身的使命感与社会责任，采取使命感营销与社会营销相结合的营销方式。这两条原则都是科特勒对于一般企业所提出的可持续营销原则，对于文化企业而言，这两条原则更为重要。因为文化产业直接作用于社会成员精神世界，任何良性或恶性的影响都将给社会整体带来良性或恶性的结果，文化企业要实现自身的可持续发展，就必须从更为广阔的社会层面来定义自己，而一旦开始行动，这种使命感营销与社会营销所带来的社会效益将远远大于一般企业的此类行为，因为通过与消费者精神世界的直接沟通，这些使命感与社会责任意识与文化产品本身的文化价值融合在一起，从而更有效地被消费者接受并体现在自己的行动中，反过来，消费者对这些使命与责任的认可也在一定程度上有助于培育他们对这些文化企业的认可度与忠诚度，从而形成一种社会效益与经济效益的良性互动。

与一般的市场营销战略类似，文化市场可持续营销战略的实施主要包括确定营销目标、市场细分与目标市场定位、产品开发与品牌管理、定价策略选择、分销渠道、广告促销以及反馈评估等多个部分的内容。其中，营销目标、市场定位以及产品开发三个阶段相对于一般的市场营销活动具有更多的特殊性，可持续的文化市场营销理念在这些阶段体现得最为明显。

具体来说，文化市场可持续营销的目标同样也是为了获取经济效益，但是其前提在于必须通过向消费者传递符合当代社会文化价值标准的文化内容来实现这一根本目标，也就是说，文化市场的可持续营销目标即通过有助于产品潜在文化价值实现及提升的方式获得经济收益。在这一更具限定性的营销目标引导下，文化市场营销者需要深入了解其所处的营销环境，这既包括特定社会的伦理文化环境、政治环境、经济发展水平等宏观环境，也包括其所处文化行业市场的微观环境。其中，对社会伦理的基本准则与基本文化价值观的理解极为重要，这些内容既是可持续的文化市场营销应当包含的文化价值基本要素，也是最后决定其为社会环境所认同并接受的基本保障。

在此基础上，营销者将展开对本行业文化市场的细分，并根据自身的生产能力与创作特点确定自己的营销对象，即市场定位。如前所述，因为文化价值具有相对性，拥有不同经历与心理特点的消费者在具体的文化价值判断上存在差异性，营销者要想赢得市场的占有率，就必须找到与自己的文化生产能力相匹配的目标消费群体与价值主张。与一般的营销活动类似，这里的差异化与定位包括三个步骤："辨认所有可能为企业带来竞争优势的差异点；选择合适的竞争优势和整体定位策略；有效地向市场传播和确定企业定位。"[①] 不同之处在于，可持续的文化市场营销在市场定位时，首先应当选择与社会基本文化价值标准相适应的价值主张，其次应当突出自己文化价值主张的卓越性，即这种定位是真实贯彻而不是一纸空谈，是精彩丰富而不是低级庸俗化。例如，国内某卫视将自己的节目价值定

---

①阿姆斯特朗，科特勒. 市场营销学[M]. 赵占波，译. 北京：机械工业出版社，2013：148.

位为"快乐"，那么在具体的节目制作中，就必须尽最大努力创作出高水准的快乐内容，与社会的基本价值准则相匹配，而不是以愚昧低俗博观众一笑，只有如此，该卫视才有可能获得稳定并不断扩大的收视群体。事实上，这种强调可持续性的文化市场定位是与文化企业的品牌战略联系在一起的。现如今，品牌已经成为企业最重要的资产，而要形成良好持久的品牌效应，营销者就必须有明确而积极的品牌定位。对于文化企业来说，品牌是与卓越的文化价值相关联的，营销者只有坚持一个与基本社会文化价值标准相符合的价值定位，才有可能在市场上形成并维持自身良好的品牌形象，进而创造属于自己的优质品牌资产。

在明确的市场价值定位的基础上，可持续的文化市场营销的下一阶段就是文化产品的创作生产，这一阶段是整个营销活动得以成功的核心。首先，营销者需要根据其市场定位找到拥有创作此类文化价值产品能力的创作者，这一步至关重要，直接关系到整个营销过程的成败，因此敏锐的观察和判断能力是营销者必须具有的基本素质。其次，向创作者明确文化企业目前的市场价值定位，并在此基础上赋予创作者极大的创作自主性。因为文化生产不同于一般物质产品生产，文化生产依托于高度复杂的精神劳动，要想创作出具有高度创造性价值的文化产品，创作者必须享有宽松自由的创作环境。这里面原本潜藏着一个矛盾，即创作者独特的审美价值追求与产品消费者的消费能力与价值需求之间的矛盾，但事实上，这种矛盾在市场定位以及生产过程的第一阶段（即企业寻找合适的创作者）就有可能得到解决，因为价值的差异性与相对性尽管存在，却更多地表现在具体的微观领域，创作者与欣赏者之间的沟通并不会因为相对性的存在而完全被阻隔，相反，作为对文化可持续的保障，这种对创作自由的保障将会有效地实现创作者主体地位的回归，促进文化产品潜在文化价值的提升与实现，进而推动消费者的建构性消费的形成。

除此之外，营销者还要根据产品价值特点与市场情况，适时选择合理的价格策略、营销渠道以及广告促销方案，大体上来说，这些内容与一般的市场营销相差不大，因为这些内容更多侧重于方法途径的运用，只要遵循一般的营销与市场伦理准则，这些方面就不会直接影响文化价值与可持续营销的实现。可持续的文化市场营销战略的最后一个阶段是对文化产品消费的反馈与评估，这是文化市场营销活动的尾声，但直接影响到新一轮文化市场营销战略的制定。对可持续性的关注要求营销者在评估中不仅要关注销售业绩，还要关注消费者对文化产品的消费行为，营销者需要通过调查访谈等方法深入了解消费者对产品本身文化价值的理解与吸收程度，这些内容将会影响消费者对该文化产品与企业的认可度与忠诚度。这些评估结果将会有助于营销者在新一轮的营销活动中相应地调整自己的市场定位，在创作过程中获得更多可贵的经验建议，同时调整自己的定价、渠道与广告策略等内容，从而实现可持续的文化市场营销目标。

总之，可持续的文化市场营销是一种更为关注文化创作者的创造性，着眼于提升消费者的文化支付能力，并坚持对社会责任与使命承担的营销方式，这些内容是文化价值追求的主旨，同时也会以一种更加可持续的方式为文化企业带来稳定的市场、忠诚的顾客以及良好的品牌形象。坚持可持续的文化市场营销，有利于文化价值与文化市场营销的统一。

# 目　录

## 上篇　营销原理

## 中篇　营销策略

## 下篇　行业营销

上篇

营销原理

现代意义上的市场营销思想产生于 20 世纪初。1905 年，克罗西在宾夕法尼亚大学讲授以"产品市场营销"为题的课程，标志着市场营销首次进入大学课堂。在此后的一百多年里，市场营销的理论不断演进，诸如市场细分、4Ps 理论、品牌资产、整合营销，等等，不断丰富市场营销的理论内涵。文化市场既有一般市场的共性，也有区别于一般市场的特性；文化市场营销既可以遵循一般市场营销的基本原理，又需要根据文化市场的特性凸显其价值属性。本篇共五章，分别从认识营销、营销环境、文化需求、市场定位、营销伦理五个方面对文化市场营销的基本原理做简要概述。文化市场营销不是简单地销售文化商品，而是通过发现用户的潜在需求，以互惠资本主义精神为其提供更为丰富和美好的体验与价值。文化市场营销的环境，既要充分考察政治、经济和社会环境，也要充分关注技术、媒介和竞争环境。洞悉需求是文化市场营销的前提。文化消费需求是人们购买特定文化产品和服务的欲望，需求三角理论表明，只有缺乏感（理想现实之差）、目标物（填补落差的方案）与消费力（采取行动的成本）三者形成闭环，才能实现用户价值。文化市场定位即抢占用户心智，是向目标人群传递文化企业竞争优势信息、占据文化消费者心理选择列表的"第一位置"的过程。这个过程需要"语言钉"和"视觉锤"相互补充。文化企业及其营销人员在市场营销过程中必须遵循营销规范，既要遵守法律法规，也要讲求商业伦理。文化企业的性质决定了其具有政治性、文化性和社会性，因此其社会责任可以划分为必尽、应尽、愿尽等不同的层次。

# 第一章

# 认识营销

 **学习目标**

通过对本章的学习，学生应掌握如下内容：
1. 文化市场、文化市场营销的内涵；
2. 文化市场营销价值；
3. 典型的文化市场营销观念。

 **导言**

论及市场营销，"售卖"绝不应是唯一的联想，"价值"才应是重要的关键词。在认识文化市场营销以及试图明确其内涵时，作为商业组织的企业往往从销售实践的角度出发，注重营销策略、营销手段和营销活动的结果，而较少基于价值维度进行探索。但实际上，只有理解价值在市场营销中的多角度表述和实现路径，才能通过战略层面上的组织和实践从根本上实现市场营销的核心目标。关注文化市场营销，需要从组织角度和顾客的多重角度理解价值的创造、传递和传播。此外，也需要厘清各类文化市场营销观念，才能在此基础上进一步理解文化市场营销的实际导向。

## 第一节　文化市场营销的内涵

在我国，市场的最早起源可追溯至《周易·系辞》："（神农氏）日中为市，致天下之民，聚天下之货，交易而退，各得其所。"而张守节所撰《史记正义》中写道："古者相聚汲水，有物便卖，因成市，故曰'市井'。"这是古代人民基于地理位置和时间节点概念，对于市场建立起的直接认知，即市场是作为交易者的买方和卖方进行物品、货币交换的场所。而文化市场营销又有别于一般市场营销，这就需要对文化市场的特殊性有明确的认识。

## 一、市场与文化市场

随着社会政治经济的不断发展，市场的含义从传统意义上的具象化概念逐渐变得抽象，内涵也变得更为丰富。狭义的市场指的是具体的场所，而引申后的广义的市场则为多方参与市场交易的系统、程序、机制。从系统性出发，可以认为市场是由各种市场要素组成的，能够发挥特定结构和功能的有机统一体。从经济学角度出发，市场可以指一定市场范围内经济关系的总和。从营销学角度出发，佩罗特（Perrot）和麦卡锡（Mccarthy）在《基础营销学》中将市场定义为：一群具有相同需求的潜在顾客，他们愿意以某种有价值的东西来换取卖主所提供的商品或服务，这样的商品或服务是满足需求的方式[①]。而在我国，党的十九届四中全会审议通过的《中共中央关于坚持和完善中国特色社会主义制度、推进国家治理体系和治理能力现代化若干重大问题的决定》指出，"必须坚持社会主义基本经济制度，充分发挥市场在资源配置中的决定性作用，更好发挥政府作用，全面贯彻新发展理念，坚持以供给侧结构性改革为主线，加快建设现代化经济体系"。这一表述对市场的地位和作用进行了重新定位，认为市场在文化资源配置中具有决定性作用，市场决定资源配置能够最大限度地提高资源配置效率，这对文化企业的发展无疑是利好消息。

市场配置的是资源，而各类资源的具体表现形式就是产品或服务。无论有形或无形，产品或服务，都是在市场中真正发生交换的内容物，离开了两者的市场必然是不存在或虚假的。产品可分为核心利益产品、基础产品、延伸产品。所谓核心利益产品是最基本的层次，它是消费者真正购买的基本服务或利益，以满足基本需要为核心内容。购买不是为了获得产品的所有权，而是能满足某一方面的需求或欲望，即文化体验和精神愉悦，如一首歌曲的心境体验。基础产品是通过核心利益转化而来的，是核心产品的载体和借以实现的形式，是消费者需求的不同满足形式，是满足人们扩展需要的部分，即文化产品的具体表现形态，如产品质量、式样、品牌等。延伸产品即大众购买文化产品时通常期望的产品属性和条件，它包括增加的服务和利益，通常是超出顾客期望的部分。从营销角度看，产品是能够提供给市场以满足需要和欲望的任何东西，包括实体产品、服务、经验、事件、财产、信息、创意等。

为了更好地理解市场，可以将市场构成的要素归纳为三个方面：人口、购买欲望和购买能力。人口就是市场内全部消费者个数的总和，包括性别、年龄、民族、职业等多方面因素；购买欲望就是消费者对目标产品或服务产生了期望获取的需求和愿望，并在各类刺激下很可能直接转化为购买动机并以购买决策和消费行为的方式体现；购买能力则是消费者能够支付购买产品或服务的能力，受消费者收入支出水平、消费结构等因素影响。三种因素之和构成了真正意义上的市场，消费者在购买欲望的驱动下充分发挥购买能力，因而在市场内货币能够顺畅地流通并被用来购买各类产品和服务，也正是在这三个方面因素的相互协调与制约中，市场才得以成立并不断发展。

---

① WILLIAM D, PERREAULT, JEROME E, et al. 基础营销学[M]. 梅清豪，周安柱，译. 上海：上海人民出版社，2001：7.

不能狭隘地将文化市场视作文化商品交换的具体场所。德国哲学家尤尔根·哈贝马斯认为，文化市场是"资产阶级公共领域"得以形成与发展的重要机制[①]，这种观点将文化市场视为公共精神领域。在一定程度上，流通着的文化产品和服务源源不断地向社会贡献着多元化的精神价值，并能够形成深远的影响和辐射，其中的一部分在形成、交汇、传播中不断为主流意识的权威性、正当性服务，这种现象在任何社会形态中都存在，因而研究文化市场及其营销是非常有必要的。随着社会经济的发展，我国的文化市场有了更为丰富的层次，受到收入支出水平、受教育水平等差距的影响，逐步形成了当前主旋律文化、精英文化、大众文化和边缘文化并存的文化格局。在文化市场分众时代，文化企业需要能够感受并识别目标文化市场，选择不同的定位，通过商业和文化行为维系生存。这就要求文化企业能够与社会公共精神领域形成良好的联系与互动。这些联系处理得当，不仅文化市场营销本身得以有效运作，同时也有利于优化社会文化大环境；如果处理不当，那么文化市场营销同社会公共精神领域就不是两利而是两伤。

无论在理论上还是实践中，文化市场都有着一定的特殊性，文化产品或服务具有重要的精神价值，其存在形态也是实物形态与虚拟形态并存，仅用场所或空间的概念来衡量文化市场将会错失其内涵的丰富性。在文化市场内，形态各异的文化商品得以流通，文化资源在文化市场中被较优地配置，使得体验、审美、观念、价值等在文化商品的消费中发生碰撞、交融、互通与再造。

文化市场有别于一般市场的根本原因主要有以下两点。

其一，文化市场内流通的文化产品以精神价值为核心。无论该文化产品是以何种形式被呈现，无论其存在形态是具有物质载体的或是完全虚拟的，生产者提供产品的核心是精神文化，消费者需求的核心也始终是精神体验。当书籍、影碟、网络游戏作为文化消费品通过市场营销被消费，真正发挥作用与价值的不是书页、油墨、光碟、网络数据，而是文学构成的阅读体验、电影提供的视听盛宴和游戏参与的娱乐体验，并在消费的过程中用思想、情感、官能感受去刺激和引发消费者的心灵共鸣。因而，研究文化市场营销必须要牢牢把握文化市场的精神核心，理解在文化市场内部，文化的供给者和消费者都期望通过文化产品交易行为达到精神价值和消费者顾客价值之间的转换。

其二，文化市场内，精神价值的传递与传播始终伴随着文化商品的交易与消费。脱离了文化内核来谈文化市场内的消费是空洞的、有缺陷的，文化产品如果失去了其精神价值，那么其意义也就大幅度丧失，满纸经纶不过沦为废纸，交易也就只能成为如称斤两的废品回收。文化商品的精神价值在文化市场运行的全过程中不断得到传递和传播，文化生产者使之得以作为商品形态被塑造形成，营销过程使之得以广为传播、被选择与接受，商品交易使之得以借助各类载体进行精神传递，文化消费者使之得以被体验、诠释因而再生。

基于市场和文化市场一般与特殊的关系，同时考虑到文化市场的特性，可以给文化市场一个较为概括的定义：文化市场是文化产业精神价值转化和传播的主要场所，也是各类

---

① 哈贝马斯. 哈贝马斯精粹[M]. 曹卫东，选译. 南京：南京大学出版社，2004：37.

文化产品、文化服务以及其中所包含的思想、观念、价值等发生交换的系统空间。

近年来，随着互联网的发展，虚拟空间的构筑为一般意义上的各类市场创建了新的虚拟交易维度，物流到家也为全新的销售模式提供了可能，使得线上新零售、在线购物等成为市场营销的重要新渠道。文化市场因为其特殊性又受到了尤为强烈的影响，虚拟形式成为文化产品及其精神价值的载体，在文化市场、文化产业的整体中引发了颠覆性的变革。

新时代文化市场具有以下全新的特性。

### （一）拓展的空间性与时间性

文化市场作为市场的一个重要分支，仍然受到空间和时间的限制。空间限定了市场的具体场所和涵盖范围，而时间又表现为交易能够开展的时间跨度，短期来说由市场交易开放的时间决定，长期来说随文化企业、文化商品和服务的生命周期而波动。由于互联网的存在，现代文化市场在空间上得以拓展，同时也能够在时间上获得长期延续的可能。

就文化产品或文化服务本身的性质而言，互联网能够弱化市场的时域范围。消费者和生产者的接触和交易行为能够远远超出地域限制，甚至形成全球性的实时文化消费活动，媒介平台使得文化市场的空间在网络维度上无限延伸。时间同样被延伸，不同于影院、音乐厅、展厅的作品，一些虚拟形态的文化产品如网络影视剧集、在线音乐、在线展览的形式不断创新，能够全天候 24 小时地在新时代文化市场中被消费。许多文化产品在被生产之后，能够超越其生命周期在网络永续存在，持续不断地为消费者提供文化价值。

### （二）消费支付的弱化与群体量级的扩大

媒介的虚拟特性使文化产品在文化市场中的消费存在一定的代价支付弱化，即许多消费者在消费时更多地将其作为一种选择或选择的一部分，仅仅将其当作自身体验文化活动的一个小环节，而不会意识到这也是一种对于文化产品的消费。例如，当消费者在网络上观看视频时，他们不会意识到自己正在进行价值消费，在这一过程中可能很少或甚至从未直接支付金钱，消费的代价则通过点击量、广告等被无形支付给视频产出者或平台。但正是这种个体性的微小累积，在海量消费者的作用下变得十分庞大可观。互联网赋予文化产品消费数量呈指数型增长的全新可能，使文化领域的虚拟市场连接到亿万数量的消费者，消费量级大幅上升。

### （三）文化消费的非排他性与共享性

在实物商品经济中，消费往往具有排他性，当一个消费者选择购买某音乐剧的体验权，它的使用价值将只能归该消费者所有。但在网络的助力下，很多文化商品消费的实现、文化服务的感知体验，均可以通过网络，被无数消费者主体不断再现和重复感知，例如音乐剧的线上体验模式就是如此。互联网时代的文化消费还具有共享性，在许多影视、音乐、阅读等媒介平台上，实时弹幕、互动评论也成为了文化消费体验的重要一部分。共享性使得参与感进一步提升，也使得文化消费由个体消费升级为社群消费。互动交流使得文化消费的精神价值得到进一步传播。

### （四）文化生产者与消费者的身份双重性

文化产品或服务的生产者和消费者的界线，随着互联网的高速发展而逐渐模糊。自媒体、博主、KOL（关键意见领袖）等都作为新的网络文化供给者而存在，通过照片、绘图、写作、视频剪辑等多种方式，将创作欲望和自我展示欲望凝集于特定的虚拟空间，也向社会公众提供了一定的文化价值。有时，这种生产不是以营利为目的的、有意识的，而是在参与网络互动的过程中自然形成的。许多网络不再是纯粹的文化消费者，而是具有生产者与消费者的双重身份。

此外，包含文化消费市场在内的各类市场总是在不断发展的，我们需要意识到这种动态的、变化的过程，才能对市场建立全面、正确的认识，从而能够有效地展开营销和管理。一个典型的例子便是音乐市场，20 世纪初期，随着音乐技术的制作水平不断提升、发展，一个重要的音乐载体进入了大众视野，那便是磁带。通过将电子音乐以刻录的形式留存在磁带中，使得音乐的传播更为广泛。消费者能够通过购买或租借磁带的形式，选择喜爱的音乐聆听，并不断重复回放。正是由于受到特定载体、音乐制作技术、艺术风格、受众偏好等影响，整体环境形势促使当时的音乐风格发生了转变，形成了以磁带音乐展现形式为核心的音乐时代，特定艺术风格深入人心。然而，随着计算机、影碟机的普及化，更多的音乐被迁移到了光碟中，随身听的发明更是让音乐消费的场所丰富化。而在互联网高度普及的当下，电子音乐多数以数据形式，存储于各类网络音乐平台，这些平台已经成为消费者聆听、接触音乐的最主要渠道。这种消费形式为音乐的传播提供了极大的便利，但与此同时，也随之产生了一些问题，如网络音乐版权维护困难等。因此，在文化市场发展的不同阶段，企业都需要主动地去认识文化市场的特性和发展阶段，识别变化趋势和问题，理解消费者心理和需求。

## 二、市场营销与文化市场营销

在理解了市场的概念后，如何在市场体系中使价值最大化互利，便是市场营销的主要目标。优秀的市场营销是科学与艺术的结合，能够为产品或服务的售卖锦上添花，带来业务增长并支撑企业持续盈利。

最初，市场营销是生产者和销售者为了更好地出售商品而构思的策略和执行的举措的规律性总结，其诞生是自发性的。直到 20 世纪早期，市场营销才被提炼总结为一门科学，并由无数的营销者和研究人员将其学科思想渗透入各个行业，对企业发挥很好的指导性作用，对经济、社会产生深远的辐射和影响。美国市场营销协会（AMA）最早提供了以下定义："市场营销是创造、传播、传递和交换对顾客、客户、商业伙伴和社会有价值供应物的一种活动、制度和过程。"管理学大师彼得•德鲁克曾说："营销是企业最基本的职能。因此，它不被视为独立的功能（即独立的功能或职责），因而不能与生产制造或人事等职能相提并论。营销需要独立的工作和活动，更重要的是需要明确营销是企业的核心部门。

从顾客的视角出发，市场营销所体现的就是企业本身，所以企业需要加强对市场营销的关心和责任。"[1] 被誉为"现代营销学之父"的菲利普·科特勒认为，市场营销"关乎人类与社会需要的识别与满足"，将营销管理定义为"选择目标市场并通过创造、传递和传播卓越顾客价值，来获取、维持和增加顾客的艺术和科学"。[2]

从宏观角度看，市场营销是社会需求与企业供给间的重要连接环节，市场需求和供给往往是对立统一的，成功的市场营销能够在高效实现供需匹配的基础上，进一步为价值的流通和实现注入活力。在经济方面，通过营销的刺激和引导，能够较好地创造和满足社会需求，为社会带来财富；在社会方面，营销输出的不仅是产品本身，更是产品和服务中所隐含的哲学、价值、观念，这些内容都会随着营销活动的展开、营销内容的传播（如广告、体验、推销）而被推向消费者，产生广泛的辐射。从微观角度看，市场营销是企业将市场需求和机遇转化为组织收益的有效途径，正是通过系列营销活动，商品或服务的价值得到最大化。营销也是确保企业的生产运营活动得以正常有序运营的最重要保障，没有营销和售卖，企业的生产和其他环节就失去了意义。同时，消费者也需要市场营销来获取产品和服务的有效信息，并获取更多的优惠、折扣机会，通过适时决策、多方权衡获取更多的顾客价值。

市场营销以价值为核心，而由于文化产业和文化商品的特殊性，文化市场营销有别于一般商品的市场营销，需要纳入更多的维度以充分考量。文化产品的构成形态更为复杂，可能是有物质载体的，也可能是虚拟存在的，但消费文化产品的核心不是消费其物质载体，而是体验其精神内涵。在商品交换价值外，更有着重要的精神价值，是凝结在文化商品中无差别的人类精神劳动价值与满足社会精神需要的使用价值的统一。如果说市场营销的目的是满足消费者的各种需要，那么文化市场营销的根本目标则是满足消费者的各类精神文化需求。

文化市场营销主要关注文化市场内的营销学发展，结合市场营销学与对文化市场的认识，国内外许多学者提出了对于文化市场营销的理解。1967年，现代营销集大成者菲利普·科特勒在《营销管理》一书中对文化领域的营销进行了阐述，认为如博物馆、剧院、学院等文化机构如果提供某些文化产品和服务，他们也与普通供给商相同，需要通过一些营销手段竞争以吸引消费者。科斯特·拉什（Scott Lash）在《全球文化工业：物的媒介化》一书中探讨了文化工业与整个经济社会关系的转变，认为文化正不断资本化、经济化，并以营销为重要表现形式[3]。文化营销既不是简单纯粹的商业行为，也不是完全艺术化的文化行为，而是两者的科学结合。

可以发现，文化市场营销的核心是"文化价值"，是立足于市场营销学，并结合文化产业管理、文化市场特点等综合特质的特定产业的营销。通过文化营销，能够在文化生产

---

[1] 德鲁克. 管理：使命、责任、实务[M]. 北京：机械工业出版社，2006：59.
[2] 科特勒，凯勒. 营销管理[M]. 5版. 上海：格致出版社，2017：5-6.
[3] 拉什. 全球文化工业：物的媒介化[M]. 北京：社会科学文献出版社，2010.

者和合适的消费者间搭建沟通桥梁，获取一定的经济利益，同时推广文化价值，以唤起大众的文化审美并满足精神趣味需求。因而，参照科特勒对于一般市场营销的定义，可以较为简洁地认为，文化市场营销就是"在盈利的同时满足文化需求"。

重点结合"价值"给出相对全面定义，可以认为：文化市场营销是企业以自身及利益相关者的利益为出发点，以满足文化市场需求与实现客户价值为核心目标，创造、选择、传递和传播精神文化价值，为顾客、客户、合作伙伴以及整个社会带来经济价值的活动、过程和体系。

此外，文化市场营销的范畴也应在定义的基础上一并明确。要理解文化市场营销的范畴，首先需要理解销售和营销的区别。销售往往是围绕固有产品或服务，通过一定的技巧和方法提升销量与销售额，是一种售卖的手段。而市场营销是完整的系统，参与了产品的生产、流通、消费全过程。可以说，市场营销是立足于战略层面，关心客户需求满足和价值实现的过程和体系，而销售仅是市场营销的一个环节。具体而言，营销的范畴包含了多方面：商品、服务、事件、体验、人物、地点、财产权、组织、信息、理念。将上述概念应用于文化市场，并以管理行为作为营销的各个环节加以串联，可以认为文化市场营销包括了文化产品的设计和生产、文化市场的调研、营销战略的制定、营销策略的确定、营销内容的实施和售后服务。其中，营销战略的制定又主要包括基于内外部环境分析所制定的市场细分、目标市场选择、产品定位战略，营销策略的确定又包括产品、价格、渠道等具体策略的调整和选择。

从微观企业的角度，研究文化市场营销能够助力企业发现并了解消费者精神文化需求，从而进行营销的决策和实施，帮助企业在盈利的基础上发挥自身价值。从消费者的角度，文化市场营销既是对个体的再发现、再挖掘、再提升的过程，也是建立文化社群、了解同好的良好契机，通过文化需求的满足能够形成共同的文化领域和精神共识，这是任何其他消费需求所无法建立的。从社会的角度，文化市场营销一方面能够作为社会经济发展的重要构成，另一方面又是社会文化再塑、价值观再造、社会行为再引导的主要驱动。文化企业正是通过经济活动，实施文化营销以获取、培养客户，并得到经济利益和助力企业长远发展，并借此传播企业价值观，直接或间接地构筑文化理念，传播文化观念，延续文化价值。

## 第二节　文化营销的价值创造

从某种意义上说，文化市场营销不是简单地销售文化商品，而是通过发现用户的潜在需求，以"互惠资本主义"精神为其提供更为丰富和美好的体验与价值。因此，文化营销的实质是价值创造，文化营销者应充分利用各种价值创造路径，为顾客、企业、社会三重主体创造价值。

## 一、价值创造的对象

讨论文化市场营销是在为谁创造价值，实际是在讨论最终承担价值效用的主体是谁。营销活动是面向消费者的，要让他们觉得获得了利益，所以消费者是承担价值的重要主体之一。同时不应忽视，任何企业都需要盈利，都需要实现股东价值，但实现企业利润和股东价值的同时，也要注意赋予参与生产的员工以个人价值，可以将这些概括为为组织创造价值。另外，企业要承担社会责任，文化企业则又因其特殊性质，尤其要关注社会效益。所以，文化市场营销应为三重主体创造价值：顾客、企业、社会。

### （一）顾客价值创造

在互联网时代，营销的本质变成了对顾客需求的洞悉、满足乃至超越，顾客价值成为现代价值链思考方式的起点，即要从清晰的顾客定位出发，洞察其感性需求和情感表达的方式，更好地提供有效的价值。由此，一个能够创造顾客价值的企业，应基于现代价值链进行思考，由顾客的偏好决定企业对技术和服务所付出的努力，由技术和服务的价值引导资源的投入，最后获得公司的核心资产能力。顾客需求是组合化和结构化的，与此相对应，任何一种产品（服务）提供给顾客的价值也包括多个价值点在内的谱系，是一种价值组合。

关于顾客价值的理论经历了一定的发展过程。1954年，彼得·德鲁克就指出，顾客购买和消费的绝不是产品，而是价值。[①]Anderson等认为，顾客价值是消费者在体验、衡量某产品功用的得与失、优势与劣势后而进行的综合性评价[②]。Woodruff借助系列实证研究，认为顾客价值是消费者的主观偏好与评判，是对某些情形下产品的使用是否有助于需求的满足、产品属性是否有效、使用结果感受是否优良的综合判断，将消费者的产品体验与顾客价值进行了联系。[③] Sheth等从更宏观的角度研究消费者感知价值，提出了消费价值理论，具体提出了五大消费价值类别：功能价值（相关属性、身体表现和功利主义）、社会价值（象征性和群体成员关系）、情感价值（情感反应）、认知价值（好奇、新颖性和知识性）和条件价值（特定情境）。[④]

总体而言，顾客价值可以从两个维度进行明确：从消费者的角度，顾客价值是顾客让渡价值，就是顾客通过支付一定的代价，从取得的产品或服务中所获得的利益综合，可以视作利益与费用之差；从企业的角度，顾客价值就是顾客通过消费行为能够为企业带来的利益总和，企业或商家必须为顾客提供有效的商品或服务，满足顾客各方面的需求，维系培养客户关系，以推动顾客价值的经济转化。

① 德鲁克. 管理的实践[M]. 齐若兰, 译. 北京：机械工业出版社, 2006：47.

② ANDERSON J C, JAIN C, CHINTAGUNTA P K. Customer value assessment in business markets[J]. Journal of Bussiness, 1993, (1): 3.

③ WOODRUFF T B. Customer value: the next source for competitive advantage[J]. Journal of the Academy of Marketing Science, 1997, 25(2): 139-153.

④ SHETH J N, NEWMAN B I, GROSS B L. Consumption values and market choices: theory and applications[J]. Cincinnati: South Western, 1992, 29(4): 487-489.

1. 消费者角度的顾客价值

在文化市场营销中，顾客价值的实现归根结底是文化需求的满足，这就需要先对文化需求建立基本认识。在各类市场营销活动中，多以内容来划分需求，其中最有名的是马斯洛（Maslow）的需求层次理论（Maslow's hierarchy of needs）。该理论由人本主义心理学的创立者亚伯拉罕·马斯洛于 1943 年在《人类激励理论》论文中提出。马斯洛把需求分为生理需求、安全需求、归属与爱的需求、尊重需求和自我实现需求五类，依次由较低层次到较高层次排列①。其中，生理、安全、归属与爱的需求都属于低一级的需求，通过外部条件就可以满足；而尊重和自我实现的需求是高级需求，要通过内部因素才能满足。文化消费需求跨越了高低两极需求层次，常常表现出多样化特征。需求层次理论有两个基本出发点：一是人人都有需求，某层需求获得满足后，另一层需求才表现出现实意义；二是在多种需求未获满足前，首先应该满足迫切需求，该需求满足后，后面的需求才能显示出其激励作用。从内容上看，文化消费需求有时单独地属于马斯洛需求理论中五个层次之一，有时则横跨多个层次。从程度上看，文化消费需求可分为基础型、期望型和兴奋型。研究顾客价值需了解文化消费需求相对于其他类型需求表现出的特殊性。

首先，对于消费者而言，文化市场能够向其提供的顾客价值具有非生活必需性的特点，即该类价值是在人们的生存需求得到满足后才形成和发展的，能够给消费者提供的是享受型或发展型价值。由于文化消费需求的非生活必需属性，文化消费观念、文化素质等成为扩大需求量的关键因素之一。目前我国大部分消费者文化消费观念薄弱甚至欠缺。许多金钱和时间丰裕的群体并没有文化消费的意识，也没有被培养起非刚性需求。即使拥有金钱、时间和消费观念，文化素质的高低也会限制人们的文化消费需求。正如马克思所言：对于没有音乐感的耳朵来说，最美的音乐也毫无意义。其次，文化消费需求不要求独占性。传统的商品强调其独占性，在其交易活动中，金钱与商品的互换标志着消费者对于某消费品的个体性占有。例如，花钱购买汽车、鲜花等。但在文化消费的内涵里，独占性常常是缺席的概念。消费者在形成文化消费需求的过程中并非要把某种文化产品据为己有。例如，某人要欣赏一部音乐剧，他可能并不希望该剧只为他一个人而演，而是希望坐在剧院中和其他观众一同观看。非独占性特征表明文化消费需求不是对某个具体实质的渴求，而是对于精神性享受的期望。精神性享受可作为可分割的资源使顾客平等地共时消费。随着定制化的发展，文化市场内非独占性的部分份额将逐渐让位于独占性。相对前者，定制型文化商品属于高档文化消费行列。最后，消费者获取文化价值的过程中最突出的特征就是文化性，即符号象征意义和文化传达程度。一般商品尚且如此，文化商品则更是符号化的象征。歌剧艺术带着情操高雅的标签，动漫游戏则体现着朝气蓬勃、追求潮流的内涵。文化消费需求的形成有时正源于消费对象背后的象征意义。因此，文化企业为使消费者获取满意的顾客价值应努力营造文化商品背后独特、新颖的符号特征。相对于一般产品，文化产品能在一定程度上传达文化知识。作为文化传播重要途径的出版业，它的产品（如图书、杂志

---

① MASLOW A H. A theory of human motivation[J]. Psychological Review, 1943, 50(4): 370-396.

和报纸等）中蕴含着文化知识。对此类产品产生的消费需求多源于感受文化氛围、学习文化内容的需要。归根结底，顾客价值在文化消费中的实现是满足顾客的审美和心灵需求。

但与此同时，顾客价值在消费者角度的表述不局限于文化消费需求的实现，换而言之，文化需求是一个概括性的、多来源的概念。我们不仅要认识到需求，更要认识需求来自哪里，是哪些维度的价值构成了文化消费需求，并刺激了消费者的顾客价值卷入，这样才能对顾客价值有更全面的认识。

对于消费者而言，从价值产生的来源角度出发，顾客价值主要存在三种来源，分别为心理价值、功能价值和经济价值，如图 1-1 所示。结合 Sheth 等人的顾客价值理论，可以进一步分析文化市场营销中的顾客价值。

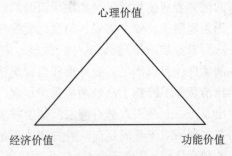

图 1-1　顾客价值来源

心理价值是顾客心理得到满足的程度。在顾客进行文化消费活动的过程中，心理满足的程度往往是客观性和主观性综合的结果，精神文化内容被生产、创作为客观存在的文化产品，而消费者基于使用或体验对此进行心理主观评价。由于文化产品的精神文化特性，消费者的主观感受可能较一般商品更易被放大，观念、情感、情绪、体验都可能成为满足程度的评判依据。当消费者购买并阅读一本书籍，发现作者的文笔、文章的情节展开都能够完美契合本人的兴趣和价值取向，并且书籍的主旨能够引起本人的强烈共鸣，那么，此次消费对消费者贡献的心理价值就会提升。但对于同样一本书，如果读者在阅读之初就认为书中所传递的价值观与消费者本人所秉持的观念相悖，那么，这样的一种带着拒斥情绪的消费体验可能就无法提供足够的心理价值。

经济价值是顾客在得到同等满足程度时所节省的花销。消费者在选择文化产品时也同样会经历选择的过程，权衡可能的花销与预计能够得到的满足程度，而做出最符合需求的选择。即使是相同程度很高甚至是同一种文化产品、服务，根据情境、时间、个人心理状态的不同，消费者的满足程度可能有所区别，从而在经济价值上存在差距。例如，在院线实地观看电影和在家中选择网络电影点播，虽然客观被消费的文化商品都是该部电影本身，但由于设备、程序、氛围的截然不同，可能获取的满足程度和经济价值也就不同。又如，在雨天和晴天分别前往游乐园，该消费体验的经济价值也会有显著区别。

功能价值是产品或服务中发挥的对顾客有益的功能效用。在消费者个体接受、体验文化产品的过程中，一种能直接感受的非常典型的功能价值就是知识价值。知识价值的接受、消化与累积在很大程度上由接受者的主观能动性决定，其功用很难像物质商品的使用价值那样被量化，只有在个体的精神生活和社会实践中才能得以体现。此外，文化产品还能为个体消费者提供怡情、熏陶、娱乐、教育等精神文化层面的价值，发挥一般产品无法发挥的功能。从宏观角度探讨，文化产品能对消费者产生群体性的社会性功能价值，助力精神文明建设，凝集特定群体，为公共秩序服务。

对于文化市场营销而言，由于文化产品和服务的精神特性，在某种程度上顾客价值的心理价值和功能价值出现了很大重合，产品所发挥功能的核心就是满足顾客的心理和精神需求。例如，阅读英语小说能够同时满足消费者增强外语能力和娱乐消遣的需求；观看电视连续剧能够让观众通过视听体验获得心理的愉悦和满足。

同时，经济价值和功能价值间也存在重要关联，产品基于消费者的心理满足程度是与其发挥的功效、支付或节省的代价紧密相关的。值得注意的是，在完成消费行为时，顾客倾向于做出对自己更为"有利可图"的选择，而在消费选择时，明码标价的价格并非顾客所需支付代价的全部，这里需要引入产品生命周期成本（life-cycle cost）的概念，即消费产品的成本并非仅为支付价格，而是在产品生命周期内，为了发挥产品价值所需支付的成本的综合，包括支付价格、购置成本、使用成本、持有成本、处理费用。

例如，当顾客选择观看一部正版电影，可以有非常多的选择，其生命周期成本也可能不同。

（1）购买正版影视碟片——碟片购买+电脑或影碟机使用和维护成本。

（2）进入电影院观看——电影票购买单次视听享受。

（3）在视频网站购买 VIP 观看权——单次观看 VIP 购买费+可能的长期观看续费充值。

（4）在视频网站购买单部观看权——反复观看购买费。

不难发现，如果消费者的需求存在不同，其消费选择可能会不同，顾客价值的体现也可能会随之改变。心理价值、经济价值和功能价值存在关联，三方面共同组合才能够形成完整的顾客价值来源。

2. 企业角度的顾客价值

对于企业而言，作为市场营销价值核心的顾客价值就是顾客通过消费行为能够为企业带来的利益总和，而通过客户关系的发展、培养与维护，能够将消费者的偶然消费选择转化为长期、稳定的持续消费，从而达到客户价值的最大化。顾客是可以演变、发展的。通过搜寻潜在顾客并重点营销，能够将其转化为预期顾客并通过促进价值决策的实施使首次购买得以实施，此后借助产品体验提升、售后服务等举措，提升顾客的主动性、忠诚性，最大限度地发挥顾客价值，阻止顾客的停止购买和流失。顾客关系管理并非一蹴而就，需要企业用心进行经营，往往需要对于顾客的信息、偏好、消费记录等进行系统整理，并通过售后服务、定期回访、情感交流等形式，找到并放大与顾客的接触点，培养忠诚顾客。

如果能够持续发展良性顾客关系，并将顾客对企业的价值终身化，一家企业就能够将顾客价值转化为顾客资产。顾客资产（customer equity）是企业所有顾客的终身价值的合计，通常将其折现以进行资产管理。对于企业管理者而言，应该将顾客资产近似于视作一种企业资产，运用类似于财务资产的管理手段，适当迁移相关评估或数据处理手段，通过动态监控管理方式将其最大化，始终重视顾客个体价值，从而使得企业的总体顾客资产持续发展。

美国学者 Zeithaml 等人于 2002 年提出了著名的顾客金字塔模型（Customer Pyramid

Model）[1]，根据顾客可能给企业带来的经济收益，将顾客分为不同的层次和类别，以便于企业提升顾客管理能力，为不同层级的顾客提供不同的服务。

（1）铂金层级

铂金层级顾客是企业的头部客户，他们能够为企业带来较多的盈利，并且对企业高度信任，是企业的忠诚客户。这部分消费者往往愿意持续消费，通过多次回购、新品购买等方式表达支持，对于价格不敏感。

（2）黄金层级

黄金层级顾客对企业有一定的信任度，但他们往往对于价格和折扣高度敏感，往往会基于促销、优惠等营销活动，在多家备选竞争企业中做出消费选择，以降低自身消费成本和消费风险。这部分消费者是企业通过营销手段获客的重点对象。

（3）钢铁层级

钢铁层级的顾客数量庞大，能够为企业的销售、销量做出一定贡献。但是从投入回报角度而言，其对企业的忠诚度低，能够做出的经济贡献少，消费支出水平不高，不值得企业应用大量营销方法获客。

（4）重铅层级

重铅层级顾客不能为企业带来盈利收入。他们往往只会消耗企业资源，在消费时会提出诸多要求、抱怨、投诉等。如果要获取这部分顾客，投入将大于回报。

从体量而言，铂金、黄金层级的顾客可能占比很少，甚至在所有消费者中占比小于20%，但恰恰是这少数的顾客为企业带来了大部分利益，需要重点加以关注和进行资产管理；而钢铁层级、重铅层级的消费者虽然数量庞大，但对于一家企业而言能够从中获得的收益十分有限，甚至获客成本、企业资源的消耗从长期来看要大于企业的获益。因此企业应按照顾客终身价值进行顾客关系战略调整，即针对能持续为企业带来营利性收入的核心顾客着重管理，提升顾客满意度，从而使其成为忠诚客户；而对于钢铁层级、重铅层级的顾客通过某些方法使其转化为核心顾客，或者适当采取放弃细分市场、转让顾客的措施。通过对不同层级顾客的识别与分组，可以提升企业战略决策水平，以较好的针对性、较低廉的营销成本，获取更优的营销结果。

此外，顾客价值还体现在规模效益上。当企业拥有较多的忠诚客户，能够形成规模优势，将大幅降低企业的生产加工成本。庞大的消费者群体能够形成较好的口碑效益，提升企业知名度，进而提升企业获客能力；同时，能够在业内建立较高的进入壁垒，减少竞争对手。

总而言之，顾客价值是企业的生存之本，也是消费者的消费期望，价值实际上是双方的共同互利期许。没有顾客的消费，企业就永远无法创造利润，长远持续发展；没有企业对顾客价值的重视、开发和挖掘，消费者就无法获取高质量的产品和服务从而需求无法得到满足。这在文化市场中尤为明显，消费者希望使得各种来源的顾客价值得到满足和提升，

---

[1] ZEITHAML V A, RUST R T, LEMON K N. The customer pyramid:creating and serving profitable eastomers[J]. California Management Review, 2001, 43(4): 118.

从而达到精神文化层面的追求，而企业选择主动迎合消费者的精神文化需求，维系顾客关系，为消费者服务，为自身发展创造空间和机遇。

## （二）企业价值创造

文化营销应在实现顾客价值的基础上，为生产组织创造价值。生产组织不仅是企业本身，还包括企业生产经营活动的各类参与者，其中最重要的就是股东和员工。当前的企业在更加复杂的价值链环境中运作，每个参与者都是价值链的一环，应采取更负责任更加互惠的商业模式，兼顾组织内部各类参与者的价值赋予。

创造企业价值是必需的，衡量企业价值的标准代表着最全面的企业绩效考察标准，任何营销都应以企业价值的增长为目标。具体而言，考察的维度包括企业市值、上下游价值、协同价值、品牌价值、智性价值等。

股东价值是谈及企业利润时直接对应的价值，同时还有股价、投资回报率等，都是衡量股东价值的维度。股东价值是考察企业效益的重要依据，企业往往会以股东价值最大化作为目标来进行经营与销售活动。但随着金融危机的教训以及"恰当利润水平""互惠资本主义"等概念的提出，"股东价值最大化"这一理念遭到了质疑，更好地进行可持续生产的方式应兼顾人类福祉、环境保护和企业利润。另外还有一种值得关注的趋势，即股权社会化趋势，在这种模式下股东价值的实现本身在很大程度上就是对整个社会价值的增加。因此，追求股东价值是必需的，但是要结合具体情况，拿捏好"恰当"的利润。

员工是价值创造的承担者，是组织的细胞和绩效动力的源泉，为员工创造价值，才能发挥每个人的积极性和创造力。这一点是我们在谈及组织价值时较少提到的。在很多发达国家，工资增长速度远低于生产率增长，劳动生产率已经赶超了实际的工资增长，这种盈利增长是以工资低增速为代价的，这种将工作外包给更低廉的劳动力以维持净利率的行为是难以为继的。为员工创造价值，既是企业的伦理道德责任，也是促进可持续发展的必要举措。衡量员工价值获得的维度有薪酬、工作环境、技能获得、晋升空间、社会关系、自我认同、理想实现等。

## （三）社会价值创造

为社会创造价值，首先是基于所有企业都应该承担的社会责任。在企业社会责任的金字塔模型中，广义的社会责任一共有四种，即经济责任、法律责任、伦理责任和慈善责任。在经济责任层面上，通过市场营销，企业能在经济维度为社会创收，因为企业活动是以盈利为首要目标和基础责任的，同时，社会商品经济的运行也需要市场营销，企业通过文化市场营销为市场注入活力；在法律责任层面上，规范、合法的营销行为能够作为社会秩序的重要组成和维护因素；在伦理责任层面上，通过文化市场营销，企业既有责任做正确、正义、公平的事，更有义务借助文化营销的特殊性，传扬积极的价值观念和伦理道德；在慈善责任层面上，文化市场营销也能够助力公益事业宣传，也使得企业能够有经济能力向社会捐献和帮扶。

15

## 二、价值创造的路径

### （一）发现价值

顾客价值是现代价值链思考的起点，因此在文化市场营销中，发现价值主要指的是发现顾客价值。随着多元主义价值观的出现和产品类型的不断丰富，产品的功用价值变得越来越次要，不同类型顾客的需求也越来越隐蔽、琐碎、个性化。顾客价值的发现难以一蹴而就，顾客价值成为水面以下的冰山，需要营销人员进行挖掘和深耕，去发现它们的存在。

发现价值的可能性情境有很多，我们难以将其一一概括，但可以将"发现价值"技巧性地理解为"拓展价值边际"，这是发现价值的一个十分有效的思路。何为价值边际？所谓边际，即为增量。产品（服务）的价值边际定义就是本企业产品（服务）的价值多于竞争对手产品（服务）的价值的那部分。

因此，产品（服务）的价值边际是一种超越竞争对手的差异化价值。营销人员不需要把顾客所有潜在需求研究透彻，不需要把所有顾客价值发掘出来，只需要拓展价值边际，超越竞争对手所能提供给顾客的价值，就可以实现有效的营销了。归结起来，寻求或拓展价值边际的核心在于不断创造产品（服务）的差异化，发现价值也就变成了发现差异点。拓展价值边际的方式如表 1-1 所示。

表 1-1　拓展边际价值的方式

| 方　式 | 说　明 |
| --- | --- |
| 价值递进 | 在现有基础上动态地提升和改进，属于改良型创新 |
| 价值细分 | 将作为多功能、多价值的集合体的产品或服务进行细分，把其中的子功能、子价值分离出来，并形成新的产品形态 |
| 价值融合 | 价值的丰富化，使一种产品具有多重功能、作用，在原有价值中融入新的价值 |
| 价值转换 | 改变产品（服务）原有的主要价值，对产品（服务）重新定义 |
| 价值发明 | 开发、导入全新的价值，通常意味着真正意义上的价值创新 |
| 顾客参与价值强化 | 改变与顾客的合作、互动方式，使得改变后的方式是被顾客接受且能让他们愉悦的 |

在拓展价值边界之后，我们要做的工作就是对这些新发现的价值进行评估，评估一方面是为了确定是否有必要针对这些价值进行技术和资产上的投入以将这些价值最终实现，另一方面，如果有必要实现这些价值，那就要考虑如何定价以及如何让价值最大化。其中，需求强度、稀缺性、独特性、认知和介入、认同和信任、收入水平、文化背景、市场基准都是影响产品对顾客的功能价值和心理价值的因素，这些因素也就成了评估顾客价值的依据。

### （二）连接价值

连接价值就是实现顾客需求和企业提供的顾客价值的对接，即在需求侧与供给侧之间搭建桥梁，能够超越单向的价值传递、传播，形成多向的互通连接。

高级的价值连接可称为"触达"，即使目标受众感知到独特价值，并建立忠诚关系。在传统的连接模式中，营销链条为两层基本相互独立的桥梁，一是顾客认知链，二是产品交易链。在互联网背景下，传统的大众传播链和流通价值链产生了融合，具体来讲，就是传统的大众传播链和流通价值链中的商流、信息流共同组成了"顾客交互链"；原来的流通价值链则分离出了物流服务链。我们可以通过嵌入、交互、智能服务、线下场景建构、下沉等路径来进行价值连接。

顾客发生交互的空间主要有三个：一是互联网虚拟空间；二是企业/品牌由目标顾客（包括老顾客群以及潜在的顾客群）组成的社群空间；三是顾客亲身体验的实体以及物理空间（零售终端以及其他场所，也可以统称为现场）构成的终端空间。这三个空间是存在一定交集的。例如，顾客社群空间既在线上，也在线下，社群中的部分成员来源于零售终端以及其他线下场所，而零售终端等场所也会接纳社群成员前来体验和选购，同时线下的零售终端也可能成为把顾客引向网络空间的虚拟入口。三个空间相互关联补充，构成的立体媒体和全域场景，覆盖了线上线下、终端内外，以及顾客可能发生认知和体验的全部场合和情境。另外，三个空间也为顾客提供了不同内容、不同形式、不同特征的认知和体验环境。

# 第三节　文化市场营销的观念

观念，往往是哲学在实际活动中的投射和具体表现，具有明确的引导作用。哲学是关于世界观和方法论的理论体系，能够揭示事物的本质和发展的规律，能够指导人类认识世界、改造世界。而在文化市场营销世界中，哲学观念同样存在，并有着重要的意义和价值。从理论意义出发，市场营销哲学揭示了在市场营销系统中企业、市场的位置和功能，以及如何进行价值实现，能够帮助企业掌握好市场营销的一般规律。

## 一、市场营销的观念

市场营销观念是指导企业认识市场、参与市场活动的最重要思想指导。从实践意义出发，认识并明确市场营销观念，有助于认识营销管理活动，帮助企业和管理者把握市场机遇，采取合适的营销手段和方法，以助力企业实现价值。

市场营销的观念是什么？要回答这个问题，就要理解不同主体进行市场营销的根本目的和出发点。表1-2为两种典型的市场营销观念。

表1-2　市场营销典型观念

| 出　发　点 | 重　点 | 方　法 | 目　标 |
| --- | --- | --- | --- |
| 生产者 | 产品加工 | 降成本、推销 | 销售获利 |
| 消费者 | 市场需求 | 全方位营销 | 顾客满意 |

第一种观念以生产者为主导和核心，在商品经济发展初期是营销观念的主流。企业充分挖掘自身生产力，寻找方法提升产能、降低成本，并售卖产品。但随着营销学的发展，市场营销的哲学和观念也逐渐发展，市场营销的核心和重点从生产者端向消费者端转移，互联网经济的发展更是给企业提供了直接接触消费者，获得使消费者价值最大化的机会，消费者的主体地位上升了，消费者的需求决定了企业营销向何种方向发展。

现如今随着消费者地位的不断上升，"以人为本"的思想在营销活动中得到越来越多的重视。这种思想就是一种营销哲学。营销哲学是企业布局一切生产、经营、销售活动的重要依据，统帅与支配了文化企业营销活动的各个方面。营销哲学观念的选择决定了一家企业是否能较好地被市场接纳，进而决定它在市场中的竞争能力，以及是否能够永续稳定发展。因此，企业需要选择并坚持某种正确的营销哲学和营销观念，才能够在市场营销实践活动中取得好的成果。

以营销为导向的市场营销哲学如今得到了十分广泛的应用，这种思想的发源和确立可追溯至 20 世纪 50 年代。当时，由于经济不断发展，社会生产力不断提升，供过于求的情况大量出现，使得消费者的地位进一步上升，有了更多的话语权和选择能力，也使得各类企业对于经营观念的认识有所提升，并下定决心进行以顾客为导向的观念转变，这种转变是颠覆性的、根本性的、革命性的。

这种观念对企业的营销战略和营销策略提出了更高的要求。企业必须以消费者为核心对象，基于对顾客了解的不断增进，努力满足市场需求和消费者的心理需求，以期在市场竞争中获得更多的机会。常见的"顾客至上""顾客就是上帝"的口号和原则便由此被提出。企业需要注重如何发现并了解消费者信息和目标市场现状，并通过各类方法满足消费者需求，提升顾客满意程度，进而使企业目标得以实现。

美国的一家迪士尼乐园曾在路径设计方面做出了以消费者为导向的营销新变革。著名建筑设计师格罗培斯曾在迪士尼乐园路径设计方面，做出了 50 多次的修改，但是仍然没有得到令人满意的方案。之后，他在法国南部的葡萄园区中获得了重要的灵感。有一片园区的主理人是一位老太太，但由于其年迈体衰，较难很好地实施运营管理，于是想出了无人采摘园的方案。自由度极高的无人采摘销售，令很多游客慕名而来亲自体验，最后，她的葡萄园在该地块中成了销路最好的。这一自主性极高的方案，大大启发了设计师。于是，他在迪士尼园区内部洒满了草的种子，让游客们自由选择并踩出通往各个游乐设施的路径。来年，在这些大大小小的路径上铺上路面，便形成了最为便捷、符合消费者需求的路径设计方案，也成了迪士尼乐园营销的点睛之笔，吸引了诸多游客，这一方案将以人为本的核心思想体现得淋漓尽致。

随着市场发展，消费者价值在营销中得到了更充分的体现和关注，如果能够充分满足或开发消费者需求，产品或服务便更可能获取成果。2020 年，一款由任天堂开发、制作并发行的游戏以空前热度席卷全球，这便是基于任天堂第九世代游戏机 Switch 平台发布的《集合啦！动物森友会》。截至 2020 年 4 月，动物之森系列游戏（除手游外）的全球总销量超过 4100 万套，以一己之力大幅拉动了 Switch 游戏机的销量。这款从 2001 年便上市并不断演化发展的游戏产品，何以在 20 年后一跃成为爆款游戏？任天堂在整个营销活动过程中，深入了解顾客需求、把握玩家心理，在这个相对浮躁、快速的时代，通过慢节奏、拟真性游戏的塑造，让玩家真实地感受并体验无人岛的生活。玩家通过与岛民、小动物们的互动过程，从零开始建造属于自己的岛屿。动物之森系列游戏以其极高的自由度和娓娓叙述的故事，为现代人带来了温情和治愈。这款产品开发与营销的全过程，都体现了以满足消费者精神需求为核心的理念。任天堂通过了解客户需求，研发、创造了最治愈的产品游戏，并有效地创造、传递、传播客户价值。

## 二、文化市场营销观念的五种典型

梳理市场营销学的发展历史，主要有五种典型的营销观念。考虑到文化市场的特殊性，各类营销观念发挥的作用可能也有所区别。

### （一）生产导向

"生产什么，便卖什么。"企业的市场营销应以生产为核心，追求高效益、低成本。

高效益、低成本实质上是工业化生产的显著标志，也正是由于文化的产业化发展，许多文化产品才能够被大规模生产、复制、销售，使更多消费者共享文化发展的成果。

文化市场营销中生产导向能够行之有效的一个重要原因是，在文化产品流通的过程中存在一定的盲选性，那就是在消费者真正接触、体验该产品之前，对于该商品的认识都可能只是冰山一角，这就好比在一本书籍真正出版之前，没有人能明确得知书籍内究竟记录了什么。生产者和创作者处在比较积极的引导位置，能够在文化市场营销中取得主动权，选择符合企业发展需求，高效益且成本较低的产品进行生产，再通过特定的营销放大产品的优点吸引消费者选择。

但文化产品的核心仍是精神文化价值，大规模生产只能够使文化产品的实物载体快速问世，流水线式的文化产品创作也容易使精神层面的价值变得千篇一律，难以直接提升文化产品的质量核心。

### （二）产品导向

"产品好，便能卖得好。"这一观念认为质量优、性能佳的产品更受消费者欢迎和青睐，将提升产品质量、功能视为营销的重点。

对于文化市场营销而言，生产导向在实践中可能仍然是一种被广泛使用的营销观念，这是由文化产品生产者的特殊性决定的。文化产品的生产者可能是文化企业，也可能是艺术家和文化艺术团体，这两者可能在营销观念上就存在本质性区别，前者以营利为根本，后者以艺术表达为追求。

许多文化艺术产品在生产时不仅被作为商品而打造，更是作为一种艺术，在艺术家的手中被赋予光彩。许多艺术创作者有着自己的坚持，他们以艺术追求为先，只愿意提供符合自身审美和表达的高质量艺术成果，而不愿意服从市场的主流需求。这在一定程度上对于整体文化市场的氛围是有良性影响的。所以，文化艺术产品不能以取悦市场为标准，全然依附于大众化的选择而失去其文化价值。

但是，也有一些创作者由于过度陷入自身感知的放大和自我创作的迷恋，始终将精力集中于高质量作品的生产和创作。这就导致了生产成本的大幅提升，生产周期的持续延长，而产出的成品又可能无法契合消费者需求，无法实现价值转化，这其实是创作者和市场都不愿意看到的。

### （三）销售导向

"推销什么，便卖什么。"这一观念认为市场的供需匹配需要推销对接，没有推销引导可能出现供方产能过剩和需求得不到满足的情况，卖家的盈利需要通过推销产品方式实现，因而这一观念更关注卖家需求。

创作者需要表达，文化产品需要说话。推销是文化产品营销过程的重要环节，没有推销的引导，生产者创造的文化产品，只能是非商业化的作品，而无法带来盈利和收入。在一种文化产品面市并被推销前，消费者可能会表现出一定的消费惰性，需求未必能够与供应契合，或该部分需求尚未被开发。通过推销，卖家能够将提供的作品以获益的意愿合理展现出来，同时自己赋予文化产品以合适的诠释、包装、呈现。推销的过程其实是赋予了卖方更多的话语机会，也给了潜在消费者更多了解其内涵的可能，这其实对精神文化价值的传播是有益的。

销售导向观念的核心是将能生产或已经生产的东西销售出去。对于生产经营文化产品的企业来说，文化产品在市场上的供求平衡程度，会给文化企业的销售带来明显的影响。当文化产品在市场上处于供不应求的状况时，文化企业扩大生产和销售这种产品的可能性就大得多；相反，当文化产品在市场上处于供过于求的状况时，就需要以销售导向为营销观念，将具有精神文化价值且已耗费大量精力的文化产成品卖出去。比如，在电影摄制完成后，需要通过一系列手段如预告片、见面会宣传等方式在院线、网络等平台进行主动推销，刺激更多消费者观赏。

### （四）营销导向

"顾客需要什么，便卖什么。"这一观念是 20 世纪 50 年代出现的市场营销观念，认为需要以顾客为中心，了解客户需求从而研发创造合适的产品，有效地创造、传递、传播客户价值。这一观念更关注客户的需求和价值的实现。

相对于更注重卖方需求的推销观念而言，营销导向则更注重目标市场，为了消费者需求的满足而进行创作、生产、传递、传播。在市场营销观念的发展史上，营销导向是较晚被提出的，这呈现了价值让渡的发展过程，也体现了消费者更多地参与营销过程中，其主体地位不断上升。不同的审美观对文化消费的影响是不同的，文化企业应针对不同的价值观念和审美观念所引起的不同消费需求，开展自己的营销活动，特别要把握不同文化背景下的消费者价值观念和审美观念的变化趋势，制订良好的市场营销策略以适应市场需求的变化。对于文化市场营销而言，真正了解市场的精神文化需求并以此来进行创作与创造，能够吸引更多人体验文化产品，充分发挥文化产品的文化价值。

例如，现如今，当用户在各大网络音乐平台寻找新的动听歌曲时，统一的音乐榜单推荐已经不足以满足用户需求了。消费者期望听到的音乐是符合个人偏好、听歌习惯、应用场景的个性化推荐。在了解了相关需求后，许多在线音乐平台推出了基于用户使用习惯的音乐推荐模式，如网易云音乐推出了"心动"模式，能够在听收藏歌曲的同时穿插播放类似风格的新歌，也会推荐类似风格的每日个性化榜单。音乐社区互动式的评论也进一步拓展了音乐生态。这些方式正是以用户的消费需求为先，才能通过精准营销使得更多的音乐被用户体验和聆听。腾讯音乐平台则抓住了音乐版权这一痛点，使许多对特定音乐人、音乐厂牌高度喜爱的用户依赖平台获取视听体验，也正是因为其拥有充足、大量的版权才提升了听众的消费忠诚度。

### （五）社会全方位营销导向

"贯穿始终，深入各个维度。"这一观念认为企业应深入参与到营销活动的各个环节，且具备高度、广度的全面性视野。文化市场内的社会全方位营销，实质是文化企业或创作者有机地参与到整个社会及市场运行的系统当中，将市场内的道德秩序、多个主体间的关系、社会责任等都纳入视角，从社会公共利益的角度出发，平衡文化企业的生产盈利需求和消费者的精神文化需求，从而为社会的长期可持续建设和发展服务。

社会全方位营销集中关注整合营销、关系营销、内部营销和绩效营销四大方面。整合营销的概念由美国西北大学市场营销学教授唐·舒尔茨提出，他认为整合营销是"根据企业的目标设计战略，并支配企业各种资源以达到战略目标"。整合营销将消费者作为营销和宣传的核心，通过资源重组，各类举措协调配合使用的形式，以和顾客的互动沟通为基石，从而使营销和广告行之有效。关系营销又称为顾问式营销，它将市场营销发展到了商业行为范畴之外，从观念和认识上发生了转变，认为企业应将消费者的关系、与关联企业的合作关系、与政府的协调监管关系作为营销活动的关键，任何行为和过程都应为关系的长期维护和加强服务，以使各方互惠地实现各自的目标和要求。关于内部营销，菲利浦·科特勒曾指出："内部营销是指成功地雇佣、训练和尽可能激励员工很好地为顾客服务的工作。"企业对内通过提供员工培训和员工服务，提升内部人员的工作激情与活力，使其产生认同感、归属感，以能够带来足够激励的绩效为目标，以服务为导向，将人员要素重新驱动和管理，以便对外开展优良的服务与营销。对于绩效营销，最直观的认识是企业需要以绩效为中心，提升生产绩效、营销绩效、财务绩效等，以便于更有效地组织开展各类企业活动，集中资源以获取最优绩效回报。

现代社会中，建立健全全方位营销模式能够从根本上突破时空地域并改变企业营销范式。市场需求的多元异质性日益显现，消费者的需求越来越个性化，"受众分化"和"用户体验"成为营销活动关注的核心价值。为不同的用户提供有针对性的营销策略，开展深度的、全方位的互动交流成为现代营销追求的目标。而以数字技术为核心的媒体形式和技术手段，如互联网、手机、富媒体、大规模数据库等则有助于实现现代全方位营销理念，并为开展相应的营销活动提供技术支撑。比如，借助数字技术的支持，电影营销可以大幅提升营销绩效。电影营销可以充分利用互联网、手机、户外媒体，精准定位核心观影人群，快速而有效地传播影片信息，在降低营销成本的同时，有效提高营销效果；同时，可以在互联网和手机平台上建立文化企业和消费者间的新型关系，通过追踪和记录用户的网络浏览行为，获取并分析用户的个人喜好，划分出不同类型、不同倾向的观影人群，进行差别化的影片营销，将营销活动的关注点从少数大片扩展到消费者个性化的观影需求，从而使一些原本被忽视的"小众型"影片创造更大价值。此外，富媒体也可以助力营销活动。集中了二维、三维动画、影像和声音的富媒体同时具有影音的娱乐特性、文字的力量和情感以及游戏活动的心理体验，汇聚了众多媒体的优点，借助与用户的多层次交互，富媒体可以通过增强用户体验使营销活动获得更为有效的传播。

综上所述，营销活动，观念先行。每种营销观念在文化市场营销中都可能存在一定的优势。但总体而言，更关注消费者需求、更理解整个社会需要的文化营销者更可能获得成功，这在很长一段时间内将是文化市场营销发展的总体趋势。

## 思考题

1. 文化市场的特殊性如何体现？
2. 文化消费中的顾客价值可以从什么维度探究？
3. 举例说明某种文化市场营销观念。

## 推荐阅读资料

1. 科特勒，凯勒. 营销管理[M]. 5版. 上海：格致出版社，2017.
2. 赫斯蒙德夫. 文化产业[M]. 3版. 北京：中国人民大学出版社，2016.

# 第二章

# 营销环境

 学习目标

通过对本章的学习，学生应掌握如下内容：

1. 文化市场营销环境的内涵；
2. 媒介环境对市场营销的影响；
3. 企业面临的竞争环境的内涵；
4. 文化企业内部环境的层次。

 导言

　　一种产品、服务的营销策略以及一个企业能否取得成功，往往与其所处的市场营销环境相关。市场是一个开放的巨系统，文化企业作为市场的一个组织细胞，也不是存在于一个真空环境内，而是在一定的外界环境和内部小环境共同作用下为社会和消费者提供文化产品和文化服务。也就是说，文化企业在营销过程中必然会与社会的生态系统、市场环境的各个方面发生关系。企业外部环境条件是不断变化的，它既给文化企业创造了新的市场机会，又给文化企业带来某种威胁，因此，市场营销环境对文化企业的生存和发展具有重要意义。文化企业和文化市场营销者必须重视对市场营销环境的分析和研究，注意对市场营销环境的调查、预测和分析，根据市场营销环境的变化制定有效的市场营销战略和策略，并随时根据市场环境的变化及时调整产品结构和营销方案，抓住机会，从而实现市场营销目标。

## 第一节　宏 观 环 境

　　所谓文化市场营销环境，是在文化企业运营过程中，影响其产品或服务营销活动和营销目标实现的各种外部条件的综合，它对企业营销活动产生影响，而企业对其又无法控制。

美国著名市场学家菲利普·科特勒在解释企业营销环境时指出："企业营销环境，是由营销管理职能外部的因素和力量组成的，这些因素和力量影响着营销管理者成功地保持和发展同其目标市场顾客交换的能力。"宏观环境因素是文化企业难以影响和控制的，但是企业必须监视它，对其变化做出反应。如何审时度势地把握外部宏观环境的变化是一个企业必须面对和应对的话题。

在此借助常用的 PEST 分析模型，从影响文化企业的政治环境、经济环境、社会环境和技术环境等多个方面入手（见图 2-1），对当前文化企业营销活动的外部环境问题进行解构，以便于识别文化企业营销所面临的宏观环境要素的机会和威胁。

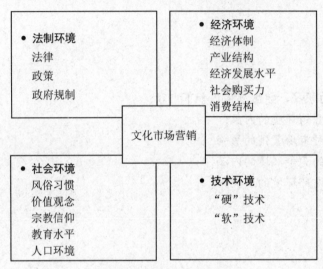

图 2-1　PEST 分析示意图

## 一、法制环境

法律与政策是影响文化企业市场营销的重要的宏观环境因素。企业市场营销活动必须在现有法律政治框架下进行，文化企业因其所生产的文化产品、所提供的文化服务的特殊性，即涉及社会思想意识、社会舆论、社会价值观等核心内容的导向，在日常经营及营销活动中更要受到法律的监督。法律与政策是影响文化企业市场营销的重要的宏观环境因素。法律为文化企业市场营销活动提供行为准则。政策则是一只无形之手，调节着文化企业经营和营销活动的方向；法律与政策共同对文化企业的市场营销活动发挥影响和作用。

### （一）法制环境因素对文化企业营销的影响

从当前企业营销活动法制环境的情况来看，管制企业的立法增多，法律体系越来越完善。为保证企业间的公平竞争，保护消费者的正当权益，保护社会的整体利益和长远利益，近几年来，我国在发展社会主义市场经济的同时，也加强了市场法制方面的建设，陆续制定、颁布了一系列重要法律法规，如《中华人民共和国公司法》《中华人民共和国广告法》《中华人民共和国商标法》《中华人民共和国经济合同法》《中华人民共和国反不正当竞争法》《中华人民共和国消费者权益保护法》《中华人民共和国产品质量法》《中华人民共和国外商投资企业法》等，对规范企业的营销活动起到了重要作用。

对于文化企业，除了上述一般企业通用的法律外，还必须遵守其文化产品和文化服务领域的相关法律法规，如国家广播电视总局发布的《国家广播电视总局 2019—2028 年立法工作规划》显示，国家广播电视总局将推动《中华人民共和国广播电视法》的立法进程，10 年内完成制定工作，这将是我国影视娱乐行业的又一重要法律依据。同时，文化企业也应该注重知识产权保护，提升版权意识，尊重知识产权。国务院办公厅于 2018 年 2 月印发《关于加强知识产权审判领域改革创新若干问题的意见》，于 2019 年 11 月印发《关于强化知识产权保护的意见》，这是新时代我国坚持走中国特色自主创新道路，并提出实施创新驱动发展战略的重要体现，知识产权制度建设被提到了新的高度。同时，当其他经营者或竞争者侵犯自己正当权益时，文化企业也要善于、勇于用法律手段保护自己的利益。

### （二）政策环境因素对文化企业营销的影响

政策环境指国家方针政策的变化对市场营销活动带来的或可能带来的影响。由于文化产业和文化产品所具有的意识形态属性和与生俱来的教化作用，使文化产业发展与文化企业的经营活动比其他产业或行业更容易受到政治环境的影响。关于文化产业的发展，我国文化产业政策脉络如下：1985 年，国家颁布《关于第三产业的统计》提到文化制造与服务业；1991 年，国家正式提出"文化经济"（culture economics）；1992 年，国务院办公厅编著《重大战略决策——加快发展第三产业》，第一次提及"文化产业"；1998 年，文化部成立文化产业司，首次设立文化产业专门管理机构；2000 年，《中共中央关于制定国民经济和社会发展第十个五年计划的建议》将"文化产业"首次写入中央文件，标志着对文化产业的承认；2002 年，"文化产业"第一次被写入党的报告中；2006 年，国家统计局首次发布了文化产业的统计资料；同年，发布《国家"十一五"时期文化发展规划纲要》；2009 年，我国第十一个产业振兴规划——《文化产业振兴规划》出台；2010 年，九部委联合发布《关于金融支持文化产业振兴和发展繁荣的指导意见》；2011 年 10 月，中共中央十七届六中全会审议通过《中共中央关于深化文化体制改革，推动社会主义文化发展大繁荣若干重大问题的决定》第一次提出建设社会主义文化强国的奋斗目标，明确提出"推动文化产业成为国民经济支柱性产业"；2012 年，党的十八大报告中提出"建设社会主义文化强国，关键是增强全民族文化创造活力"；2014 年年初，国务院连发两个关于文化产业发展的意见——《推进文化创意和设计服务与相关产业融合发展的若干意见》和《关于加快发展对外文化贸易的意见》，文化部牵头出台《关于深入推进文化金融合作的意见》；2017 年年初，文化部出台《文化部"十三五"时期文化发展改革规划》和《文化部"一带一路"文化发展行动计划（2016—2020 年）》；同年，十九大报告中提出"坚定文化自信，推动社会主义文化繁荣兴盛"，更是为文化产业注入了强心剂。

此外，国内国际政治形势和环境也对文化企业的营销活动产生重要影响。国际、国内政局的稳定性，国家政策方针的变动性，甚至国家意识形态领域的倾向性，都会给文化行业、文化企业的发展及其市场营销活动带来决定性的影响。

### （三）政府规制对文化企业营销的影响

所谓政府规制，是指政府部门运用行政、财税手段对文化产业（企业）的管理和调控。政府规制在我国文化产业（企业）中起着重要作用。政府可以通过财政补贴、经营许可审批、资本市场扶持等对文化产业（企业）的发展给予支持，政府还可以通过资源调控上下游产业（企业）及其他相关产业（企业）的发展。

## 二、经济环境

经济环境是指文化市场营销活动所面临的直接的社会经济条件及其运行状况和发展趋势。经济环境对文化市场营销有更直接的影响，是制约文化市场营销的关键性因素。对经济环境的研究主要包括经济体制、产业结构、经济发展水平、社会购买力、社会文化消费能力、消费者收入水平、消费结构等诸多方面。

### （一）经济体制和产业结构

党的十八届三中全会指出，"使市场在资源配置中起决定性作用和更好发挥政府作用"。十九届四中全会指出，"充分发挥市场在资源配置中的决定性作用"。相关表述不仅明确了未来全面深化改革的重点所在，而且对市场的地位和作用进行了重新定位。这对文化企业的发展无疑是利好消息——基于市场机制，发挥市场在文化资源配置中的决定性作用，能够最大程度地提高资源配置效率。

21世纪以来，国家大力调整产业结构，推动文化产业成为国民经济支柱性产业，这为文化产业（企业）的发展提供了重要契机，文化产业被称为继农业、工业和建筑业、服务业、信息业之后的第五产业，该产业主要提供的是满足人们在达到温饱后对提高生活质量的文化需求，文化企业营销人员应该抓住产业调整的契机，及时调整企业的产品结构，不断开拓新的市场。

### （二）经济发展水平

自1978年以来，我国经济保持高速增长态势，2006年GDP开始逐步超越英、法、意、德、日等传统发达国家，2010年成为全球第二大经济体。自2008年全球金融危机以来，我国经济表现依然坚挺，成为全球经济复苏的重要推手。在世界经济复苏依然缓慢且不均衡、国际贸易和投资疲弱、增长动力不足、贸易保护主义抬头、逆全球化趋势加剧等情形下，我国国内生产总值增速仍然保持在较高水平。根据国家统计局数据，2019年我国GDP为99.0865万亿元，同比增长6.1%，稳居世界第二。2020年，全球经济受到了新冠肺炎疫情的剧烈冲击，但我国经济持续多年向好发展的稳定态势，为疫情后民生经济的快速复苏打下了良好基础。

一般来说，经济发展水平越高，给文化市场营销带来的利好因素也越多。因为高速发展的经济必然导致人们快速紧张的工作节奏和生活节奏，人们在业余时间身心需要调剂、需要放松的欲望也就越发强烈，这就给文化市场营销提供了消费良机；而高速发展经济的同时也提高了人们的收入，这又为文化市场营销提供了消费可能性。当然，高速发展的经济也会加剧文化市场营销的竞争，这就需要文化企业看清经济形势，认准投资方向，把握营销时机，主动迎接市场的挑战。

### （三）社会购买力

经济环境最主要的指标就是社会购买力。社会购买力是一系列经济因素的函数，它与国民经济发展水平以及居民的收入水平、消费模式、信贷和储蓄、物价指数等密切相关。经济发展快，居民收入水平高，社会购买力就大，文化企业的营销机会就多；反之，经济衰退，居民收入降低，市场规模缩小，文化企业营销机会减少，被迫缩小经营规模，利益也就减少。

社会购买力与消费者的收入水平和支出模式密切相关。消费者收入是指消费者从各种来源中所获得的全部收入，它分为个人可支配收入和可任意支配收入两部分。个人可支配收入指从个人收入中扣除税款和非税性负担后剩下的余额。可任意支配收入指个人可支配收入减去维持生活所必需的支出和其他固定支出后的余下收入，这部分收入活跃性强且具有很大的消费投向不确定性。所谓文化消费能力，也是指这部分收入投向文化消费的多寡，它直接影响文化市场的容量和消费者文化消费支出的模式。任何社会中总有高收入、一般收入和低收入消费者，个人可任意支配收入也就有高、中、低的区别。因此文化市场营销就应针对这种差异性，确定文化产品、文化服务的开发战略和目标市场。就我国目前情况而言，工薪阶层占人口的绝大多数，这就决定了我国的文化市场还是以大众型文化消费为主。任何脱离这一具体国情的文化市场营销，至少在现阶段是没有出路的。

### （四）消费结构

消费结构是指消费者的各种消费支出的比例关系。消费结构与国家经济发展水平、居民收入水平密切相关。恩格尔定律指出：一个家庭收入越少，其总支出中用于购买食物的比率就越大；随着家庭收入增加，用于购买食物的支出占总支出的比率会下降，而用于其他方面的开支（如文化、娱乐、教育、保健等）和储蓄所占的比率就会上升。所以文化产品和文化服务属于需求弹性较大的产品，随着家庭收入水平的提高，用于文化产品和服务支出的比重也会提高。

## 三、社会环境

社会环境是承载文化产业发展以及产品、服务营销的文化土壤，在很大程度上会影响人们对文化产品和服务的需求。社会环境的变化是文化市场营销必须面临的环境因素。从空间角度来看，我国地域辽阔且每个地域都有自己特色的文化习俗，相对开放的文化市场来说，文化产品或服务在全国范围内会面临对当地文化的社会环境冲击。文化产品或服务是否符合区域的文化风格是文化企业发展中必须回答的问题。社会文化环境涉及的范围相当广泛，如风俗习惯、价值观念、宗教信仰、教育水平、人口环境等，这里择其要者略做阐述。

### （一）风俗习惯、价值观念、宗教信仰

风俗习惯是人们在一定的自然环境和社会生产生活方式、条件下长期形成的，并世代相袭的风尚和习惯等的总称。各个民族、各个地区的文化传统、社会习俗会有许多相通相同的方面，也会有不少相隔相异的方面。不同的国家、民族有不同的风俗习惯，它对消费者的消费偏好、消费模式、消费行为等具有重要的影响。

价值观念对文化市场营销的影响也是显而易见的。例如"文革"期间，受"左"倾错误的影响，古瓷器、古字画、线装书等被认为是"四旧"，一律在扫除销毁之列。改革开放以后，人们逐渐认识到这些文物的历史文化价值，不惜重金搜求购置以作珍藏，于是在国家政策允许的范围内，文物市场出现并兴盛起来。除价值观念外，人们对文化产品和文化服务的审美要求也比较高，如影视剧的故事情节、画面、音乐，演员的表演水平；歌星、舞星的形象包装；书籍的装帧、印刷、内涵；文化娱乐场所的建筑装潢、声光色彩、文化氛围等，都体现了人们对审美的要求越来越高。

不同的宗教信仰有不同的文化倾向和戒律，也会影响人们认识事物的方式、价值观念和行为准则，影响人们的消费行为，从而带来特殊的市场需求。在一些信奉宗教的国家和地区，宗教信仰对市场营销的影响很大。文化市场营销在面对各不相同的亚文化群时，应根据其不同的风俗民情、生活习惯、文化观念、消费特点，提供相对应的而不是相左或相忌的文化产品和文化服务。

### （二）教育水平

各个国家和地区的教育水平受经济发展水平的影响，往往差别较大。而教育水平的高低影响着消费者的心理和消费结构，不同的文化修养会产生不同的审美观，导致消费者购买商品尤其是文化产品和文化服务时的选择原则和方式也不同。一般来讲，教育水平高的地区，消费者对精神生活的要求较高，容易接受更多的文化产品和文化服务，对文化产品和服务购买的热情也较高。同时，教育水平高低还影响企业营销组织策略的选取，以及销售推广的方式方法。例如，在文盲率高的地区，用文字形式做广告，难以收到好效果，而用电视、广播和当场示范表演形式，才容易为人们所接受。又如，在教育水平低的地区应选择适合大众的、通俗易懂的、价格相对低廉的文化产品和服务；而在教育水平高的地区，则需要高品位的、高质量的文化产品和服务。教育水平的高低，就其主观消费欲望而言，往往是衡量文化消费水平高低的一根标尺（实际的消费水平还要受其他因素制约）。因此，在设计产品和制定产品策略时，文化企业必须考虑当地的教育水平，文化市场营销要针对消费者教育水平的高低提供相应水准的文化产品和文化服务。

### （三）人口环境

人口是构成文化市场的第一因素。因为市场是由那些想购买商品同时又具有购买力的

人构成的。文化企业生产经营活动的最终目的是满足人类不断增长的精神文化需求。人口的多少直接决定市场的潜在容量，人口越多，市场规模就越大。而人口的年龄结构、地理分布及其文化教育等因素，都会对文化市场格局产生深刻影响，并直接影响文化市场营销活动和文化企业的经营管理。正确认识与把握人口环境的发展变化，是文化企业根据自己的行业特点和资源条件正确选择目标市场、成功开展市场营销活动的重要决策依据之一。

人口规模指在一个国家（或一个地区）长期居住的总人数。人口越多，基本消费需求及其派生的精神需求的绝对量就会越大。对于企业来说，人口多，现实消费和潜在消费的可能性就大，文化企业的市场机会就多，发展空间也就大。作为世界上人口最多的国家，与当前发达国家的居民的文化产品消费水平相比，我国居民的很多文化需求还远远没有得到满足，因此我国文化市场发展的潜力极大，文化企业的营销机会极多。

人口构成对文化企业的营销活动更具有直接意义。人口构成包括自然构成和社会构成，前者如年龄结构、性别结构，后者如民族构成、职业构成、教育程度等。以性别、年龄、民族、职业、教育程度相区别的不同消费者，由于在收入、阅历、生理需求、生活方式、价值观念、社会活动、风俗习惯等方面存在差异，必然会产生不同的文化消费需求和文化消费方式，形成各具特色的文化消费群，文化产品和服务方面的需求程度和消费水平也就存在差异。

人口地理分布和流动是影响文化企业营销的重要因素。不同的地区，人们的文化消费需求、文化消费习惯和购买行为存在较大的差异。人口的流动也会影响文化企业的营销活动。我国农村人口众多，广大农村有着巨大的文化市场潜力。而从民族结构看，我国是一个多民族国家，有五十多个少数民族，各民族文化传统和生活习俗都有很大的不同，反映到文化市场上，就是不同民族对文化产品和服务的需求存在着很大的差异。

## 四、技术环境

科学技术是激动人心的、对人类生活与社会的发展最有影响的力量。人类历史上的每一次技术革命，都强烈地震撼和改变着社会经济生活的方方面面。技术环境不仅直接影响文化企业内部的生产与经营，而且还与其他环境因素互相依赖、互相作用，对文化企业的市场营销活动产生直接的影响。

### （一）数字技术提升了文化产品的传播能力

文化产品也就是关于文化信息的具有传播性质的产品，数字科技主要从三个方面提升了文化产品和服务的传播能力。第一，数字科技加快了文化产品的传播速度。传统的文化创意产品是以原子为基础的，它们的流通速度受到运送原子的限制。以电影为例，原本其发行需要运送笨重的复制品，而在信息被数字化为比特之后，就可以用极速传输。第二，数字科技使得文化产品的传播影响范围扩大。文化产品在数字化以后，可以放到网上方便地进行传播，其影响范围也就从过去的局部地域变成了全球。第三，数字科技丰富了文化产品的表现力。数字科技赋予文化产品的多媒体性和交互性是以前的技术所很难达到的，基于数字科技的文化产品可以采用丰富得多的叙事方式和媒体手段，这大大增强了它传播文化、科技信息的表现力。

### （二）数字技术提高了市场营销效率

科学技术的发展不仅为文化企业设计生产文化产品和文化服务提供了技术支撑，也为文化企业的市场营销提供了科学的理论方法和技术手段。数字科技的发展，为企业提高营销效率提供了物质条件。例如，新的交通运输工具的发明或旧的运输工具的技术改进，使运输的效率大大提高；信息、通信设备的改善，更便于企业组织营销，提高营销效率。同时，市场促销措施更有效。例如，广播、电视、传真等现代信息传媒技术的发展，使企业的商品和劳务信息可以及时准确地传送到全国乃至世界各地，这将大大有利于本国和世界各国消费者了解这方面的信息，并起到刺激消费、促进销售的作用。

### （三）数字技术促使营销及时把握消费需求

数字技术的运用，可使文化企业及时对消费者的消费需求及动向进行有效的了解，从而使企业营销活动更加切合消费者需求的实际情况。科学技术的发展，推动了消费者需求向高档次、多样化方向发展，消费者消费的内容更加纷繁复杂，尤其是属于精神消费层面的文化产品和文化服务更具有多样性、易变性特点。文化企业生产什么产品、生产多少产品去满足消费者需要的问题，应随时通过调查研究和综合分析来加以解决。利用高级电子计算机对消费者及其需求的资料进行模拟和计算、分析和预测，就能及时、准确地为文化企业提供相关数据，以作为文化企业营销活动的客观依据。

针对技术环境发展变化的影响，文化企业的营销策略和营销活动必须不断调整，企业要密切关注所在领域和相关领域的发展变化，分析所在领域科学技术的发展带来的影响，以利于及时调整本企业的营销方案。文化企业要以技术进步为契机，不断开发新产品来满足消费者的新需求，利用新的技术手段改善营销方式，才能在不断变化的环境中提高自身的应变能力，在市场竞争中立于不败之地。

## 第二节　媒　介　环　境

媒介环境，就是"那个由真真假假的影像所组成的虚性世界。……当今的身外世界早已变得无比庞杂，远非个人所能亲历。大众媒介把'不可触、不可见、不可思议'的实性世界投身给人们，为人们提供一个可知可感并且仿佛也能亲身经历的虚性世界，即那个间接的、人为的、虚化的媒介环境。"[1] 简而言之，媒介环境即大众传播媒介所营造和建构

---

[1] 李彬. 传播学引论[M]. 北京：新华出版社，2012：202.

的虚拟环境。尽管媒介环境在本质上是一种由信息流组成的虚拟的符号环境，但它作为符号的组合系列也是一种客观存在。无论受众是否能接触到，它本身都是客观存在的，不能因为受众感知能力有限而否定它的存在或主观缩小它的范围。现代化程度越高的社会，媒介环境的公开性越明显，人们对媒介环境的依赖性也越强。目前任何产业的发展、商业模式的营造都离不开新兴媒介和媒介环境，特别是文化产业的迅猛发展，离不开网络媒介的催化和鼓励。

文化市场的营销活动更依赖于媒介环境，主要是因为媒介环境通过其自身特点可以为营销活动提供条件。

## 一、主动双向与模拟现实

与传统大众传播环境的营销不同，媒介环境下的文化市场营销对人的主体影响和塑造是双向互动的。大众传播环境下营销是单向的，是被动的。而新媒介环境下营销是主动的，双向的。主要表现在：一是消费者对文化产品信息有更旺盛的需求欲，对文化产品信息的选择更加自主化，并且能够通过一定渠道反馈自己的信息体验，如消费者通过大众点评网评价自己对某个产品消费的真实体验，进而会影响产品的销售和企业的经营。二是相对于现实世界和传统大众传媒的关系，媒介环境和现实世界之间的关系是平行并列的。更多的时候在媒介环境中形成另一个完整的超现实的客观世界。比如网络游戏中，所有的交流都是主体真正参与的，这种游戏过程带来的尊重、兴奋等感觉是真实可感的，另外这种网络游戏带来的感觉是消费主体在网络以外的世界根本寻觅不到的。对于网络消费主体来说，它就是客观世界的一部分。沃尔特·李普曼（Walter Lippmann）认为，现代社会越来越巨大化和复杂化，人们由于实际活动的范围、精力和注意力有限，不可能对与他们有关的整个外部环境和众多的事情都保持经验性接触，对超出自己亲身感知以外的事物，只能通过各种媒介去了解认知。[1] 文化企业可以通过此种超现实的界面进行产品的营销活动。

## 二、细分市场与精准营销

现代社会中，社会化生产中的分工的进一步细化，促使社会成员的个人角色进一步细化，他们的不可或缺的信息需求也随之细化，当前媒介环境的传播特征是"处处是中心，无处是边缘"。信息权力分散到每一台计算机和每一部手机之中，每一个受众都开始成为广告传达的中心，受众不再是大众式的均一原子的分列排布，而是成为具备不同特征的"分众"。媒介受众的发展趋势为：大众（mass）—分众（demass）—适位（niche）——对一精准。在受众不断呈现异质化的特征的同时，受众注意力资源则相对的稀缺。网络媒介的诞生使得信息检索类别化、格式化，消费者在新媒介的作用下细分为不同群体，走向了分

---

① 李普曼. 舆论学[M]. 林珊，译. 北京：华夏出版社，1989：1.

散化、细分化的态势，由大众市场转为"分众市场"。文化企业可以根据这种细分市场进行精准化营销，以提高营销效率，节省营销开支。麦当劳在主要市场上推出烤鸡腿汉堡时，活动的目标是提高消费者对产品特征的了解、购买的驱动轨迹和购买欲。广告目标群体是成年人，尤其是 18～24 岁的成年人。麦当劳希望寻找到最有效的成本使用方式从而使品牌效应最大化。最主要的挑战是通过新方法影响目标人群，明确而"动情"地传达新三明治的产品特征。在其广告媒体组合中除了广播、印刷品和电视，还有网络。通过把网络广告的到达率提高 60%，麦当劳将产品的认知度在 18～49 个媒体目标中提高了 8.3%。这使 600 多万消费者开始知道这款新产品。这种贡献是通过它对消费者的精准影响来体现的。原来模糊的大众有逐渐分化成明确的目标"分众"的倾向，大众媒体的内容灌输型的"泛播"正在转变为针对群体或个人的需求设计传播内容的"窄播"，传播目标更加精准。新媒介不同于传统媒介，它能够有效地锁定目标消费人群，实现分众效应。对消费者个体特征的把握与选择，是新媒介环境下文化企业营销活动所必需关注的内容。

## 三、移动媒体与数字营销

媒介环境下，使用智能终端的人越来越多。据中国互联网信息中心（CNMC）发布的第 47 次《中国互联网络发展状况统计报告》显示，截至 2020 年 12 月，全国手机网民规模达 9.86 亿，网民使用手机上网的比例达 99.7%。大家捧着手机看新闻、听音乐、读电子图书、玩指尖游戏、淘网店商品、与朋友聊天、上传照片和转发信息等，都已司空见惯。文化企业也悄然利用移动媒体进行产品营销，特别是企业微博，具有较低的发布门槛、实时传播的特点，通过企业个性内容的展示等来开展营销，探索良好的营销传播模式。文化企业将微博营销看作是开发新用户和维护老用户的有效工具。同时微信营销也是文化企业的创新营销模式，基于腾讯用户基数庞大、投放人群精准等突出优势，微信营销已经成为文化企业当前最快速、最精准、最有效、最新型的网络营销手段。文化的无形性和新媒体营销手段的媒介虚拟性相结合，有时候会使得文化产品的营销工作更加有效。因为数字营销手段本来也就是采用虚拟手段，因此可以将文化产品中所蕴含的文化内涵和精华表现得更加透彻，而线下实体店的销售在这一点上相对没有优势。但也正是两者的契合，会让有的文化产品显得过度完美了，这样反而不利于文化产业的发展，这其中的度需要文化产业从业者根据自己产品的真实情况来进行选择。

文化产业中的许多产品都没有物质形态，而是以非物质形态的方式存在，如电影、演艺节目等。这些产品的销售本身就是一种体验过程，体验就是一种消费。而数字营销方式在无形文化产业中的作用就是利用自身的高科技手段来不断完善消费者的消费体验过程，尽善尽美的体验过程将意味着文化产品的大量销售和高额利润。有形的文化产品很多时候都是无形文化产业衍生出的消费品，就如电影和动漫的衍生品一样。通过为有形文化产品塑造出一种文化体验的氛围，能有效地促进产品的销售，提高产品的附加值，如在电影人物玩偶的卖场播放相应的电影就会起到很好的促销效果。

# 第三节 竞 争 环 境

　　竞争环境是企业具体所处的外部环境，与企业的生存和发展息息相关。在同一行业内，同类企业数量的多少、能力的强弱，都会对企业本身所面临的竞争环境产生重要的影响。在现有竞争环境下，随着竞争不断加剧，行业可能会面临结构格局的变化调整、供需关系的平衡调节、内部竞争伦理等局面或问题。同时，行业外的企业希望进入行业内，瓜分市场获取收益，其他行业如果能够提供优秀的类似功用产品，也可能对该行业内的企业形成威胁。此外，市场格局也存在多样性，如在寡头垄断市场内，寡头企业可能对行业内小微企业进行压制，小微企业受制于规模、产能影响需要进一步开发优势、做出调整；而在完全竞争市场内，由于产品同质化程度高，行业壁垒低，企业则需要不断降低生产成本，提供较好的产品和较低的价格。总而言之，如果说宏观环境分析是对企业所处大局环境的整体认知，那么企业所处竞争环境分析则针对性更强，更为具体、有效，能够帮助企业把握行业发展趋势，了解对手与潜在竞争者，提升核心竞争能力。

　　对于文化企业竞争环境而言，由于企业所销售的产品或提供的服务都紧紧围绕文化，要想在激烈竞争中脱颖而出，这就对企业的内容创作、价值观念、艺术品位等提出了更高的要求，也需要企业对于竞争环境下对手们的创作与营销有更为清晰的认识和分析。用于分析企业的竞争环境的方法有很多，目前比较主流的有行业生命周期分析、波特五力模型分析和战略群分析。

## 一、行业生命周期

　　马克思主义哲学中关于事物发展规律的哲理是高度凝练而精辟的，即事物发展的总趋势是前进的，新事物必定能够战胜旧事物，这是由客观事物发展的规律性和新旧事物的本质决定的。而将这样的自然规律应用到任何行业、企业、个人的发展，都是适用的。

　　行业的生命周期是指行业从出现到完全退出社会经济活动所经历的时间，而任何行业，都必然经历行业生命周期。在诞生之初，行业作为新兴的朝阳产业，不断吸引更多的企业加入，共同为行业的发展而奋斗。当更多的企业进入相关市场，消费者市场也逐渐壮大，业内生产水平不断提升，技术不断发展，便达到了行业的快速成长期。如果行业的成长达到了一定的程度，将会迎来鼎盛时期。在这个阶段，往往竞争极为激烈，致使各个企业投入更多的精力进行营销、个性化经营或压缩成本，而过于激烈的竞争可能会为行业的衰落埋下隐患。如果一个行业由于某些共性问题而发生衰退，甚至被全新的行业所取代，那么，这个行业便是进入了最后的衰落期，通常被称为夕阳产业。

　　行业生命周期对于不同领域而言，其时间长短可能存在很大差距，如持久弥新的时尚行业、不断更迭的信息行业等。但在总体上，行业已经、正在，或即将经历的发展历程是不变的。而在经历了部分的生命周期之后，往往又可能以新的形式和面貌出现，再一次经历形成、成长、成熟、衰退的过程。抛开满足需求的具体表现形式，只要市场的核心诉求仍然存在，相关行业就能继承原有形式或以新行业的形式不断地发展、生存。

概括而言，行业的生命发展周期主要包括四个发展阶段：形成期、成长期、成熟期、衰退期，如图 2-2 所示。行业生命周期各个阶段的特征如表 2-1 所示。

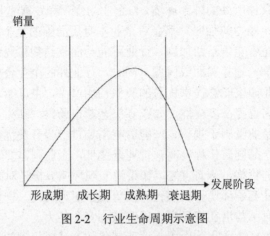

图 2-2　行业生命周期示意图

表 2-1　行业生命周期各阶段特征

| 阶　段 | 特　征 |
| --- | --- |
| 形成期 | 行业初步形成，业内企业规模往往较小，产品和技术还处于不成熟阶段，行业内竞争较小 |
| 成长期 | 行业迅速成长，产品逐渐完善，市场和利润迅速增长，竞争对手增多，行业竞争日趋激烈 |
| 成熟期 | 行业规模趋于鼎盛，市场逐渐趋于饱和，行业竞争十分激烈 |
| 衰退期 | 行业规模缩小，市场萎缩，竞争对手数量减小，成为"夕阳产业" |

以音乐载体为例，其发展、演变的过程就经历了若干阶段。磁带行业当初作为"新星"冉冉升起，但在发展了数十年后便迅速衰落，被 CD 所替代。而此后，随着互联网的发展、智能手机的普及，音乐更多的是以数字化形式存在，音乐载体也随之迁移。如果从微观的角度看，一家企业的努力无法左右行业整体的生命周期，如一家音乐磁带生产企业如果没有能够很好地把握整体行业兴衰、即将被替代，那么它即便是再努力，也会在磁带行业的衰落中随之倾覆。但是从长远来看，这种交替的形式又是具有继承性的。因为音乐厂家生产的文化产品的共同内核都是作为文化艺术的音乐本身，虽然载体不断演化，但一切目的都是使音乐的创作及展现形式得到进一步的丰富，通过传播为更多人所欣赏和接受。此外，随着新旧更迭，虽然陈旧的音乐载体形式整体性衰落，但也有黑胶碟片等以复古、怀旧的面貌吸引了全新的年轻消费者，开辟了新的市场。

## 二、竞争者、供应者和购买者

如果说宏观环境和媒介环境属于文化市场营销的背景和条件，那么竞争环境则是文化企业真正需要面对的，如何将宏观环境和媒介环境为己所用，在市场上占有先机，就必须具体分析文化企业的竞争环境。下面将借助于波特竞争优势理论中的竞争五力模型阐述文化市场营销的竞争环境，如图2-3所示。

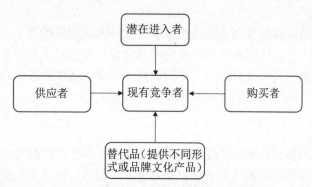

图2-3 文化企业市场营销竞争环境示意图

通过图2-3可以看出，文化企业市场营销的竞争环境主要由三个方面构成，一是竞争者，二是供应者，三是购买者，而这三个方面也组成了市场环境，或者说竞争环境就是市场环境。市场是现代企业经营活动的出发点和归宿，是企业得以生存和发展的根本，这种力量制约着文化企业营销决策的制定和服务能力的形成。

## （一）竞争者

文化市场营销的竞争者是文化企业真正的对手。现代市场营销管理所研究的竞争者，主要是围绕消费需求展开争夺的卖者。这类竞争者可以划分为愿望竞争者、平行竞争者、产品形式竞争者、品牌竞争者和潜在竞争者。

### 1. 愿望竞争者

愿望竞争者是指提供不同文化产品以满足消费者不同精神文化需求的竞争者。从消费者群体的购买决策过程来看，认识需求是首要的，如"目前我需要休闲度假"。对于提供电影的电影院来说，剧院、主题公园就是愿望竞争者。如何促使消费者首先选择观看电影，而不是观看话剧、京剧、黄梅戏，或逛主题公园，这是文化企业营销所必需关注的。

### 2. 平行竞争者

平行竞争者是指提供能够满足同一种精神需求的不同文化产品的竞争者。消费者在确定了需求的基础上，进一步判断选择，即"哪种文化产品能满足我的需求"。能够满足同一种精神需求的不同文化产品有很多，这些文化产品的提供者之间形成一种竞争关系，他们成为平行竞争者。例如消费者想要观看戏剧表演，这时话剧、京剧、黄梅戏之间就存在竞争关系。

### 3. 产品形式竞争者

产品形式竞争者是指提供同种文化产品但不同规格、时间、地点的竞争者。消费者在满足同一需求的文化产品中进一步选择某一种产品。例如选择看电影，是去哪种影厅呢，是去IMAX厅、巨幕厅还是杜比影院（Dobly Cinema）。

#### 4. 品牌竞争者

品牌竞争者是指文化产品相同，但是产品品牌不同的竞争者。消费者看重的是产品的品牌，对品牌具有特殊偏好。例如，消费者去万达观看电影，而不去一般的影院观看。

#### 5. 潜在竞争者

潜在竞争者是指即将提供与本企业类似的文化产品或服务的竞争者。目前很多房地产企业开始转投文化产业，这些房地产企业将成为文化企业的潜在竞争者。

以上不同竞争者与文化企业形成了不同的竞争关系，这些不同的而且不断变化的竞争关系，是企业展开营销活动必须考虑的重要制约力量。

### （二）供应者

供应者也称供应商，是指向文化企业及其竞争者提供生产产品和服务所需资源的企业或个人。供应商所提供的资源主要包括设备、劳务、创意、资金等。如果没有这些资源作为保障，文化企业根本就无法正常运转，也就无法提供给市场所需要的文化商品。因此，供应商供货的稳定性与及时性、供货的价格变动、供货的质量水平及销后服务水平等都会给文化企业的经营活动带来直接的影响和制约。这就要求文化企业在寻找和选择供应商时，必须充分考虑供应商的资信状况，要选择那些能够提供品质优良、价格合理的资源，有良好信用，在质量和效率方面都信得过的供应商，并且要与主要供应商建立长期稳定的合作关系，保证企业生产资源供应的稳定性。同时必须使自己的供应商多样化，以免当与供应商的关系发生变化时，企业陷入困境。

### （三）购买者

购买者是文化企业服务的对象，文化企业的一切营销活动都是以满足购买者的需求为中心的，因此，购买者是企业最重要的环境因素，也是文化企业竞争的焦点。文化企业可以根据购买者的不同类型从不同角度、以不同的标准细分市场。按照购买者购买动机的不同，文化市场可以分为为满足个人或家庭需要而购买文化商品和服务的文化市场；为赚取利润或达到其他目的而购买文化商品和服务以转售的中间商市场；为提供公共服务或将商品与服务转给需要的人而购买文化商品和服务的政府和非营利机构以及国外的消费者、中间商和政府等所构成的市场。上述每一种细分市场都有其独特的购买者。而在这些细分市场上文化产品购买者不同的、变化着的文化需求，又要求文化企业以不同的服务方式提供不同的产品或服务，这制约着文化企业营销决策的制定和服务能力的形成。因此，文化企业要认真研究为之服务的细分市场，研究其类别、需求特点、购买动机等，使企业的营销活动能满足购买者的需要，符合购买者的愿望，不断提供给消费者更新更适宜的产品和服务。

## 三、行业战略集群

战略群是指一个行业内执行相同或类似战略的一组企业，往往也具备相似的战略特征或市场地位。战略群分析是重要的战略分析方法，能够帮助企业具体分析业内竞争情况，识别出位于同战略集群的对手企业，以更好地进行商业竞争，也能够通过参考其他战略集群的现状，做出战略调整。

战略群分析的主要步骤如下。

（1）以产品种类、产品的地域覆盖、销售渠道、产品品质、所用技术、纵向整合程度、研发投入强度等战略维度为基础，把同一产业中的企业划分为若干战略群。

（2）对战略群内企业间的竞争状况进行分析。

（3）对战略群之间的竞争状况进行分析。

下面以国内部分手游企业为例，选取游戏产品多样化程度、性向两个维度，对游戏行业的企业进行战略群组划分。在进行深入调研后发现，已有一批大中型游戏企业从事各类游戏的设计、制作和运营，具体情况如下。

① A 公司游戏制作的历史最长，其生产的游戏由计算机端向手游端转移，现以竞技类手机游戏为主要业务，旗下有两款知名竞技类手游。

② B 公司实施多元化战略，同时开发 15 款手游产品，涵盖音乐类、益智解谜类、卡牌类、竞技类等多方面，全方位地进入手游市场。

③ C 公司实施专一战略，主推两款女性向手游，短短三年时间已在女性向手游市场占据绝对优势。

④ D 公司长期经营休闲益智类游戏，近年来开发了多款休闲益智游戏。

⑤ E 公司依托多部言情小说 IP，开发休闲成长类手游，是文字游戏市场的代表。

借助战略群分析，能更清晰地识别行业内竞争情况、企业战略分布情况，为文化企业本身的战略选择提供逻辑支撑（见图 2-4）。

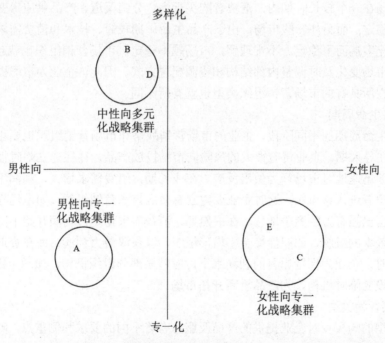

图 2-4  手游战略群分析

# 第四节  内 部 环 境

在关注企业外部环境之余，理解组织内部环境能够有助于管理的实施，主要可以从组织结构、企业文化和企业能力三个方面进行具体分析。

## 一、组织结构

企业的组织结构主要是指文化企业营销部门与企业其他部门之间在组织结构上的相互关系。营销部门在整个企业组织中的地位关系到营销活动能否顺利进行。企业内部各个部门、各管理层之间的分工是否科学，协作是否和谐，能否精神振奋、目标一致、配合默契，都会影响企业的营销管理决策和营销方案的实施。

### （一）分析组织环境

由于外部环境是企业的不可控因素，因此，市场营销组织必须随着外部环境的变化而不断地调整、适应。同时，市场营销组织作为企业的一部分，也受整个企业特征的影响。市场状况对企业营销组织的影响主要来源于三个方面。

1. 市场产品结构

有些市场在一个较长时期内，消费者购买行为、分销渠道、产品供应等变化不大，它们显得十分稳定；而另外一些市场，由于产品生命周期较短、技术和消费需求变化快，所以，它们变化多端而不稳定。不难理解，市场越不稳定，市场营销组织也就越需要改变，即必须随着市场变化及时调整内部结构和资源配置方式。因此，企业为市场提供的产品类型不同，则它所具有的市场营销组织类型也就有所不同。

2. 产品生命周期

在产品生命周期的不同阶段，企业的市场营销战略和市场营销组织也要相应地随之改变。通常，在导入期，企业冒着很大的风险向市场投放产品，往往建立临时性的组织如销售小组，以便迅速地对市场行为做出反应。在成长期，消费需求增大，利润不断上升，吸引了大批竞争者进入该市场，这时企业要建立有效的市场营销组织，如市场导向型矩阵组织，以确立自己强有力的竞争地位。在成熟期，消费需求稳定，利润开始下降，于是企业必须建立高效率的组织，如职能性金字塔形组织，以获取最大利润。而在衰退期，产品需求减弱，此时，企业为保持原有的利润水平，应精简部分组织机构，如减少销售地点等，有时也可以设立临时机构，为产品重新开拓市场。

3. 购买行为类型

不同类型的购买者对企业提供的产品及服务有着不同的要求和侧重点，侧重点的不同会影响到企业的推销方式，从而要求建立与之相适应的组织类型，以满足顾客需求。

**（二）确定组织内部活动**

市场营销组织内部的活动主要有两种类型：一种是职能性活动，它涉及市场营销组织的各个部门，范围相当宽泛，企业在制定战略时要确立各个职能在市场营销组织中的地位，以便开展有效的竞争；另一种是管理性活动，涉及管理任务中的计划、协调和控制等方面。企业通常是在分析市场机会的基础上，制定市场营销战略，然后再确定相应的市场营销活动和组织的专业化类型。

**（三）确立组织职位**

企业对市场营销组织内部活动的确立有利于企业对组织职位的分析。通过组织职位的分析使这些组织活动有所归附。企业在建立组织职位时应考虑三个要素，即职位类型、职位层次和职位数量，从而弄清楚各个职位的权力、责任及其在组织中的相互关系。

1．职位类型

每个职位的设立都必须与市场营销组织的需求及其内部条件相吻合。通常，对职位类型的划分有三种方法：一是划分为直线型和参谋型。处于直线职位的人员行使指挥权，能领导、监督、指挥和管理下属人员；而处于参谋职位的人员则拥有辅助性职权，包括提供咨询和建议等。事实上，直线型和参谋型之间的界限往往是模糊的。一个主管人员既可能处于直线职位，也可能处于参谋职位，这取决于他所起的作用及行使的职权。二是把职位划分为专业型和协调型。显然，一个职位越是专业化，它就越无法起协调作用。但是各个专业化职位又需要从整体上进行协调和平衡，于是，协调型职位就产生了，像项目经理或小组制都是类似的例子。三是把职位划分成临时型和永久型。严格地说，没有任何一个职位是永久的，它只是相对于组织发展而言较为稳定而已。临时型职位的产生主要是由于在短时期内企业为完成某项特殊任务，如组织进行大规模调整时，就需要设立临时职位。

2．职位层次

职位层次是指每个职位在组织中地位的高低。比如，公共关系和销售管理的地位孰高孰低，对于不同的企业其情况就大不一样。这主要取决于职位所体现的市场营销活动与职能在企业整个市场营销战略中的重要程度。

3．职位数量

职位数量是指企业建立组织职位的合理数量。企业可以把市场营销活动分为核心活动、重要活动和附属性活动三种。核心活动是企业市场营销战略的重点，所以首先要根据核心活动来确定相应的职位，而其他的职位则要围绕这一职位依其重要程度逐次排定。确定组织职位的最终结果就是形成工作说明书，明确权责利。

**（四）设计组织结构**

在确定了组织职位的基础上我们就可以对组织结构进行设计了。企业在设计组织结构时必须注意两个问题：一是把握好分权化程度，即权力分散到什么程度才能使上下级之间更好地沟通；二是确定合理的管理宽度，即确定每一个上级所能控制的合理的下级人数。

一般来说，假设每一个职员都是称职的，那么，分权化越高，管理宽度越大，则组织效率也就越高。如果一支20人的销售队伍仅由1～2名经理来控制，那么这支队伍就有较大的决策自主权，从而可能会取得较好的销售效果。此外，市场营销组织总是随着市场和企业目标的变化而变化，所以，设计组织结构要立足于将来，为未来组织结构的调整留下更多的余地。

### （五）配备组织人员

在分析市场营销组织人员配备时，必须考虑新组织和再造组织（在原组织基础上加以革新和调整）两种组织情况，以及为完成某项特殊任务而成立的临时小组的人员配备。组织内部的各类成员之间都应保持协调关系，以保持市场营销组织的生机和活力。

### （六）组织评价与调整

任何一个组织都是存在冲突的，在冲突中组织才能不断地发展和完善。因此，从市场营销组织建立之时，市场营销经理就要经常检查、监督组织的运行状况，并及时加以调整，使之不断得到发展。市场营销组织需要调整的原因主要有外部环境的变化、组织主管人员的变动、改组及组织内部主管人员之间的矛盾。

## 二、企业文化

企业文化是指文化企业的管理人员与职工经过长期的实践积累，并共同拥有的一系列思想观念和管理风貌，包括价值标准、经营理念、管理制度、行为准则以及企业CIS形象识别系统等。企业文化在调动员工的积极性，发挥员工的主动创造性，提高企业的凝聚力，增强企业员工主人翁责任感等方面有重要的作用。良好的企业文化状况可以促使企业员工们努力工作以取得更高的绩效，从而更好地实现企业的目标。企业文化与市场营销是不可分割的两个部分，一个好的企业营销离不开良好企业文化在视觉形象、产品质量和服务文化上的支持；同样好的营销策略也会促进企业文化的质量和层次在企业价值观念、精神风貌、视觉形象、质量文化、服务文化、企业信誉等方面的提高。

企业文化可以分为行为文化、物质文化、精神文化等，每种文化都可由内而外体现出对市场营销的影响，其中精神文化是企业文化的灵魂。当企业的核心价值观与消费者价值取向共振时，就会产生巨大的销售影响。宜家一直以来都倡导"将购物变成一种娱乐"的经营哲学，他们利用自己独特的思维，将宜家建设成一个充满娱乐气氛的商店：蜿蜒的过道，造型奇异的家具，手感舒适的床上用品，还有柔和的音乐，在这种环境中，消费者不知不觉地被"宜家文化"所感染，购物完全成了一种享受。

## 三、企业能力

若以上两类内部环境分析是定性的，那么文化企业的各项能力分析则是定量的，能够确切地反映出文化企业的市场营销能力。企业能力包括财务能力、市场占有能力、生产研发能力等。这些能力的相关指标反映着文化企业在市场的营销能力和营销效果。

财务能力主要是指盈利能力、偿债能力等，可以用总资产报酬率、权益报酬率、毛利率、销售利润率、股利等指标来衡量；市场占有能力可以用市场份额来衡量，即文化企业某种产品销售量在同类产品市场销售总量中的百分比，市场份额决定了文化企业在行业中的地位，也决定了文化企业的销售量和利润水平；生产研发能力即文化企业研究、开发新产品的能力，文化企业必须不断地开发满足市场需求的新产品，这是企业立于不败之地的重要保证；同时在产品结构上，文化企业所提供的文化产品或服务形式和功能也应符合企业的能力及特点。

对于文化企业而言，能够准确地分析企业自身的能力，对自身的能力与资源建立综合、全面的理解，将对价值的决策甚至是企业的生存发展有重要影响。下面给出两种典型的企业能力分析方式。

### （一）波士顿矩阵

波士顿矩阵（BCG matrix），又称市场增长率-相对市场份额矩阵、波士顿咨询集团法、四象限分析法、产品系列结构管理法等，由美国著名的管理学家、波士顿咨询公司创始人布鲁斯·亨德森于1970年首创。

波士顿矩阵是对企业产品组合的分析。通过两大结构维度，即市场吸引力和企业实力，能够直观定位企业产品或服务在企业市场营销、业务组合、战略发展中所处的地位。市场吸引力反映了企业的某产品在整个市场内的地位及作用，以销售增长率为核心指标。而企业实力包括市场占有率、企业优势资源等，又以市场占有率为核心指标。

借助以上两个维度进行综合衡量，能够判断出企业某款产品和业务组合的性质、前景，主要会形成以下四种类型（见图2-5）。

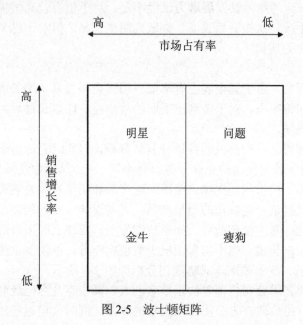

图2-5　波士顿矩阵

　① 问题——销售增长率高、市场占有率低的产品群。

　② 明星——销售增长率和市场占有率"双高"的产品群。

　③ 金牛——销售增长率低、市场占有率高的产品群。

　④ 瘦狗——销售增长率和市场占有率"双低"的产品群。

在确定了企业的某产品或某项服务的矩阵位置后，可以借此对其进行一定的战略规划。

### 1．问题

问题产品并非等于产品的质量、功效等出现了需要解决的问题，而是表明其前景不甚明朗——有很大的发展潜力，但具体发展方向和趋势，需要企业进一步加以规划和推动，所以未来是一个"问号"。企业设计研发的新产品，最初往往会作为问题产品而存在，因为尚处在进入市场的初级阶段，所以市场占有率相对低，但销售增长的潜力高。较为理想的情况是，若问题产品的市场占有率有由低向高发展的趋势时，企业应极力利用各类资源，促进问题产品向明星产品转化，以获取更多的利益。但是，当某问题产品的市场占有率始终处于较低位置，且销售增长潜力逐渐下滑，甚至出现向瘦狗方向转化的趋势时，企业应适当采取放弃的策略，将有限的内部资源用于更具发展潜力的其他产品。

### 2．明星

明星产品可以认为是企业的"当家花旦""摇钱树"，不仅维持了相对较高的市场占有率，还能够具有相当大的销售增长潜力，实属不易。明星产品能够为企业带来庞大的利润，需要用心对其加以维护。有时明星产品由于市场的容量、饱和度等问题，销售增长率出现了明显下滑，也可以适当考虑减弱在明星产品中的部分投入，将其转化为金牛不断榨取经济利益。

### 3．金牛

金牛的市场占有率高，但是其销售增长已到了瓶颈期，在一定时间内能够为企业提供大额利润，但是从长远考虑，其发展潜力已经不足。对于仍有较高销售增长的金牛，可以考虑通过一定方法手段再次提升增长率，重塑为明星产品。但对于已无力挽回增长率的金牛来说，可能会转化为瘦狗。

### 4．瘦狗

对于瘦狗产品而言，由于其市场占有率低，销售也不再具备增长潜力，在该板块进行持续投入，利润空间将很小。对于瘦狗应采取的战略是，榨取其最后的经济价值，建立高性价比的退出清算系统。

波士顿矩阵能够对某项产品或服务进行具体分析，但同时更适用于企业市场营销业务组合战略的制定。对于较为健康的企业业务组合来说，应该具有数量较多的金牛作为基石，并以此作为内部资源、销售利润支撑，保障问题产品和明星产品发展资源的良好供给。同时，企业也应该注重打造一定数量的明星产品，研发设计一定的问题产品，努力促进问题产品向明星产品转化。对于瘦狗业务，如果持续亏损，应该立即采取清算战略，但如果仍能够为企业提供一定的价值，也不妨保留极少数瘦狗业务，以使得企业的业务形态更为丰富，抗风险能力更强。波士顿矩阵战略规划分析如图2-6所示。

例如，某家文化艺术公司内部签约了数名艺人。其中有几名已经名声大噪，能够不断地通过影视剧拍摄、推广代言为公司带来大量的收益。同时公司也签约了几名新人，希望能够通过对其不断培养和投入，使其转化为明星，进一步为公司带来收入。在公司整体的培养体系中，会让渡一部分从当红艺人身上获取的收益和资源给新人，以确保公司未来发展前景。此外，如果公司内部有部分艺人，已由于负面消息等原因，不再被观众所接受，且失去了发展潜力，应及时与其清算解约。

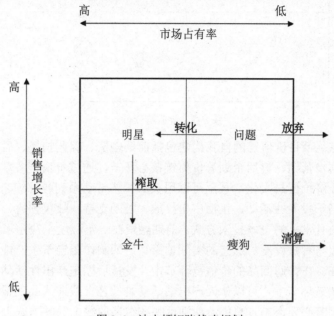

图 2-6　波士顿矩阵战略规划

## （二）价值链

衡量企业竞争优势价值链的核心特征是价值链自身的完善和扩窗效应与价值链的联动，即向各关联产业的价值链延伸。受众对文化产品的需求构成了文化产业价值链的基础，而文化衍生品的经济价值和社会价值则构成了文化产业价值链的最终目标。

美国哈佛商学院著名战略学家迈克尔·波特在《竞争优势》中指出："每一个企业都是用来进行设计、生产、营销、交货以及对产品起辅助作用的各种活动的集合。"进而提出"价值链分析法"，把企业内外价值增加的活动分为基本活动和支持性活动。基本活动涉及企业生产、销售、进料后勤、发货后勤、售后服务，支持性活动涉及人事、财务、计划、研究与开发、采购等，基本活动和支持性活动构成了企业的价值链。

价值链分析能够对企业的利润产生机制进行整合研究。具体而言，企业活动主要分为两部分，分别为主要活动和支持活动。其中主要活动是为企业带来利润的活动，其本质是完整的市场营销过程，而支持活动则能够通过降低其他采购成本、提升管理效率、利用人力资源优势等方法，既为主要营业活动提供保障，又以其他方式降低运营成本、提升利润。价值链是一种系统性的高效分析工具，如图 2-7 所示。

对于文化企业而言，可以通过价值链分析明确自身获取利润的主要环节、薄弱环节，在此基础上进行战略调整和决策制定。

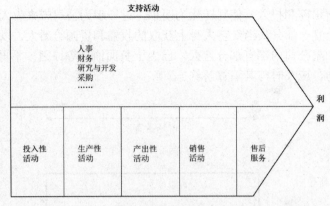

图 2-7　价值链分析

　　例如，网络综艺节目价值链的自我构建包括前期融资、综艺拍摄、后期制作、渠道审核、网络放映、同步营销、售后企划等价值链核心环节，通过价值链各环节的协同运作，使得网络综艺的经济价值最大化，甚至可以用头部综艺带动系列腰部综艺的发展。

　　前期融资相当于投入性活动，包括广告投放、赞助支持、版权预售、银行贷款等多类融资方式都是有效且常见的资本投入方式。前期融资在一定程度上决定了综艺的规模和质量，更反映了期望与看好程度。综艺的实际拍摄、后期制作相当于生产性活动，是文化产出的核心内容所在。在普通商品的价值链环节中，发货后勤是产出性活动的一种典型，而在综艺产品的价值链环节中，可以认为产出性活动是综艺上线前成品的报送及审核、投放渠道的打通与管理等必要环节。销售活动则反映在综艺的线上放映方式上，如 VIP 付费观看、超前点播等都是常见的互联网综艺销售方式。在综艺投放后，还可以根据市场反馈不断推出如采访、花絮、节目联动、后续综艺等售后环节。

　　在上述主要活动之余，支持活动也会对整个网络综艺价值链的实现起到重要作用，如人力资源对综艺导演、艺人、工作人员等进行统筹以确保拍摄、制作、放映的顺利进行，财务管理可以确保拍摄的资金供应，采购则保障了后勤供应。

　思考题

　　1．国家文化经济政策如何影响文化市场营销？
　　2．技术进步如何促进文化市场营销的开展？
　　3．文化企业营销组织建设内部环境的必要性是什么？

推荐阅读资料

　　1．凯林，哈特利，鲁迪里尔斯．市场营销[M]．董伊人，等译．北京：世界图书出版公司，2012.
　　2．阿姆斯特朗．市场营销学[M]．12 版．北京：机械工业出版社，2013.

# 第三章

## 文化需求

 **学习目标**

通过对本章的学习，学生应掌握如下内容：
1. 顾客价值决策的内涵；
2. 文化市场营销调研的步骤；
3. 创造文化需求的途径。

 **导言**

文化市场营销既是商业行为，又是文化行为。在市场经济环境中，企业是市场的主体。企业必须自主地做出经营决策并独立承担决策与经营风险，以满足消费者文化需求为价值实现的核心目标。企业所处的营销环境充满了机遇，同时也存在着巨大挑战，因此文化企业必须转变经营观念，调整营销管理方式和营销策略，以在变幻莫测的环境中更好生存和发展。对于企业而言，想要挖掘并实现价值，理解顾客价值决策，最重要的依据就是市场信息和需求信息。通过充分而具体的营销调研，能够精准地把握市场营销信息，从而能够较好地理解与创造消费者需求，进而实现价值。简而言之，营销者需要完整而全面地理解顾客价值决策，而营销调研是价值挖掘的起点，对于需求的认识是价值创造的根源。

## 第一节　理解顾客价值决策

顾客价值是消费者进行购买决策时重要的依据，也是文化市场营销的价值核心。菲利普·科特勒在《营销管理》中最早提出著名的顾客价值让渡理论，认为"顾客让渡价值"是指顾客总价值与顾客总成本之间的差额。而颠覆式创新理论之父克莱顿·克里斯坦森则提出了"待办任务"（jobs-to-be-done）的概念①，对需求与顾客价值提出了更为动态、完

---

① 克莱顿·克里斯坦森，塔迪·霍尔，卡伦·狄龙，等. 洞悉客户的"待办任务"[J]. 哈佛商业评论，2016（9）：58-66

整的理解，营销者需要了解是什么驱动了需求，从而主动参与消费者的价值决策过程。

顾客进行价值决策的目的是最大化地满足自身需求、提升顾客让渡价值；企业关注顾客价值决策的直接目的是挖掘并理解需求，通过对顾客价值的创造、传递、传播，正面促进顾客进行消费决策，从而带来营利性收入。顾客价值决策存在着一定的过程与模式，涉及消费前、消费中、消费后全时段，可能是历时长久、反复权衡的，也可能是冲动驱使、瞬时完成的。此外，顾客价值决策也受到来自内部、外部多方面因素的影响，这些因素也是在市场营销调研中需要明确的内容。

# 一、顾客价值决策的过程与模式

## （一）顾客价值决策的过程

顾客价值决策是指消费者为了实现需求、获取价值，在购买动机的支持下，于若干消费方案中，通过分析、权衡、评价、实施以选择最佳价值获取途径的消费过程。顾客价值决策中有两方面需要尤其加以关注，第一是影响顾客价值决策的因素，第二是顾客需求。通过市场营销调研和需求的理解与创造，可以有助于企业对顾客价值决策进行把握。

顾客决策存在着一定的过程，这个过程往往是较为复杂的，是为满足需求和目的服务的，同时也会随着所处的地点、面临的时机而发生差异和改变，存在着情景性。但通常而言，可以将顾客价值决策过程归纳为以下五个构成环节。

1. 需求的认识

消费者意识到需求的存在是价值决策过程的起点。需求可能是由消费者个人的生理及心理活动引起的，也可能是受到了外界的刺激形成的。而在文化消费中，消费者对文化需求的认识可能不像生理需求那样明晰且呼之欲出，如情感支撑的缺位、娱乐怡情的渴望、心理满足的空缺等都可能需要在信息的支撑下才能被具体化为对于文化商品或服务的明确需求，进而转化为消费动机。因此，文化市场营销者的重要目标之一，就是通过各类营销手段对于消费者施加外界刺激，使其转化并成为消费需求产生的驱动力。

2. 信息的搜寻

价值决策需要信息作为重要支撑和依据。因而，通过各类来源获取相关信息，是消费者在进行顾客价值决策的过程中非常重要的步骤之一。可以将获取信息的途径分为以下几个类别。

（1）消费信息

首要且最直观的信息获取方式是通过亲身体验经历获取消费信息。但此种信息获取方式往往是建立在已完成初次消费的基础上，只能够支持二次消费或系列消费过程中的价值决策，如反复购买观摩同一部电影、玩过系列游戏的前作并决定对后续新作予以支持等。

而对于大量未曾实际亲身消费的产品或服务而言，他人的间接经验或口碑评价就将成为消费选择的重要依据。由于顾客在消费过程中处于弱势且信息不对称，其他消费者如亲戚、朋友、同事甚至是陌生人的消费体验都能够作为重要参考，典型的间接信息支持就是

"买家秀"。

（2）供给信息

消费者决策需要信息支持，供给者在销售时也需要信息的商业化展示，其提供的消费信息的实质是对于文化产品和服务进行介绍、宣传和推广。在实际价值决策过程中，并非只有文字或广告中的语言信号才是有效信息，在消费者真正消费体验前所能接触到的所有内容都是供给者提供的决策支持信息，如音源的试听段落、唱片的包装外观、电影的预告片段。更为常见的供给信息提供方式是广告，通过美化宣传、提供关联信息，甚至是信息轰炸，以期在消费者决策过程中留下正面印象，进而促进潜在需求动机的消费转化。

（3）公共信息

文化消费的重要意义之一是公共精神领域的形成。大众传媒、政府权威机构等，都能在价值决策过程中提供重要信号。例如，新闻机构披露某手机软件泄露用户信息，"3·15"晚会揭露某企业存在过期产品售卖等，立于第三方角度评价、分析价值，能够为消费者决策提供客观、强有力的信息支持。

3．方案的比较

从各类渠道获取的信息，可能存在一定的重复、缺失、倾向性，甚至矛盾性。消费者需要对各类信息是否真实有效进行判别，并对各种可能的价值决策方案进行比较、评估、分析。互联网的发展使得现代消费中的方案评价更为便捷，方案比较成本更为低廉。

在方案评价时，常用横向比较、纵向比较，既与市场同期同类产品相比较，又与历史消费做比较。同时，由于不同消费者的需求与出发点不同，衡量各方案时的侧重点可能也不同，需要对各方案能够提供的顾客总价值和需要的顾客总成本进行综合权衡比较，以选出最优方案。

4．购买的决策

市场是人口、购买意愿和购买力的总和，而对于单个消费者而言，当购买意愿形成并有足够的经济能力进行支付时，就能实现购买决策的具体实施。消费者在决策时需要将动机转化为决定，并将决定延续至消费付款的瞬间，从而获得消费体验，真正满足需求。

5．消费的反馈

顾客完成了从需求产生到购买实施的一系列过程后，顾客价值决策过程并未完成。消费体验和反馈也是决策过程的重要组成，将决定消费者的购后活动如退货、投诉，也能够决定对于该文化消费品、该品牌及同类产品和品牌的态度和消费倾向，并作为重要的信息来源参与到下一次的价值决策过程中。

需要补充说明的是，顾客价值决策活动过程并非在每一次都是谨慎的、周密的、全过程的，也可能是跳跃的、潜意识的、瞬时的。在实际生活中，由于受到各类因素的影响，顾客价值决策的过程和模式可能不是恒定的。例如，强烈、限时的折扣信息可能会对消费者形成直接冲击，能让人在尚未意识到需求是否真实存在的情况下，跳过信息搜寻、方案比较等过程，直接做出购买决定。

### （二）顾客价值决策的模式

仅理解顾客价值决策的一般过程不足以支撑企业对于顾客价值决策的把握，企业还需要从卷入机制的角度去理解顾客价值。这就需要文化企业对于消费者价值决策模式进行相关研究，这将帮助企业进一步满足消费者的文化需求，并能够显著提升文化市场营销成效。在消费决策模式领域，许多学者进行了大量理论或实证研究，可以从中提炼总结出一些典型的决策模式。

**1. S-O-R 模式**

可以认为，人类的行为是由"刺激—生理或心理—反馈"的连锁链构成的，文化消费者在受到内部、外部因素刺激后，能够产生生理或心理（在文化消费中主要是心理）的进一步活动，从而做出购买消费行为反应。刺激—反馈是连续的系列过程，而在其中发生主动活动的是消费者本身。

**2. 科特勒行为选择模型**

菲利普·科特勒曾将一般行为中的 S-O-R 模式转化为更为细化的营销学表述，提出了强调各环节的消费行为模式。将刺激具体化为包含产品、价格、促销在内的营销刺激和包含政治、经济、文化等在内的外部刺激。在考虑消费者价值决策时，也将消费者特征和消费者的决策过程纳入模型，并将消费者的反应具体化为产品、品牌、购买数量等的具体选择。

**3. AIDMA 模式**

美国著名的广告学家 E.S.Lewis 在 1898 年提出了 AIDMA 模型，成为消费者行为学领域的重要发现。该模型认为，消费者经历的消费卷入过程会经历以下五个阶段。

- ▶ A：Attention（注意），消费者在最初往往作为不知情者，需要销售者以广告、体验式营销等形式增进消费者对于销售产品或服务的了解，通过显眼的宣传夺取注意力。

- ▶ I：Interest（兴趣），在注意到了销售者的营销展示后，消费者会成为被动了解者，需要接受进一步的商品信息来支撑兴趣。

- ▶ D：Desire（渴望），消费者已经对该产品或服务产生了渴望，成了主动了解者，将通过自身进行提问、信息收集，需要销售者进行欲望刺激和交易转化。

- ▶ M：Memory（记忆），消费者在此时属于被动购买者，将对心仪产品或服务的各类消费方案进行权衡比较，其中包括比较多个供应方。此时需要销售者通过营销手段在消费者心中留下更为深刻的记忆，以期提升被选择的可能性。

- ▶ A：Action（购买行动），消费者在此阶段成了主动购买者，已对想要消费的产品有了明确的目标和强烈的欲望，并能够负担经济或各类其他成本，时刻准备实施消费。

**4. AISAS 模式**

互联网时代为消费领域的开拓带来了无限空间，消费者的行为模式也随着媒介载体的不断丰富而产生了显著的变化。电通公司基于无线互联现状，在 AIDMA 模型的基础上提出了新的 AISAS 模型。

▸ A：Attention（注意），消费者产生消费动机，最初可能是由于对某事物产生了注意，如网络页面的贴片广告、网络节目中的视频内置广告，都可能通过色彩、声音等引起消费者的注意。

▸ I：Interest（兴趣），如果注意到的内容和消费者本人的兴趣契合，或能够激发起新的兴趣，那么营销已经成功了一半。

▸ S：Search（搜索），消费者化兴趣为主动了解，通过各类网络媒介平台进行信息搜索，以支撑消费决策过程。

▸ A：Action（行动），消费者实施购买行动，并进行消费体验。

▸ S：Share（分享），消费者在体验后进行消费分享，将主观判断信息传递给其他潜在消费者，体现了互联网时代消费互动参与程度的提升。

## 二、影响价值决策的因素

文化消费者进行价值决策是动态的过程，在决策实施的各个环节都可能受到多种因素的影响、刺激与驱动，决策过程和决策模式并非恒定不变。许多学者对于影响文化价值决策的因素展开了较为具体的实证研究，如 Urrutiaguer 侧重于文化供给因素的影响研究[①]，Borowiecki 侧重政府政策及决策的影响[②]，Lazzaro 关注人口统计学特征的影响[③]，Kraaykamp 关注人格特征的影响[④]，Decarroux 研究了文化产品质量对消费决策的影响[⑤]，Zieba 研究了文化背景对文化消费的影响[⑥]。总体上说，影响价值决策的因素可以分为两个维度：一是内部因素，如个人的特征、心理、价值追求等；二是外部因素，如文化供给环境、参照群体影响等。

### （一）内部因素

对于消费者而言，内部因素对价值决策往往起到根本的作用。

1. 属性因素

消费者个体往往具有某些稳定的属性，其中包括人口统计特征，如性别、年龄、民族、地区、家庭构成、收入支出情况、闲暇时间、受教育程度、文化水平及其欣赏能力等。这

---

[①] URRUTIAGUER D. Programming strategies and demand in the performing arts: The case of the forum in Le Blanc-Mesnil, France[J]. International Journal of Arts Management, 2014, 17(1): 31-42.

[②] BOROWIECKI K J, NAVARRETE T. Fiscal and economic aspects of book consumption in the European Union[J]. Journal of Cultural Economics, 2018, 42 (2): 309-339.

[③] LAZZARO E, FRATESCHI C. Couples' arts participation: Assessing individual and joint time use[J]. Journal of Cultural Economics, 2017, 41 (1): 47-69.

[④] KRAAYKAMP G, EIJCK K V. Personality, media preferences, and cultural participation[J]. Personality & Individual Differences, 2005, 38 (7): 1675-1688.

[⑤] ABBÉ-DECARROUX F. The perception of quality and the demand for services: Empirical application to the performing arts[J]. Journal of Economic Behavior & Organization, 1994, 23 (1): 99-107.

[⑥] ZIEBA M. Cultural participation of tourists: Evidence from travel habits of Austrian residents[J]. Tourism Economics, 2017, 23 (2): 295-315.

些属性往往作为决策人的消费者价值认知的基石而存在。

有别于一般消费者行为影响因素，由于文化消费在一定程度上是非刚性的，属于需求的较高层次，因而收入支出、线下情况、受教育程度将对价值决策产生更为显著的影响：消费者的收入是影响其需求结构的直接因素，收入支出情况也能直接影响价值决策过程，在人们有限的货币支付能力前提下能够制约享受型和发展型文化消费需求的扩大，从而在很大程度上决定消费意愿；闲暇时间是指个人为社会、家庭承担责任和履行义务以及满足个人必要的生存需求所需时间以外的全部时间，闲暇时间的多少直接决定了文化消费的需求量大小，但闲暇时间过分富余在普遍情况下将影响人们的收入水平，因此合理的闲暇时间配合适宜的收入水平，才有利于促进对文化消费价值决策，如欣赏文学艺术、语言培训等都必定要消耗相应的时间；对于文化产业而言，消费者文化水平及其欣赏能力会对其文化消费决策产生深刻影响，受教育程度将会决定文化消费的层次，因为文化消费含有文化意义，其消费过程需要一定的文化理解和鉴赏能力，所以学历相对较高、文化水平较高的人群将产生更多的文化消费需求，进行更符合自我需求的价值决策，实现需求结构优化。

在执行价值决策时，属性因素往往作为消费者背景，潜移默化或直接地作用于其消费模式和消费心理。

### 2. 心理因素

对于一般消费品而言，个人消费的根本动机可能来源于生理和心理两方面，但文化消费中心理因素则发挥了相对决定性的作用。在决策过程中，消费者的心理特征和变化状况都会对其价值决策形成重要影响，如需求、感知、态度、价值观念等。心理需求在营销过程中是最为重要的心理因素，能够作为根本动机驱动文化消费；感知是接受外部信号和刺激，并将其主观化反应的认识过程；态度是基于经验、感官形成的对于价值的主观判断或印象；价值观念是消费者衡量外在实物的框架，契合于观念或能够引导、强化价值观念的文化产品将更可能被选择。

### （二）外部因素

消费者在进行价值决策时不是孤立的，而是处于和外部世界的持续互动、交流过程中。

### 1. 供给刺激

文化消费决策过程中，卖方往往通过促销、广告等形式，希望唤起消费者的文化消费欲望。例如，广告投放、品牌强化、名人效应、降价促销等都是常见的刺激形式。消费者的文化消费需求在很多情况下是混沌的、模糊的，供给者的刺激能使得消费者的消费欲望得到充分的开发和挖掘，从对某方面精神文化内容的需求具体化为对特定文化商品的需求。其中，最为直接的刺激是价格。面对同样的价格变化趋势，不同的文化消费者个体会产生不同的价值决策倾向，从而直接发生需求变化。对于一些消费者来说，尽管文化产品属于非生活必需品，但收入、意愿、兴趣等多种因素使他们在面对该产品价格发生变化时，依然不会影响对其的需求量。但对于另一些消费者来说，价格的变化，尤其是大幅优惠的信息能够极大地刺激他们的价值决策，促进他们选择与消费。供给方的刺激能够直接作用于消费者感知，并能够影响消费者心理，从而做出有利于营销实现的价值决策。

## 2. 社会圈层

文化消费者作为社会的一员，总在一定程度上参与到社会文化生活中，不可避免地受到他人的影响、干预和制约。消费者生活、工作、学习所在的圈层和环境将作为重要参照群体，包括亲人、朋友、同事、同学等近距离接触的周围人的消费意愿、习惯、反馈意见都会作用于决策的形成过程。同时，现代互联网使得社会通过网络媒介跨圈层互联，明星、偶像、文化消费 KOL，以及任何已建立关系或者有潜在交集的其他网络用户，都可能影响到价值决策。一些来自圈层的影响可能是消费者主动寻求的，如将圈层消费意见作为参考信息获取的重要来源，以提升消费体验、减少不确定风险；另一些来自圈层的影响可能是被动的，在环境压力、群体认同驱使下，消费者产生从众心理或逆反求异心理，而做出不同的价值选择。

## 3. 文化背景

消费者的文化背景在很大程度上决定了其消费习性，这在文化市场营销中因文化消费品的精神文化特性被进一步放大。文化是精神成果的凝集，也是群体性的共识和价值表述，借用文化结构剖析的四层次说，可以认为文化有物态文化、制度文化、行为文化、心态文化四个子系统，并切实作用于处于文化背景中的每一位文化消费者。例如，流行文化能够引起消费热潮，甚至呼唤盲从性投入；亚文化的渗透可能让其中的消费者以某类文化消费作为自我认同和追求趋同的特征。在不同文化背景下，价值决策有了重要的文化性依据作为支撑，实质上表现了对文化的追求和表达。

综上所述，影响价值决策的因素主要分为内部和外部两方面，通过后续的营销调研和需求挖掘，能够使消费者的文化价值决策朝符合营销目标的方向发展。

# 第二节　文化市场营销调研

文化市场调研就是运用科学的方法系统地、客观地辨别、收集、分析和传递有关文化市场营销活动的各方面的信息，为营销主体制定科学、有效的市场营销决策提供重要的依据。文化市场调研关系到营销主体能否准确获取相应的文化市场信息，关系到营销决策的制定和营销活动的成败，具体体现在以下几个方面。

（1）文化市场营销调研是文化企业获取市场信息和情报的重要途径，是企业认识、了解市场的基本方法。

（2）文化市场营销调研是文化企业主动与市场沟通的主要途径，能够直接获取消费者精神文化层面的需求和反馈，比销售后反馈时效性、指导性更强。

（3）文化市场营销调研是文化产品、文化服务面世的前提和重要改进机会。

（4）文化市场营销调研是指导企业发展方向，提升企业核心竞争力的重要辅助。

## 一、文化市场调研的过程和内容

### （一）营销调研的系统与步骤

文化市场营销不是企业的独立行为，而是与市场的良性互动过程。为了更好地满足市场需求，企业需要搭建营销信息系统，及时收集、整理、分析相关市场信息，以向企业决策者提供必要的信息支撑。

为了更为专业、科学地进行市场营销调研，需要搭建完善的营销信息系统，以精确、高效地捕获市场营销信息，并通过加工处理使得信息价值得到最大化，以为文化企业的市场营销决策提供最有效的支持。现代市场营销信息系统体系主要由四部分构成，分别为内部报告系统、市场情报系统、营销决策系统和营销调研系统，在软件、硬件、人力的支撑下，信息系统能够良好运转，并持续提供高价值信息。

内部情报系统能够反映文化企业内部生产、销售、财务、物流等多板块的信息，具体涉及库存、成本、价格、现金流、资产负债情况等全部能够为组织决策提供有效信息的数据，对于文化企业而言，尤其可能涉及线上营销数据，如数字音乐播放量、付费观看视频等内部数据，基于用户线上行为积累的云端大数据将为情报的挖掘提供更多可能；市场情报系统是能够反映企业外部市场波动、客户行为、商业伙伴、竞争对手的实时信息收集系统，较内部情报系统提供的报告而言信息时效性更强、涉及主体更广，能够帮助企业即时根据外部环境变化调整营销战略及策略；文化市场营销决策系统是在收集了企业内部及外部情报后，对信息统一进行识别、处理，提取有用信息，并通过人员调整营销决策的情报使用实践系统；作为市场营销的根本和基础的营销调研系统，是营销活动得以成功实践的重要助推器，旨在为决策者提供信息依据，通过系统、科学的资料获取、信息收集、数据分析，对文化市场的需求、前景、机遇、趋势进行研究和判断，其调研信息覆盖了市场营销的全过程。

在文化企业搭建较为完善的营销信息系统的基础上，企业能够依据来自各子系统渠道的信息，进一步整合提炼信息，以帮助企业进行营销管理。其中，市场营销调研系统对于任何企业而言，都是进行产品或服务营销的重要前提条件。文化市场调研的基本步骤如下。

1. 明确问题和目的

在展开调研之前，首先需要明确市场调研的基本问题和目的，以便更精确、更迅速地找到重要数据，并依据匹配的调研形式确定后续步骤。任何调研在具体展开和实施前都需要先确定问题，这是科学调研的第一步，也是最重要的一步，能够将不明确、欲探知的领域用更为精准、清晰的方式描述。问题的明确是调研实施的前提条件和根基，能够让抽象的、模糊的、开放式的问题变得具体可操作，并给问题的解决提供思路。

2. 制订调研计划

文化市场调研的第二个重要步骤是制订具体的调研计划，在确定调研问题的基础上，围绕相关调研类型的特征，确定相适应的具体调研计划。首先确定调研需要的资料来源为一手资料或二手资料，进而确定调查方法如个案研究、专家访谈、抽样调查、实验法、多元统计分析等，再选择合适的分析应用工具。由于市场调研往往具有强时效性，需要确定调研中的若干时间节点，以提供及时有效的信息。通过计划的确立，能够加强研究过程的科学性、客观性。

3. 收集数据

按照调研计划，在相关渠道进行信息收集，同时确保信息来源的可靠性、信息的有效性。

4. 分析数据

通过量化分析、案例分析、对比分析、多维度拆解等方法，采用专业的分析工具或营销分析人员，研究并总结信息中的定性或定量关系。

5. 总结结果

将市场营销调研结果以高度概括的书面形式呈现，并给出可能的参考意见。

6. 执行决策

根据调研结果执行市场营销决策，改进市场营销方案。

### （二）营销调研的类型与内容

文化市场营销调研以获取对文化企业有利的信息为目的，但调研的中心问题、期望取得的具体目标可能有多种类型。根据研究的问题、目标、性质和形式的不同，可以分为探索型调研、描述型调研、关系型调研和预测型调研。

（1）探索型调研是在前景模糊的情况下采用的调研方式，其目的是发现新机遇、把握新方向、生成新想法、摸清市场情况、找到着手点。在做调研时往往不设围绕具体产品的提问，而是对市场方向的前瞻调查和初步探索。

（2）描述型调研是基于已有问题深入挖掘，并试图给出可行的方案或结论，是对问题的细化与明确。一般需要通过大量数据或案例做支撑，其调研计划明晰，目的性强，往往可以回答产品或服务可能的反馈、客户消费倾向、消费行为等具体问题。

（3）关系型调研是在描述型调研基础上的深化，希望通过定量研究，厘清现象与结果间的因果逻辑关系、调节关系、中介关系等，以期找出关键因素并改进。比如，可以回答为什么某书籍滞销，为什么某电影相较市场同类型电影更受观众欢迎，某种形式的宣传推广如何影响节目收视率等具体问题。

（4）预测型调研是对市场未来供需变化的预测和估计。通过预测型调研，把握客户预期心理和宏观市场走向，制订有效的商业计划，追求长远发展同时避免潜在损失。

下面是一些不同类型的文化市场调研中可能设定的问题或主题。

➥ 在网络文学领域读者期望看到什么题材或什么新题材的小说？（探索型调研）

➥ 消费者对于某刑侦题材影视剧的观感与意见如何？（描述型调研）

➥ 线下体验式门店对于网络游戏营销有怎样的效果？（关系型调研）

➥ 后疫情时代，消费者将可能于何时以何种方式再次走入线下影院？（预测型调研）

不同类型的调研实际上都是为了内容服务的，可以认为文化市场营销调研内容主要有以下几种。

1．文化市场宏观环境调研

文化市场宏观环境调研主要包括宏观环境和行业竞争环境。其中，宏观环境包括政治环境、经济环境、社会环境、科学技术环境、自然环境、法律环境等。

2．文化市场行业竞争环境调研

文化市场行业竞争环境调研包括行业整体发展趋势，行业内竞争企业的数量，行业进入壁垒，潜在进入者，竞争企业的业务状况如产能、产量、技术水平，营销状况如竞争企业的价格、营销渠道、推广策略、市场占有率、销售增长率等。

3．市场需求调研

市场需求调研主要包括市场容量调研、顾客状况调研、消费者行为调研。

市场容量调研是对市场能够吸纳文化产品总量和可支配货币总量两大因素的调查研究，涉及消费者数量、收入水平、购买力水平；市场顾客状况调研主要包括人口统计学因素统计，如性别、年龄、地区、职业等；消费者行为调研是关于消费者购买决策和消费实践过程的调研，调研目标市场消费者的购买动机、行为场合、利益诉求、消费频率、品牌忠诚度等。

## 二、文化市场调研的方法

随着文化产品的丰富和市场竞争的加剧，越来越多的文化企业开始在市场调研中投入大量人力和财力，希望为自身文化产品的生产和投放提供准确的市场信息。文化市场调研与传统市场营销中的调研有共通之处，但因文化营销以精神文化内容为核心，故又与一般实物商品的调研存在一定的区别。

### （一）案头调研

案头调研是基于二手资料收集、筛选、分析、整理过程的调研，往往作为文化市场调研的基础性工作和第一步展开。在进行案头调研时，主要通过搜索、查找、索要、购买、交换、接受等途径获得信息。通过案头调研能够快速、便捷、综合、全面地把握目标问题的各类相关信息，以较低的成本获得大量数据资料，并给出调研报告。

在文化市场营销调研中，同样可以从市场营销历史战果、竞争企业年报、内容类似的文化产品效果出发，进行信息收集比对和分析。但需要注意的是，对于文化产品和服务的上新和营销分析，案头比对不应流于形式和表面，而应深入内容的精神维度进行整体性把握，如风格题材均类似的书籍，营销效果却可能因为内容而产生巨大差别，而形式迥异的电视剧和小说也可能因为内核的共通而在营销成果上大同小异。

但案头调研也存在一些局限性，首先，二手文献对于企业文化市场调研未必有很强的针对性，更多适用于竞争对手信息、市场信息的收集，而不像营销实验等方法，能够直观反馈某产品或营销活动的效果，也不如访谈调研等深入。其次，案头调研时还需注意其有效性，这体现在信息来源必须准确可靠，内容需要有一定的时效性。

### （二）实地调研

相对于案头调研使用二手资料进行分析研究，实地调研是直接获取一手研究资料的有效方法，可以将其分为观察法、询问法和实验法三种。

#### 1. 观察法

通过观察，营销者能够透过现象去发现市场营销过程中的问题，并形成解决方案。

观察法主要可分为直接观察法和实际痕迹测量法。直接观察法是营销调研人员在现场对被调查者的言行举止直接观察记录的研究方法，结果往往直观、真实，但表面且琐碎。实际痕迹测量法是通过具体可考证的发生痕迹，对某营销内容进行调研，如借助客流量计数器统计某展览的实际参展人次。

#### 2. 询问法

询问法是调研人员通过各种方法或渠道，直接或间接向被调查者进行询问，以获取有效信息的方法，按调研深度不同可分为深度访谈、座谈会、问卷调研、简单询问等。

在具体操作方式上，较为传统的方式是面谈调研、电话调研、留置调研、邮寄调研、街头拦访等。如今，更为常用的方式是借助互联网进行网络问卷调研以达到询问的目的。使用网络调研的优势是调研过程不受时间、空间的限制，能够较便捷地取得较大的样本量，成本较为低廉。

在采用询问法时，由于调研者可能会与被调研者产生直接接触，代表了文化企业的形象，尤为需要注意问题的设置是否合理、措辞用语是否礼貌、询问的时间和场合是否合适。

#### 3. 实验法

借助试点性的小规模营销实验，调研人员能够获取消费者对某产品效果、营销活动、宣传举措等的市场反馈信息，从而有控制地、有针对性地得出分析归纳结果，以便在大规模展开营销活动前对计划做出调整、对营销结果形成科学预判。通过实验法，能够对文化产品的价格、质量、设计、广告、渠道等做出分析，常用于新产品试销售、产品再设计、价格调整、营销活动展开等。

在文化市场营销中，典型的营销实验调研是电影的试映。影视公司会从各类消费者中抽样，可能选取电影爱好者、影评 KOL，也可能选取仅偶尔看电影的普通消费者，在签订保密协议的前提下提前进行电影的内部放映内测，通过映后访谈、问卷等，了解影片现有的不足和问题，再通过剪辑、后期制作、补拍等方式提升影片质量，以期在正式放映时取得更优的市场效果。试映也可能是在影片已制成、即将登录院线的情况下开展，以此了解市场可能的反馈，并供宣传发布，为电影提前造势。

## 第三节　文化消费需求的满足与开发

管理学大师彼得·德鲁克曾说过，企业的价值在于创造顾客。在经济发展日新月异的时代，所谓创造顾客即是创造需求。需求既是企业发展着力解决的核心问题，也是顾客消费欲望的满足。无论是古老的农耕时代，还是互联网+的信息时代，谈及市场营销都离不开对需求二字的探讨。需求，是每个企业要解决的最核心问题。企业的核心使命就是要竭尽全力满足用户的需求。可以说，发现了需求，一个企业就成功了一半。如果企业不关注市场和用户的需求，而生产出自以为良好的产品，那么在实践中必然会一败涂地。

## 一、需求的重要性

需求的字面含义是由需要而产生的要求。在特大型综合性辞书《大辞海》中，"需求"一词有如下界定："人类市场行为状态之一。有购买能力的欲望。需求是人们产生购买行为的根本原因。需求的产生既有可能是由于消费者内在的生理活动所引起的，也有可能是受外界的刺激所引起的。"[①]在这一段解释中，我们可以对"需求"进行一些剖析。首先，"需求"的概念一定要放在市场上的买卖行为中才能被展现，也就是说，所谓的"需求"，可以量化为在市场中对于某种商品的交换频率或交换数额。交换频率越高，数额越大，那么该商品的需求就越大，反之则越小。其次，"需求"源于心理或生理的满足，但这种满足也是有边际的，它取决于是否可以通过支付换取满足感。例如，柴米油盐是我们的生活必备，我们可以通过劳动获得的收入进行购买，从而实现这一需求；尽管我们对于遨游太空心向往之，但面对动辄数十亿美元的太空旅行成本与尚在探索中的太空旅游保障机制，除极小部分的富豪外，现实中的普通消费者对于太空旅行的需求近乎为零。

需求，就是消费者的欲望，它源于对现状的不满，往往是由生理需求的有限和心理需求无限的冲突所引起的。需求有软硬之分，硬需求是消费者必须被满足的需求，而软需求是人们可有可无的需求。企业的使命则在于推出相关产品和服务，解决消费者生活中的问题和冲突，从而创造消费者需求并令其无法拒绝，最终使消费者通过商品购买的方式获得赢利。在社会层面，需求在各种领域发挥着十分重要的作用，它创造了无数就业机会，也帮助各行各业兴起和发展，可以说，需求推动了人类社会的发展。早在 1776 年，亚当·斯密就在《国富论》中阐述了需求的重要性，亚德里安等人对其进一步解释并认为："需求将鼓励生产，从而加剧生产者之间的竞争，而生产者为了战胜竞争对手，会想尽办法引入新的分工方式和优化工艺。而如果没有需求的增长，这些制度和技术的进步很可能不会发生。"[②]

从历史的角度来看，甚至可以发现，人类的历史，尤其是近 500 年的历史，无时无刻不是由各种各样的需求推动的：由于对黄金和香料的需求，欧洲人开辟了新航路，从而开始全球化的征程；由于对工厂生产效率的需求，无数的发明让人类进入了蒸汽时代和电气时代；由于对通信的需求，无线电技术被深入探究并让我们的沟通不再困难，如此等等。从宏观层面看，这些需求，无不开拓着各自领域的市场，使得消费者和企业（甚至国家）获得双赢。可见，在现代社会中，需求是企业发展的动力。企业依靠挖掘消费者的需求，从而开拓自身的产品并推广到市场，通过市场交易的方式实现盈利和自身的发展。

---

① 夏征农，陈至立. 大辞海：经济卷[M]. 上海：上海辞书出版社，2015.
② 斯莱沃斯基，韦伯. 需求：缔造伟大商业传奇的根本力量[M]. 黄昕，编. 龙志勇，魏薇，译. 杭州：浙江人民出版社，2013：10.

人们的消费需求动机通常有两种指向，即对某类产品的需求和对某企业的产品的需求。前者的需求关乎该行业全部企业对产品的加强，降低人们对替代品的选择率。例如，人们在闲暇时间对消遣方式有多种选择，看电影与看歌剧的人数有差异，说明人们对不同产品需求量的不同。对某企业产品的需求与该企业的产品吸引力、营销方式等因素有关，表明人们在众多同类产品中对该企业产品的依赖性。例如同样选择看电影，有人倾向周星驰的作品，而有人热衷陈凯歌的作品。

人们对于某类产品产生的需求动机，主要源于产品的性质及功能：产品是否能解决人们的现实问题；产品能否实现人们愉快的休闲消遣。一方面，新出现的产品若能解决人们的现实问题，则该产品需求量就会相应上升。但值得注意的是，这类产品应着眼于发展热点，以尽可能有效的方式解决有意义的现实问题，而非堆砌无效需求。以英语培训机构为例，在合理的货币支付范围内，人们往往会追求自我素养的提升。近几年，英语培训服务是经济发展中的新兴行业。这些机构面向有出国留学、外企工作等诉求的英语学习者。培训型产品的应运而生，帮助英语学习者解决实际问题，同时也驱动需求量的提升。另一方面，能够实现人们休闲消遣活动的产品，通常会拥有相应的需求量。网游产品广受欢迎就是基于这样的原因。随着网络技术及软件开发能力的提升，网络作为 21 世纪出现的新型产品，使人们在消费中获得快感。网游已成为人们消遣闲暇时间的又一选择。同时消费者大量的需求也促进网游产品的更新换代、功能优化，从而进一步刺激需求的产生。产品生产与消费需求之间形成了良好互动。因此对于文化企业而言，在选择进入市场的产品类型时，应结合当下的发展趋势，注意解决消费者的实际问题，或努力为消费者提供精神享受。

对具体企业的产品需求量表明消费者对该企业品牌的忠诚度。对于任何企业而言，使消费者对自身品牌产生忠诚度、依赖度至关重要。经济学指出，留住一个客户的成本比发掘一个新客户的成本小得多。因此，企业应利用产品的独特个性及高超的营销手法使已有消费者产生对其产品与服务的黏性需求。一方面，消费者对某个企业的产品产生的需求通常源于产品的独特性或高品质。例如，在综艺节目市场中，观众忠诚度可用于解释节目收视率、受欢迎程度等问题。湖南卫视《快乐大本营》《天天向上》等综艺节目收视率稳居前列，以其出色的节目内容、鲜明的节目特征培养了一大批忠实观众。尽管当下综艺节目频出，但它们凭借长期培养的黏性受众，使湖南卫视成为国内首屈一指的综艺节目目标台。另一方面，企业富有吸引力与诱惑性的营销方式，也能培养消费者的忠诚度。但营销方式带来的效果是短暂性的。影响消费者长期选择倾向的是产品质量。因此，企业在运用多种营销方式时，应注意提升产品质量与吸引力。产品与营销双管齐下，会刺激更多消费者产生对于该企业的需求动机。以日本四季剧团为例，该剧团成立于 1953 年，一年 3700 余场演出，观众达 330 万人次。作为一家民营剧团，四季剧团所取得的成绩在日本被称为"神话"。支撑其壮大的原因有很多，包括本土化剧目内容、坚持长期公演、独特的演员发现与培训机制等，其中至关重要的是低票价。四季剧团艺术总监浅利庆太在制定票价时一直有个原则，就是最高票价不能高过一个大学毕业生第一年工资的 1/20。优秀的剧目内容加上低票价营销方式的导入，吸引了大批观众，即使长期公演的剧目也能保持 90%以上的上座率，形成企业发展的良好循环。

### （一）马斯洛需求理论

市场营销活动中，多以内容来划分需求，其中最有名的是马斯洛（Maslow）的需求层次理论（Maslow's hierarchy of needs）。该理论由人本主义心理学的创立者亚伯拉罕·马斯洛于 1943 年在其《人类激励理论》一文中提出。马斯洛把需求分为生理需求、安全需求、归属与爱的需求、尊重需求和自我实现需求五类，依次由较低层次到较高层次排列。其中，生理、安全、归属与爱的需求都属于低一级的需求，通过外部条件就可以满足。而尊重和自我实现的需求是高级需求，要通过内部因素才能满足。文化消费需求跨越了高低两极需求层次，常常表现出多样化特征。需求层次理论由两个基本出发点：一是人人都有需求，某层需求获得满足后，另一层需求才表现出现实意义；二是在多种需求未获满足前，首先满足迫切需求，该需求满足后，后面的需求才显示出其激励作用。

### （二）Kano 模型

东京大学教授狩野纪昭和同事就需求程度的不同对该概念进行了区分。1979 年，他们发表的《质量的保健因素和激励因素》（*Motivator and hygiene factor in quality*）一文，第一次将满意与不满意标准引入质量管理领域。该论文的发表标志着狩野模式（Kano Mode）的确立。该模型定义了三个层次的顾客需求：基本型需求、期望型需求和兴奋型需求。根据绩效指标分类，这三种需求可以分别归入基本因素、绩效因素和激励因素。基本型需求是顾客对企业提供的产品或服务因素的基本要求，当其特性不足（不满足顾客需求）时，顾客会很不满意。当其特性充足（满足顾客需求）时，顾客也可能不会因而表现出满意。期望型需求是指顾客的满意状况与需求的满足程度成正相关的需求。企业提供的产品或服务水平超出顾客期望越多，顾客的满意状况越好，反之亦然。在市场调查中，顾客谈论的通常是期望型需求。兴奋型需求是指不会被顾客过分期望的需求，但兴奋型需求一旦得到满足，顾客表现出的满意状况会非常高，甚至忽略前两种需求未被满足的事实。这三种需求类型表明消费者对需求认知程度的差异，因此也可称为表面需求、潜在需求和未意识到的需求。

### （三）有效需求与无效需求

1936 年，凯恩斯发表《就业、利息、货币通论》，建立起比较完整的有效需求不足理论。凯恩斯认为，有效需求是指预期可给雇主（企业）带来最大利润量的社会总需求，亦即与社会总供给相等从而处于均衡状态的社会总需求。而在本书叙述的市场营销范围中，有效需求是人们有能力并且愿意购买的需求。与之相对的，无效需求是无购买力、购买途径、购买意愿的需求，其中包括多余需求、边缘需求等。在消费过程中，面对不同产品时，有效需求产品是指刺激消费者产生实际购买欲望的商品，无效需求产品则相反。面对同一产品时，有效需求来源于消费者对产品进行考量时着重关注的产品特征或性能。随着社会经济的多样化发展，众多领域内的产品逐渐呈现功能完善、服务齐全的水平。在文化市场范畴内，目前众多文化主题乐园已实现游、购、娱、吃、住多位一体，众多功能对应着消费者不同的需求。但对于大多数旨在体验游乐园游乐项目的消费者而言，乐园住宿或纪念品的低价促销引发的都只是边缘需求。

### （四）个别需求与市场需求

在需求理论中，需求也常常被分为个别需求与市场需求。个别需求指的是某一时期中在不同价格水平上，某一消费者的有效购买意愿。对个别需求的分析往往是微观的，着眼于具体的消费个体。个别需求的变动主要与个人收入、产品价格、个人意愿等因素有关。同理，市场需求是指市场上所有消费者的有效购买欲望。对市场需求的分析往往从宏观角度出发，结合市场发展现状、经济结构、物价水准等因素。在阐述市场需求构成时，部分论著采用市场需求函数是个别需求函数的加总原理。这种加总原理适用于消费者群体面对同一价格水准时，此时市场需求总量是个体消费者需求数的总和。这种加总的方式在分析具体问题时，存在些许不足，显得机械化。假设社会中只存在一位消费者，那么他的消费需求自发地产生。而现实市场环境中，不少消费者的消费行为会受到周围消费者的影响，从而在不同（尤其是过高或过低）的价格水平下，使消费需求总量大于或小于个体消费需求加总。所谓的"面子消费需求"就是基于这样的道理。

### （五）大众化需求与定制化需求

随着新型经济的发展，依据受众的差异，需求有大众化需求与定制化需求之别。大众化需求针对普遍的受众，研究大众的消费规律和相关诉求，将群体去平均化。符合大众化需求的产品不具有鲜明的个人特色，为大众普遍接受，有时也可供集体消费。文化消费中的众多分类，如普遍意义上的看电影、逛美术馆等都属于大众化需求范畴。定制化需求是近几年兴起的消费趋势。面向个体的是具体的定制化产品，而非企业的定制化项目。本质上，企业为实现盈利，其受众仍然是具有一定数量规模的群体，只是在具体的产品产出与营销过程中，依据具体对象的差异，提供定制化服务，以获得收益。相对于大众化需求，定制化需求具有个人色彩，是对个人独占性的要求。除了上述需求分类法，还存在其他有关需求层次（分类）的理解。

## 二、创造需求的方法

需求是企业发展和生存的引擎，为企业注入无穷的活力。一件优秀的产品必须让顾客无法拒绝、让竞争对手无法复制。需求的创造者具有独到的眼光和洞察力，他们认识到人们实际购买行为与内心真实需要之间存在着一定距离，于是他们基于现实展开全新的想象，从而创造出新的产品。笔者认为，对于企业而言，学会如何创造需求是必备的素养之一。通常而言，需求的创造可以通过以下一些方法进行挖掘。

### （一）创造情感共鸣

在市场营销中，仅仅将市场上原有产品的缺点进行改进是远远不够的，并不足以改变客户的消费行为。创造出的新的替代品，应该有足够的魅力以激发消费者的热情和关注。因此，一款优秀的产品，往往结合了消费者的情感诉求与产品功能。在亚德里安·斯莱沃斯基和卡尔·韦伯的《需求》一书中提到了"魔力产品"的概念[①]——产品好用、价格实惠、方便省事、减少麻烦，同时情感的介入也必不可少。他们认为"产品的魔力等于卓越的功能与强大的情感诉求的乘积"。[②]

此外，企业文化也是创造情感共鸣的重要途径，能够作为市场营销传播产品信息的载体。企业进行市场营销活动不是内部单一的活动，企业面对的是外部的市场，恰当地传递企业的品牌、品位可以加深顾客的认同感，甚至于基于对企业文化的认同感形成需求。企业通过企业名称、标志、商标、品牌等可视要素的设计和传播实现企业外观形象与内涵精神融合，达到传送企业产品信息和文化的目的。企业在营销过程中需要营销人员的参与，所以营销人员是传播企业文化的重要途径，营销人员通过积极传播企业文化传达企业理念、企业精神，让客户认知进而认同，产生购买的欲望，从而促进产品销售。

皮克斯动画工厂在动画电影的市场上声誉斐然，观众提到其他动画片时可能会觉得"还不错"，但是看了皮克斯的动画后会评价"非常棒"。皮克斯动画的创始人约翰·拉塞特曾被迪士尼公司辞退，之后他怀揣着对 3D 动画的美好梦想，建立起皮克斯王国。皮克斯最受欢迎的电影包括《玩具总动员》系列、《怪兽电力公司》系列等，它们与一般的动画电影不同。皮克斯电影不是只为了取悦儿童，而是还宣扬了成人世界的命题与价值观，用温情和有趣的故事让观众在观看过程中寻找自我身份、友情与亲情、冒险与梦想等。皮克斯的"魔力产品"引起了观众的情感共鸣，一次次创造了票房的奇迹[③]。

### （二）解决未开口诉说的麻烦

在市场营销领域，寻找用户潜在需求的信号和线索往往是用户使用过程中发现的麻烦和摩擦。随着新技术的飞速发展，消费者经常会在使用初级产品时体会到不便，而如何解决这些不便和摩擦则是企业需要解决的问题。企业需要站在用户的角度，切身感受他们的需要，才能创造出不败的产品。

从消费电子产品起家的索尼公司可谓经验丰富、资源充足，它占据了计算机领域、电信行业和媒体行业等，但是这些行业彼此是隔离，并没有一件产品能作为其中的桥梁，联系起所有的领域。用户拥有的索尼电脑，与他的索尼 MP3 并没有任何联系，他听音乐和看电影需要至少两件索尼的产品。苹果公司的乔布斯敏锐地看到了这种隔离给用户带来的麻烦，于是创造了"一键产品"。苹果公司的 iPhone 可以和 iPad、iPod 以及 iWatch 相互联合，使一件产品具有放音乐、看电影等多种功能[④]，而且操作快捷、页面简洁，很快打

---

[①] 斯莱沃斯基，韦伯. 需求：缔造伟大商业传奇的根本力量[M]. 黄昕，编. 龙志勇，魏薇，译. 杭州：浙江人民出版社，2013：30.

[②] 《需求》的作者认为，优秀的产品不仅功能强大，也需要情感介入。就像 iPod 的设计一样，每 1 位普通 MP3 产品的用户在评价产品"能用"或"还行"时，就有 10 位 iPod 的用户称赞产品"太棒了！"。可见，当 iPod 在实现产品功能之外，通过调动用户情感，获得了更多更好的评价。产品魔力、产品功能与情感诉求之间的这种关系可以用一个简单的等式表明：$M=F×E$，即魔力 $M$ 等于卓越的功能 $F$ 与强大的情感诉求 $E$ 两者的乘积。

[③] 《玩具总动员 3》的票房达到 10.6 亿美元，成为当时史上最卖座的动画片。《怪兽大学》的票房则达到 7.4 亿美元。

[④] 苹果手机结合了 iTunes 这一全球最优秀的在线购买、整理和享受音乐与视频的软件，又将触摸屏技术与影视节目制片人创造的视频、图书报刊发行公司出版的数字读物，以及各种信息和娱乐方式整合为一体。

败了索尼的相关产品成为用户的理想选择，吸引了全世界无数消费者。苹果创造出来的成果，让全世界的人将苹果产品当作了直观、简洁、优雅的代名词，其卓越的麻烦解决能力可见一斑。

### （三）关注背景因素

一部受到观众喜爱的好电影，被称赞的通常是观众在银幕上看到的明星、情节、特效等，但是这部电影真正成功的原因主要是那些观众不了解的背景因素，如混音师、配音剪辑师、灯光助理、特效处理师等的出色工作。正是有了这些幕后工作人员的参与，才能让电影最后呈现出完美的效果。很多文化产品也是如此，背景因素在消费者选择产品时也起了非常重要的作用。优化不为人知的背景因素，往往是企业创造需求的关键。

在电子图书领域，索尼公司可以说是开创者。2003 年，索尼公司的日本设计师在一次会议上向在座的出版商们展示了新研发的电子书[①]。它小巧简洁、质感良好，重要的是它的屏幕能清晰地显示干净利落的日本字，和以往电子设备上频频闪烁的文字截然不同，阅读起来毫不费力。出版商们非常惊讶，因为电子书和普通书籍几乎毫无区别，于是纷纷与索尼公司签订合约。然而，对现在的读者来说，索尼电子书在市场上几乎无人问津，更多的人用的是亚马逊的 Kindle 电子书。毫无疑问，索尼公司经历了一次惨败，其原因就是忽略了产品的背景因素。

Kindle 的诞生比索尼晚了三年，但是很快就在市场上获得了大量份额，它的魔力也是因为那些不为人知的全面的、优秀的背景因素。索尼的电子图书和日本的出版商虽然达成了合作协议，但是出版商们始终有所警觉，认为电子书可能会颠覆他们的传统图书市场，因此给索尼的版权只限于一千本书左右，而且还有限时。也就是说，电子书的读者选择范围非常小，而且一段时间不看书，书还会消失，让读者颇有抱怨。而亚马逊在电子书上市前做了近三十年的准备，使电子书设备可以无线上网，直接连接到亚马逊图书网上，读者可以使用其庞大的图书资源，阅读各种书评，甚至可以直接订阅杂志和报刊，随时随地阅读最新的新闻资讯。虽然 Kindle 使用的电子墨水并没有比当初索尼电子书使用的墨水高级，但是亚马逊给每一部电子阅读器配上了完美的背景因素，一经推出立刻受到了消费者的追捧[②]。由此可以看到，背景因素虽然无法直观地被消费者看到，但是在市场营销和用户体验上起到了关键的作用。

### （四）激发力：让"潜在需求"变成"真正需求"

人们的购买决定很大程度上受控于习惯、疑虑、懒惰等，而激发力可以让原本冷淡的"骑墙派"变得热情，从而自觉地成为产品的客户。一件产品可能在市场上有良好的口碑，但是很多顾客还是处于观望阶段，这就需要通过激发力吸引更多客户购买。激发力包括产

---

[①] 索尼公司和 E-lnk 公司技术结合下诞生的世界首款 LIBRIé 电子图书，于 2004 年 4 月底在日本发布。如今在电子书市场上已经彻底销声匿迹。

[②] 2011 年，亚马逊在其网站发表声明说 Kindle 电子书的销量开始首次全面超过纸质书销量（包括精装书和平装书），而这一天的到来距离亚马逊推出 Kindle 电子书还不到 4 年。

品功能的优化、绝妙的广告和促销手段等。而且相比一带而过的激发力，给产品带来持续影响的激发力更为强大。

由于租借的电影光盘到期未还，里德·哈斯廷斯无奈地交了一笔罚金，由此受到启发成立了奈飞公司（Netflix），通过网站下单、DVD 寄送到家，开创了电影租赁业的新纪元。在奈飞成立初期，网站注册用户数量上升缓慢，但是公司总部所在的海湾地区在客户数量上遥遥领先。哈斯廷斯和工作团队想了很多理由，最后通过数据调查发现，原因竟然是寄送 DVD 的中心就在海湾地区，因此当地的用户下单后很快就能收到电影，而其他地区则需要等上四五天。发现了这一点后，奈飞公司就开始打造高效便捷的送达服务，由此成了让客户兴奋起来的关键点。奈飞公司在各地建立了配送中心，让客户收到电影的速度大大加快，于是注册人数稳步上升。人们在发现了在奈飞租赁电影的便捷后，纷纷转告朋友和邻居，让更多人使用奈飞公司的服务。可见，激发力就是打开需求的钥匙，可以让"骑墙派"变得热情，心甘情愿地使用企业的服务和产品。

与此类似的还有 Nespresso 咖啡酿造机[①]，它通过运用新技术和新鲜的咖啡胶囊直销模式，以及在飞机机舱和大型零售商店提供试用等推销手段成功激发了客户的购买欲望，使销售量节节上升。再如摩拜和 ofo 两款单车的全面普及，在共享经济理念下，共享单车一改以往公共自行车固定桩借还车的弊端，并结合智能手机使借换车操作变得简单。在路边随处可见的摩拜单车或 ofo 单车，真正地激发了消费者骑公共自行车的欲望，从而使共享单车在城市的街道、大学的校园随处可见。

### 思考题

1. 顾客价值决策是如何实施的？请模拟一次价值决策过程。
2. 尝试进行一次文化市场调研。
3. 围绕某文化产品，思考如何进一步创造相关文化需求。

### 推荐阅读资料

1. 穆恩．Different: Escaping the Competitive Herd[M]．台北：先觉出版社，2013．
2. 斯莱沃斯基，韦伯．需求：缔造伟大商业传奇的根本力量[M]．龙志勇，魏薇，译．杭州：浙江人民出版社，2013．
3. 王云川．消费需求的宏观调控[M]．成都：西南财经大学出版社，2002．

---

[①] NESPRESSO（奈斯派索），是雀巢公司的胶囊式咖啡机及相关产品的品牌。胶囊式咖啡机是近年出现的新型咖啡机，其定位于家用和办公室用。胶囊式咖啡机最大的特点是不能磨豆、不能使用咖啡粉进行冲泡，只能使用专门的咖啡胶囊，也因此使它的推广受到极大的限制。胶囊式咖啡机比半自动咖啡机和全自动咖啡机操作大大简化，往往只需一个按钮就可以完成操作。另外，胶囊机因为其独到的工作方式也省却了全自动咖啡机的磨豆等部件使其体积更轻巧成本更低廉。

# 第四章

# 市场定位

 学习目标

通过对本章的学习，学生应掌握如下内容：
1. 文化市场定位的内涵；
2. 文化市场定位的层次；
3. 文化市场定位的模式。

 导言

传统经济学一般均衡理论的基本前提是完全信息状态，即市场结构中的各方对信息的把握都是全面的，各方行为都是在对关系发生方信息的充分了解之下做出的选择。但是，经济关系各方要想完全掌握市场信息，做出最优化市场交易选择，就要为之付出最大交易成本。对于市场竞争者来说，会有专门的机构来做这些工作，对于文化消费者来说，根本不可能会在掌握所有产品信息之后才选择。因此在文化市场上，文化消费者和文化企业之间实际上处于一种非对称信息状态，因此市场营销管理的实质表现为降低双方"信息不对称"的程度[①]。当目标市场确定之后，接下来就要求文化企业把自己的情况传递给目标人群，以形成文化产品和目标市场需求结成有效关系的基础。那么选择哪些文化企业情况有利于双方结成有效关系呢？研究表明，购买者倾向于熟记"第一名"，尤其是在一个信息泛滥的社会中[②]。因此，文化企业要向目标市场传递的信息应该是可以使目标人群把自己看作该领域内"第一名"的内容，即竞争优势。它主要有四个特征，包括最好的质量、最优秀的服务、最低的价格、最佳的价值以及最先进的技术[③]。这个向目标人群传递文化企业竞争优势信息、占据文化消费者心理选择列表的"第一位置"的过程，就叫文化市场定位。

① 芮明杰. 市场营销管理：定位·联盟·策略[M]. 上海：复旦大学出版社，2001：2.
② 科特勒. 市场营销导论[M]. 北京：华夏出版社，2001：197.
③ 科特勒. 市场营销导论[M]. 北京：华夏出版社，2001：197.

# 第一节　定位理论的内涵

文化市场定位作为对文化消费者心理预期结构（prospects）首要位置的占领方式，主要包含两个层面的含义：① 针对特定文化消费者的价值结构塑造文化产品、品牌、组织的形象，并采取有效手段将该形象传递至目标人群的心理预期结构空间；② 该形象的传递活动贯穿文化市场营销活动的各个环节。定位理论的产生源于特定的背景，经历了从广告定位到营销定位、再到战略定位三个理论发展阶段，其内涵十分丰富。

## 一、定位理论的演变

定位（positioning）这一具体概念最早出现在美国艾·里斯（AI Ries）和杰克·特克特（Jack Trout）发表于 1969 年 6 月的《工业营销》杂志的一篇论文中[①]，该概念的提出是源于 20 世纪 50 年代的市场细分理论得到进一步的发展。由于它强调对广告传播能力的依赖，因此最早产生于广告创意领域，并立即引发了全美广告界的巨大反响。随后，伴随着市场实践的发展，定位理论由广告领域推及市场营销的各个环节，并逐渐发展到战略部署的高度。同时，该理论的空间结构也由开始的产品这一单一平面演变为产品—品牌—企业的复式结构。

### （一）作为广告理论的定位理论

#### 1. USP 理论

20 世纪 50 年代初期，美国人罗瑟·里夫斯（Rosser Reeves）提出了 USP（Uniquen Selling Proposition）理论，即强调独特卖点在广告传播中的效用，并成为一时风行的广告活动指导性理论。该理论认为，在广告制作中应挖掘出产品的独特卖点，即传播内容中要包含以下几个构件：首先是产品提供的特定报偿，即告知目标人群其消费行为能够获得的利益；其次是产品特殊性，即产品所提供的利益点是竞争者无法提供的；最后是某种足以打动对方，促进购买的感情要素。它借助差异化的产品定位来实现与目标人群利益认知上的共识和利益情感上的共鸣，保证双方完成市场交易。该理论强调针对特殊消费者需求的定位，以提供卖点保证文化产品在供求关系中占据卖方市场地位。这一理论的基本前提是，消费者为理性思维者，在做出购买决策时，会追求利益最大化。按照这一逻辑，广告应以消费者的理性诉求为基点，传播产品带给消费者的实际利益。其语法程序是：特有的许诺+理由的支持。

作为一种重要的广告诉求手段，理性诉求的优点是可以通过展示商品质量、性能、价格等信息，能给消费者提供确凿的商品特性信息，便于消费者对不同品牌的特性进行比较，

---

[①] 芮明杰. 市场营销管理：定位·联盟·策略[M]. 上海：复旦大学出版社，2001：11.

具有较强的说服力。但其缺点也十分明显，其诉求形式往往显得单调，很难吸引消费者的注意，同时还要求消费者具有一定的有关商品的知识，这就导致其说服效果会受到一定的限制。USP 理论的经典案例是 M&M 巧克力豆的"只溶在口，不溶在手"的广告语。[①]

1954 年，美国玛氏公司苦于新开发的巧克力豆不能打开销路，找到了罗瑟·里夫斯。玛氏公司在美国是有些名气的私人企业，尤其在巧克力的生产上具有相当明显的优势。此次公司新开发的巧克力豆，由于广告做得不成功，在销售上没有取得太大效果。公司希望里夫斯能构想出一个使 M&M 巧克力豆与众不同的广告，从而打开销路。里夫斯认为，一个商品成功的因素就蕴藏在商品本身之中，而 M&M 巧克力豆是当时美国唯一用糖衣包裹的巧克力。有了这个与众不同的特点，又何愁写不出打动消费者的广告呢。里夫斯仅仅花了十分钟，便形成了广告的构想——M&M 巧克力豆"只溶在口，不溶在手"。广告语言简意赅，朗朗上口，特点鲜明。随后，里夫斯为 M&M 巧克力豆策划了电视广告片。画面：一只脏手，一只干净的手。画外音：哪只手里有 M&M 巧克力豆？不是这只脏手，而是这只手。因为 M&M 巧克力豆，只溶在口，不溶在手。简单而清晰的广告语，只用了 11 个字，就使得 M&M 巧克力豆不粘手的特点深入人心，它从此名声大震，家喻户晓，成为人们争相购买的糖果。目前，"只溶在口，不溶在手"这条广告语仍然作为 M&M 巧克力豆的促销主题在使用，把 M&M 巧克力豆送到了世界各国消费者的手中，而玛氏公司也一跃成为年销售额达四五十亿美元的跨国集团。

2. 品牌形象理论

任何理论都有其时代局限性。20 世纪 50 年代，市场还处于竞争初期，所提供产品品种较为单一，商品的同质化问题并不突出，消费者注重产品实效。"USP 理论"迎合了这一时代的特征，因而成为营销理论的主流。但是，随着企业的生产能力和市场开发能力的提高，市场进入同质化竞争时期；同时，随着人们生活水准的提高，消费者购买行为中的理性诉求逐步趋同，感性诉求差异性日益明显，人们开始关注消费过程对心理利益满足的程度。据此，广告大师大卫·奥格威在 20 世纪 60 年代提出了"品牌形象"（brand image，BI）概念。这一理论认为，产品需要一个形象化的品牌，以在消费者心理利益满足序列中占据"第一名"的位置。这标志着定位由基本的产品功能层面上升至品牌形象层面，由强调交易实现演变为强调关系结成。

在随后的研究中，美国人里夫斯和特克特的观点显得最具有代表性，他们提出了如何针对"信息漫溢"的传播背景实现品牌形象脱颖而出的定位理论。该理论认为，定位包含两个根本原则：① 市场营销的终极战场是消费者心灵；② 企业与消费者必须有效沟通。在目标文化消费者心理预期结构中处于第一位的品牌，往往会是文化消费者购买行为的首选，且只要这一领导地位在其心目中不变，他们将一直使用这一品牌，销售渠道和终端也会倾向于引入领导者品牌。因此，树立目标市场领导品牌地位是首要原则，要率先攻占文化消费者心理预期结构中"第一"的位置，且需不断维持并巩固这一地位。

在市场竞争激烈的产品同质化时代，品牌形象理论的积极意义表现在它强调了商品的

---

[①] 王帆. 广告创意与设计[M]. 上海：上海人民美术出版社，2012：23

文化附加值，生产该产品的企业可以借助产品的品牌形象以最高利润获得最大的市场份额。其消极意义在于它可能会使广告主过于强调产品无形的品牌，从而出现虚假广告。BI理论近些年代表作品是休闲食品零售领域的"三只松鼠"。[①]

三只松鼠是当前中国销售规模最大的食品电商企业。该食品企业的品牌 logo 就是以扁平化萌版设计为主体的三只松鼠，其主要任务就是"卖萌"，CEO 章燎原为每只松鼠设计了自己的名字和鲜明的性格，圈定三只松鼠各自代言不同种类的产品。例如，代言坚果类产品的鼠小贱喜欢唱歌、街舞和混搭风；代言花茶类的鼠小妹喜欢甜食、美丽大方、温柔娴静；代言干果类的鼠小酷则是一位拥有知性气息的新一代男神。为不断强调企业的"萌"态，企业还对三只松鼠进行动漫编剧与运营，制作动漫、App 开发、UI 设计等，将一个简单的 logo 发展成为一个完整的"萌"系品牌形象和故事。此外，公司的官网也被打造成令人向往的松鼠世界，线上店铺、微博到线下的产品内外包装、宣传、赠品等都不断在强调三只松鼠的卡通形象，不断传播三只松鼠的品牌文化。

### （二）作为营销理论的定位理论

在广告定位的领域中，尽管定位的原点是产品，实质上却是产品的发布者在预期客户的头脑中对产品进行定位，因此市场营销中的最关键因素是消费者的大脑。在广告定位向营销定位转变的过程中，菲利浦·科特勒对其贡献巨大，"市场营销是个人和集体通过创造，提供出售，并同别人自由交换产品和价值，以获得其所需之物的一种社会和管理过程。[②]"科特勒的定义总结了市场营销定位在传统广告定位基础上深化和扩展的核心要素：产品、价值、消费者需求、满足、交换、销售和预期客户。

#### 1. STP 理论

作为营销理论的定位理论打破了原有广告理论将市场作为整体来研究的看法，在以往的看法中，能够在消费者心智中占据有利地位的定位才会被市场看作符合普遍市场期望的。科特勒进一步指出了要想实现有价值的定位就必须要与消费者的特定需求相符合。

STP 理论正是在这一背景下应运而生。1956 年，由美国营销学家温德尔·史密斯（Wended Smith）提出了市场细分（market segmentation）的概念，经由菲利浦·科特勒发展与完善后最终形成了成熟的 STP 理论。STP 理论中包含市场细分（segmenting）、目标市场（targeting）和市场定位（positioning）三个概念。[③] 市场细分与目标市场的选择是定位的经济基础，"市场细分—目标市场选择—定位"是同一过程的不同阶段。

由于市场本身是一个多层次、多元化的消费需求综合体，任一企业都无法满足消费者的全部需求，因此企业需要根据顾客需求、消费能力等因素将市场切割出性质类似的子市场，即我们所谓的市场细分。在类别多样的子市场中，企业可以结合自身实力选取某一子市场，将其确定为自己的目标市场。之后，企业需要依据目标市场的消费者偏好进行产品

---

① 亿欧. 三只松鼠案例分析一：萌文化下的猛营销[EB/OL].（2017-08-15）[2021-06-02]. https://www.300.cn/dspd/247129.html.

② 科特勒. 营销管理：分析、计划、执行和控制[M]. 上海：上海人民出版社，1999：9.

③ 科特勒. 营销管理：分析、计划、执行和控制[M]. 上海：上海人民出版社，1999：230.

定位，并通过一系列营销活动向目标客群传达定位信息，让他们注意到企业或是品牌。市场细分是目标市场选择与营销策略制定的基础，利于企业发掘出潜在的市场机会，开拓出新市场，同时，它也更好地优化了企业资源，促使企业的人力、物力集中于目标市场，提高公司的经济效益。STP 理论要求企业明确市场上的需求类型，以及不同的需求来自什么样的顾客群体，以便企业选择规模较大、有利可图、方便进入的市场，在深入研究目标市场的需求后，企业根据再识别自身产品可实现差异化的具体需求类型，并通过相应的定位理念重点迎合这一需求。

以宝洁公司（Procter & Gamble）为例，该公司旗下产品种类繁多，洗衣粉与洗发水品牌有 10 余种，且同一个品牌产品具有不同规格的包装和配方。对于洗发水而言，干性发质群体寻求滋润配方，力求加倍护发的功能；中性发质消费者希望配方均衡，适度护发即可；而油性发质用户则偏向于清爽配方，轻度护发。因此，不同发质的消费者造成了细分的功能市场，宝洁在参与超级市场竞争时就必然面临满足不同消费者的偏好需求，进而衍生出海飞丝、飘柔、潘婷、沙宣等多个洗发水品牌。

2．4P 理论

由于广告定位理论解决的是传播——记忆的问题，定位理念在消费者心智中烙印深刻的内部运作机制仍属混沌。有赖于 STP 理论将市场营销中销售、交换和价值传递的理念引入定位理论之中，开创了以定位理念为核心来贯穿和引导营销的运作过程。为了实现占据消费者心智中有利地位的定位理念，定位理论又有了更为深化的发展——企业的所有资源和营销中行之有效的手段都需要被统合加以利用。4P 理论则是典型理论之一。该理论由杰瑞·麦卡锡（Jerry McCarthy）教授在其 1960 年出版的《基础营销学》中首次提出。4P 理论包含四个部分，分别为产品（product）、价格（price）、渠道（place）和促销（promotion），其要义具有以下几点：① 注重产品功能，要有核心卖点，包括产品的实体、服务、品牌和包装等；② 要依据不同的市场定位来制定不同的价格策略；③ 企业需要通过途径、环节、场所、仓储和运输等组织、实施各种活动，促使产品进入和达到目标市场；④ 必要时需要采取广告、人员推销、营业推广和公共关系等手段。虽然 4P 理论中并不包含定位的理念，但其从企业角度考虑的资源统筹结果是为有效定位这一目标而建立的。

海尔公司是一家将 4P 理论运用得炉火纯青的企业。根据不同区域的环境特点和消费需求，海尔集团先后推出了洗涤、脱水和烘干的三合一全自动洗衣机、"爆炸"洗净的气泡式洗衣机类产品。在低端市场，海尔公司采用价值定价，用相对低价出售高品质产品与服务；在高端市场，通过撇脂定价以便从价格敏感性较低的消费者中获取利润。在分销渠道方面，企业通过直供分销和特许经营两种方式，不仅自建了营销网络，而且拥有品牌专卖店，提升了海尔品牌的知名度和信誉度。在宣传环节，"海尔，中国造""真诚到永远""海尔兄弟"等广告策略又成功塑造了海尔大型名牌家电企业集团的形象。

3．视觉锤理论

视觉锤是新一代营销战略大师劳拉·里斯在视觉时代提出的营销策略。随着印刷媒体"读图时代"和电子媒体占据主导地位的"影像时代"的来临，我们正在经历的电子文化时代则已经变成了"视觉文化"的时代。在视觉锤理论中，"钉子"就是植入消费者心智中的文字语言，比如，一个耳熟能详的广告词更能让消费者产生联想。例如，耐克的 just do it——想做就做，苹果公司的 think different——非同凡想，雪碧的 obey your thirst——服从你的渴望，宝马的 the ultimate driving machine——终极驾驶机器。这些文字阐释了企业的理念和定位，耐克代表永争第一的精神，苹果代表与众不同的品位，雪碧代表激情、渴望，宝马代表自身的品质与价值。

在文化市场，也有同样的语言钉子。例如，电影《变相怪杰》的海报广告词 from zero to hero。电影中的主人公史丹利偶然在河边捡到一个古代面具，戴上之后产生奇幻的蜕变，从懦弱的凡人一跃成为超级英雄。那么这个广告词就是语言钉子，将这一蜕变的主旨表现出来。电影《迷失东京》的广告词 everyone wants to be found——每个人都想要被找到，正好体现出主人公在异国他乡想要拥有归属感和信念的主题。再如《读者》杂志，它的语言钉子是"选择《读者》，也就选择了一类优秀文化"，由此可见它对自身的定位是"优秀"，这也是他希望区分于其他竞争对手的概念。

和"钉子"相对应的就是"视觉锤"。视觉锤，即视觉形象的锤子或者说产品和品牌的视觉呈现，它的作用是将语言概群的钉子敲进消费者的脑袋，视觉锤子可以在文化产品的颜色、形状、包装、商标等方面进行设计，从而使该文化产品与其他品牌相区隔[1]。例如，耐克的视觉锤是钩子，苹果公司的视觉锤是被咬了一口的苹果。而在文化市场中，电影制作公司米高梅的视觉锤是一头怒吼的狮子，《歌剧魅影》的视觉锤是白色的面具，QQ 音乐的视觉锤是黄底绿色的音符等（见二维码 4-1）。

4-1

### （三）作为战略理论的定位理论

鉴于广告定位、营销定位帮助很多深陷泥潭的大牌企业重新焕发生机，"定位理论"逐渐被上升到战略的层面，甚至在传入中国后迅速被中国企业界奉为圭臬。在此前的广告定位中，定位的差异化关键是区别于竞争对手，继承传统定位理论的战略定位自然也将重点放在如何实现差异化定位上面，其中"影响企业定位的行业要素"命题是战略定位的核心。换句话说，定位本身不是战略，它是基于市场机会下的战术行为，一旦这类战术行为屡次获得成功，便形成了行业模式，定位就演变成战略，战略定位则成为企业在市场竞争中的一种思考方式。波特五力模型和明茨伯格 5P 模型则是行业战略定位的经典模型。

#### 1. 波特五力模型

战略定位主要基于行业与企业层面展开。20 世纪 80 年代，迈克尔·波特（Michael Porter）在其经典著作《竞争战略》中提出行业结构分析模型——五力模型，他认为"同行业内现有竞争者的竞争力、潜在竞争者进入的能力、替代品的替代能力、供应商的议价能力、购买者的议价能力"决定了行业的竞争规模与竞争程度，影响着产业的吸引力和大部分企业的竞争战略决策。[2]

---

① 艾尔里斯. 视觉锤[M]. 北京：机械工业出版社，2012：16.

② 波特. 竞争战略[M]. 陈小悦，译. 北京：华夏出版社，2006：33.

　　潜在的竞争者对于竞争对手和自身具有一定的进入者威胁，新进入者在进行市场定位时必须克服进入壁垒。首先，在汽车生产与快消品行业，一旦既有从业者具备大规模生产能力，新进入者试图进入该市场所投入的边际成本则更大。其次，获取供应和分销渠道、预期报复及差异化的难度也不低，因此进入者威胁更多的是针对新的市场进入者而言如何进行合理的市场定位。最后，行业内部会随着高新技术的发展面临替代品的威胁，如果消费者从某种产品转移到它的替代品，那么前者需求就减少了，甚至之前产品和服务的类型都要被淘汰。然而，替代品威胁也不一定真的需要消费者做很大转移才能发挥效果，替代品带来的直接风险是限制了行业中产品的定价。买方的议价能力并非是考虑最终的购买客户，是指直接客户，如果买方集中度高、转移成本低，有能力自己提供原材料，则这类买方的议价能力较高，成为企业生存的主要压力，与之类似的，如果卖方具备上述表现，则其议价能力也相对较高。既有竞争对手可能会通过竞争者平衡、行业增长率、高固定成本、高退出壁垒等方式影响企业的市场定位。

　　实际上，波特五力模型只适合作为一种理论思考工具，企业发展需要制定长期战略，而战略定位是重要环节，五力分析模型要求战略的制定者了解几乎整个行业的信息，这显然是不可能的；其次，模型只强调了行业内部以及行业之间的竞争关系，企业间的相互合作并未考虑。所以，定位理论在战略层面更多地是考虑企业如何实现长期可持续地发展，这就要求管理者明晰行业位置与企业位置（见图4-1）。

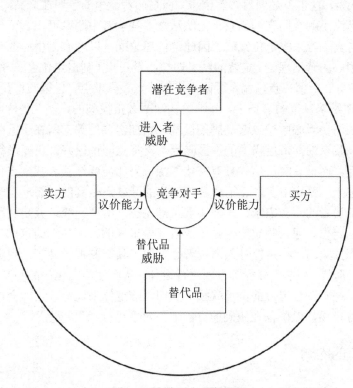

图4-1　波特五力分析模型

2．明茨伯格 5P 模型

加拿大麦吉尔大学教授明茨伯格（H. Mintzberg）认为，不同场合中企业的生产经营活动采用的方式是不同的，这导致了企业战略根据人们的需要具有了多样化的内涵。在营销定位理论的基础上，明茨伯格通过计划（plan）、计策（ploy）、模式（pattern）、定位（position）和观念（perspective）五种规范的定义来阐述。其中，明茨伯格重点指出战略实际上是一种定位，关系到一个组织在其所处环境中所处的位置，具体来说就是企业在市场中的位置。尽管企业的经营活动包含产品生产、市场、顾客、企业效益和社会责任等领域，但企业必须要确定自己在行业中所处的地位以及为达到该地位所采取的一系列措施，明确行业竞争结构对企业效益的影响。对于一个企业而言，战略定位帮助企业合理配置企业资源，增强企业的竞争优势。

明茨伯格的 5P 模型和波特五力模型本质上来说都是将定位看作一种战略，但二者仍然存在相异之处。5P 模型认为战略应当在企业发生经营活动之前制定，甚至于应当作为成文的计划写入企业的正式文件，同时战略也可以作为行动中的手段和策略，甚至可以是企业在生产经营过程中摸索出的行为模式和结果。而波特五力模型则从影响企业定位的外部因素入手，总结出行业要素对企业竞争的影响。

定位理论强调对顾客心智的占领，获得顾客的价值认知和认可。传统的营销理论是以顾客需求为理论的假设前提，定位理论则以竞争对手或者是行业竞争结构为理论的假设前提。定位理论认为，营销不是面对顾客需求，而是面对竞争对手。在产品同质化的环境中，采用同样的产品满足顾客同样的需求，无法从众多竞争者中脱颖而出。要想获得营销的成功，就必须针对竞争者采取定位策略。因此定位理论既是以顾客为中心的营销理论，也是以竞争对手为中心的营销理论。定位的精义即核心是三点（制定定位）、一线（宣传定位）、一面（调整定位）。所谓三点，就是区隔点、支持点、需求点。区隔点即用1%的不同赢得100%的市场。在纷繁复杂的市场中，品牌的认知要么是模糊的，要么是鲜明的。要实现品牌的突破就要在消费者心中建立起品牌的区隔。精准定位的关键就在于区隔，也就是找到"对手没有的，我有的，市场需要的"区隔点。支持点即说得好，更要做得到。因为区隔点不是空中楼阁，而是真实可信并且有文化渊源，为此需要经营者找到支持点。要有能力将区隔点支撑起来，落实下去，让消费者相信你的区隔点是真的。需求点即消费者的认可是关键。洞察消费者的真实需求，才能实现正确定位。所谓一线，就是利用一切可利用的渠道宣传自己的定位。因为制定定位是企业自己做出来的、理念上的东西，只是语言的钉子。语言概念是抽象的，将定位钉入消费者心智的工具需要视觉锤子。视觉锤子可以在文化产品的颜色、形状、包装、商标等方面进行设计，从而使该文化产品与其他品牌相区隔。所谓一面，就是把不符合定位的全部砍掉，一切围绕定位来进行。这样会把自己的优势资源，聚焦于细分市场，以确保在正确的方向上与对手进行竞争。

## 二、市场定位的内涵

文化企业与文化消费者间由信息不对称到信息基本对称是一般文化企业营销市场定

位的逻辑起点，使文化企业和文化产品信息在文化消费者心中占有不可替代的位置则是定位的使命和成功与否的判别标准。因此，文化市场定位应该包含以下内涵。

**（一）文化市场定位不是致力于对文化产品本身做实质性的改变，而是要使产品在文化消费者的使用选择序列模式中占据不可替代的位置**

通常我们在对市场细分和目标市场的选择过程中就已经考虑了文化企业是否有能力和如何满足文化消费者的消费需求，文化企业市场定位阶段所要做的是把文化产品对于目标市场的可能性价值传递给目标人群和社会公众。营销大师杜拉克认为，"获取利益的唯一途径，就是为顾客提供他们所认为有价值的，并愿意为之而付出的东西"。[①]而这些价值存在于何处呢？当目标人群文化消费需求由功能利益主导时，适合采用 USP 定位模式进行文化产品价值信息的传递；当目标人群文化消费需求由心理利益主导时，适合采用品牌形象定位模式。当对上述两种利益进行面向未来的考察时，《竞争大未来》一书认为"价值越来越少地体现在经济上，而是更多地体现在社会心理上"。因此，文化市场定位将会更多地转向以"动之以情"，寻求共鸣为目的的文化产品品牌形象信息沟通模式，而"晓之以理"，寻求共识为目的的文化产品卖点信息沟通模式将因为逐步的同质化而成为文化企业市场营销活动进行的准入门槛。

**（二）文化市场定位的关键是找出文化消费者心理预期结构上的坐标位置，而不是市场空间位置**

文化市场定位在实际运用中常常被人们望文生义地理解为"占位"，即占领某一个具体的市场空间位置，而就现实所指而言，两者其实不是一个概念。文化市场定位要占领的是文化消费者心理预期结构中的位置，即文化消费选择序列中不可替代的位置，它的指向规定了定位的职能在于信息传递和沟通，是"攻心为上"、降低竞争成本的战术。取胜的关键是要在文化消费者的心理预期结构上找到一个恰当的坐标位置。其中，定位坐标的选择是消费发生的起点。坐标的选择是为文化消费者提供一个判别文化产品提供的利益点的价值结构，主要取决于文化消费者心理以及竞争对手的博弈策略。常用的定位坐标分为价格竞争定位和非价格竞争定位两种类型。前者往往采用"价格—功能"坐标系进行定位。如图 4-2 所示，价格轴代表与文化消费者可支配收入相关的价格敏感度，功能轴体现文化产品在文化消费者心目中使用的方便程度。后者往往采取"品位—品质"坐标系进行定位。如图 4-3 所示，品质轴代表与目标消费者文化产品使用观念相关的对产品品质的敏感性，品位轴体现目标消费者文化素养所决定的对文化产品品位的敏感性。图中位置不同的星代表不同文化产品对不同坐标点的选择。图中所示的仅仅是二维坐标系下的文化市场定位，在实际的文化市场定位过程中，可以采取多维坐标系来更准确地实施定位策略。例如可以把价格、功能、品质、品位四个变量设为四维定位坐标系，根据四个变量的不同组合来确定文化市场目标定位。但是变量组合设定坐标系时要力求方便于对文化市场定位的表述，

① 芮明杰. 市场营销管理：定位·联盟·策略[M]. 上海：复旦大学出版社，2001：16.

因为过于复杂的信息结构在沟通中会带来理解上的困难，简单明确的定位信息则便于文化消费者识别和记忆。因此，文化市场定位的关键是在体现文化消费者心理预期结构的相应坐标系中选择一个与其他竞争对手相互区别的有利位置。

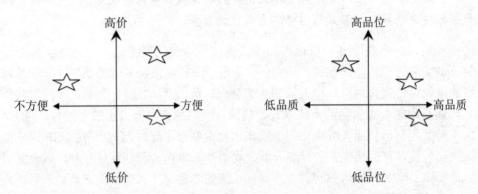

图4-2　"价格—功能"坐标图　　　　图4-3　"品位—品质"坐标图

### （三）文化市场定位起到的是将文化价值复现于文化消费者的媒介作用

商品一直以来具有"物"的使用价值，也蕴含着"文化"的价值。随着人们对物质需求的不断满足，人们对产品的文化价值需求不断增高，进而赋予了物品文化价值的无限性。当今社会已然是一个由文化价值主导的消费，哪怕是属于电子产品也被赋予了一定的品牌文化。文化产品已经不再专指于精神产品，企业产品中的文化价值和文化作用已经是现代产品观的重要部分，越来越多的企业开始重视在自己的产品中赋予一定的文化内涵。因此，文化市场定位在现代社会表现为将文化价值复现于文化消费者的媒介作用，例如挖掘产品的文化价值和文化符号，并将这一挖掘结果通过多样综合的营销活动传递给目标消费者。

### （四）定位作为一种沟通方式，对外是对目标人群的告知，对内则成为一种整合力量

定位作为信息传播过程的特点使得广告成为它发挥效用的重要环节，这一点也可以从定位理论的提出和发展都由广告界推动来看出；但是，随着传播信息的泛滥和市场竞争水平的提高，文化企业市场营销的每一个环节都已成为文化产品定位信息的传播源。文化市场定位由产品形象定位到品牌形象定位再到文化企业形象定位，对文化企业资源和能力更高层次上的整合要求，使文化企业市场营销活动同时构成了定位信息的传播过程。因此，定位既是一种沟通过程，实际上也是对文化企业竞争优势的展示过程。通过展示竞争优势使定位进而演进成为一种整合力量，使文化企业内部资源和能力向优势化结构转化，并使每一个环节都处于这种整合力量的作用之下，提高各个环节运作的效率。

### （五）好的文化市场定位有利于形成竞争优势，但是其本身不是竞争优势

文化市场定位的效用如何要看定位是否能够深入人心，单纯定位本身只是提供了一种理论上的竞争优势资源，只有定位获得了目标市场的认可，文化产品才可以形成现实竞争优势。这一优势将超越文化产品质量与价格所能够提供的优势，对于培养文化消费者的消

费习惯起到很大的引导作用，它会使文化消费者确信本文化产品才是这一领域真正的文化内容提供者，使其他文化产品在文化消费者心目中只能处于模仿和跟随者地位，尽管双方很可能在品质和价格方面几乎不存在差异。因此，文化市场的定位本身不是优势，它的优势往往不是自身拥有的，而是市场赋予的。定位只是联系文化产品和目标市场的信息沟通桥梁，为文化消费者提供了了解文化产品能力优势的机会，而一切优势是在市场化运作的过程中实现的，是在和竞争对手的比较中表现的。

# 第二节　市场定位的类型、结构与原则

互联网时代的文化生产和消费，产生了海量的数据。数据不仅是交易痕迹的结果，也可以为市场生产和资源配置提供重要资源，是数据时代不可或缺的重要商业资源。大数据本身具有撬动和更新原有生产体系的力量，在文化产业之中，大数据可以通过庞大的数据库，实现文化生产与消费之间的精准对接，支撑文化产业形成动态的生产体系。

就文化产品本身而言，大数据信息技术帮助文化产品趋于智能化，以大数据智能技术为基础的新型互联网文化业态愈加丰富了文化产品的内容和形式，一些 VR 产品在大数据技术支撑下为消费者提供更好的沉浸感。对于文化企业来说，大数据的介入反馈了市场需求的及时变化，利于文化企业的转型升级，优化企业内部的文化资源配置。面对愈加个性化消费需求的增多，来自移动终端、消费终端的数据为分析和预测消费者购买行为提供有力支撑，生产终端通过数据反馈实现定制消费的可能。大数据作为现代文化产业发展的新质素，让数据成为文化市场定位新的解题思路，成为文化产业发展中重要的商业资源。不得不说，大数据构成的移动互联网——数据时代已经成为讨论文化市场定位的现实背景。

## 一、市场定位的类型

如同迈克尔·波特（Michael E. Porter）在其《什么是战略》中所写，战略定位有三个不同的原点，分别是基于种类的定位、基于需求的定位和基于接触途径的定位。三个原点之间相互重叠，定位就是提供某行业的某类产品或者服务。[①]

### （一）内容定位

内容定位是一种不基于细分市场而是在产品和服务种类之上的定位。企业必须通过自己的运营活动将特定的产品或服务做到极致，才有可能获取可观的经济效益。

采取这一定位的典型案例便是养乐多。[②]养乐多是一个日本品牌，日本医学博士代田稔于 1930 年发现一种活性乳酸杆菌，并成功分离、强化培养出乳酸杆菌，帮助促进人体

---

[①] PORTE M E. What is strategy[J]. Harvard Business Review, 1996: 11-12.
[②] 南木熙. 84 年只做一个产品，曾经每天售出 2800 万瓶，人称"最慢性子企业"[EB/OL].（2019-06-21）[2021-06-02]. https://baijiahao.baidu.com/s?id=1636921191240444069&wfr=spider&for=pc.

消化。1935 年他将特殊培养的 100 亿养乐多活性乳酸菌装入瓶中建立养乐多公司。养乐多品牌建立的八十多年间，代田稔成立了 7 个研究所，配备三百多名研究员，专注于一瓶乳酸菌，即使在其他乳制品品牌生产出类似产品对其围追堵截的情况下，养乐多仍然坚持提升自己的乳酸菌饮料水平，保持 2.2 元的零售价。正因这一份专注，养乐多在日本、韩国和中国一直以来拥有着稳定的市场份额。对于饮品消费者而言，养乐多成为乳酸菌饮料的不二选择，想要尝试其他品类饮品的消费者则会选取其他品牌（见二维码 4-2）。

4-2

### （二）媒介定位

媒介定位是一种根据不同接触途径对客户进行细分的定位。尽管不同顾客可能会呈现同质性的需求，但是接近这些客户的途径可能不尽相同，这种接触途径就是我们所说的媒介。多数媒介会受到消费者地理位置或是经济能力的影响，这就要求文化企业必须设计出多元的运营活动，通过最有效的方式接触到客户。

显而易见的例子是抖音视频和淘宝带货直播。基于下沉群体的抖音 App，其广告橱窗中推荐的产品大部分均价在百元左右，推荐的产品多为日用品和服装。而带火电商直播的李佳琦和薇娅则常驻淘宝平台，产品多是迎合青年人口味的护肤品与品牌零食。这是因为抖音和淘宝自身的流量体系不同，下沉群体价格敏感性高，多为中年人，实用低价的产品适合通过抖音宣传；观看淘宝直播的人则是易于接受新兴事物的年轻人，他们消费冲动较高，常在夜间网上购物，注重品牌质感，可以接受价格高昂的消费（见二维码 4-3）。

4-3

当然，淘宝与抖音直播的案例仅仅说明了不同媒介客户的消费区隔，对媒介定位的深刻把握归根结底在于需要对当今数据时代的媒介现状有清晰的认知。文化行业内的直播和主播层出不穷，说明任何人都可以在数据时代成为举足轻重的文化媒介。

自媒体的大肆发展促使人们接收信息的方式不再依靠大型媒体，主流媒体对人们单一辖制的局面正在不断改善，现在，每个人都是信息产生的源头与扩散渠道。社群中的"去中心化"表现为没有单一的关键意见领袖，但他并非完全自组织的，仍然需要运营团队去组织社群的运营，简单来说，"去中心化"去的是单一的发声权威渠道。

"去中心化"之所以成为新的商业趋势，主要有以下几个原因。激烈的市场竞争促使市场内部涌现出更多的信息提供者，增大了信息容量，从用户角度来看，挑选出有效信息成本增加。传统的流量中心无法为增长速度过快的商家提供更多的"位置"，高昂的流量税负压缩了商家的利润空间。原有的文化内容通过专业平台借由技术服务和运营服务聚集分发（PGC），但去中心化挑战了专业平台的商业地位，流量分配的中心地位不在，会员和内容的剩余价值优势难再保持。与之相对的，以往的内容消费者将成为内容的投资者或生产者，原有的中心化平台逐渐退居为技术服务供应商。如果我们仍旧按照传统的媒介分化观念进行文化市场定位，文化企业终究只会关注且只能触达到一类消费者，不利于文化企业的长足发展。

此时社群的出现便在某种程度上解决了文化企业的燃眉之急。既然"去中心化"已是不可逆的商业潮流，媒介的类型与数量相比之前则会大幅增多，文化企业在进行市场定位难以关切到如此海量的自媒体媒介。而移动互联网的发展推动了资讯的全球化，各阶层间的信息隔层渐趋透明化，人们的相互间的交流日渐方便快速，具有共同兴趣与价值观的人便构成了社群。社会范畴的社群通常以某个人为中心，听过社交工具开展熟人社交，一旦社交范围扩大到陌生人，并带来一定的社群收益，社群就成为了一个商业范畴。文化产业对社群的重视更多来源于近些年异军突起的"粉丝群"，社群在初始形成之际就已经为企业省略子市场筛分的成本，文化企业只需要分析现有社群的特性，并在此基础上进行文化生产即可。

社群本质上是依托社会化媒体构建的人际关系链接器，在商业里面表现为客户关系逻辑。传统的客户关系主要区分大客户与重点客户，但社群的出现将消费者重新分层，社群中的意见领袖极有可能成为商业社群的生产者（UCG）、消费者以及商业逻辑的传播者。社群模式在文化产业中的摸索印证了定向传播的可复制性，通过社群，向特定的人群、特定的区域传播，这正是社群的价值所在。

互联网时代促生了大数据与社群传播，现在市场上不少当红的移动应用正是在初期获得了大数据与社群的红利。品牌气质与社区氛围让人羡慕的"小红书"[①]，自 2013 年成立至 2018 年 5 月，用户数已破 1 亿，甚至还在持续增长。早期小红书主打基于事实信息的PDF攻略，无法保证信息碎片化时代中的实时更新频率，购物作为时效性更高的场景难以被纯攻略和指南所满足，这种相对静态的信息流阻碍攻略型产品与用户之间产生即时、双向、有黏性的互动机制。为改善这种情况，2013 年年末小红书上线了以境外购物习惯的女性用户作为主打的"小红书购物笔记"App，这类重度消费者，极度需要一个社区来"刷、逛和分享"最新的购物信息与体验。另外，长期处于购物分享社区的女性难免会产生购物冲动，为有效使用购物笔记 App 中的用户数据，2014 年年底它们上线跨境购物板块的"福利社"，社区与电商的结合攻克了采购和供应链等难题。在小红书的两次转型中，我们可以看到，用户需求是其市场定位的主线，但实现成功转型依然需要企业管理者观察到大数据和社群作为基本要素在互联网时代发挥的作用，也就是说，大数据与社群已经是文化市场定位不容忽视的现实基础。

### （三）需求定位

所谓需求定位是指市场定位满足了某一特定客户群的大部分或者是所有需求，但基于需求的定位有一个前提，即如果需求差异化要想实现有意义的定位，必须确保满足这些需求的运营活动具备差异性。

以网易云音乐为例，在其上线之初，音乐市场已经被酷狗音乐、QQ 音乐等音乐播放器占领，网易云音乐却借力移动互联的契机，清晰定位抓稳年轻用户——对音乐有一定喜

---

① 软文课堂. 小红书发展史，难以复制的 UCG 之路[EB/OL]. （2018-09-28）[2021-06-02]. http://www.ruanwenclass.com/item/
show.asp?d=9022&m=1.

好程度的年轻人，并提出音乐社交的概念，将自己定位为音乐社区，而不仅仅是播放器，上线之后，网易云音乐凭借自身优越的推荐功能、歌单与评论准确把握年轻用户的音乐品味，成功打造了一款专注于发现与分享的音乐软件，成为音乐软件的一匹黑马（见二维码4-4）。

数据时代给予文化企业挖掘文化消费者需求的大量技巧与方法。首先就是算法的应用。随着字节跳动旗下的多款短视频软件带火了"个性化推荐"这一概念，"机器学习""大数据""个性化算法""内容产品"也日渐成为文化产业发展的标配。如果说数据是给个性化的食材与原料，那么算法则是一种烹饪方式，个性化推荐的原理应该是在特定的范围，去构造一些合理的算法或规则将正确的数据推荐给正确的用户。推荐系统是在互联网出现纷繁复杂信息的背景下应运而生，海量的信息增加用户信息的使用成本，降低了信息的使用效率，而推荐系统则能够有效帮助用户快速发现感兴趣和高质量的信息。

曾任今日头条 CEO 的张一鸣认为，算法是"今日头条"这款兴趣推荐搜索引擎应用的核心，之所以这款 App 非常受客户青睐，是因为它可以使用算法技术精准推荐出用户喜爱的新闻。个性化推荐算法的原理即是投票，建立在海量的用户行为数据挖掘和分析基础上，同类用户的高票内容即是该类用户的最优产出，再将这一最优产出推荐给同类群用户的过程就是个性化推荐。表面上，个性化推荐是机器为用户提供的推荐，实际上是用户之间在相互推荐。推荐算法大致可以分为三类：基于内容的推荐算法、协同过滤推荐算法和基于知识的推荐算法，在文化市场定位过程中，算法提高的是定位的"精准"性。

当然，数据时代的新目标客户——下沉群体展现的消费实力也不容小觑。近年来，以快手、拼多多为代表的互联网公司，纷纷用高速增长不断诠释着下沉市场的无限前景。一、二线城市发展日趋饱和，线上红利逐渐削减，位于三、四线城市的消费人群相比于一、二线城市更具挖掘潜力，这类在互联网消费空白的人群又被称为下沉群体。

根据 Talking Data 提供的报告，除却 49 个一、二线与新一线城市，下沉市场占据我国 95% 的土地面积，人口规模将近 10 亿，可见中国下沉市场的体量巨大。2018 年，国内下沉城市手机用户占全国手机用户总数的 54.1%，每百人中约有 90 部手机，其社会消费品零售总额达到 17.2 万亿元，在全国占比为 45.1%。社交类应用下沉显著，QQ 下沉用户占比超过 50%，58 同城领衔服务类应用，下沉用户占比近半。[①] BAT 等商业巨头纷纷入局互联网下沉，作为下沉市场的核心消费人群——下沉群体将逐渐成为文化产业的新动能，成为文化市场定位新趋势（见二维码4-5）。

## 二、市场定位的结构

文化市场定位的三个层次是相互关联的层次结构，相互制约、相互支撑、互动互进，

---

① TalkingData. 2020 年下沉市场人群洞察报告[EB/OL].（2020-06-12）[2021-06-02]. http://www.199it.com/archives/999689.html.

构成了文化市场定位的整体结构。其中，每一层又都是上一层的基础，如果抽去了任何一层，上一级都将成为空中楼阁，而下一级则成为无源之水，定位对文化企业内部的整合能力和外部的告知能力都会产生很大的影响。

### （一）文化产品定位

文化产品定位是将某种文化产品的优势利益信息传送给目标人群，使文化消费者一旦产生同类需求就会联想起该类产品。这一层次的定位是其他层次定位的基础，因为文化企业最终向文化消费者提供的是产品，没有产品这一载体，品牌和企业在目标消费者心目中的形象都无法落实。参照营销大师菲利普·科特勒对产品结构的分析，可以把一个文化产品划分为五个层次，即核心产品、形式产品、期望产品、附加产品、潜在产品。其中，核心产品是文化产品使用价值的真正物质体现，也是消费者消费文化产品满足需求的根本所在。形式产品是指文化产品的表现方式，如报纸版面、栏目编排等，往往成为吸引消费者接触的重要环节。期望产品是顾客消费文化产品时所希望的一整套属性和条件，如报纸迅速及时的发行渠道和广播电视合理的时段安排以及有节制的广告插播方式等。附加产品是消费文化产品所得的附加服务和利益。潜在产品是文化产品某些方面提供的所有将来可能的服务和利益，目的是鼓励双方建立长期稳定的关系，如"海底捞火锅"的"美甲"和"擦鞋"服务就是意在为消费者提供一种消费之外的可能性利益。

海底捞是一家成立于 1994 年，主打川味火锅，融合多地火锅风味的大型跨省直营餐饮品牌火锅店，作为一家火锅店，海底捞远近闻名的并非是它地道或美味的火锅，而是它独有的海底捞服务。现在的餐饮业，仅仅是美味的食品已经不足以打动食客，不俗的服务品质也会为餐厅增色。海底捞的"变态服务"包含在单独就餐的顾客对座摆放玩具熊，让顾客感到不那么孤单；为长发女士主动提供皮筋和发夹；陪顾客的孩子玩游戏；在高峰期等位期间提供免费茶水与零食；提供免费美甲与擦鞋服务。这些在其他火锅店所没有的服务为海底捞吸引了更多顾客，越来越多的消费者愿意为了享受海底捞的服务而为较为高昂的菜品买单。服务一开始可能并不是海底捞的主打，但是它为海底捞带来了高于主打产品之外意想不到的收益，最终顾客获得了高于心里期待的服务，海底捞建立了独特的品牌文化。

文化产品定位可以从以下五个方面着手。

1. 特定的产品特点定位

《云南印象》创办时的定位是运用原生态的民族歌舞，再创神话般浓郁的云南民族风情，向世人展示东方民族文化的魅力。实施了有别于其他歌舞剧、为观众提供不一样的视听感受，从而形成自身的竞争优势。在分析文化产品的特点和优势后，还需要将这种优势形象化。这里举一个失败的例子：百慕大群岛在理念上的定位与其他岛屿一样即感受爱情，但是它忽略自身独特的粉色沙滩，没有把粉色沙滩这个视觉锤与语言的钉子联系起来。

2. 根据效益或需要定位

首先必须保证价格的合理，其次人们愿意为可感知的价值多付些钱，最后高价位产品彰显声望。制定价格的关键是弄清楚顾客愿意为文化产品的差异化或附加价值支付多少。

优酷土豆合并后，土豆网重点在用户体验和产品技术方面加快了研发速度，推出了"3+1"的优化组合策略，即对页面载入时间、流畅率、搜索转化率的三大优化，以及交互式弹幕产品"豆泡"的一大创新。

3．根据特殊使用时机定位

例如，方特欢乐大世界在中秋节推出"月满人间，惠聚方特，中秋亲子优惠季"，教师节期间推出"师恩难忘，欢乐共享，教师节 5 折游方特"。2011 年票房黑马《失恋 33 天》的档期是光棍节，应情应景满足观影者的情感诉求。[①]

4．根据使用者类型定位

以中国文化为背景的好莱坞影片《功夫熊猫》就展示了外国人眼中的中国传统文化。如今的好多好莱坞大片中，随处体现着中国功夫，人们欣然接受了这些元素。影片开始便是极具中国特色的山水画，影片中的音乐仍具备着好莱坞特有的恢宏效果，但就是因为其中加了一些代表中国特色的民族乐器，使得影片增添了更多中国味。正是这种由洋人演绎的中国符号横扫中国电影市场。

5．产品种类分离定位

由于旅游地即旅游景区景点的性质不同，因此，对不同性质的旅游资源其旅游产品开发、装饰和设计的定位也有所不同。旅游产品的开发、装饰和设计的定位，必须根据旅游资源自身所具备的价值品质和特色以及客源市场需求来决定。例如，沈阳故宫博物院旅游装饰产品形象设计将清朝文化与现代设计相结合，将现代的设计元素合理地运用到传统文化之中，使二者恰到好处地融合到一起，并同时考虑到旅游者的需要，考虑到产品的实用性、礼品性和方便性。

### （二）文化品牌定位

品牌是对文化产品定位的形象化描述，用以识别文化产品的经营者。菲利普·科特勒将品牌的作用概括为"是卖方做出的不断为买方提供一系列产品特点、利益和服务的承诺"。[②] 由于文化消费者往往把品牌视为文化产品的一个重要组成部分，因此建立品牌可以增加文化企业及其产品的价值。当一种品牌代表某一种文化产品时，产品定位和品牌定位无大的区别；当一种知名品牌代表众多文化产品时，产品定位就区别于品牌定位了。品牌定位必须以产品定位为基础，通过产品定位来实现；但是品牌一旦成功，便可以作为一项无形资产，而且可以与产品脱离而独立存在显示其价值。品牌可以买卖，可以授权，有时候即使不是一家文化企业的产品，只要冠以同一品牌，就在文化消费者心理预期结构中拥有了相应的位置。这一点显然是文化产品本身定位所无法实现的。品牌与产品分离之后的定位方式分为两种：其一是为同一品牌的不同文化产品定位；其二是为同一文化企业的不同品牌定位。例如，腾讯游戏针对不同目标需求下设了天美、光子、北极光等多个工作室

---

① 陈守则，刘旭明. 文化产品营销研究[M]. 北京：经济日报出版社，2012：34.
② 科特勒. 市场营销导论[M]. 俞利军，译. 北京：华夏出版社，2001：212.

品牌，分别满足游戏玩家多层次结构的社会需求，以求构成协同效应、配合完备的腾讯游戏。

腾讯游戏已经是全球收入最高的游戏公司，旗下拥有天美、北极光、魔方、光子和波士登五个工作室品牌。游戏一般按照端游、页游和手游分类，象征自然和突破的北极光工作室在客户端游戏领域较为突出，人气端游《天涯明月刀》和已经停服的 QQ 天堂岛曾一度傲视其他端游；魔方工作室主攻网页游戏，代表作品是《全民水浒》《全民农场》《仙剑奇侠传》；天美工作室主攻手机游戏，推出的《王者荣耀》经久不衰，至今仍是 moba 类游戏排行榜第一名。正是腾讯游戏在端游、页游和手游的全面布局，才使得腾讯游戏成为现如今国内最强的游戏开发团队！

做文化品牌实际上是一种投资，投资是一个过程，是一个从量变到质变的过程。只有坚持不懈地努力，品牌资产才能建立起来。文化品牌定位归根结底是在寻求一种有效结成传播关系的方式，有时候这种方式甚至超越功能利益，而仅仅是凭借心理利益，构成维系双方关系的纽带。作为影响力经济的一种，文化品牌的培养对于影响力的建构显得尤其重要，因为稳定的传播接触关系本身就是一笔财富。

品牌定位的优势有以下几个方面。

（1）相对于其他同类产品而言，其价格较高，从而提高产品获利能力。《中国好声音》总决赛的门票高达 1680 元。

（2）增强消费者的认同感，从而提高消费者忠诚度，降低其他竞争者的威胁。加多宝加盟《中国好声音》成功地反击了王老吉品牌，恢复了"凉茶就是王老吉"所造成的心里份额的失地。

（3）更容易对抗竞争者的促销活动，避免激烈的价格竞争，降低市场风险。这里涉及领先原理即第一胜过更好。领先品牌几乎都是第一个进入潜在顾客心智的品牌。对于市场领先者来说，商标是潜在的视觉锤。如果领先者缺少一个有力的视觉锤，那么就相当于给了第二品牌一个绝好的机会。

（4）市场占有率相对比较稳定，在短时间内一般不会急速变化。

（5）容易延伸产品线，合理延伸的同一品牌产品更加容易获得消费者忠诚度。然而维护品牌和让其免受内部力量的摧毁往往比创建一个品牌更难，需要顾客专注于该品牌。过度的品牌开发，违背了定位法则中的聚焦原则。为了获得更多的业务，过度开发衍生产品，会使品牌失去焦点，削弱品牌的差异化，侵蚀品牌的核心。例如海贼王、火影忍者这样的动漫品牌，不仅在消费者内心占据重要地位，并且通过动漫形象深深地定位在消费者的心里。同样品牌的文字理念和视觉形象一致才能建立和深化品牌，而不是依靠多样化的品牌形象。

### （三）文化企业形象定位

文化企业形象定位是文化企业集团组织整体在公众心目中的形象定位。它的着眼点不是具体的产品或品牌，而是组织整体的特点与优势。文化企业形象定位处于定位阶梯的最高层，它必须先定位所属的产品和品牌，然后才能够在公众中树立文化企业形象。没有好的产品定位和品牌定位，文化企业定位很难被公众确认。但是文化企业形象定位的内容和范围要比前两者广泛得多。较好的文化企业形象定位可以维持文化企业的产品和品牌定位。一旦文化企业获得较高地位，其他各种地位也会得到巩固，对于保证长期竞争优势和收益起到很好的支持作用。文化企业形象定位要考虑其业务组合对定位的限制，如"生产快乐"的迪士尼集团留给消费者的形象，其目标市场以儿童、青少年为主，但因其"快乐"的主题，成年人也成为重要的消费群体。[①]

1923 年，迪士尼之父沃尔特·迪士尼（Walt Disney）以 3200 美元起家，注册成立了"迪士尼兄弟动画制作公司"。1928 年，米老鼠形象诞生。从此，这个长着大耳朵、戴着白手套，有幽默表演天赋的小老鼠把迪士尼式的童话、梦幻和欢乐播撒到全球的每一个角落。为什么米老鼠会如此受人欢迎？因为它诚实善良、幽默顽皮、快乐单纯，虽是个小人物却具有尽力而为的精神。而最根本的原因是它能给人带来一种欢乐的体验，给人提供一个童话世界，提供一种梦境。这也是迪士尼从众多卡通明星到迪士尼乐园，再到玩具、游戏软件等各类产品的共性。翻开迪士尼提供的产品目录，就可以看到其业务涵盖了娱乐文化业的全部领域：硬件上有娱乐电影制片厂、消费类产品制作部门、网络集团、电视集团、主题公园；软件上有《米老鼠》《唐老鸭》《白雪公主与七个小矮人》《美女与野兽》《花木兰》《101 斑点狗》《狮子王》《珍珠港》等知名影片。可以说，"销售快乐文化"是迪士尼集团长盛不衰的主要原因。

文化企业无论做何种市场定位，都需要避免以下几方面的错误。

（1）定位不明确。文化企业由于对市场特殊性、产品属性等理解错误或者不明确，在进行目标市场定位时，会出现定位不明确的现象。这种定位不明确会使顾客对文化企业的产品和服务产生模糊的印象。以微信游戏为例：在移动互联网时代，手游盈利是较为容易的，因此腾讯推出微信游戏平台。但是推出游戏平台的微信更像是一个类似 Appressoria 的应用商店，从微信的用户习惯来看，玩家搜索、下载产品的频率并不像 91 助手、机锋市场等那么高，从而使消费者质疑腾讯的高层究竟是想将微信定位成一个游戏下载平台，还是游戏传播平台。

（2）定位过于狭隘。主要表现在文化企业过分强调定位于某一个狭隘的小市场，可能使顾客忽略了企业在其他方面的表现。中国的国产动画市场定位一直很狭隘，相比于好莱坞的动画电影，国产动画的内容与细节也更偏于低幼，而忽视成年人这一巨大的消费群体，成为制约中国动画市场发展的一大瓶颈。这种错误的观念不但影响了自身创作的题材的扩宽，也造成了消费者年龄层的狭窄，使动画片无法在中国这个广阔的市场中占有一席之地。

（3）定位混淆。购买者未注意文化企业品牌的整体形象，造成一些矛盾的宣传。这可能是企业宣传产品的利益太多，也可能是企业的品牌定位太过频繁。对产品和服务的购买欲望变得模糊，最终会影响文化企业的市场营销。从全国省级卫视的品牌定位来看，收视份额排行靠前的卫视，都是品牌定位明晰的典范，也是品牌战略的成功者与受益者。与

---

此同时，也有不少省级卫视的品牌定位过于宽泛，试图将所有的美好形象和特色内容都呈现给受众，但是，缺乏明确的品牌内涵和个性化的价值导向，特别是空洞、难以具象化的口号无法让受众和广告主对其品牌产生深层次的联想。除了核心价值理念缺失之外，品牌定位模糊的又一表现就是频繁地改版，致使频道难以形成一以贯之的品牌形象。

## 三、市场定位的原则

文化市场定位在目标人群心理预期结构中占据不可替代的位置，在按照上述三个层面的结构进行文化市场定位建构时，要注意遵从以下原则。

### （一）目标人群导向原则

文化市场定位的目标指向是文化产品目标消费人群的心理预期结构坐标，最终目的是要在人们的文化产品消费选择序列结构中占据不可替代的位置。因此，目标消费者的价值判断准则、购买偏好等因素直接决定着文化市场定位操作空间的结构和大小。就我国文化市场的结构和布局来看，大众化文化产品面向的普通市民阶层往往关注于文化产品能够提供什么样的卖点，即能够提供多少文化产品功能利益，这是由该阶层经济收入和购买力水平决定的，对于价格—性能比较优势的偏好是其突出特点。主流文化产品面向的是"社会行动能力最强的人群"，该阶层往往关注于文化产品是否能够提供足够的智慧和启示，即文化产品能够提供多少心理利益，这是由主流人群所处的社会地位和具备的行动能力所决定的，他们对于文化产品品质和格调都有较高的关注。该目标市场上的成功文化产品往往成为相应身份和地位的象征，因此，他们对于价格不是很敏感，而对文化产品提供的独特价值很关心，尤其注重文化产品自身的具体形象。

以目标人群为导向的原则不仅要求定位信息和目标消费者价值需求相符，还要求把定位信息有效地传递给目标人群。前面已经分析过，文化市场营销的过程其实是文化企业与目标市场之间由信息不均衡状态转向基本均衡状态的过程，而文化市场定位的基本使命就是把文化产品优势信息有效传递给目标人群和社会公众，以便使产品进入他们的文化产品消费选择序列结构中，使选择成为可能。这个过程是文化产品处于买方市场时，为求避免被淹没在众多文化产品中的一个必要选择。"酒香不怕巷子深"所表述的只是绝对卖方市场状态下的市场行为，是文化产品严重短缺时期才有的事情。

近些年我国内娱市场团体选秀风气正劲，不同于 2010 年以前的《快乐男生》《我型我秀》等歌手类选秀，借鉴韩国的 Produce 系列的团体类选秀对素人的唱功、舞蹈、形体要求更高。2018 年，爱奇艺敏锐发掘"90 后""00 后"群体对韩流团体的喜爱，模仿 Produce 101 推出国内首档男生练习生选秀节目《偶像练习生》，腾讯紧接其后推出女团选秀节目《创造 101》。两年来，两大视频播放平台陆续推出 3～4 类少男少女团体选秀节目，致使市场中的团体选秀节目同质化程度颇高，观众反馈疲软[①]。

---

[①] 2021 年该类节目更因不良风气与恶劣影响而被叫停。

此时，芒果娱乐结合独立女性意识高度崛起的热点，发掘"姐圈文化"和女性心理诉求愈加受到观众重视，市场上千篇一律的少男少女养成类真人秀导致观众审美的疲劳，开始另辟蹊径制作《乘风破浪的姐姐》，选秀群体聚焦在一群个性鲜明、辨识度和国民度皆高的姐姐们身上，紧跟消费者心智变迁的同时，成为第一个进入观众视野的以姐姐们为主角的女团选秀节目。在节目录制、播放过程中收获了极大的关注度，占据了 2020 年夏天综艺市场的超高份额，话题和热度遥遥领先于其他品牌。据悉，《乘风破浪的姐姐》首播当日，芒果娱乐股票"猛升"七个点！

此外，文化市场定位信息传播过程还要注意消费者的认知特点。美国哈佛大学心理学家乔治·A.米勒经研究发现，人脑同时处理的不同概念的信息单元的上限是 7 个。消费者记忆空间的有限性，要求文化市场定位必须提供足够的可以方便记忆的元素，否则就很难被识别。而且，消费者对于记忆信息是按照降序排列的，越是排在前面的被记忆的可能性越大。例如，我们往往知道世界第一峰是珠穆朗玛峰，而对于第二峰的认知便不是很清楚。因此，文化消费者认知和记忆的上述两个特点要求文化市场定位必须有特色，并且保证文化产品成为该特色领域的领导者。

## （二）差异化原则

差异化原则有利于使文化产品定位在消费者使用选择序列中获取不可替代的地位。上面分析了文化市场定位有效的关键是要进入文化产品消费者选择序列的 7 个点中，而只有排名第一的文化产品才会被消费者记住，并作为文化产品消费选择的首要品牌。这就需要文化企业根据消费者价值偏好情况，采取新的标准，设立新的价值坐标体系，从而突出自身竞争优势，使得文化消费者在新的价值坐标系内进行选择时把本文化产品排在心理预期结构的首选位置。差异化原则首先是在对竞争对手定位并进行考察的基础上完成的。

差异化原则更多的指的是竞争战略的差异化，形式较为立体，竞争战略的差异化=资源差异化+模式差异化+认知差异化。例如，2015 年颁布的"最严版权令"对当时的音乐市场彻底洗牌，所有无版权的音乐必须下线，从此一个 App 听全网音乐的年代一去不复返。网易云音乐在此次版权大战中受创最重，出现大批量的版权流失局面，而占据版权优势的QQ、酷狗和背靠金主的虾米音乐伺机反扑市场，形成了网易云音乐主打"二次元歌曲和民谣"，QQ、酷狗、酷我音乐与英皇娱乐、华谊兄弟和环球音乐签署独家歌曲版权垄断流行歌曲，虾米音乐掌管韩流的"三足鼎立"的局面（见二维码4-6）。这场版权之争本质上是音乐市场软件追逐资源差异化的过程中造成的，也变相促成了音乐 App 的不同定位。[①]

4-6

另一个运用模式差异化原则的经典案例则是小米手机。"不花一分钱广告费，第一年卖 100 万部"，小米手机依靠社群营销抓住核心粉丝群体，培育出一批热爱小米的忠实粉

---

① 知识嗑儿. 20 年不同听歌状态，音乐版权让播放器变好了吗？[EB/OL].（2019-04-12）[2021-06-02]. https://www.thepaper.cn/newsDetail_forward_3287371.

丝，借力社会化媒体进行内容营销。小米手机最初进入智能手机市场时就瞄准了客户满意度不高的现状，因此它所采用的差异化模式就是让顾客自己成为自己的手机设计工程师。首先，他将目标用户定位于发烧友极客的圈子，寻找目标人群喜欢的论坛和微博，请雷军为首的互联网企业家作为品牌代言，再向铁杆粉丝预售工程机进行内测，修改 bug，经由粉丝在微信、微博、论坛的晒单和宣传为后期的大规模量产与预售造势。可以说，小米手机将社群营销这一模式差异化原则应用于智能手机领域，带来了小米手机乃至小米社区今日的成功。

将认知差异化运用娴熟的当属市场上风头正劲的江中牌猴菇米稀。江中集团作为中国的中医药企业，主打非处方药、保健品和功能食品，比较知名的产品是草珊瑚含片和健胃消食片。该药企及时发现了早餐市场的痛点，一举打破了现代医学中并不存在的"养胃"说法，通过湖南卫视《向往的生活》进行植入式广告，尤其是在第一季第一期宋丹丹与黄磊食豆角中毒后，何炅泡了一杯"养胃"的米稀奉上，加深了观众眼中"米稀"和"养胃"的联结，至此江中牌猴菇米稀在消费者眼中成了一款能养胃的保健食品。

### （三）价值导向原则

文化市场定位的诉求点是为目标人群提供不同的价值，或者是功能价值，或者是心理价值，或者是两者的联合。有时候会遇到一些奇怪的定位，很独特，很新鲜，但是很难看出它希望传递给目标人群什么样的价值启示。因此，不能为了差异而表现差异，而是要有目的地表现差异，文化市场定位需要表现的是价值差异以及保证价值的能力差异。脱离了价值诉求的差异化很难对目标消费者的选择产生影响，因为这些差异实际上根本不在文化消费者的价值判断坐标系上。差异化使文化消费者感受到一种更好的价值获取方式的存在，这才是差异化的根本所在，而这一点就是价值导向原则的最大效用。

《经济观察报》目前是中国最具影响力的财经商业信息提供者和媒体平台之一。它以理性、建设性为基本价值观，服务于中国主流商业人群，以客观、独到、深度、权威的高品质报道和分析，为商业人群决策提供最有价值的帮助。可以说，《经济观察报》提出的"理性、建设性"提供的是心理价值。

### （四）取舍原则

社会是变动的，而不是静止的。我国目前正处于由传统社会向现代社会的转型时期，人们的价值观念也面临着转型。昨天看来还是冒天下之大不韪的事情，今天却突然成为时尚。不仅仅是文化市场环境在变，文化产品本身也在变。随着竞争活动的逐步深入和竞争结构的不断演变，新的竞争者不断加入，失败的竞争者不断退缩到市场的边缘，甚至完全退出市场。同时，原始资本积累的速度和方式的不同使文化企业在整个市场结构中的地位也发生分化。昨天还是新锐尖兵，今天或许已经是市场领袖；昨天是市场显贵、业界翘楚，今天或许已经面临边缘化的困境。前面说过，市场不是万能的，但是市场在配置经济资源方面是无所不能的。尽管市场的作用还不见得全面主导我国转轨时期的资源分化，逆市场化的操作还在相当多的文化市场领域发挥作用，但是，变化还是在以日新月异的速度发生着。这些变化要求文化企业不断调整自身的定位，在文化市场上去做符合自己身份和地位的事情，收获自己应有的市场利益。

对于文化企业来说，选择一个独特的定位并不能保证永久的优势，因为竞争对手随时有可能通过仿效业绩卓越者进行重新定位，或者是将新技术、新理念嫁接到原有的运营活动中，以期企业既能够受益于新定位又能够保持现有的定位。随着竞争对手的争相效仿，同质化成为文化市场的典型特征，只有那些能够提供真正价值的文化产品才会获取消费者的优先选择。因此，只有文化企业适时地在定位过程中做出取舍，才能在高密度的文化市场竞争中立于不败之地。

文化市场的瞬息万变促使文化企业不可能推出单一价值和完全截然不同的文化产品，这不仅会使顾客对企业的定位产生困惑，还有可能会影响到企业名誉、信誉。其次，由于不同的定位需要倚仗相应的运营活动，从而对产品配置、员工行为、技能和管理体系提出了更为多样的要求，运行周期较长的文化企业往往在资源、流程和人力上难以变通，因此必须要进行适当的取舍。最后，当公司的高级管理层已经确定未来的竞争战略时，其他相斥的竞争方式就不会被采取，组织中的各项工作的轻重缓急就已被明确，如果文化企业既眼红于时下流行的营销手段，又想要保留既有的营销活动，将会导致战线过长的窘迫局面出现，此时的取舍则更为重要。

上海新天地就是一个善于运用取舍原则的典型案例，它的市场定位在不同的发展阶段就有新的变化。① 2001年6月30日，在"市中心的市中心"，崛起了一片由老上海石库门建筑改建而成的地产项目，因是"新的一大会址所在地"，便取"一+大=天"之意，定名为"新天地"。石库门住宅兴起于19世纪60年代，是上海弄堂建筑中极富特色的部分，"石库门弄堂"也因此得名，成为弄堂住宅的代名词。它吸收了江南民居的建筑特色，其单体平面结构脱胎于中国传统的院落式住宅，同时，它起源于租界内，又具有西方民居的特色。可以说，具有中西风格融合的石库门建筑本身就是东西文化交流的产物，也已经成了海派文化的一个核心符号。1996年，上海卢湾区政府决心大力改造太平桥地区52万平方米的旧城。最终，保留石库门基础并赋予它新的生命成为大家的共识。改造工程也就此拉开序幕。中共一大会址对这块地区的改造提出了诸多要求，层高、外墙、建筑形态都不能"变味"，对商业地块的开发而言无疑阻力重重。在开发的不同阶段，定位也发生了三个层次的深化。20世纪末的上海，有外滩，有南京路，有徐家汇，有衡山路，但是并没有一个能够将餐饮、娱乐、购物和旅游、文化等全部集在一起的地方。在这样的市场背景下，新天地把第一阶段开发的重点放在了综合性上，首先打造的是一个餐饮与购物相结合的时尚地带——新天地北里。北里由多幢石库门老房子所组成，并结合了现代化的建筑、装修和设备，化身成多家高级消费场所及餐厅，充分展现新天地的国际元素。在有了一定的市

---

① 朱莹，顾卓敏. 新天地未来将打造成上海的"迷你百老汇" [EB/OL].（2019-04-12）[2021-06-02]. http://www.why.com.cn/epublish/other/mtjd/userobject7ai161821.asp?id=2648.

场基础的情况下，"南里"的开发也提上了议事日程。如果说北里是一个餐饮为主的场所，那么南里更像是一个集餐饮、休闲、时尚于一体的场所。于是新天地南里被建成了一座楼面总面积达 2.5 万平方米的购物、娱乐、休闲中心，并于 2002 年正式开幕，进驻了年轻人最喜爱的时装专卖店、电影院、美容机构等。而今的新天地被世人所津津乐道的不仅是餐饮、酒吧、电影院，还有那些叫不上名来的时尚潮牌。"时尚"——这张新天地十年来不断打造的名片，如今更是将其推向了一个新高度——新天地时尚购物中心，作为第三阶段开发的重头戏，原创、时尚成了"主题"。正是这样层层深化的定位使得上海新天地成功地穿上了时尚文化炫目的外衣，抓住了人们的眼球，用十年时间从无到有成了一个享誉海内外的上海时尚地标（见二维码 4-7）。

4-7

# 第三节　文化市场定位的模式

　　根据目标人群价值判断结构和消费行为偏好的不同，可以选择不同的变量进行检验，看哪一种文化市场定位模式可以保证文化产品在目标消费者的心理预期结构坐标上显示出优势地位，然后组织相应的优势利益信息传递给对方。常用的文化市场定位模式包括以下几种。

## 一、文化消费者定位模式

　　文化消费者定位模式，又称正向定位模式，是指按照文化消费者的类型进行定位，赋予文化产品与消费者特征、地位、品位相应的品牌形象，这样就会建立起目标消费者心理预期结构和特定文化产品之间的联系，使这一类消费者相信该文化产品就是为他们特意设计和组织的，使关系双方各自寻找到社会归属感。这种定位的关键在于获取目标消费者的认同感，使文化企业形象与该阶层的社会形象高度一致，成为他们忠实的和全面的利益代表者。这样定位产生的品牌，易于成为目标消费者文化消费活动的象征符号，会在一定程度上满足文化消费者阶层归属的心理利益需求，促使消费者对文化产品产生信任感和忠诚。

　　通过市场细分可以对文化消费者定位。文化市场细分是指文化企业根据消费者之间需求的差异性，把一个整体市场划分为若干个消费者群体，进而确定文化企业目标市场的过程。市场细分的理论基础是"多元异质性"理论，即文化消费者对大部分文化产品的需求是多元的，具有不同的质的要求，这是实现市场细分的基础。但是异质和同质是相对而言的，差异为市场细分提供了可能，而相对的同质，则可以使市场细分形成规模，满足细分的利益追求。影响文化消费者定位的变量很多，主要有地理变量、人口变量、心理变量和行为变量等，共同构成了文化消费者独特的市场需求。地理变量主要是指文化消费者所在的地理位置以及城乡、地形、气候、交通运输条件、人口密度、城镇规模等因素。文化企业按照地理变量所进行的市场细分可称为地理细分。地理细分的主要依据包括：处在不同地理位置的文化消费者各有不同的需要和偏好，他们对文化产品所采取的市场营销战略，对文化产品的价格、发行和播放渠道、广告宣传等也有不同的反应。另外，不同地域具有不同的文化氛围，这也对文化市场成长有很大影响。人口变量主要包括年龄、性别、收入、职业、教育水平、家庭规模、家庭生命周期、宗教、种族、国籍等因素。文化企业按照人口变量所进行的市场细分又叫人口细分。人口变量是文化消费者市场细分的重要依据，这是因为文化消费者需求的差异往往和人口变量具有密切的关系。对文化企业来说，人口变量的差异性又要比其他变量更容易测量。但值得注意的是，人口变量有时候表现出的差异性会和实际需求差异性有一定悖离。例如，有些文化消费者的心理变量对其购买行为的影响作用是主要的，年龄等其他人口变量的影响作用则可能是次要的。这主要是因为人口的心理年龄和生理年龄之间会存在一定程度的偏差。

因此人口变量往往和其他变量综合使用，以保证市场细分的有效性。心理变量主要是指文化消费者的生活方式、购买动机、个性、社会阶层等因素。文化企业按照文化消费者心理所进行的市场细分可称为心理细分。当文化企业按照心理细分市场时，有利于针对目标人群的心理实施市场营销战略。同时，当某个文化企业成为某一社会阶层生活方式的有机构成之后，会成为一种身份认定力量，在一定程度上满足目标人群的自豪感。行为变量主要是指文化消费者对某一文化产品的认知、态度、使用情况和反应，它作为一种客观的外在表现，比人们内在的心理活动更容易观察判断，因此行为变量是一种更为常用的市场细分依据，如音乐剧《妈妈咪呀！》在北京上演的成功就和运作公司对北京地区的受众准确定位有关。[①]

《妈妈咪呀！》是全球上演场次最多的音乐剧。1999 年 4 月 6 日，伦敦西区的爱德华王子剧院推出了一部由 22 首 ABBA 畅销金曲串联而成的全新音乐剧《妈妈咪呀！》，造成了空前的轰动。在《妈妈咪呀！》上演之前，伦敦西区的传统音乐剧演出本来已呈现衰落迹象，但是这出戏再次让音乐剧成为娱乐生活的主流。2001 年，《妈妈咪呀！》带着对爱情、友情、亲情的思考和音乐背后的欧美 20 世纪 70 年代文化走进美国百老汇，在这个世界音乐剧殿堂获得成功。2007 年 7 月《妈妈咪呀！》首次进入中国，在上海进行了一个月的演出。8 月 7 日，《妈妈咪呀！》又转程北京，进行她在中国文化中心的 13 天展示。被称为史上最赚钱音乐剧的《妈妈咪呀！》2007 年 7 月在上海演出 32 场，刚进行了一半就已经把一千多万元的成本收了回来。成群结队赶赴剧场的上海都市小资们，让《妈妈咪呀！》演出达到了一票难求的境地，但《妈妈咪呀！》北京的承接方决定引进这部音乐剧之初，各方都不看好《妈妈咪呀！》在北京的市场。跟上海相比，北京的劣势很明显，在音乐剧上两个城市至少有 5 年的差距。专家、业内人士都说北京根本没有能力演一个月。但基于《妈妈咪呀！》在全世界深厚的观众基础和影响力，中演公司还是决定承接这出音乐剧在北京的演出。《妈妈咪呀！》在北京的所有宣传攻势都是针对受众范围，因为音乐

① 刘佳. 解密《妈妈咪呀！》的中国成功术[EB/OL]. （2007-08-15）[2021-05-21]. http://www.eeo.com.cn/2007/0815/79990.shtml.

剧的观众一般是时尚、年轻，受过高等教育、接触过国外事物、对欧美文化认知度较高的有消费力的人群。在宣传方面，第一轮首先选择一些时尚类媒体，其次是财经杂志，还有户外广告、车身广告；第二轮，也是用得最多的，就是一些受欢迎的电视栏目；第三轮，是在双语广播做人际传播，最后是口碑传播。在 2006 年的一年里，先做了大量的普及工作。《妈妈咪呀！》在北京开演以来，千元票价依然挡不住人们的热情拥趸，场场爆满。《妈妈咪呀！》成为当年北京演出市场票房最高的剧目之一。

## 二、产品竞争者定位模式

产品竞争者定位模式，又叫反向定位模式，是指针对文化市场竞争的现实态势，力求凸显文化产品相对优势的定位，即为了在文化消费者心目中加强或者提高文化产品现有地位，根据与竞争有关的属性和利益或针对竞争者的定位来进行本文化产品的市场定位。网易作为中国四大门户网站（网易、腾讯、新浪、搜狐）之一，与腾讯即时通信、新浪拓展新业务进行竞争，它是通过加强自行研发的游戏，维系在门户网站的前三强。万达影城定位于高端影城，复制它一贯的作风，以豪华的体验吸引顾客。而幸福蓝海影城定位则是从环境到服务来招揽顾客，打造平民级的五星影城。乐视网避开与优酷网、土豆网等大规模视频网站就流量扩张和广告竞争的面对面碰撞，而选择正版加付费模式。尽管大多数用户倾向于观看免费视频，但随着用户对视频内容质量的要求不断提高，付费用户数量正在迅速增加。同时乐视网重视版权，所有独播剧只会在乐视网和乐视土豆合作平台上播出，大大提高了乐视网的知名度。

根据文化市场定位的不同，该模式又可以分为领导定位模式、挑战定位模式、并存定位模式和添补定位模式。其中，领导定位模式强调对目标市场利益的全面强化和满足，以提高利益满足标准作为奠定自己市场领导者地位，占据目标消费者心理预期结构中的首要位置。挑战定位模式是通过对于文化市场领导者力所不及的价值维度空间内利益点的优势保证来获取目标人群的承认，获取独有的地位，从而对市场领导者构成挑战。并存定位模式一般出现在文化市场培育期和高速成长期，较大的市场空间保证了同质化文化产品都可以拥有自己的独特利益空间。由于文化经济表现出高度的外生性特征和集中性特征，在高竞争度的文化市场空间内，跟随者作为替代品提供者很难保证相应的收益。在这种情况下，文化企业可以在功能利益空间和心理利益空间分别寻找新的价值优势，然后组合出自己的竞争优势，这样才有可能因为满足特定利益需求而获取生存的机会。添补定位模式是指文化企业在市场领导者、跟进者、挑战者都无意顾及的价值点上提供服务，以小而全的聚焦策略，满足目标市场的某一点利益需求。例如国内视频网站的竞争格局就属于并存定位模式下的结果。

在我国视频网站兴起初期，曾达到过数百家规模。随着酷 6、乐视、优酷、土豆等上市，以及中国版权保护的加强，正版化带来运营成本的提升，以及用户对视频清晰度、流畅度、内容丰富度等的增强，一些小规模的视频网站日益艰难，逐渐被淘汰。版权成本、带宽成本、人力成本，成为压在视频网站头上的"三座大山"。2011年，酷6宣布不再采购版权影视内容，转型做社区；56网则被人人网收购，专注于社区化。迅雷等客户端型视频网站，因Web模式的兴起，其商业模式面临着推倒重来的困局。2012年，网络视频成互联网第一大应用，经过收购、合并、淘汰等惨烈竞争，市场份额更加集中，仅余5家主流视频网站，即优酷土豆、爱奇艺、搜狐视频、乐视网、腾讯视频。爱奇艺、搜狐视频、腾讯视频，均背靠"母体"强大资金支持和流量支持稳步发展。2012年3月，优酷和土豆宣布，以100%换股的方式合并，至此，在UGC领域的前两位合二为一，成为UGC的霸主。乐视网早在成立之初便意识到版权的价值，低价储备了海量的版权内容，建成行业最全的影视剧版权库。通过内容优势，乐视网不断延伸产业链，打造了"平台+内容+终端+应用"的乐视生态系统，特别是在终端领域，推出乐视盒子和超级电视，向TV屏进军。这5家之间，或者已经上市，或者背靠资金强大的母体，很难再发生整合，而其他视频网站则要么转型，日益边缘化；要么面临被整合的命运。上述5家视频网站，几乎代表了整个网络视频行业，用户规模、广告份额，将向这5家集中，整个行业整体性盈利日趋临近。

产品竞争者定位需要识别潜在的竞争优势。文化企业的竞争优势是与竞争者相区别的独到特征，文化企业要不断发现、创造并保持潜在和现实的特色，从而保持自身的市场优势。文化企业可以从四个方面形成文化产品或服务的特色，树立差异化即产品差异化、服务差异化、人员差异化、形象差异化。

产品差异化主要在形式、特色和质量等方面实现区隔。文化产品必须考虑到人们的审美观和实际需要，比如，产品在内容、风格、设计、外观和包装等方面的诉求和品质。《失恋33天》采取逆向定位的策略，与那些正面描写"80后"成长、爱情、事业、友情等大相径庭，通过恋爱的反面去反思爱情。与同类产品不同，通过讲述如何对待失恋去讲述"80后"从爱情到婚姻的人生阶段，从主题和定位就比讲述如何相识、相恋、相知更加具有稀缺性。①

服务差异化表现为产品传递的及时、准确，购买的便利，对顾客的培训指导，对文化产品的体验、维护保养等。与迪士尼一样，西溪湿地对每天游客人数进行限制，一方面确保西溪生态环境的可持续发展，另一方面减少设施的配备对湿地景观的影响。同时西溪湿地还引入电子导游自动服务系统，船开到哪里，相应的讲解就讲到哪里。这种个性化、多元化讲解服务工作同时具备GPS定位功能，对游客的安全也是一种保障。为了宣传《喜羊羊与灰太狼》这部影片，他们还在全国放映期间举办了很多小朋友喜欢的活动，包括在全国建立了40个"喜羊羊开心乐园"，以及在售票处旁搭建了一些合影立体人偶，或者雕塑板、雕塑墙等儿童设施。很多来电影院看《喜羊羊与灰太狼》的小朋友，都是慕名那只"羊狼对战笔"的礼品而来。这些就是服务的内容，是做好一个影片的关键所在。

人员差异化表现为雇佣及培训优秀的员工、建立富有竞争力的团队可以使企业获得明显的竞争优势。消费者不仅通过产品和服务本身感受企业，也通过企业的每一位员工建立

---

① 肖珩，刘旭明. 引导需求：《失恋33天》的胜利术[J]. 销售与市场（评论版），2012（1）：78-79.

对企业的认识、理解、定位和形象。方特欢乐大世界对其员工进行全方位培训，各个岗位的员工都要了解园区的各类信息，为顾客提供咨询、解决问题。系统全面的员工服务和人性化服务，为方特赢得良好的口碑。

形象差异化包括视觉形象和社会形象的差异化，主要通过个性与形象、标识、公关活动等方面来表现，即文化企业可以通过设计名称、理念、标志等途径来确定产品的主要优点，还可以通过公关来塑造个性。浙江卫视打造"中国蓝"的形象，中国蓝，蓝动天下。浙江卫视品牌的视觉象征符号具有很强的识别性，它凝聚了浙江卫视上星 15 年来在全国的传播价值，作为基础性的稳定本质，蓝底衬托下的白色"Z"字形浙江图案，为浙江卫视频道品牌的建构创造了更多成功的机会。对于"中国蓝"的内涵，制作方认为其涵盖了"品牌之蓝——经典台标""蓝海之蓝——差异化竞争策略""星球之蓝——飞翔的姿态与凌空的境界""江南之蓝——立足地域文化""气质之蓝——艺术与人文气息""心灵之蓝——展现纯净与责任"，等等，在视觉形象上与其他省级卫视相区别。在社会形象的树立推广方面，立足公益，关注社会。浙江卫视作为媒体，也承担着社会责任和媒体使命，举办公益活动能够提升媒体形象，为媒体的发展提供良好的保障。例如，经过数次改版的《爱唱才会赢》最终形成了集公益性与趣味性，箱子打开所得的公益基金总和将作为爱心基金捐献给红十字会。浙江卫视积极关注社会，参与公共事业建设，在广告时段播出自主制作的公益广告、公益片等来增加社会影响力。

差异化不是绝对的差异，文化产品或服务如果仅仅为了追求与众不同，把差异化当作万能钥匙，那么文化产品将会失去共通性。比如文化产品的一系列衍生产品，需要承接母产品的文化内涵。如果过分追求差异化，衍生产品将会脱离母版而自成系列。适当的竞争优势就是要因人而异、因地制宜、考量自身实力、遵循市场发展的运作规律。企业可以运用 SWOT 方法，通过与竞争者在产品、促销、成本、服务等方面的对比分析，了解自己的优势和劣势，从而认定自己的竞争优势，进行恰当的定位。在进行适当定位时要避免以下三个误区：定位不足即消费者对企业知之甚少，企业形象模糊；定位过度即消费者对企业的了解过于狭窄；混乱定位即避免多元化向杂乱化发展。苏州福禄贝尔科幻游乐园的失败正是由于对自身估计不足，盲目追随迪士尼乐园，根据迪士尼乐园的客流量推算福禄贝尔的客流量，导致实施运作的盲目，造成人、财、物的严重浪费。

## 三、企业能力定位模式

任何一个文化企业都不可能满足所有的文化市场需求。面对众多的细分市场，选择标准同样取决于文化企业自身能力和满足某些特定细分市场的能力要求间的耦合程度。文化市场定位其实就是一个"识别潜在竞争优势→选择竞争优势→展示竞争优势"的能力选择与使用过程。根据文化企业能力理念，支持长久竞争优势的正是文化企业的某种能力，即管理学意义上的"核心能力"。为此，定位之前要首先进行能力分析，以求把核心能力作为定位的前提以及定位之后文化企业市场活动的根本所在。核心能力的培养和发展是文化企业经营战略的使命所在，建立在核心能力之上的文化市场定位也是文化企业战略一致性的体现。核心能力概念的最早表述见于普拉哈拉德（C. K. Prahalad）和加里·哈梅尔（G. Hamel）在《哈佛商业评论》上发表的论文《公司的核心能力》，该文对核心能力的定义为："组织中的集体性学识（the collective learning），特别是关于如何协调不同的生产技能和有机整合多种技能的学识。"[1] 核心能力概念的两个关键词是"集体性"和"学识"，其中"learning"一词既可以作为名词"学识"，又可以作为表示过程或动态的动名词"学习"。因此，也可以将核心能力作为学习的能力和学识积累能力。核心能力对于文化企业定位的意义在于，它可以对文化消费者所重视的价值有超水准的贡献，能够提高文化企业提供利益的效率。从能力出发定位首先要求进行文化企业能力辨认，识别出核心能力所在，然后据此进行产品定位和品牌定位。因为这种定位模式是在对文化企业资源能力辨认基础上进行的，所完成的定位属于文化企业力所能及的范围，因而可行性较大；而且它是根据文化企业核心专长"量身定制"的，避免了文化企业四处出击，分散能力的风险。但是，这个模式最大的缺陷是以文化企业为中心，容易脱离文化消费者的需求现实，如湖南卫视凭借其"创新力"的核心能力在我国省级卫视中脱颖而出。[2]

长期以来，中国的电视媒体一直存在定位模糊的问题。进入 WTO 之后，国外电视传媒业逐渐通过频道、栏目、节目等多种方式进军中国电视市场。中央电视台在进军国际市场的同时，也从未放松国内市场的扩张。而省级卫视为了获得更大的发展空间，其自身定位也日益受到重视。在此背景下的湖南卫视，面临的最大竞争对手无疑有二，一是中央级媒体，二是其他省级卫视。对于各省级卫视，当时几乎都走"综合台"之路，同质化现象非常严重，其中，"新闻+电视剧"是该模式的典型代表。与中央电视台相比较，湖南卫视面临着新闻资源垄断和娱乐节目创新两大挑战。中央电视台掌握着引领行业规范的评判标准，拥有优秀的电视人才和先进的媒体技术，在新闻资源上更是处于近乎垄断的地位。湖南卫视要立住脚跟，就必须避开新闻节目这个中央电视台所牢固占领的重磅之地。湖南卫视发扬"天下湘军"的艰苦卓绝精神，应时而变，突破自我，开辟了一条蓝海战略——将湖南卫视定位为中国最具活力的电视娱乐品牌。2002 年 9 月，湖南卫视提出打造"娱乐、资讯为主的个性化综合频道"，突出"青春、靓丽、时尚"的频道特色；2003 年年初，湖南卫视提出"锁定娱乐，兼顾资讯；锁定年轻，兼顾其他；锁定全国，兼顾湖南"的品牌定位策略。2004 年 6 月，湖南卫视成为国内首家定位清晰的电视频道——秉承"快乐中国"理念，打造中国最具活力的电视娱乐品牌。自此，湖南卫视以"年轻""快乐"的姿态活跃在大众面前，不仅把收视目光锁定在年轻观众身上，还充分挖掘"年轻"的内容以吸引其他年龄阶段的人群。"快乐中国"理念贯穿于整个湖南卫视——上至台长、下至最基层工作人员。在节目内容上具体表现为娱乐节目快乐化、新闻节目通俗化。所有节目都以"快乐"为中心，旨在为受众传递一种轻松、愉快的氛围。"快乐中国"定位的确立为湖南卫

[1] PRAHALAD C K, HAMEL G. The core competence of the corporation[J]. Harvard Business Review, 1990(5-6): 79-91.
[2] 尹良润，向菊梅. 湖南卫视：十年品牌创新之路[J]. 声屏世界·广告人，2012（6）：73-85.

视今后的发展奠定了坚实的基础，引领了一阵又一阵的中国电视快乐旋风，同时在此品牌内核的统帅下，湖南卫视成功进行了一系列节目改革，形成了今天的高稳定度、高忠诚度收视群，成为众多广告主首选的投放平台之一。可以说，湖南卫视自上而下将创新融入企业文化的内核，他们正在努力培养一种创新文化，创新是湖南卫视发展壮大的精神支柱，是湖南卫视得以成功的"软实力"。

## 四、整合定位模式

上述三种定位模式其实都有一些不足，文化消费者模式忽视了竞争对手的定位结构；产品竞争者模式显然过于强调对竞争风险的回避，而对文化消费者需求和文化企业能力的认识不足；文化企业能力模式如上所述，也有忽视文化消费者现实需求的倾向。这样，就有必要对上述定位模式予以整合，在此基础上完成产品定位、品牌定位和文化企业定位三个层次结构的建设。可以通过文化消费者分析确定目标市场，通过文化企业能力分析和竞争者分析，明确文化企业核心专长以及建立在此基础上的竞争优势，然后进一步寻找两者的利益平衡点，这就是整合定位模式。

2013 年，哎呀呀以 24.36 亿元的品牌价值与联想、苏宁、万科、森马等知名品牌一起荣登世界品牌实验室"中国 500 最具价值品牌排行榜"，成为中国饰品连锁行业首家也是唯一一家跻身"中国品牌 500 强"的品牌，成为名副其实的中国饰品连锁第一品牌。哎呀呀能在短短数年间崛起，成为中国饰品零售行业的龙头品牌，离不开以下三大"基因密码"：品牌定位、商业模式和整合传播。

在品牌定位上，哎呀呀与战略定位咨询领域的全球领导性公司特劳特公司合作，为公司梳理战略，将哎呀呀定位为"中国饰品第一品牌"，及时把握了发展的最佳战略节奏。定位战略实施以来，哎呀呀得到了迅速的发展，2004 年前，哎呀呀只有 3 家店，如今哎呀呀已有数千家店遍布全国各地，同时哎呀呀也是年终端销售额累计 30 多亿元、纳税达数亿元的饰品连锁企业，牢牢占据"中国饰品领导者"的地位。

在商业模式上，哎呀呀自创立以来就一直秉承着薄利多销的理念，当时，国内已经有伊泰莲娜、顶好坊等饰品连锁品牌，它们都面向中高端女性消费者，价格相对较高，而且大部分都是自产自销，低端饰品市场还是一块空白，因此，哎呀呀提出了"平价连锁+快时尚"的商业模式，迈出哎呀呀品牌化战略的第一步，为自己找到了一个适当的市场位置，同时在消费者的心中占领了一个特殊的位置。平价连锁和快时尚明确了要传达给消费者的形象，也跟目标消费群建立了一种内在的联系。

在整合传播上，哎呀呀在品牌提升与渠道扩张的道路上进行了一系列的整合营销，形成了有效的市场营销组合策略，实现了多方共享营销资源的良好局面，有效地将企业内部与行业资源高度整合，为消费者准确传达企业价值形象和品牌实力。2005 年，哎呀呀便大手笔地砸下流动资金的 60%，签约香港影星应采儿代言，成为业内第一个聘请一线明星代言的品牌，快速提高了哎呀呀的品牌知名度。此外，哎呀呀还斥巨资先后赞助"同一首歌"

"快乐女声演唱会""S.H.E'爱而为一'世界巡回演唱会"等目标年轻时尚女消费人群喜欢的娱乐节目，开创饰品行业娱乐营销先潮。2011—2012年，哎呀呀成功打造了中国最大的女性歌唱类选秀活动"花儿朵朵"、2011全球粤语歌唱选秀活动"麦王争霸"大赛、2012"中国校花大赛"，在追逐梦想的年轻时尚女性群体中深耕品牌，大幅度地提升了哎呀呀的品牌知名度及美誉度，成为唯一荣获2012"中国女性至爱品牌排行榜"的饰品品牌。除作为饰品行业的娱乐营销先锋外，哎呀呀还联合湖南卫视共同开创了饰品行业的植入式营销——在全国热播剧《丑女无敌》中深度植入，使哎呀呀品牌在年轻时尚女性人群及市场中爆发，成长为中国饰品第一品牌。

## 思考题

1．文化市场定位的原则有哪些？
2．差异化原则在今天的文化市场定位中是如何被应用的？
3．试举例说明数据时代文化企业如何进行市场定位。

## 推荐阅读资料

1．里斯，特罗特．定位[M]．北京：机械工业出版社，2002．
2．特罗特．重新定位[M]．北京：机械工业出版社，2011．
3．里斯．视觉锤[M]．北京：机械工业出版社，2012．
4．李康化．文化市场与营销变革[M]．北京：北京大学出版社，2008．

# 第五章

# 营销伦理

 **学习目标**

通过对本章的学习，学生应掌握如下内容:
1. 文化营销伦理的内涵;
2. 文化营销中的伦理问题;
3. 文化企业的社会责任。

 **导言**

文化营销伦理是市场经济的伴生物。随着文化企业活动的不断深入及文化企业的影响日益扩大，人们普遍认识到伦理对文化企业营销活动的重大价值。在市场经济条件下，文化企业需具有社会责任，遵循市场营销伦理，正确处理文化营销活动中的伦理问题。

## 第一节 文化营销伦理的内涵

伦理是评价某决定和行为正确与否的价值判断，并用来评价某决定和行为是否被大众所接受。营销伦理是从哲学的高度去揭示营销道德的本质、功能及其各方面规律的。

### 一、伦理与文化营销伦理

#### （一）伦理和道德的辨析

伦理学是关于道德的学说和理论体系，是道德观点的理论化、系统化，它是从整体上系统地研究各种道德现象，并从哲学的高度去揭示道德的本质、功能及其各方面规律的理论科学。

道德是人们在社会生活实践中关于善恶、是非的观念、情感和行为习惯，并依靠社会舆论和良心指导的人格完善与调节人与人、人与自然关系的规范体系。

伦理与道德有着密切的联系，伦理学是以道德现象为研究对象和范围的科学，即关于道德的学说。伦理学和道德的关系实际上是科学和研究对象之间的关系，因此，营销伦理和营销道德的关系是理论与研究对象之间的关系。[①]

正因为伦理和道德具有大体相同的含义，都是指人际行为应该如何规范，因此文化营销伦理基本可以表述为文化营销道德。在许多场合，二者又是可以相互替代的，并且还可以叠加在一起使用。

### （二）营销伦理的学科发展

#### 1. 经济学研究中的伦理倾向

作为一门学科，经济学从诞生之初就与伦理学关系密切。伦理问题是经济学研究中不可或缺的部分，将伦理学引入经济学来处理经济活动中的问题便形成了经济论理学。即便是亚当·斯密（Adam Smith）最为人所知的著作《国富论》也只是在写作《道德情操论》的过程中完成的，他在前者中把单纯的体力劳动认定为"唯一的生产力"，但在后者中又强调了道德在生产中的作用。其他古典经济学家如大卫·李嘉图、斯图尔特·米尔斯等也都对伦理问题非常关注，他们有的认为经济学是一门伦理学科，有的非常关注经济政策的伦理效应和社会行动者的社会责任。

著名社会学家马克思·韦伯（Max Weber）同样关注了经济发展的伦理问题，并在其著作《新教伦理与资本主义精神》中分析了经济发展的精神动力问题。他对伦理因素、文化因素的强调一度形成了二战后世界范围内的"韦伯热"，其理论核心就在于认为伦理因素和文化因素同社会、政治、经济等因素综合发生作用——而非政治或经济单一因素的作用——促进了制度转换和经济发展。以伦理的视角分析经济发展问题成了韦伯理论的突出特点。

诺贝尔经济学奖获得者阿玛蒂亚·森（Amartya Sen）的经济学理论中也包含重要的伦理内容。森的经济伦理学思想主要建立在对传统的"理性行为假说"的批判基础上，在《论伦理学与经济学》一书中，他系统地阐述了他的经济伦理思想，认为对自身利益的追逐，只是人类许许多多动机中最为重要的动机，其他如人性、公正、慈善和公共精神等方面的品质也相当重要。他的经济伦理思想主张伦理精神、反对单纯追求经济利益。在《以人为本：全球化世界的发展伦理学》一书中，他阐述了全球化背景下重建伦理学和经济学之间的联系的重要性，提出了应用人道的、伦理的观念解决在全球化经济冲击下的社会问题。[②]

#### 2. 管理学研究中的伦理倾向

管理学界对于现实管理伦理问题的认识源自泰勒的功利主义伦理传统，泰勒所创立的科学管理理论中"效率至上"的思想将注意力完全集中在管理的效率维度，功利主义原则

---

① 寇小萱. 企业营销中的伦理问题研究[M]. 天津：天津人民出版社，2001：1.
② 森，科利克斯伯格. 以人为本：全球化世界的发展伦理学[M]. 长春：长春出版社，2012.

的统治地位使得包括管理伦理在内的当代人类道德实践处于深刻的危机之中。

伦理问题研究在管理学中也同样得到了体现。美国管理大师海因茨·韦里克（Heinz Weihrich）和哈罗德·孔茨（Harold Koontz）在其所著的《管理学》中加入了"道德决策模型"等内容，提出将伦理制度化、建立伦理委员会等途径使伦理问题在企业管理中得到重视。[①] 类似的，詹姆斯·斯托纳（James Stoner）等人编著的《管理学》中，提出了新世纪管理理论的五个重点领域：质量（quality）、小企业（small business）、企业伦理（business ethics）、国际化（internationalization）和多样化（diversity），其中，企业伦理赫然在列。

企业社会责任的提出进一步加强了管理学的伦理化倾向。企业的"社会责任"一词最早在 1916 年由约翰·莫里斯·克拉克（J. Maurice Clark）提出[②]，奥利弗·谢尔顿（Oliver Shelton）于 1924 年首次提出将企业社会责任与公司经营者满足产业内外各种人类需要的责任联系起来[③]。在学术界，鲍恩首次明确提出了企业社会责任概念："商人（即企业家）有义务制定政策，做出决策，遵循对社会目标和价值观有益的行动指南"[④]。在早期，社会责任被认为是一种自愿奉献的纯粹道德行为。至 20 世纪 60 年代，基思·戴维斯（Keith Davis）的"责任铁律"认为企业的社会责任应当与其所具有的权力相匹配，强调企业行为对整个社会的影响。阿奇·B.卡罗尔（Archie B. Carroll）认为企业社会责任是某一特定时期社会对组织所寄托的经济、法律、伦理和自由决定的期望[⑤]。

3. 营销伦理的兴起与发展

营销伦理的发展离不开商业伦理学的兴起。自 20 世纪 70 年代以来，商业活动的伦理问题日益引起人们的重视，并且诞生了将伦理学的思想和方法应用到商业活动分析和评判中的一个新学科——商业伦理学。商业伦理（business ethics）有狭义和广义之分，狭义的商业伦理关注企业行为，又称企业伦理；广义的商业伦理不局限于企业，而是关注各种商业行为。

把经济与伦理结合起来考虑乃至于经济伦理学的诞生，与其说是一个学术事件，不如说是经济社会与知识界在 20 世纪后半叶经历了商业活动的种种"丑闻"之后，所反映出的一种新的学术心态和理论构想。

### （三）文化营销伦理的概念

1. 营销伦理的概念辨析

与营销伦理相关的概念有很多，包括经济伦理、商业伦理、企业伦理等，其中商业伦理与企业伦理的英文都可以用"business ethics"表示，这些概念的内涵互相交错但又不完全吻合。

---

① 韦里克，孔茨. 管理学[M]. 北京：经济科学出版社，2004.

② CLARK J M. The changing basis of economic responsibility[J]. Journey of Political Economy, 1916, 24(3): 209-229.

③ 雷恩，贝德安. 西方管理思想史[M]. 6 版. 孙健敏，等译. 北京：中国人民大学出版社，2013：296.

④ 鲍恩. 商人的社会责任[M]. 李伟阳，译. 北京：经济管理出版社，2015：5.

⑤ 卡罗尔，巴克霍尔茨. 企业与社会：伦理与利益相关者管理[M]. 黄煜平，等译. 北京：机械工业出版社，2004.

首先，"经济伦理学"的研究对象是经济领域中的道德现象，包括宏观经济制度、中观经济组织和微观经济关系承担者个人这三大行动层次上一切同道德有关的问题[①]。其次，营销伦理学与商业伦理学不同，商业伦理学"主要研究商业活动中所产生的各类道德现象和理论"。商业伦理学同营销伦理学的关系也是整体与部分的关系。再次，营销伦理学与企业伦理学也不同，前者是从伦理学角度对营销过程进行系统研究，具有描述性、规范性和批判性这三种功能；后者只涉及中观伦理，作为职业伦理学的一个分支，突出的是规范功能。最后，营销伦理是在经济伦理和商业伦理的内涵之下的，三者的内涵范围逐层缩小。

2．文化营销伦理的概念界定

营销学作为市场导向下商业活动的一个最主要部分，其伦理道德性是商业伦理学研究的一个重要方面，并且有必要倾注精力进行专门的研究——也就是营销伦理（marketing ethics）研究。郭国庆将营销伦理界定为"营销主体在从事营销活动中所具有的基本行为准则，也就是处理营销过程中利益各方的相互关系的准则"[②]。我们可以将其理解为对营销策略、营销行为及机构道德的判断标准。而文化营销伦理则强调了文化领域内的营销伦理，仍属于广义上的营销伦理。

在这个意义上，文化营销伦理是指文化消费者对文化企业营销决策的价值判断，即判断文化企业营销活动是否符合广大文化消费者及社会的利益，能否给广大文化消费者及社会带来最大的幸福。

## 二、营销伦理的理论依据

### （一）功利论

所谓功利论（utilitarian theories），是指判断某行为是否道德，主要看其行为所引起的后果如何。当某行为能够为多数人带来最大幸福时便是道德的。反之，便是不道德的。一般认为，功利（或效用）是指事物的内在价值或内在的善，而不是外在价值或道德上的善。内在的善是指健康、快乐这类非道德意义上的内在价值，外在的善则是一种手段的善。

作为一种有重大影响的伦理学理论，功利论是 19 世纪初叶在英国形成的。这一学说最有影响的代表人物是英国的杰米里·边沁（J. Bentham）和约翰·穆勒（John Stuart Mill）。迄今为止，功利论已经形成了多种流派，尽管这些流派存在分歧和差异，但其基本点是共同的，都是以行为所产生的效果为尺度来衡量什么是善、什么是最大的善的问题，并以此判断行为的道德性。

某事物是否具有外在的善，需要通过它获取"内在的善"的能力来证明，如获得更多的财富是善的，因为它会使人们的生活更加幸福和快乐。边沁认为："总计所有快乐和痛苦的全部价值，然后加以比较，如果余额在快乐的方面，则表明行为总体上表现为善的倾

---

① 陆晓禾. 世纪之交的我国经济伦理学：回顾与展望[J]. 毛泽东邓小平理论研究，1999（5）：3-5.

② 郭国庆. 营销伦理[M]. 北京：中国人民大学出版社，2008：10.

向。反之，则表现为恶的倾向。"现代许多功利主义者，倾向于把"内在的善"扩大到知识、友谊、爱情、美等方面，而不只将它理解为幸福和快乐。

功利论强调行为的功利后果，并以此判断行为的善恶。一种行为只有在善恶相抵后，净善优于其他行动方案的功利时，才是符合道德的。功利论对行为后果的看法，主要有两种典型代表。一种是利己功利主义，它以人性自私为出发点，但它并不意味着在道德生活中应为自身利益而不顾他人利益，因为这最终会损害自己的利益。另一种是以穆勒为代表的普遍功利主义，他抛弃了利己主义原则。普遍功利主义认为，行为道德与否取决于行为是否普遍地给大多数人带来最大幸福，并认为，为了整体的最大利益，必要时个体应不惜牺牲个人利益。当代功利论者大多倾向于采用普遍功利主义原则来确定行为的道德性。

功利论存在很大的缺陷：首先，"善"能否计算和客观衡量，人们是普遍怀疑的，如果仅仅以某集体或团体的偏好这一相对能客观予以衡量的范畴来构筑功利概念，很可能会产生不能将功利原则贯彻始终的问题；其次，个体能否具有预知其行为的可能后果及影响的能力也是值得怀疑的问题；最后，牺牲一小部分人的利益来换取更多人的利益，是否公平和道德，在很多人看来也是值得怀疑的。

## （二）道义论

与功利论强调通过行为的后果来判断行为的善恶不同，道义论（Deontological Theories）从直觉和经验中归纳出人应当遵守的道德责任或义务，从义务的履行情况来判断行为是否道德。道义论或义务论认为，某行为是否符合道德不是由行为的结果决定的，而是由行为本身的内在特性所决定的。也就是说，判断某一行为是否具有道德性，只需要根据本身的特征就可以确定，而不一定要根据行为的"善""恶"后果，即行为符合义务原则的要求时，便是道德的。

1930年，英国伦理学家罗斯提出了显要义务理论。在1938年出版的《正当与善》一书中，他系统地提出了关于"显要义务"或"显要责任"的观念，指出在大多数场合，一个有足够的智力、成熟的、神志正常的人往往不需推敲就能认识到自己应当做什么，并以此作为一种道德义务。他归纳出诚实、感恩、公正、行善、自我完善、不作恶六条最基本的义务，违背其中任何一条义务的行为都是不道德的。

道义论还强调行为的动机或行为的善恶意愿的道德价值。例如，有三个文化企业都进行对同一工程（"希望工程"）的投资，甲文化企业是为了树立企业的良好形象以便今后打开其经营之路；乙企业是为了捞取政治资本；丙企业是为了履行企业的社会责任。很显然，丙企业的投资行为是来自尽义务的动机，因而更具道德性。

道义论从人们在生活中应承担责任与义务的角度出发，根据一些被普遍接受的道德义务规则判断行为的正确性，是有现实意义的。例如，文化企业之间签订经济合同，它们必须履行合同的义务，否则经营活动会瘫痪。又如，负债要有偿还义务。这些都是人们必须承担的义务。事实上，诚信、公平公正、不偷窃、不作恶、知恩图报等，已经被大多数人视为一种基本的道德义务并付诸行动，而且这些义务准则已经被较广泛地应用于各个国家的法律、公司政策及贸易惯例等方面。

作为一种道德评价理论，道义论也有其自身的局限。人们在履行义务时，哪些义务是基本的道德义务是有分歧的。不同的文化差异会引发事物对与错或某行为善与恶的判断标准因不同社会而异。例如，有些非洲国家实行一夫多妻制，大多数国家则严格实行一夫一妻制，前者是其法律允许的，并且是为社会所承认的，被认为是道德的。但对于大多数国家而言，一夫一妻制是合法和道德的，前者则是不道德的。又如，在商业经营活动中，某些国家对贿赂行为深恶痛绝，法律上是禁止的，而有些国家则允许贿赂，认为这是开拓商务不可缺少的方法。可见，对同一行为道德性的判断，在不同国家里是具有区别的，这说明了道德的相对性。当然，在不同国度，也不排斥存在着共同的道德观，如关心社会福利、保护儿童、严惩抢杀掠夺等，既是法律的要求，也是道德的反映。

文化市场营销道德的建构，可以借鉴一些较为成熟的模型，如亨特-维特尔模型、史密斯营销道德连续体模型。

1．亨特-维特尔模型

1991年，亨特等人对1986年提出的模型进行了一些修正，扩充了各个环境因素的具体内容，并把情景约束因素（situational constraints）换成内容更多的行为约束因素（action control），修正后的"亨特-维特尔模型"如图5-1所示。

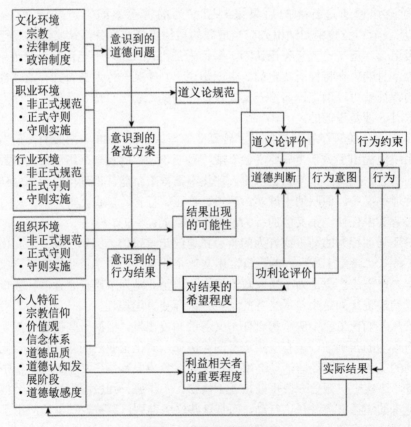

图5-1　亨特-维特尔模型

亨特-维特尔模型的一个重要特点就是采用了描述性而不是规范性的形式，主要是用来研究现实生活中，营销人员应怎样对其营销行为根据道义论和功利论所确立的两大判断标准做出道德评价。其重点不是探寻营销人员应遵守哪些道德义务以及如何提高营销道德水平的问题，而是研究在决策过程中如何遵循道德规范的问题。

亨特等人于 1992 年运用实验法，考察了七百多名营销经理如何应付以下与销售有关的伦理问题：一是销售人员为获得更好的交易条件对顾客夸大企业的生产和销售规模；二是尽管有较便宜的产品，且能更好地满足顾客的需要，但销售人员依然极力向顾客推销昂贵的产品。该研究采用结构方程技术对数据进行分析，结果发现，数据完全支持上述模型的结论。同样重要的是，至少在实验所调查的情形中，营销经理主要是依据道义因素，其次才是依据功利结果做出道德判断和形成行动意向的。同时，在进行道德判断时，女性较男性更倾向于考虑道义因素。总之，这些实证研究从不同的方面对模型的假设提供了直接或间接的支持证据。

亨特-维特尔模型揭示了以下几方面的内容：① 整个营销道德的评价过程，受到个人因素、文化因素、法律因素、行业因素等各种因素的综合影响，因此，进行个人道德教育、改善个人特性因素以及创造良好的环境氛围对营销道德行为的形成是十分必要的；② 亨特-维特尔模型是一个循环流程，对企业的市场营销行为的道德评价结果有反馈的过程，包括对个人经历、环境因素的反作用，最终反映的是对某一种行为评价结果对今后的影响作用，因而，依据这一原理，对企业市场营销行为是否符合道德标准应及时地予以评价；③ 此模型对道德判断依据的基本原理是道义论，因而对同一问题会由于依据的标准不同而得出差异很大的结论。而在形成行为和产生后果的时候，还会有道德判断的情境因素的影响。由此不难看出实际操作中营销道德评价复杂而不易把握，营销人员在判断过程中具体运用这些准则的时候可能侧重有所不同。

2. 史密斯营销道德连续体模型

1993 年，史密斯提出了从消费者自行负责到企业对消费者负责的营销道德连续体模型（The Smith's Marketing Ethics Sequential System Model），如图 5-2 所示。

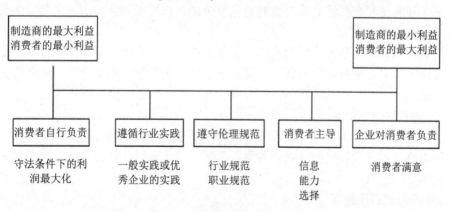

图 5-2　营销道德连续体模型

史密斯倾向于"消费者主导"观点，认为这一观点不仅有其合理性，而且相对比较简单直观，如表5-1所示。

表5-1　消费者主导观点

| 维　度 | 衡　量　指　标 |
| --- | --- |
| 能力：消费者的能力 | 易受伤害因素：年龄、所受教育、收入等 |
| 信息：可获得性和质量 | 应足以判断是否满足了购买期望 |
| 选择：转换的机会 | 竞争程度、转换成本 |

消费者主导观点要求营销者接受市场营销观念，即把消费者的利益置于优先地位。营销者有义务确保消费者的能力、信息和选择。选择维度指的是转换的机会，即消费者可以到别处去吗（如购买另一品牌产品）？选择维度有两个衡量指标：竞争程度或市场占有率、转换成本，其定义意味着营销者不应该寻求对市场的垄断和独占。

这一模型只考虑营销决策对顾客的影响，而没有考虑对其他利益相关者的影响，虽然企业和顾客的关系是营销者面对的主要关系，但毕竟不是唯一的关系，营销决策也不仅影响顾客，还影响公众、社会等现代企业营销面临的宏观和微观环境及主体。

### （三）中国传统商业道德

我国的传统商业道德思想也体现着伦理观，儒家思想深刻地影响了古人生活的方方面面，也包括经商活动。随着儒家文化进一步融入商业活动，更产生了"儒商"一词，即在从事商品经营实践过程中，能自觉地以儒家思想和价值追求作为经营管理的哲学指导，以富国兴业为使命，人品高尚、知行合一的商人。他们笃信儒家理念，既具有儒家风范和精神气质，又有着强烈的家国情怀和兴业使命，在经营管理实践中能够自觉践行儒家高远的价值追求，正确处理义利关系，诚信经营。这种商业精神主要体现在以下几个方面。

1. 重义轻利的义利观

求利是商业行为的主要目标，但在儒家思想熏染下，传统商业伦理更重"道义"。早在孔孟时就奠定了"君子喻于义，小人喻于利"的义利观，先义后利、重义轻利、见利思义、以义生利的义利观自然而然地被商业领域吸纳，以平衡利益与道义之间的关系。

2. 以诚为本的诚信观

诚信是传统儒商最基本的行为准则。孔子云："人而无信，不知其可也。"传统商业道德十分注重信誉，坚持信守承诺，儒商更是看重一诺千金、童叟无欺、货真价实，决不会以次充好。

3. 和而不同的竞争观

竞争本是市场的基本属性，我国传统商业伦理意识到竞争的客观存在，但大多商贾对此持消极态度，提倡和气生财、以和为贵，信奉"君子爱财，取之有道"的原则，信奉公平竞争的原则。

4. 兼济天下的社会观

中国传统商人不仅是经济社会里逐利的"经济人"，更是道德社会里的"社会人"，骨子里的儒学思想赋予他们忧国忧民的情怀，秉承"达则兼济天下"的信念，坚持回馈社会、乐善好施、仗义疏财、大济天下。

古时尚有良好的商业道德风气，今人更应加以传承，将中国传统伦理文化与市场经济结合，推动市场经济的健康繁荣发展，营造良好的商业氛围。

# 第二节　文化营销的伦理问题

通常情况下，市场营销的伦理问题涉及产品、渠道、促销、定价等各个营销环节，在文化市场营销中，还会有一些特殊的伦理问题。

## 一、产品问题

为广大文化消费者提供货真价实的优质文化产品及优质文化服务是文化企业最基本的社会责任，如果违背这一原则，就会产生营销伦理问题。然而，在现实中某些文化企业的产品往往同道德标准背道而驰。

加勒特（T. Garrett）1966 年提出了"相称理论"，认为判断一项营销行为是否道德，应从其目的、手段和后果这三个方面加以综合考察。对某一营销行为从目的、手段、结果三个方面考察以评价其道德合理性时，相称理论认为应遵循以下原则：① 如营销手段和目的都无可挑剔，但预见行为将导致"大恶"或"小恶"之类的副作用发生，则行为人应当有足够的相称理由来解释这类副作用的发生，否则该行为将是不道德的。② 无论是作为手段或目的，如对他人造成大恶，是不道德的。③ 允许或放任大恶发生，又提不出相称理由，是不道德的。④ 允许或放任小恶发生，又提不出相称理由，是不道德的。[①] 加勒特的这一营销理论提供了一个全方位的思维框架。下面据此分析框架，再辅之以文化企业应承担的社会责任来分析文化产品违背营销伦理的主要表现。

文化产品违背营销伦理的主要表现如下：① 从设计、生产文化产品的动机看，文化企业存心欺骗顾客，将假冒伪劣产品充当真货好货出售给文化消费者。② 在手段上操纵文化消费者的需要，过度刺激文化消费者的欲望，并刺激社会经济成本的增加。③ 从后果看，文化消费者从文化企业购买的文化产品不能给自己带来最大的幸福。④ 从文化企业应承担的社会责任来看，文化企业在文化产品的生产过程中，对广大职工的工作条件及工作时间不能做出恰当及合理的安排，不能保证职工的人身安全及身心健康；文化企业在生产文化产品的过程中，造成环境污染并危及附近居民的正常生活；文化产品的包装及标签未能提供真实的商品信息，产品包装过多而造成社会资源的浪费及环境的污染等。

在我国图书市场，假书常常代表着虚假包装的封面、胡编乱造的内容。这类假书不是盗版书籍，也不是纸张、出版社或书号有问题，而是凭空杜撰，或作者，或内容，甚至有

---

① 魏文斌. 仁者无畏：企业伦理学理论与实践[M]. 长春：吉林人民出版社，2006：128.

可能是经过正规出版渠道出版的，所以更加难以分辨。2008 年 6 月，北京理工大学出版社出版了《哈佛图书馆墙上的训言》一书，该书销售排名一直较为靠前。作者丹尼·冯自称 1991 年毕业于北京某高校，后就职于美国密歇根州的一家公司，而《中国青年报》指出，此 "20 条校训" 系书作者丹尼·冯编造而来。哈佛大学图书馆研究馆员也明确表示，这是一个在互联网上流传的民间传说，哈佛大学里的各家图书馆（哈佛大学共有七十余家图书馆）都没有这类 "训言"。很显然，《哈佛图书馆墙上的训言》是一本假书。类似的事情屡禁不绝，2020 年 7 月，网上流传一本《平安经》，书名看似是佛经或古代书帖，实则全书以 "×××平安" 造句，全无半点儿内涵，不禁让人称奇。后经人民出版社证实，该社从未出版此书，《平安经》一书是假冒人民出版社名义的假书，作者系某省公安系统的厅级领导干部，已经被查处问责。

像这类的图书造假还有很多，常见的几种造假方法如下：① 假借名人之名所作，如周国平、易中天、刘心武、村上春树等诸多中外名人都曾被冒名过。② 名人出书，枪手代笔：很多名人的书被人指出并非自己执笔，而是由枪手代写。③ 名字近似，如全庸、古尤等，以达到鱼目混珠的目的。④ 凭空捏造，如《哈佛训言》《平安经》等，捏造子虚乌有的事情。⑤ 借用古名，用古书的名字来做假书，如现代人从古书里面抄袭、拼凑而成的，伪装成古书的《岂有此理》等。⑥ 续写名著，对中外名著进行续写，如《红楼梦》《西游记》等都被续写过无数次。⑦ 抄袭，纯粹抄袭他人作品，学术专著和工具书中出现较多。⑧ 流水线制作，有一个枪手团队在幕后操作，最后托一个虚拟作者出版。

不只是图书出版行业存在产品问题，文化服务场所也存在类似问题。例如，在演艺行业，演出方拖延或更改演出开场时间，"假唱" 流行，有的甚至 "偷梁换柱"，雇佣他人冒充明星进行欺骗性演出；在影视行业，有的作品粗制滥造，经常犯历史性、常识性的错误，字幕错字连篇；在广告行业，商家在图书报刊、大众传播媒体上对商品做虚假宣传，误导消费者；在文物和艺术品业，假冒伪劣产品充斥市场。另外，在文化娱乐业、艺术培训业、文化旅游业等领域，缺乏诚信、以次充好的现象也是屡见不鲜。

在文化消费中，消费者应该在不受外在干扰的环境下形成自己的判断，做出文化消费的抉择。与有形商品一样，文化产品交易中也有质量问题。著作是否物有所值，关键就在于其所标榜的信息给消费者带来的合理期待能否得到满足。虽然文化产品相较于有形商品，没有固定的标准评判，但并不代表文化产品的质量可以忽略不计。假书和其他恶性形式的文化产品违背了公平竞争、优质服务、诚信原则，悖离了社会普遍伦理价值观，同时也是违反相关法规规定的，在思想上误导读者的同时也破坏了文化市场的营销环境。

## 二、技术问题

随着互联网的深入发展与社会化媒体的深入人心，依托个人信息收集和分析应用的互联网精准营销已不可避免，这无疑会对消费者的隐私构成威胁。技术仅是一种工具，我们需要合理地利用，制衡其强大的统治力，引导技术往健康的方向发展，更好地为人类社会服务。

现如今，营销越来越离不开社会化媒体，它改变了以往媒体一对多的传播方式，这种可以精准定向目标客户，且强联系、强互动、低成本的营销方式让传播过程变得更加复杂。文化企业充分利用社会化媒体的优势与特征，积极地"监听"所有与本企业相关的信息，同时利用该平台与消费者开展深度沟通，辨识出潜在的消费者，推广自己的产品或服务，是实现营销的关键。然而在这一过程中，可能会出现对消费者的隐私侵害，商业信息与个人隐私界限日益模糊。

我们在社交网络和各种App上看到的每一天与自己兴趣相关的推送背后都是各种个人信息的混杂分析与应用，包括性别、年龄、生日星座、婚恋情况、收入、教育程度、身高、体型、家中是否有孕妇或小孩、是否有车或房、购物类型、品牌偏好、促销敏感度、购物忠诚度、消费信用水平，等等。通过这些数据可以分析出用户的购买能力、行为特征、社交网络、心理特征以及兴趣爱好等多方面内容，形成"用户画像"从而进行个性化营销。互联网营销对用户数据的需求是多多益善。

至于这些信息的收集，很多时候是在用户毫不知情的情况下隐性进行的。例如在网页浏览中，如果打开了cookie插件，用户的IP地址和浏览的每一个网站信息、点击的商品、感兴趣的内容都会以数据的方式存储下来，成为分析用户偏好的素材。另一种显性的信息收集方式则是人们主动地填报自己的个人信息，相当于消费者调查；甚至有些是强制性的"信息抢劫"，强迫网民接受网站单方面制定的不平等用户协议，如果不同意网站的"霸王条款"，根本无法进行下一步的必要操作。通过这些或隐或显的信息收集手段，用户的个人隐私安全受到了威胁。

贵阳大数据交易所是中国首家大数据交易所，成立两年后一直未实现有效盈利。交易所执行总裁曾经对媒体透露，个人信息的黑市日交易额远远超过数据交易所，吸引人们铤而走险进入黑市贩卖个人信息的主要动因，是获利方式简单且利润高。2019年1月1日实施的《中华人民共和国电子商务法》明确规定，电子商务经营者根据消费者的兴趣爱好、消费习惯等特征向其提供商品或者服务的搜索结果的，应当同时向该消费者提供不针对其个人特征的选项，尊重和平等保护消费者合法权益。2019年2月1日，全国信息安全标准化技术委员会发布《个人信息安全规范》修订草案并公开征求意见，该规范2018年5月1日才正式生效，短时间内又启动修订工作实属少见。有行业律师认为，该草案带来的最强信号是，仅依靠隐私政策获得一揽子授权的情形将成为历史，用户作为数据主体有望拥有更大的自决权。

有学者提出要评估社会化媒体安全，即定义目前已经确定的社会化媒体战略和工具以及使用情况，并确定所使用的社会化媒体安全措施，评估整个环境并确定漏洞所在。

## 三、价值取向问题

文化产品的特殊性很大程度上取决于其所承载的内容及其传递的价值观，因此，文化市场营销的价值取向是非常重要的问题，需引起格外重视。

## （一）误导儿童教育

文化产品中的用语和人物行为容易影响儿童的道德观念，通过参与儿童道德认知的形成，决定着儿童道德行为的方向。处于心理和生理发育的重要时期的儿童和青少年，没有行为能力和限制行为能力，心智不健全，容易受到低俗广告传达的不正确的伦理道德观影响，如旺仔牛奶 2019 年的广告将母爱与"买旺仔牛奶"接合，暗示只有买了旺仔牛奶才是爱孩子的好妈妈，这是对母爱的歪曲，也容易造成儿童的不良模仿，商家用这种方法"逼迫"家长给孩子买旺仔牛奶是不道德的。这则广告违反了《广告宣传精神文明自律规则》第八条：儿童使用的产品或者儿童参加演示的广告，必须注意儿童优秀思想品德的树立和培养；广告中出现的儿童和家长形象，应表现出良好的思想道德修养，不得出现利用儿童给家长施加压力的内容。类似的问题广告片面追求商业利润，忽视了对儿童道德观念的塑造力，极易误导儿童的道德品质。

## （二）侵害女性权益

文化市场营销在价值取向引导方面的问题还表现在对低俗内容的宣扬上。从技术角度利用女性柔美形象本无可厚非，但如果忽视道德规范，夸大或歪曲宣传，使女性形象成为意淫对象或贬低女性价值，则对女性造成了事实上的伤害。

奥迪二手车物化女性的广告曾引发轩然大波，广告片将场景设置为一对新人的婚礼现场，婆婆突然上前用检查牲口的方式检查儿媳，广告试图传递的信息是"挑二手车要像挑儿媳一样严谨"，但是这种将女性比作二手车的表现方式可以说是人身侵犯，引起消费者尤其是女性消费者强烈的抵触情绪。宜家的一则广告也传递了错误的价值观，片中还未谈恋爱的女儿被妈妈嫌弃，认为"大龄剩女"是没有价值的，并放大了这一社会焦虑，同样受到各方谴责。

对女性形象的损害往往还会与色情、性等联系在一起，虽然这类营销方式在某种程度上能调动一些消费者的兴趣，加深记忆力，但一味地刻意迎合低级趣味，长此以往就会导致整个社会的审美情趣走向低俗化。2017 年绝味鸭脖"双十一"广告被定性为"性暗示"而被工商局行政处罚 60 万元。

不只有女性的权益会受到损害，任何对人的物化和刻板印象都不应作为营销的噱头。从 2019 年 6 月开始，英国广告标准协会（简称 ASA）表示，将在英国的广告应用规则中禁止广告传递那些陈旧的性别固化信息，如总是闯祸的女司机，不会做家务的男人，独自带孩子的女人；给性别贴标签的行为也犯规，如男孩生来大胆冒险，长大要当科学家，而女孩生来柔弱、体贴，长大当芭蕾舞演员。

## （三）激化种族矛盾

"种族"是一个文化与历史的范畴，关键之处并不在于肤色差异本身，而是这种差异如何被用来指意，并建构出社会与政治的等级制度。种族主义者用种族作为区分人类优劣标准，认为种族差异决定人类社会历史和文化发展，认为自己所属的团体，如人种、民族或国家，优越于其他的团体，这是一种以自我为中心的态度。现如今西方社会很多时候仍能感受到对非西方、非白人群体的贬低与歧视，并通过文化载体表现出来。

2018 年，意大利奢侈品牌杜嘉班纳（Dolce & Gabbana）推出了几则营销广告片，片中一名华裔模特滑稽搞笑地用筷子吃比萨，旁白中戏谑地称"如何用小棍子形状的餐具吃伟大的传统玛格丽特比萨"，奇怪的姿势和傲慢的语气引起华人严重反感，触及种族歧视这根敏感神经。在另一个片段中，华裔女性模特在吃甜卷时旁白发出"对你们来说还是太大了吗"这样的调侃，充满诱导式的语气表现的是白人至上、男权至上的殖民主义对亚洲女性的歧视。杜嘉班纳本意也许是迎合中国消费者，但是把目标客户塑造为一个错误的刻板印象——中国人不懂如何吃外国食品，这甚至对亚裔群体都造成了情感伤害。

除了广告，影视剧中的角色形象和选角也会引发相关争议。2018 年的电影《神奇动物在哪里 2：格林德沃之罪》中出现了难得的亚裔面孔，这是西方电影试图使演员和角色多元化的一种做法，也在努力讨好亚裔观众。然而争议在于韩国女演员金秀贤所扮演的角色受诅咒成为一条蛇，这条蛇后来成为反派的宠物，受白人男性的操控，因而被批为带有种族主义色彩。无独有偶，2019 年漫威声称《上气》即将进入电影化，此举引发国内粉丝强烈不满。原因是其中的"满大人"一角也带有辱华嫌疑，这个角色沿用了英国作家萨克斯·罗默创作的《傅满洲》系列小说中的反派人物，是西方人眼中极具歧视色彩的黄种人形象。近年来，好莱坞和西方电影越来越喜欢用多种肤色的演员来彰显其非歧视性的"政治正确性"，但不注意方式方法往往会弄巧成拙，只会招致批判声。文化市场营销要真正做到"共情"，需要深入理解异国文化，才能做出最合适的营销决策。

## 四、恶性竞争

### （一）数据造假

数据造假尤其体现在影视剧的票房和收视率上。通过刷高票房和收视数据，打造爆款现象，一方面用从众心理吸引观众为影视剧买单；另一方面，暴涨的数据可以为投资方赢得声誉，使得公司股价上涨，收益远超购买假数据的成本。

2016 年的电影《叶问 3》在不到半个月的时间内累计票房达到将近 7.9 亿元，后被监管部门查出存在大量虚假排片和"幽灵场"，虚假票房高达 8000 万元，引发全行业整顿。除了购买假票房，还有"偷票房"事件发生，2010 年，观众购买《大笑江湖》的电影票被影院换成《赵氏孤儿》；2015 年《大圣归来》被《小时代 4》偷票房，这些不正当竞争手段在电影市场形成一股歪风，也给同期上映的其他电影造成侵害，是一种恶性竞争。

电视收视率也存在相似的问题。电视收视率是指某一时段内收看某电视频道（或某电视节目）的人数（或家户数）占电视观众总人数（或家户数）的百分比，通常用来衡量某一电视频道或电视节目的口碑和热度，为后续节目安排作考量。但现在，这一指标成为许多影视剧投资方争相抢夺的营销渠道。为了使影视作品更吸引人，许多影视剧花钱购买收视率。电视剧《娘道》的导演郭靖宇曾发微博控诉这一黑色产业，以要价 90 万元一集折算，80 集的戏要花 7200 万元买收视率。这一产业链的核心问题在于广告投放，广告是各大播放平台最主要的盈利方式，只有收视率达到目标，才能给广告商足够的盈利空间。播放平台将广告收入的压力转嫁给影视剧方，因此制片方不得不购买收视率以达到播放平台的要求。

为了营造良好的电影市场竞争环境，2017 年《中华人民共和国电影产业促进法》正式实施，主要治理电影票房虚假瞒报现象，对电影发行企业、电影院等有制造虚假交易、虚报瞒报销售收入等扰乱电影市场秩序的行为做出规定。在电视剧收视率管理方面，2020 年 4 月国家广播电视总局令第 6 号《广播电视行业统计管理规定》不仅强调了广播电视主管部门要对收视数据的采集、发布进行监督，还将统计造假、弄虚作假行为的责任落实到了具体的责任人，为执行层面提供了实际的依据。[1]

### （二）侵犯版权

版权（也称著作权），是文化产品的核心价值，通常是指文学、艺术和科学领域内具有独创性并能以某种有形形式复制的智力成果。[2] 任何符合条件的作品都应受到版权保护。由版权出发可以衍生出一系列文化产品，从最核心的文字内容到影视剧、动漫、游戏、玩偶周边等，这也是文化产业的核心价值链所在，近年来大热的 IP 开发也与此有关。因此，在文化市场中，版权问题是需要尤为关注的，尊重他人的智力劳动成果，尊重原创、不抄袭是基本的文化营销准则。

文化市场中的版权问题频发，原因是多方面的。第一，文化创作是一个艰辛、漫长的过程，灵感枯竭的情况下很容易产生抄袭他人的想法。第二，根据"明星效应"，能够出名的作品少之又少，而位于创作顶层的那些最为人熟知的作品和艺术家往往吸引了 90% 的大众目光和市场份额，因此后来者往往前赴后继去模仿、追随已有的成功经验。第三，文化作品的生产具有极大的不确定性和风险性，文化消费者的审美品位不一、市场对文化产品的接受度难以预测，而使用成熟的、成功的作品则可以大大降低失败的风险。第四，传播渠道增多，增加了文化产品的曝光度和认知度，也更易形成模仿或抄袭行为。

文化市场中的侵权现象有很多，按形式可主要分为以下几种。

1. 文学侵权

网络小说存在严重的抄袭问题，火爆的现象级影视剧《甄嬛传》的原著作者流潋紫就因抄袭问题官司缠身，连原著中用错的古诗也是一字不改照搬的；2017 年大热 IP《三生三世》系列的原著作者唐七公子也深陷抄袭风波；还有安意如、玖月晞等知名网文作家都身陷抄袭丑闻，他们中的许多人虽然被网友和读者揭发出作品并非原创，但是因作品被改编为影视剧而声名鹊起、身价倍长，而那些被抄袭的网络作家则依旧寂寂无闻。

---

[1] 国家广播电视总局. 广播电视行业统计管理规定[EB/OL].（2020-04-13）[2021-01-20]. http://www.nrta.gov.cn/art/2020/4/13/art_113_50680.html.
[2] 王迁. 知识产权法教程[M]. 北京：中国人民大学出版社，2016.

2．影视剧侵权

影视剧抄袭有很多种，包括剧情、台词、画面、分镜、角色等，往往很难做出清晰的认定，因此抄袭之风屡禁不止。《爱情公寓》被指抄袭《老友记》《生活大爆炸》等著名的美国情景剧，据网友不完全统计，《爱情公寓》与其他作品台词雷同处有 1300 多例，非原创故事线 20 多例，美剧整集照搬有 4 集。于正的《宫锁连城》也被指抄袭琼瑶的《梅花烙》，甚至有网友截图剧照和琼瑶的微博对比，戏称于正连琼瑶的一碗蛋花汤也要抄袭。除了抄袭其他影视剧，甚至还可以抄袭其他形式的文化产品，如游戏场景。2020 年 5 月上线的网剧《月上重火》抄袭著名的日本游戏《最终幻想》，分镜存在高度相似性，画面切换、人物动作、拍摄视角全都如出一辙，甚至连原作品中夜间掉落的灯笼也被照搬到白天。这些丧失原创性的影视剧不仅会抹黑自身的口碑，更是对抄袭作品的不尊重。

3．音乐侵权

许多综艺都会涉及音乐的改编、翻唱或配乐，由于制作方版权意识淡漠，很少提前和原作者商议，因此导致的官司屡见不鲜。其中，湖南卫视可谓是音乐版权问题的"重灾区"，仅 2020 年《舞蹈风暴》第一期中，就使用了《志忑》《生僻字》《心如止水》三首无版权的音乐作品，用于商业属性的演出和传播。湖南卫视的王牌节目《歌手》更是屡遭版权争议。2019 年，声入人心男团和迪玛希在节目中共同演唱了皇后乐队的四首经典歌曲，歌曲的版权管理方索雅音乐声明并未向节目发放任何授权许可。类似的事件不断在各地发生，往往是原唱者发声才会引起注意并补办授权。

# 第三节　文化企业的社会责任

文化营销伦理的主体是文化企业。因而，文化企业的营销伦理是建立在文化企业的社会责任之上的。任何企业均具有双重身份：企业作为独立自主、自负盈亏的商品生产者和经营者，具有自己独特的经济利益，其经济利益在于追求利润的最大化，势必以利润大小为标准衡量自己的经营成果及决定自身的成功，从这个意义上说，企业是"经济人"。同时，企业的生存与发展所需的各种资源（包括人、财、物等）及企业生产产品的现实条件都依赖于社会提供，企业的这种社会性决定了它是"社会人"，因而企业应当承担一定的社会责任，其经营行为应当受到社会的约束和限制。企业的社会责任是指企业的经营决策对社会的影响。企业营销者的社会责任是扩大企业对社会的积极影响及减少对社会的消极影响，这亦可视为企业履行对社会所承担义务的一种行为。

文化企业的社会责任是文化营销伦理的重要组成部分，其必要性是多方面的。一方面，外部性是文化企业社会责任的经济学逻辑。文化企业存在正负外部性，文化产品所承载的内容存在正确与错误、先进与落后之分，文化产品的生产过程也会产生对环境有害的成分。正是由于负外部性的存在，文化企业需要通过行使社会责任来实现经济目标。另一方面，社会责任并不是外在于文化企业日常运营的工作，而是与文化企业的生存发展息息相关的。国内很多企业家认为企业社会责任是从公司的盈利中分出一部分回馈社会，做公益慈善、保护环境等项目。然而，这只是企业社会责任中的一小部分。这种观点把企业社会责任看成是企业的一种"负担"，使企业的经济功能与社会功能相对立。事实上却并非如此，社会责任不仅不是"负担"，还可以作为提高企业多方面成长发展的核心，从而成为文化企业在经济转型和体制改革时期持续健康发展的驱动力。其一，履行社会责任可以促使文化企业提高创新力，降低成本；其二，履行社会责任能提升文化企业的品牌形象，增强消费者认知；其三，履行社会责任可以帮助文化人才成长，回馈企业自身。总之，文化企业履行社会责任的必要性是多方面的。作为一种综合战略，社会责任可以从诸多方面综合优化文化企业成长，帮助文化企业健康可持续发展。

根据《2020年爱德曼信任度调查中国报告》显示，"道德规范"相关要素（在评估企业信任度时总体占比为76%，其中包括正直49%、可靠15%、使命12%）对企业构建信任度的贡献度是"能力"要素（在评估企业信任度时的总体占比为24%）的3倍之多。[①] 这意味着，企业在能力和诚信合规方面做到达标已经成为基本的要求，而在长期不确定性的大势之中希望保持连续运营的成功，则要求企业必须以价值主张为先导，通过行动和互动，将企业的实力和能力转变成为利益相关者的认可、确信、拥护和推荐。

## 一、文化企业社会责任的特性

文化产业常被称为内容产业，因为它拥有一般企业所不具备的性质，即广义上的文化性。要认识文化企业的文化属性，首先要明确对"文化"的理解。雷蒙德·威廉斯曾为"文化"一词下过三种定义：作为产品的文化强调其记录功能，意指智力（尤其是美学）所创造的文本与实践，多存在于艺术领域；作为过程的文化是一种理想的文化，意指人类某种尽善尽美的状态，以绝对真理或普世价值存在，常常代表人类的思想发展；作为世界的文化强调其社会性，在这种最广泛的意义下，文化是对某种特定生活方式的描述，几乎无所不包。从某种意义上来说，文化活动就是为了促进文化的传播与交流而生的。文化作为文化传播和保留的手段为人们所接受，并逐渐成为人类社会不可或缺的文化活动。此外，威廉斯还讨论过文化的三个层次：一是"活文化"，即生活中特定时空内才能理解和体验的文化；二是"记录性档案"，随着时间推移，人们只能通过记录档案来了解不复存在的活文化；三是"选择性传统"，统治阶级的利益影响其对文化传统的选择。[②] 而文化企业的使命就是要尽可能多地将优秀的"活文化"以书面或其他形式的记录性档案保存下来，以待后世观瞻。在这种意义上，文化就是为了促进文化的传播及文明的延续。文化工作源于文化，并最终反过来服务于文化，促进文化的传播与交流。

因此除文化属性外，文化企业还具有产业属性和社会服务属性——文化生产是社会性的生产活动，具有一般性企业普遍意义上的生产性和社会性——三者共同构成了文化企业

---

① 资料来源：https://www.edelman.cn/insights/2020-edelman-trustbarometer-cn

② 斯道雷. 文化理论与大众文化导论[M]. 5版. 常江，译. 北京：北京大学出版社，2010.

的基本性质。文化企业的产业属性容易理解，作为从事生产经营活动的产业部门，无论从事何种生产工作，遵循市场规律和价值规律、追求合理的经济效益是一条基本原则，虽然中国曾在很长的一段时间内忽视了这一基本属性，但随着文化体制改革不断深化，文化市场也越发繁荣。除此之外，文化企业的社会服务性质也是十分突出的，有别于一般的物质生产企业，文化企业所生产的文化产品具有物质与精神双重属性，对人们的思想与行为有重要影响，通过向公众传递健康有益的精神创造，作用于消费者的意识和情感，帮助形成良好的社会风气和道德观念，为社会发展提供精神动力和智力支持。因此，文化活动本质上是社会性的。

相应的，文化企业的性质决定了它和一般的企业承担的社会责任必将有所不同，文化企业的特殊的社会责任体现在以下三个方面。

### （一）政治性

所谓政治性，即舆论导向责任。服务党和国家是文化企业的主体任务，也是最早奠定的行业底色和基调。新闻文化工作是文化事业的重要组成部分，是国家宣传阵地和重要媒介，肩负着意识形态导向的使命。讲政治、讲大局是文化企业的首要责任。文化企业要坚持为社会主义服务的方针，贴近实际、贴近生活、贴近群众，以科学的理论武装人，以正确的舆论引导人，以高尚的精神塑造人，以优秀的作品鼓舞人。文化企业肩负着一种历史赋予它的严肃的政治导向责任。

### （二）文化性

所谓文化性，即精神建设责任。文化性推动精神文明建设，构建社会主义核心价值体系。文化企业要承担为社会主义现代化建设服务的社会责任，为之提供智力支持，为之保障文化条件，为之营造舆论氛围。构建和谐文化是建设社会主义和谐社会的重要组成部分，其最根本的就是要坚持社会主义核心价值体系，努力创造出更多更好、满足人民群众需求的文化产品。

### （三）社会性

所谓社会性，即伦理建设责任。文化企业生产的产品是人的精神食粮，关乎人的思想认识，因此它对社会伦理建设也有着不可推卸的社会责任。伦理道德建设离不开文化建设和对人的培养，这最终将追溯到文化物及其发行单位在其中的作用。因此，文化企业对社会伦理建设也承担着重要的责任。

## 二、文化企业社会责任的维度

除了利益相关者角度的划分，还可以从必尽、应尽、愿尽的角度将文化企业社会责任的具体内容划分为不同的层次。在卡罗尔的企业社会责任金字塔模式中，一般性的企业社会责任被划分为三个层次，其中，经济责任和法律责任属于必尽之责任，伦理责任属于应尽之责任，慈善责任属于愿尽之责任。针对文化企业的特殊性质，可以在卡罗尔的模式基础上进行改进，在"必尽责任"中增加"文化传播责任"（见图5-3）。

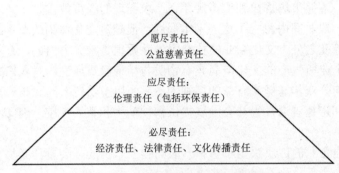

图 5-3　文化企业社会责任层次图

### （一）必尽责任：经济责任、法律责任、文化传播责任

文化企业的必尽责任是经济责任、法律责任、文化传播责任。文化企业应以赢利为第一目标，在符合国家法律法规的前提下合理追求利润，生产有市场价值的文化物，增强市场竞争力和经营能力，为股东的投资承担合理回报、为企业未来发展积蓄财力，并在此过程中合法经营、依法纳税，这是包括文化企业在内的所有企业都应当做到的基本准则。对文化企业而言，知识产权保护也是必须重视的责任，关乎一家文化企业的信誉。此外，文化企业的文化性与社会性使其与生俱来地肩负文化传播的使命，因此，文化企业应正向引导社会舆论、教育市民群众，义不容辞地为社会提供尽可能多的精神产品和服务。

### （二）应尽责任：伦理责任

文化企业的应尽责任是伦理责任，其中应包括对环境保护的担当。其实经济和法律责任的诚心经营与遵纪守法等范畴中都隐含着一定的伦理规范，如尊重作者的知识产权既是法律义务也是一种道德要求，但是企业，尤其是文化企业，仍应当遵循那些尚未成为法律的社会道德观念和公众伦理期盼，向社会提供具有公共物品属性、较强正外部性的文化产品等。同时，环境保护也是文化企业应当不断追求的目标，在全球视野下，环境保护不是一家企业甚至一个国家的责任，而是整个世界应为之努力的事情，文化企业要积极推动文化技术的革新，提高社会资源利用率，节约能源，寻求可持续发展的技术。

### （三）愿尽责任：公益慈善责任

文化企业的愿尽责任是公益慈善责任。这是在实现经济、法律、文化和伦理责任基础上自愿承担的，指用创造的财富回馈社会，如资助社会文化机构、向贫困地区捐献文化产品等。

## 三、文化企业社会责任的实施

文化企业社会责任的实施可以理解为文化企业在遵守国家法律法规的前提下，自愿对股东（政府或投资人）、消费者、商业伙伴、员工、社区与环境等利益相关者承担经济、法律、文化传播、道德伦理、环保及慈善责任，可分为必尽、应尽、愿尽三个层次，最终实现社会效益和经济效益相统一。

**（一）文化企业社会责任的实施对象**

文化企业社会责任的实施是以企业为主体，主要对其利益相关者负责。"利益相关者（stakeholder）"概念的引入，区别于"股东（stockholder）"，是指能够影响企业目标实现，或是被企业所影响的个人和群体，包括股东、消费者、商业伙伴、雇员、社区和环境等。该理论认为任何一个公司的发展都离不开各种利益相关者的投入或参与，企业理应为利益相关者服务，而不仅仅是股东。企业是上述关系的联结，要想长久稳定地生存发展，必须通过承担社会责任的方式保障各主体之间关系融洽。

（1）对股东的责任。当前，文化企业改制后普遍建立了现代企业制度，文化企业应向股东这个最直接的利益相关者提供全面准确的经营信息和投资信息，让股东及时把握文化企业的经营状况。同时，企业还应负有资产保值增值责任，通过优化资源配置、提高管理水平，为股东提供合理的收益。此外，无论企业是否为国有制，都应当对政府负责，恪守法纪，遵守当地政府制定的法律法规，依法纳税并接受政府监管，这是文化企业得以生存和良性发展的前提。如果是国有企业，则更应当承担起其特殊的社会责任，作为国家的宣传工具和文化传播机构，正确引导舆论、传播文化，这也是实现其价值的重要路径。

（2）对消费者的责任。提升精神、增益知识，为消费者提供满足精神文化需求的优秀文化产品，是文化企业的核心社会责任和企业赖以生存与发展的基础。消费者是文化企业的核心利益相关者，文化企业应保障所生产的文化产品具有较高水准，使消费者获得优质的文化体验和精神食粮；此外，还应当构建科学合理的联结网络，便于消费者与文化企业进行良性沟通，促进双方便利。

（3）对商业伙伴的责任。商业伙伴与文化企业息息相关，首先，文化产品的生产者和创作者作为最主要的供应商，是文化企业为消费者提供精神食粮的保障，文化企业应切实保护作者的知识产权和有关权益。销售商是文化企业相关产品转化为经济收益的支撑伙伴，文化企业应向销售商提供有关文化产品完整、准确的信息。此外，对待竞争者，还应遵守契约精神，营造良好的市场竞争环境。

（4）对员工的责任。员工是文化企业最为宝贵的人力资源和重要利益相关者，也是企业获得可持续发展的根本动力。文化企业应通过制度建设切实保障员工的合法权益，加大对员工培训的投入，帮助员工提升自我价值，充分发掘员工的潜力，进而实现文化企业和员工的共同发展。

（5）对社区和环境的责任。文化企业作为社会生产部门的一个组成部分，应当对社会成员负责任，在公益等方面回馈消费者。同时，在生产过程中尽量减少对环境的污染和对资源的浪费，实行绿色生产，并积极探索新技术下的数字化生产。

**（二）文化企业社会责任的实施内容**

文化企业社会责任所包含的内容可概括为三大类：保护文化消费者权益、保护社会的利益和发展、保护自然环境及社会生态平衡。

1. 保护文化消费者权益

保护文化消费者权力和利益是文化企业的主要社会责任，具体地说，文化企业要为广大文化消费者提供品种多样的、优质的文化产品和服务，以满足消费者各种不同的需求。为此，文化企业要树立以文化消费者为导向的经营哲学，并根据文化市场需求的变化，不断调整市场营销策略，适应文化消费者不断变化的需求。在现实中，随着市场经济的发展，众多文化企业为广大文化消费者提供了日益丰富及品种多样的文化产品，大大提高了人们的生活质量。但是，文化消费者的权益受侵现象还是比较普遍。由于文化产业的特殊性，对于有些文化产品和服务，文化消费者明知上当受骗却又难以投诉，更不要说维权了。为了保护社会及广大文化消费者的利益，西方国家的文化消费者自发地成立了保护消费者协会，有组织地开展保护消费者权益的活动，从而促使文化企业承担这方面的社会责任。

保护消费者权益运动的主要目标是要求文化企业承担以下的社会责任或执行四项基本义务：第一，使文化消费者具有获得安全产品与服务的权利，即要求文化企业保证售出的文化产品或服务不会危及文化消费者的身体健康及生命安全。为此，要求生产者及经营者对其所生产和出售的文化产品或服务所产生的后果负责任。第二，使文化消费者具有获得有关文化产品的充分信息的权利，即要求文化企业向文化消费者提供充分的关于文化产品优劣、使用方法及使用效果等方面的真实情报，以避免误导文化消费者做错误的购买决策。第三，使文化消费者具有自由选择文化产品的权利，即要求文化企业在任何时候都让文化消费者自由选择自己所需要和所喜爱的文化产品，反对文化企业对文化消费者采取高压推销及垄断政策，反对诱惑文化消费者购买其并不需要的文化产品。第四，使文化消费者具有申诉的权利。文化企业对文化消费者因不满意于购入的文化产品或服务而向有关部门进行申诉，应持欢迎及支持态度，并对文化消费者的损失进行赔偿。

2. 保护社会利益及社会的发展

保护社会利益及社会发展是文化企业义不容辞的社会责任。文化企业从事生产经营活动，一方面应为社会创造日益丰富的物质和精神财富，即为保障社会利益及社会发展提供使用价值形态的财富；另一方面，文化企业应为国家及各级政府提供一定的税收，即从价值形态上为国家做贡献，以增加国家积累资金，促进国家建设事业迅速发展。此外，文化企业还应对社会公益事业进行支持，提供捐赠，帮助教育业、娱乐、贫困地区发展，这是文化企业社会责任的延伸。在实践中，许多文化企业认真地履行了为社会提供丰富优质的财富以及照章纳税等社会责任，但有些文化企业由于经营指导思想不端正，一味追逐利润最大化，或生产和销售不符合社会要求的文化产品，或偷税漏税，严重地违背了法律及道德原则。由于诸多原因，目前许多文化企业还不能对社会公益事业进行支持和提供捐赠，更不能将这些活动纳入社会责任的范畴。

3. 保护自然环境及社会生态平衡

保护社会自然环境免遭污染、实现社会生态平衡是文化企业重要的社会责任。随着市场经济的发展，文化企业在为社会创造巨大财富、给广大文化消费者提供物质福利的同时，也严重地破坏了自然生态平衡，污染了环境，并形成了恶劣的社会环境，严重地威胁着人类生存环境的良性循环。因此保护自然环境、治理环境污染、净化恶劣的社会环境、实施社会可持续发展战略势在必行。通过绿色营销来保证文化消费者的绿色消费亦成为企业的社会责任。

1）提高文化消费者的生活质量

绿色营销是在绿色消费的驱动下产生的。所谓绿色消费，是指文化消费者意识到环境恶化已经影响其生活质量及生活方式，要求文化企业生产和销售对环境冲击最小的绿色产品，以避免破坏环境的消费。所谓绿色营销，是指文化企业以保护环境的观念作为其经营哲学，以绿色文化为其价值观念，以文化消费者的绿色消费为中心和出发点，通过制定及实施绿色营销计划，满足文化消费者的绿色需求，实现文化企业的经营目标。绿色营销体现出四种绿色理念：① 文化企业在选择生产何种文化产品及应用何种技术时，必须考虑尽量减少对环境的不利影响；② 文化企业在生产产品过程中要考虑安全性，并降低文化产品在消费中对环境的负面影响；③ 文化企业设计文化产品及包装时，要减少原材料消耗，并减少包装对环境的污染；④ 从产品整体概念考虑文化产品的设计、产品形体及售后服务以节约资源并保护环境等。可以说，绿色营销是满足文化消费者绿色消费、保证文化消费者身心健康、提高文化消费者生活质量的根本途径，亦是文化企业主要的社会责任。

2）实施社会可持续发展战略

可持续发展战略是指社会经济发展必须同自然环境和社会环境相联系，使经济建设与资源、环境相协调，使人口增长与社会生产力发展相适应，以保证社会实现良性循环发展。可持续发展战略的实施，从宏观方面，要求政府重视制定实施可持续发展战略的总体目标、方针及政策；从微观方面，要求文化企业将营销活动同自然环境、社会环境的发展相联系，使企业营销活动有利于环境的良性循环发展。这也是当今及未来文化企业的重要社会责任。

## 思考题

1. 文化营销伦理对文化市场发展有何意义？
2. 文化企业的社会责任和社会效益有何不同？

## 推荐阅读资料

1. 科特勒. 营销管理[M]. 13 版. 王永贵，等译. 上海：上海人民文化社，2009.

2. 森，科利克斯伯格. 以人为本：全球化世界的发展伦理学[M]. 长春：长春出版社，2012.

3. 王方华，周祖城. 营销伦理[M]. 上海：上海交通大学出版社，2005.

中篇

营销策略

营销策略是企业以用户需求为出发点，针对一定的目标市场所采用的一系列可测可控的旨在提高市场销售及企业声誉为目的的活动。20 世纪 60 年代是市场营销学的兴旺发达时期，突出标志是市场态势和企业经营观念的变化，即市场态势完成了卖方市场向买方市场的转变，企业经营观念实现了由传统经营观念向新型经营观念的转变。与此相适应，营销手段顺势而变。1960 年，美国市场营销专家麦卡锡（E.J.Macarthy）教授在营销实践的基础上提出了著名的 4P 营销策略组合理论，即产品（Product）、定价（Price）、渠道（Place）、促销（Promotion）。20 世纪 80 年代以来，世界经济走向滞缓发展，市场竞争日益激烈，政治和社会因素对市场营销的影响和制约越来越大。1986 年，美国著名市场营销学家菲利浦·科特勒（Philip Kotler）教授提出了大市场营销策略，在原 4P 组合的基础上增加了权力（Power）和公共关系（Public Relations），简称 6Ps。此后，菲利浦·科特勒教授又提出了 11P 营销理念，即在大营销 6P 之外加上探查（Probe）、分割（Partition）、优先（Priorition）、定位（Position）和人（People），并将产品、定价、渠道、促销称为"战术 4P"，将探查、分割、优先、定位称为"战略4P"。菲利浦·科特勒教授认为，企业在"战术 4P"和"战略 4P"的支撑下，运用"权力"和"公共关系"，可以排除通往目标市场的各种障碍。不过，对于市场营销而言，最关键的还是产品、价格和渠道。鉴于文化市场营销的核心在于文化内容，关键在于市场通路，本篇对于传统市场营销策略，仅取其三，也就是内容营销、价格营销、链路营销，并在此基础上，突出文化市场特性，新增三大策略，也就是水平营销、故事营销、场景营销。

# 第六章

## 内容营销

 **学习目标**

通过对本章的学习，学生应掌握如下内容：
1. 内容营销的内涵；
2. 打造内容营销的方法。

 **导言**

内容营销在过去十年逐渐成为市场营销领域的主流。那么，到底什么是内容营销？企业该如何打造内容营销？企业又该如何引爆内容营销，使自身的内容脱颖而出呢？

## 第一节　转向内容营销

内容无处不在，任何有价值的信息都可以被称之为内容。用最简单的话来讲，内容营销就是写出有趣、有价值的东西，让公司受到关注并获得信任①。如果要提供一个更具操作意义的定义，那么内容营销就是创建相关的、有价值的、具有吸引力的内容，并将其分享给目标受众，以吸引新顾客或增加现有顾客中再次购买的过程②。

### 一、内容营销是什么

#### （一）内容营销的概念

内容营销可以分为内容和营销两部分：前者意味着要创造有价值的内容——这些内容不能是单纯的推销类广告，而是能真正地对用户有用；后者意味着要取得营销效果——能

---

① 诺里斯. 内容的力量[M]. 李立心，译. 广州：南方出版传媒集团，2017：19.
② 狄勒. 首席内容官：解密英特尔全球内容营销[M]. 孙庆磊，译. 北京：中国人民出版社，2016：3.

通过传递有价值的内容，为公司创造价值。因此，内容营销也可以理解为把内容作为一种交流工具来影响现有或潜在客户，"用媒体的思维来做营销"。

### （二）内容营销与传统营销

内容营销在市场营销领域可以算是新概念，相关专著及文献基本集中在 2010 年后，获得关注主要在业界[1]。然而，内容营销的手段，从 19 世纪的第一本"客户杂志"[2]的发行开始，就已经在营销界得到了初步应用。到了互联网时代，面对信息流的轰炸，传统营销的收效越来越差，营销者必须转而选择其他的营销形式，以更好地吸引用户。同时，随着技术的发展，内容制作的参与门槛、内容发行与推广的成本不断降低。在上述趋势交叉下，内容营销在近年来得以爆发，一跃成为主流。

那么，内容营销到底与传统营销相比有何差异，又有何优势呢？

#### 1．从直接推销产品到提供价值内容

传统的营销方式大家都不陌生——直接展示产品、重复品牌。"推销式"的信息流轰炸就是传统营销中常见的手段，"Boss 直聘"的洗脑式广告就是其中的典型代表。传统营销通过或粗暴或有技巧的方式不断重复品牌名，使消费者记住它，因此传统营销所能打造的产品往往将"品牌"作为核心资产，产品类型也相对单一。用户也只能通过品牌来识别产品。然而过度重复营销有时会引起消费者的抵触，同时还存在"把鸡蛋放在一个篮子里"的安全隐患（例如导致王老吉和加多宝的商标之争）。

内容营销则与传统营销相反，不直接推销而是先为用户提供解决方案以及有价值的内容，帮助用户解决问题，获得需要的信息，从而逐渐培养用户信任，在此基础上再引导用户购买产品。内容营销是长期的营销活动，而非短期的宣传活动。它是一种对品牌资产的完善，能帮助企业全面塑造品牌。它不一定能直接提升销量，但更助于消费者更深地认识品牌，培养品牌意识，并与品牌建立关系。因此，内容营销打造的产品具有高附加值、高竞争门槛和高用户黏性。

#### 2．从消费评价到分享内容

随着社会化媒体的兴起，口碑对品牌和产品的影响越来越大。在传统营销模式中，用户只有在消费、体验过产品之后，才会发生评价或分享行为。然而，在内容营销模式下，由于内容具有价值，用户很可能会对内容进行直接分享。因此，在该模式下，用户的分享可能发生在用户行为的任一阶段——即便用户最终没有购买产品，分享行为照样可以发生。这也意味着，参与分享的用户比例相对会大大提高（因为用户在各行为阶段的分布往往呈漏斗型）。所以内容营销更能借助社交媒体的传播优势，扩大品牌和产品的影响。

#### 3．从购买公域流量到经营私域流量

公域流量是平台分发的、中心化的流量。它包括抖音、今日头条这样的公开平台，也

---

[1] 刘琛. 中国式内容营销[M]. 北京：电子工业出版社，2018：3.

[2] 1895 年，约翰·迪尔发布的《the furrow》是第一本客户杂志。该杂志最开始直接发布品牌相关广告，后慢慢转型成农民年鉴，现在主要讲述个体农民的故事。

包括电视、广播、户外广告等大众媒体。传统营销正是依赖于这些大声量的媒体，根据不同渠道的特点，打造相应的广告宣传。因此，传统营销的每次推广都需要购买公域流量。

私域流量是指去中心化的、品牌能够自我掌握的流量。内容营销正体现了从公域流量向私域流量转化的趋势。它往往以内容为先，构建基于品牌的自有渠道，经营私域流量，继而直接接触目标用户，从而进行"集合式"信息传递。其中，品牌自媒体（例如在微信、微博、知乎、抖音等不同平台的机构账号）是内容营销的重要土壤。但对于内容营销而言，构建自有渠道不仅是简单地开通账号，还要持续生产满足用户需求的内容，在渠道内留下一定的粉丝、用户，并实现一定的赢利。

除了创建可持续经营的品牌自媒体外，制作优质的内容在其他免费媒体播出、善用产品自身的包装也是内容营销的形式。例如，故宫 IP 在流媒体平台发布文化类综艺《上新了故宫》、纪录片《我在故宫修文物》等。但在此过程中，内容同样扮演了私域流量"蓄水池"的作用。内容营销从内容创意、内容制作及内容推广上固然都需要一定规模的投入，但在流量获取成本不断攀升的背景下，注重构建自有媒体渠道的内容营销更能掌握传播的主动权。

### （三）内容营销与原生广告

原生广告（native advertising）也是近年来兴起的概念之一。它是一种融入媒介环境中的广告形式，强调"以消费者本身接触该媒体的方式去接触消费者"。原生广告能化为网站、App 内容的一部分，不会破坏媒介环境的和谐性，并能刺激用户参与、分享，在保证用户品牌体验的同时传递品牌价值，如微信朋友圈广告、新浪微博的一则广告微博都是一种原生广告。

由于原生广告也注重为用户提供有价值、有意义的内容，而非单纯的广告信息，因此它也常常被人与内容营销混淆。但实际上，两者既存在交叉，又有区别。

1. 原生广告的类型

按照原生广告对媒介环境的融入、对用户体验的拟合维度，原生广告业可分为感官体验原生、情感体验原生、思考体验原生、行动体验原生和关联体验原生五种[1]。

1）感官体验原生广告

感官体验原生广告即保持内容风格与媒介环境一致，模拟用户对于媒介的感官体验（包括视觉、听觉、嗅觉、味觉、触觉等）。这也是最基本的一种原生广告形式。以百度图片广告为例，除了图片上的"广告"两个小字外，广告图片与其他普通图片看起来并没有差别，但是用户在点击图片时，网页就会自动跳转到广告客户所提供的其他页面，实现广告导流。再如，微信朋友圈中，原生广告以文字、图片结合的好友状态的形式发布，毫无违和感。

2）情感体验原生广告

情感体验原生广告即保持内容情感与媒介环境的一致，模拟用户在媒介中的情感和情

① 刘琛. 中国式内容营销[M]. 北京：电子工业出版社. 2018：10.

绪体验。用户在使用不同媒介时，会有不同的情感或情绪体验预期。例如，用户在看综艺节目时，是以娱乐消遣为目的的，因此原生广告就不能太乏味；相反，用户在看严肃节目时，抱着认真的态度，因此原生广告就不能过于荒谬。以综艺《明星大侦探》为例，其节目中的插播广告往往选用常驻嘉宾拍摄且围绕"探案"主题展开，因此广告能与节目氛围较好地融合，还能满足部分粉丝观众的追星需求，很大程度上保持了用户情感和情绪体验的一致性。在这样的设置下，用户对广告的反感程度自然会降低。

3）思考体验原生广告

思考体验原生广告即保持内容启发与媒介环境一致，模拟用户在媒介中的思考体验。对于垂直领域的媒介而言，用户的思考体验十分重要。因此，企业在这类平台植入原生广告时，可以用内容来引发用户相关思考。这类原生广告往往表现为主题讨论或专题报道。例如在以知乎这样的深度分享型社区上，企业就可以发起品牌相关的主题讨论（例如Kindle发布的阅读主题讨论），以引发平台用户的注意和思考。

4）行动体验原生广告

行动体验原生广告即保持内容参与方式与媒介环境一致，模拟用户在媒介中的互动体验。互动会使人们获得更深刻的感受，因此新媒体环境下，大部分广告都会加入互动体验，以获得更好的传播效果。对于原生广告而言，保持广告参与方式与媒介环境一致，是维护用户体验的重要一环。以微信的朋友圈原生广告为例，它还原了朋友圈中的点赞、评论功能，让用户可以像参与到朋友中一样来参与品牌的原生广告。

5）关联体验原生广告

关联体验原生广告即保持内容的关联体验与媒介环境一致，模拟用户在媒介中的关系建立过程。品牌体验的最终目的是要使品牌与消费者结成某种关系，但大部分的品牌在制作原生广告时忽略了这一点。在社交媒体中，这种关系建立比较容易实现，但在其他媒体中较难达成。比如视频中间的原生广告，即使放上了二维码，也很难让人想去"扫一扫"，因为这种与品牌构成关联的方式并不是视频网站上的原生关联体验——用户在观看视频时更习惯进行点赞、发弹幕，而不是拿出手机或是对二维码进行截图、识别。而在微信中关注公众号，在知乎中关注知乎账号，在微博中关注微博账号等建立联系的手段，则都是原生广告打造关联体验原生的方式。

2．内容营销与原生广告的差异

1）融入和打造

无论哪种原生广告都要"以消费者本身接触该媒体的方式去接触消费者"，因此，原生广告强调的是要遵循广告投放渠道的特点，原生广告需要嵌入并融入媒介环境。与此相对，内容营销要以完善品牌资产为目标，围绕品牌个性，打造独有的媒介环境，创建品牌特有的内容风格。

2）收费与付费

尽管原生广告的内容有一定意义，也不会让用户感到突兀，但原生广告的本质还是广告，是付费发布在媒体渠道上的。内容营销却已经完全去广告化，是免费甚至收费发布在媒体渠道上的。

### （四）内容营销与内容策略

内容策略是指对信息内容的规划、开发和管理。在广泛的讨论中，内容策略常常被人们与内容营销混为一谈。但实际上，内容策略与内容营销的界限十分清晰：内容策略针对的是可重复使用的框架，内容营销针对的是营造关系[①]。

内容策略需要明确发布内容的内容类型、发布内容的最初原因、谁来创建你的内容等种种问题，要对制造、发布和管理有用和可用的内容进行规划。它是根基、架构，是对资源和需求的分析，是用于结果评估的适用体系。它是内容营销的基础，决定着内容营销的贯彻程度。

而内容营销则是在内容策略的基础上，以营销为目的的内容创作和共享，是在内容策略之后，将策略与客户联系在一起。然而在实操过程中，很多企业往往在没有内容策略的情况下就推行了内容营销方案。

## 二、内容营销的类型

### （一）按内容属性分类

内容营销中的"内容"应当是相关的、有价值的、有吸引力的。因此，讲故事往往是内容营销的重要构成部分，但这不意味着所有内容营销都是如此。实际上，按照内容属性，内容营销可分为娱乐型内容营销、告知型和教育型内容营销、实用型内容营销三大类[②]。

1）娱乐型内容营销

这类营销的内容是生活中最为常见的一种内容。在内容营销中，这类内容（如故事短片、连环漫画、网剧等）也最适合讲故事。娱乐内容营销的进阶版，则是将用以营销的内容本身也变成了可盈利的产品。许多企业就会以宣传企业形象或拉动产品销量为目的，投资拍摄影片。例如，淘米网为了推广游戏，拍摄了《摩尔庄园》《赛尔号》动画片，美国著名玩具公司孩之宝（Hasbro）推出了《眼镜蛇复仇记》等系列动画。在此基础上，企业甚至可以把生产的内容经营成 IP，打造成为一种文化。

2）告知型、教育型内容营销

这类内容能向潜在用户告知经验、信息，帮助他们评估选项、产品或服务，帮助用户说服自己做出自以为正确的选择。美国通用的开放论坛（OPEN Forum）是内容营销的典型代表。该论坛不叙述故事，而是用于发布对小企业主和创业者有用的信息[③]。

3）实用型内容营销

这类内容能作为工具，帮助用户完成任务，方便用户决策，例如帮助游客了解目的地信息，购买机票门票，规划旅游方案的插件。该类内容往往会被嵌入某个应用软件或小程序中。

---

① 利布，西曼斯基. 内容是营销之本：内容营销策略的实用指南[M]. 王晔，译. 北京：中信出版集团，2018：16.
② 利布，西曼斯基. 内容是营销之本：内容营销策略的实用指南[M]. 王晔，译. 北京：中信出版集团，2018：30.
③ 廖秉宜. 数字内容营销[M]. 北京：科学出版社，2019：4.

### （二）按内容形式分类

随着媒体环境、媒体形态变化，内容的展现形式也变得多种多样。但从本质上看，新的内容形式都是传统文化形式的数字化与变形。随着技术的发展、新旧媒介的融合，内容营销也呈现多元融合的趋势，需要以不同形态的内容组合完成营销目的。但总的来说，内容营销的基本形式可以概括为以下几类。

**1. 图文内容**

图文内容包括传统的或数字的杂志、书籍、报告、文章、漫画、图片、图表等。始于1900年的《米其林指南》是图文类内容营销的经典例子——从一开始为驾驶者提供实用信息，帮助车主保养和找到舒适的住所，到现在的观光旅游和美食餐饮评鉴指南、饮食评分系统，《米其林指南》可谓影响深远。

图文内容生产门槛低、速度快，适合快速报道和公关关系传播。文字与图像的搭配则能利用图像的"视觉锤"把语言概群的"钉子"用敲进用户的大脑，给人们留下深刻的印象。例如，百雀羚《1931》，以一镜到底的长图，讲述"与时间作对"的产品故事，让人记忆犹新。此外，图文内容也适合说明复杂的原理，适合做用户教育。例如文字与图表的搭配能让数据以"看得见"的方式被用户接收、较好地理解。

**2. 音频内容**

音频内容可以出自广播、磁带、网络电台等。它可以涵盖新闻播报、有声读物、相声评书、综艺娱乐、教育培训等众多节目类型。音频内容无须占用人们的双眼，可以实现"伴随式"的营销。

随着移动设备的普及，汽车保有量的提升（促进了车载音频的发展），网络音频已经成为继传统电视、广播、报纸之后，品牌宣传和提升价值的重要形式和选择之一。许多企业会通过音乐、音频来表达自己的品牌态度。例如，音响品牌"猫王收音机"就通过打造一档24小时不间断的互联网音乐电台节目，来进行品牌宣传，彰显自身电台文化、传达复古情节。

**3. 视频内容**

视频内容是近年来成长最快的一种内容类型。它可以出现在电视、电影、视频平台、直播平台、自媒体等多种渠道中。根据不同的分类标准，视频内容可以分为传统视频和网络视频，直播和非直播视频，短视频和长视频，等等。

短视频是当下最为火热的一种内容营销形式。2016年，李子柒凭借"古风类美食视频"脱颖而出，也打响了个人品牌。短视频能把复杂的内容以可视化、动态的方式带到用户面前，目前已成为当下年轻人最主流的娱乐方式之一以及内容营销的绝佳载体。以故宫IP为例，微纪录片《宫廷匠心造国潮》就是在短视频趋势下，对纪录片边界的新探索，对内容营销的新尝试。短视频为纪录片注入新活力，增强其对年轻市场的吸引力，或将成为国潮文化内容营销的"下一个风口"。

此外，网络直播也是当下互联网行业最炙手可热的风口之一。随着信息技术的飞速发展与社交媒体的普及，网络直播在资本、人流、技术、娱乐等要素的推动下，不断切入各个垂直领域，也成了内容营销的一大选择。

4. 游戏内容

作为内容营销的游戏内容主要指品牌为自己量身定做，可以体现企业品牌特色，能推广品牌或产品的内容类型。目前，已经有越来越多的品牌在移动端利用 H5、AR 等技术进行游戏营销。其中最典型的案例是支付宝每年跨年的集五福游戏，游戏内容营销互动性强，往往能给参与者留下长久印象。

5. 应用内容

应用内容营销是指品牌通过向用户提供自制的功能软件、插件、小程序等进行营销。该类内容营销的成本较高，现阶段的案例还较少。

6. 活动内容

活动内容的策划也需要较高的成本。一般而言，品牌会尝试举办多种类型的活动，但只有当活动所满足的需求与品牌满足的需求一致，活动内容符合品牌定位、能凸显品牌特色时，这类活动才属于内容营销的一部分。活动内容营销能增加用户与品牌深入互动和接触的机会。此外，作为内容营销的活动往往具有超越宣传推广之外更广泛的行业影响力，例如作为互联网行业风向标的"微博之夜"，影响时尚界的"维多利亚的秘密"大秀。

# 第二节　打造内容营销

内容营销是用做媒体的方式做营销，是以营销为目的的创作和分享，而不是仅仅是创作内容或建立内容生产线，所以说，内容营销人员的身份也不只是一个博主；内容营销不是蒙着眼、胡乱地抛出内容，而是要试错寻找定位、锁定明确的方向；内容营销不是一味地创造内容，还要实现营销目的。有鉴于此，内容营销者需要拟定内容营销策略，并持续创造优质内容。

## 一、拟定内容营销策略

内容营销不是一个短期工作，需要不断的内容创作、长期的积累[①]，需要企业逐步和用户建立信任机制，因此，内容营销策略的事先拟定不可或缺。

### （一）草拟内容策略

企业拟定内容营销策略的模板框架可以多种多样，但内容策略一般要包括以下几个方面。

1. 内容愿景

一个品牌应该有自己的世界观。在拟定内容策略时，品牌应当考虑市场上还存在什么

---

① 诺里斯. 内容的力量[M]. 李立心，译. 广州：广东经济出版社，2017：20.

内容空缺，还有哪些内容需求没有被满足，自身内容的中心是什么，内容需要遵循哪些核心价值，消费者在看到内容后能联想到品牌的哪些方面等问题。品牌的内容愿景会影响之后内容创作的整个流程，也能帮助企业获得关注，将用户的注意力导向企业所期待的方向。

以"一条"为例，该平台的内容愿景可以归纳为"传递日用之美，探讨日常生活的幸福感"，因此其所做的生活方式报道、生活良品的推荐以及实体店面的打造都以此展开，甚至其电商平台的商品图、产品文案也都由专业的团队按照统一的调性进行拍摄、撰写。

2．启发来源

企业需要拟定自身的灵感之源，考虑自己可以去哪里寻找的灵感（包括画面设计的灵感、内容的灵感、声音的灵感等）。

3．目标群体

对于内容营销而言，目标客户是各篇内容背后隐藏的交集。内容营销是长效的，其对顾客的影响是充满巧合的。用户往往会通过多种渠道收到信息，通过内容与品牌逐渐建立信任。其中大部分人或许只是在支持内容，而不会直接变成客户。还有一部分人需要长期发酵或是基于某个偶然的契机才会实现该转变。因此，企业在拟定长期的内容策略时，很难建立一个符合理想顾客相貌的"虚拟顾客"，模拟他的期待和需要，从而构建内容。

针对该问题，企业更好的选择是选定一个特定的群体——一个成员可能成为客户的社群。选定目标群体后，企业应该进一步思考，自己能为该社群提供什么帮助、什么内容，随后，为该社群创造最大的价值，例如创作出引人共鸣的作品、尽可能提出人们没听过的见解等，用内容的交织实现长期的导流。

4．内容投资分配

企业需要根据自身的特征，确定不同类型内容、内容与推广间的投资比例。从内容类型上看，由于基础性内容能对用户起到教育作用，并能推动品牌的搜索引擎优化（search engine optimization）[①]，因此一些新产品、新品牌以及面向企业（to business）的品牌更适合在基础性内容上多投入。而随着品牌认知度和产品成熟度提升，企业可以适当增加热点性内容和彰显品牌个性的创新内容。

在不同内容的投资分配上面，可口可乐"内容营销2020"营销计划所推出的"70/20/10内容投资法则"是一个可参考的标准。该法则把内容分为低风险内容（对广大网友的实用性或与网友的关联性较高的基础性内容）、中风险内容（更创新更深入的内容，为的是能与核心族群沟通）和高风险内容（全新的互动，随时可能失败但也可能一炮而红）三大类，并指出低风险内容的在所有内容中的占比应为70%，而企业对此的时间占比应为50%；中风险内容的在所有内容中的占比应为20%，而企业对此的时间占比应为25%；高风险内容在所有内容中的占比应为10%，而企业对此的时间占比应为25%（虽然占比少，但每个单元的内容需要企业投入最多的时间精力）。该法则已被许多企业用以实践。

---

[①] 指通过站内优化（如网站结构调整、网站内容建设、网站代码优化等）及站外优化（如网站站外推广、网站品牌建设等），使网站满足搜索引擎收录排名需求，从而吸引精准用户进入网站，获得免费流量，产生直接销售或品牌推广。

从内容与推广上来看，"七三"法则是一种可以参考的分配方式[①]。当内容营销的受众群还不够大、单篇内容无法独自导流时，企业可以用七成投入经营站外内容，例如寻找内容伙伴、参与访谈节目等以积极推广内容，然后把三成的投入用于自有渠道的内容创作上；而当企业有足够的受众群时，企业则可以用七成的投入经营自由媒体的内容，用三成投入来向外发展。随着受众群的进一步扩大，企业在自有媒体经营上的投入比例还可以进一步扩大，但需要注意的是，不论品牌的受众群有多大，企业仍要积极导入新流，而不能使站外经营归零。

5. 特殊优势与差异性

企业需要在拟定内容策略时，就可以先分析自身的风格、优势，找到不同于其他品牌的差异点，然后在内容营销的实操过程中进行调整。

6. 重要关系

企业可以梳理自身有哪些已有的或潜在的、可合作的社会关系、商业关系，可以用于内容宣传。以影视企业为例，如果企业提供的内容（如海报）有足够的设计感，那么这些内容很可能获得某些设计类媒体的自发宣传。

7. 用户引流

内容营销的一大优势在于能通过内容留存私域流量，因此，在拟定内容策略时，企业就需要考虑，要如何设计内容才能让内容为企业带来更高的转化率和收益，即考虑用什么内容来实现用户吸铁（lead magnets，指企业通过提供有价值的资料鼓励人们订阅或提供联系信息），又要通过何种设计来实现用户行动召唤（call to action）。细化到具体问题，企业应该考虑针对不同的页面应设计怎样的订阅指引（如一个逼真的图标、一个显眼的箭头等）、提供怎样的订阅理由（例如订阅后可获得最佳内容列表，可获得 PDF 版内容文件，可以访问更多信息，等等），如何使订阅步骤和所需填写的表单更简洁等问题。

8. 指标

企业在拟定内容营销策略时，还需要设置评价营销效果的标准。只有在明确指标后，企业才能得到营销效果的反馈，并基于反馈采取更有意义、更受欢迎的做法。

首先，企业应选取用于评价的指标。指标的选取需要考虑多重因素。例如，不同渠道用户对内容的参与方式不同（在贴吧中奏效的"盖楼"式评论，在微博中变成了转发点赞、转发），因此针对不同渠道，企业应选取不同指标。再如，企业的营销目标不同，指标选择的侧重点也应有差异（如浏览量可以体现传播广度，但无法体现用户对内容的喜爱度）。

其次，企业应设置效果评估方式。评估方式主要有定量和定性两种。定量的评估方式是指从数据入手对营销效果进行评估。这些数据可以是消费数据（浏览量、播放量、下载量等）、分享数据（点赞量、转发量、话题讨论量等）、销售数据（转化率、销售量、用户黏性等）[②]，或者说趋势数据、搜索引擎中的排名数据等。定性的评估方式是指通过观

---

[①] 诺里斯. 内容的力量[M]. 李立心，译. 广州：广东经济出版社，2017：39.

[②] 廖秉宜. 数字内容营销[M]. 北京：科学出版社，2019：255.

测和分析资料来对营销效果进行评估。例如，观测内容的连带作用（如是否促成明星、行业人士的关注，是否带动其他品牌合作互动、跟随等）、针对用户评论进行语义分析等。

最后，企业还应设立多级目标值，以建立立体化的评估体系。

### （二）立足品牌资产完善

内容营销是要用做媒体的思维来做营销，完善品牌资产是内容营销的首要目标。品牌是个立体、复杂的概念，日本电通提出，消费者的品牌认知以品牌核心价值为中心，包括符号、权威基础、情感利益、功能利益、个性、典型顾客形象六个方面。相对应地，内容营销要完善品牌资产，也需以品牌价值为中心，围绕品牌符号、品牌权威基础、品牌情感利益、品牌功能利益和典型顾客形象等六个要素进行排兵布阵[①]。只有这样，内容营销才能将内容与品牌连接起来，健全用户的品牌认知。

**1. 品牌符号**

拟定内容营销策略首先需要确定品牌符号。品牌符号可以由视觉符号、听觉符号、嗅觉符号、味觉符号、触觉符号等不同元素构成。

视觉符号式最主要的品牌符号形式，其中对企业而言最常出现的视觉符号就是品牌标志。对于视觉符号而言，简单的就是最好的。以电视台标志为例，湖南卫视芒果形状的台标就比形状更复杂的河北卫视台标、贵州卫视台标更容易记忆和识别。此外，冲击力较强的颜色、独特的颜色也能给人留下深刻记忆。

听觉符号是仅次于视觉符号的第二大符号类别。例如，用户每次扫开哈啰单车时，单车会自动发出"hello哈啰打车"的声音，这就是一种听觉符号。对于音频类内容而言，独特的嗓音、经典的配乐也是一种听觉符号。目前，企业对听觉符号的开发意识还不够强，听觉符号开发还有很大的空间。

触觉是通过材料的特有属性展现的。一种特殊的触感也能赋予品牌一种调性。独特的嗅觉和味觉亦然。但这三种符号的应用相对较窄。

企业确定自身的品牌符号后，就需要让符号尽可能地体现在所有内容中。而这也是内容营销策略需要考虑的。

**2. 品牌权威基础**

权威基础是指彰显品牌价值的基本事实，包括产品特征（所获得的专利奖项等）、过去的历史、社会认同（名人、意见领袖的支持）等。内容营销策略需要考虑如何把这些信息传递出去。例如百雀羚《1931》通过图文故事将品牌的历史直接又有趣地传递了出来。

**3. 品牌功能利益**

品牌功能利益是指消费者通过产品的使用能获得的利益，即产品所能满足的消费者需求。例如，小红书为用户提供的关于"海淘"的系统化解决方案，就是小红书的品牌功能利益。企业在拟定内容营销策略时需要确保内容满足的需求与品牌满足的需求保持一致。

---

① 刘琛. 中国式内容营销[M]. 北京：电子工业出版社，2018：54.

4.品牌情感利益

品牌感情利益是指消费者通过产品的使用能获得的情感利益，主要包括情感（个体间的亲情、友情、爱情和人类情感等）和情绪两个方面。致力于为用户带来体验的享乐型文化产品往往需要建构较高的品牌感情利益，如综艺等娱乐节目。因此，内容营销策略也需要考虑如何通过内容营销传递品牌情感利益，以提升品牌在用户心中的价值。

5.品牌个性

大卫·艾克将品牌个性分为真诚、刺激、野性、有教养、有能力五个维度[1]。在内容营销策略拟定时，企业先确认品牌的个性。例如，如果企业的产品是功能型的产品或理性产品，那企业应选择真诚、有能力等效能型品牌性格；如果是享乐型的产品或感性产品，应选择刺激、野性、有教养等温暖型品牌个性。

在这之后，企业应在内容中融入与该个性对应的图形符号和语言符号，例如通过"真诚"的字眼，开放透明的环境，老人、小孩、农民等人物形象传递真诚；用工程师等形象，高科技等冷调场景传达有能力；用打破常规的艺术形象传达刺激；用野外、运动的场景传达野性；用美丽、精致的人物，奢华的、暖调的场景传递有教养；等等。

6.典型顾客形象

典型的顾客形象（如明星代言人形象、普通人用户形象）也是品牌资产的一部分，可以成为品牌的符号或代表品牌的个性。因此，企业在拟定营销策略时，应考虑传达怎样的典型顾客形象。在对典型顾客形象进行内容营销时，企业应善用 UGC，如民宿平台爱比邻不仅自己拍摄了许多精美的用户视频，也鼓励用户在官网上分享自己的故事。

**（三）追求方法复刻**

内容策略是要形成可重复的框架，因此，内容策略拟定考虑如何将相同的规则和程序应用到整合营销组合中，为营销工作的进行提供可复刻的方法，以实现可规模化复制和量产化的营销。而这一点，应贯穿于整个内容营销的过程，并通过反复的试错不断地调整。

## 二、如何创造高质量的内容

要创造高质量的内容，首先要明白对于内容营销而言，怎样的内容是"高质量"的。如果从内容的内涵或形式来判断，那么不同人的标准或许大相径庭。因此，我们可以从内容的效果入手。丹·诺里斯提出：所谓"好"内容就是你提供给观众、吸引他们目光，并鼓励读者参与/分享的内容[2]。这是一个可参考的定义。该定义由两部分组成：一要吸引用户目光。吸引用户目光并不仅仅关乎内容本身，在注意力经济时代还涉及企业与竞争对手抢目光的能力。从这个角度来看，成功的内容营销就是要超越竞争者；二要鼓励用户参与。对内容营销而言，量不重要，影响力才是关键。内容需要具有自传播才能爆发。如果对于

---

① 艾克.品牌经营法则：如何创建强势品牌[M].沈云骢、汤宗勋，译.内蒙古：内蒙古人民出版社，1999：102-107.

② 诺里斯.内容的力量[M].李立心，译.广州：广东经济出版社，2017：44.

一项内容读者没有以有意义的方式参与或分享，那这项内容就算不上好内容。

### （一）有成效的内容方向

比较有成效的内容方向可以分为持续性内容、促销性内容、热点性内容和即时性内容四大类[①]。

#### 1. 持续性内容

持续性内容是企业在自有渠道发布的日常内容。好的持续性内容应当不受时间和热点更替的影响，具有长效的用户价值，在发布出来以后能继续发挥它对长尾用户的效用。经营持续性内容需要企业创造具有用户高度相关性和有价值的内容。对此，企业可以从产品故事、品牌故事、用户故事、服务故事等四个方面入手，来生产日常内容。

产品故事，即围绕产品展开的故事。产品主导型的企业，特别适合针对产品的推陈出新，不断生产相应的内容。以知识付费平台为例，平台上每上架一个新的节目，都可以围绕节目主题讲述新的故事。

品牌故事，即围绕品牌的历史、所赞助的活动、所合作的 IP 等展开的故事。对于一些产品常年没有太大变化的企业，即便产品的卖点再多，也会有讲完的一天，因此这些企业需要围绕品牌来创新内容。以一些旅游景点为例，它们可以通过深挖旅游地的历史文化内涵来生产持续性内容。

用户故事，即展现典型用户或者明星用户使用场景的故事。再次以爱比邻为例，它在微信公众号上发布的"48 小时够你玩"，通过把明星包装成普通人，展现典型用户如何利用周末时间进行短途旅游，有效地刺激用户产生效仿意愿，并提高了平台的周末订房率。而这就是一个用户故事。

服务故事，即讲述服务人员的故事。围绕服务故事创作持续性内容是旅游、演艺等服务型文化产业的好选择。企业通过讲述服务人员的故事，也能使用户对品牌产生更多的情感联结。

#### 2. 促销性内容

促销性内容即为企业促销活动服务的实效性内容。"英语流利说"推出的学习对赌方案（参与者先交学费，如果学习数据达到某个标准，App 就会返还学费并赠送好礼），就是一项促销性内容。一个好的促销性内容应对促销产品有恰当的描述并对促销活动产生影响，并能实现对目标人群的精准覆盖和有效触达。

#### 3. 热点性内容

热点性内容即基于社交热点产出的内容，通俗来讲就是"蹭热点"的产物。该类内容能为企业获取短期的关注度和流量。好的热点性内容应能引起广泛讨论和热烈的转发。但打造热点性内容的关键，在于找到社交热点与品牌内在的关联性。只有这样，热点性内容才能实现对品牌的有效引流。例如，知乎在 2018 年世界杯期间，围绕赛事整理出话题热

---

[①] 王子乔. 内容引爆增长：建立竞争优势的内容营销策略方法论[M]. 北京：人民邮电出版社，2019：20.

榜，列出如"墨西哥首都现显著地震或因球队进球民众跳跃造成，这种说法科学吗？"等话题，有效地将品牌功能属性与赛事热点结合在一起。再从反面举例，当社会发生一些灾难性事件时，若企业只顾着借热度宣传自己的产品，那么这种行为只会引发用户反感。

4. 即时性内容

即时性内容比热点性内容更具有实效性，是对热门话题、事件表达态度的内容。即时性内容主要出现在实时内容营销中，需要企业建立即时响应系统，在快速和创意品质之间寻找一个平衡点。对于即时性内容而言，企业领先竞争对手甚至用户先一步表达观点和态度十分重要，只有这样，企业才能成为话题的引领者。在这方面，2014 年腾讯平台对世界杯内容的实时播报，是一个成功案例。

### （二）发出构想

1. 写下主题

在创造内容时，企业首先要确定主题。企业可以有很多方式来寻找主题，例如通过社交媒体看看围绕企业大家在讨论什么，从热门话题、热门榜单、热门节目、图文报表了解社会热点趋势，通过历史内容的数据分析自己的用户喜欢什么，通过其他同行的建议明晰什么行业需要什么。在确定基本的主题后，企业可以围绕主题延伸内容构想，写下主题相关的预期问题和需求，建立创意内容库与内容类型的组合。

2. 选择内容类型

企业应确定内容营销中要采用的内容类型，例如要创作娱乐型内容、教育型内容还是实用型内容，要采用何种形式来表现内容等。

3. 了解并善用强项

在选择内容类型时，企业应当从自身或相关人员的优势或出发，选一个方向，创作对于社群有意义的东西。例如，一个设计公司，就可以围绕视觉设计来传达自己的内容；一个技术型的公司，就可以开发一些插件、软件分享到自有渠道上；一个影视类公司，就可以把视频影像作为内容的载体。

4. 创造标题

在形成大致内容构想后，企业需要内容起一个吸引人的标题。两步走是一个有效的策略。第一步，概括内容主旨，先起一个平铺直叙的标题。以本节内容为例，第一步的标题可以是"如何打造成功的内容营销"。第二步，在原标题上变形，来增强标题的趣味性和吸引力。将标题变形有以下几个技巧：① 提供反传统的信息，如把本节标题变为"如何让内容营销既具有深度又具有趣味性"[①]；② 提出简单却令人惊讶的事实，如"内容营销的重点不是创造内容而是……"；③ 直接响应读者看完文章后可能产生的不同意见，如"好的内容营销就是打造好的内容吗？"；④ 体现内容的实用性，如"内容营销的完全操作指南"；⑤ 给读者有趣和值得玩味的信息（如数据和案例），把标题变为"如何避

---

[①] 仅做举例之用，下同。

免因标题乏味而损失 50%的读者"；⑥ 引出读者的忧惧，如"内容营销的 6 大雷点，你很可能至少踩中一个"。

### （三）找到热点的最佳连接

热点性内容和即时性内容自然要与社会热点产生连接，但实际上持续性内容也可以具有实效性。以携程网"张若昀和唐艺昕结婚：为什么选在北爱尔兰"这一内容为例，它就借助了当时的明星热点，转而介绍自己的产品故事。但无论是哪种内容，企业在寻找内容与热点的最佳连接时，都需要结合自己品牌的特色，以引发用户对品牌本身的关注。

### （四）设置内容质量标准

每个创作者、受众、企业都是独特的，因此不同品牌针对内容需要设置的质量标准也未必相同，甚至同一个品牌的内容质量标准也会发生不断调整。下面是一些常见的"好"内容的标准，企业可以结合自身特点进行选择即可。

（1）实用：能为用户提供可实际采用的解决方案。

（2）简单易读：句子简短、要点突出、设计精简。

（3）内容连贯：利用导言、结语、过渡等引导读者从一块内容到另一块内容。

（4）高质量的设计（画面）。

（5）详尽：翔实丰富，值得收藏并反复咀嚼。

（6）权威：具有公信力，能提供专家意见和权威数据，设计和写作质量高。

（7）精准：数据精确。

（8）慷慨：提供更有价值的内容、更透明的信息，表示慷慨，建立信任。

（9）独特：将貌似毫无关联的事物连接起来，关注小众话题，唱反调等。

（10）独到：有独到见解可以引起社群成员的兴趣。

（11）自传播：内容好到被用户积极分享。

（12）有趣：标题吸睛、内容"有梗"。

（13）能引发用户情绪共振。

（14）能引起用户情感共鸣。

### （五）包装内容

1. 内容的空间结构包装

包装内容可以从内容的空间结构和时间结构两方面入手。空间结构即指元素（文字、符号、图片、表格、音频、视频）的空间排布。对于内容的空间结构包装，企业可以提前打造好模板。

"内容的倒金字塔原则"是内容空间包装上的一个法则，即把最重要的东西放前面[①]。这样，用户在简单浏览的情况下，也能够大致了解内容的关键信息。根据金字塔原则，标题是最需要花心思起好的——既要体现最关键的信息，还要博人眼球。内容最前面的部分，

---

[①] 王子乔. 内容引爆增长：建立竞争优势的内容营销策略方法论[M]. 北京：人民邮电出版社，2019：55.

则把整个内容最想传达的信息提纲挈领地表现出来。接下来是主干内容。最后，内容底部应有总结以及转化提示。金字塔原则不仅适用于图文，也适用于视频内容的排布序列。此外，包装内容还需尊重用户的浏览习惯，例如在图文内容中，根据中国人从左往右读的习惯，最重要的信息应放在左边。

2．内容的时间结构包装

内容的时间结构包装，则指内容的发布频率、重复频率等。不同企业根据产品属性（例如需求弹性大小，使用频率），需要设置与用户沟通的不同频率。此外，对于一些具有长期效益的持续性内容，企业也可以重复发布。例如，有的公众号在周末会推送"本周精选"的文章列表。

## 三、如何在竞争者中脱颖而出

内容营销要与竞争对手抢夺用户的注意力，因此，内容营销必须做到差异化，从泥淖中脱颖而出。实际上，差异化并不难实现，有时，一项简单的策略就能引起翻天覆地的变化。以下是九项企业可以切入的差异点。

### （一）成为揭秘者

成为揭秘者，意味着企业需要把别人拼命保护的秘密（如行业的内情）分享出去，为客户最想知道的问题（如产品的成本与售价问题，同类产品的比较、评价等）提供答案。成为揭秘者能大大提升用户信任度。企业要想成为揭秘者，可以先搜索用户常问问题的已有内容。如果现有内容处理议题的方式很模糊，那么企业就拥有了成为揭秘者的大好机会。

就国内的互联网平台而言，知乎就是一个培育"揭秘者"的绝佳平台。如果企业在该平台上有理有据地揭露大众喜闻乐见的行业内情，就很容易获得大家的关注和信任。例如，影视行业的"圈内人"，可以对影视制作的成本分布进行披露等。此外，揭秘者的个人化（如企业创始人）以及轻松但不随意的风格，也有利于建立用户对揭秘者的长期信任。不过，成为揭秘者由于门槛低，易被竞争对手追上，因此不是差异化的最佳策略。

### （二）成为不倦者

成为不倦者，顾名思义就是要笔耕不辍，创造更多更长的内容。曾经，李佳琦的一炮走红，就是因为他的不倦者身份得到了大众的认同。要成为不倦者，企业需要做好长线的准备（有足够的库存，有严谨、可重复的内容制作流程等），也要学会善用用具，或尝试将部分工作外包。

### （三）成为施予者

成为施予者，是指企业免费地为用户提供有价值的内容，如免费的软件、课程、书籍、线下活动等。成为施予者唯一的坏处，就是需要不计成本地投入时间和金钱，还可能会帮助到行业内的竞争者。另外，需要注意的一点是，内容营销中的施予，与促销打折等纯粹的金钱补贴不同，它的效用是长期的而不是立竿见影，为企业带来的是信任和影响力，而非销售数据。

### （四）成为分析者

成为分析者，即通过数据搜集、整理、分析，输出数据分析报告。这是企业建立内容营销策略的最佳手法之一——企业可以通过大众教育之名，光明正大地宣传自己的企业。当有足够的内部数据，能输出独特的内容时，企业成为分析者的成功率就会很大。例如抖音、爱奇艺等有大量的前端数据互联网内容平台，就很容易发布具有行业影响力的内容。若是企业如果没有充足的资料，也可以寻求合作。由于分析者输出的最终成果对整个行业有利，因此也不难找到支持者。

### （五）成为搞笑者

成为搞笑者，即为自己的内容加点儿笑料使其具有幽默感。企业可以吸取一些有架构可循的法则来打造搞笑的内容。《脱口秀大会》是一档注重幽默的脱口秀节目，我们可以从中分析出一些搞笑的技巧。例如设定具体的场景，用进行时的描述方法，让受众更有代入感，如多用"着"而少用"了"；又如用情绪性的词汇调动受众的情绪；再如先制造紧张最后制造反转，来重塑别人你对于要讲的话的期待。

但企业在成为搞笑者的同时要注意不是所有事情都可以用来打趣，最安全的做法还是讲自己的故事。

### （六）成为开创者

成为开创者，就是要成为公开发布某项内容的第一人。成为开创者自然能让企业从竞争对手中脱颖而出，但开先河的做法也往往会收到质疑。要成为开创者需要有基本信仰的支撑。

### （七）成为投机者

成为投机者，就是套用已成功的内容，或者跟上潮流进行创作。例如，将一些在全国范围内行之有效的内容营销构想套用到企业所在的地区。当然，企业若要当一个成功的投机者，就不能对现有的套路进行简单的挪用，还要用自己独特的方式进行制作。

### （八）成为报道者

成为报道者，即要发表独特的报道。这种独特，可以是报道风格的独特，也可以是报道形式的独特，例如通过影片、回顾文（浏览业内最热门的新闻网站，摘述最热门的故事）来报道。例如公众号"冯站长之家"，就是通过精选、浓缩、播报新闻，成了新闻资讯类公众号的领先者。

### （九）成为艺术家

成为艺术家，即通过视觉设计，给人留下印象。要成为有艺术品位的企业，可以在既有内容中，加入充满图像的内容，如图表、幻灯片、定制性插画、屏幕画面分享、流行语、名言、动图、互动图表，以优质的设计对用户形成强大的冲击。

# 第三节　引爆内容营销

内容营销的起点是内容，但不是所有内容都能创造商业成果，只有被传播的内容才行。再优质的内容，只是为企业提供了参与竞争的门票。应对信息过剩，人们除了要打造内容营销外，更要引爆它。只有这样，企业才能在信息过剩的时代制造出强大的营销力量，实现商业价值。

## 一、内容营销的挑战与机遇

### （一）信息过剩导致内容营销门槛变高

互联网时代，内容供应呈几何倍数增长，内容需求却没什么太大变化。当下，有太多内容需要了解，但是人们的时间又太少，所以人们很难把内容全部消化。在充斥着信息流（information flow）的媒介环境中，人们只要不停地下滑屏幕，就能一直获得信息。人们的耐心和专注变得稀缺。而企业则要加倍努力才能保住品牌在消费者脑中所占的原有份额。随着各大品牌、红人持续发力，内容市场被一些头部的公司和个人主宰，一些小企业的内容甚至被挡在关键词搜索之外。内容营销准入门槛大大提升。这种情况下，内容营销首要任务变成被发现。在内容营销中，能够触达消费者的人和渠道成了关键性因素。

### （二）信息过剩能锻造出新商机平台和内容形式

当原有的内容营销方式失效时，技术的突破总会开启新的领域，锻造出新的商机平台和内容形式。例如，当人们获取信息的渠道从 PC 端迁移到移动端，微信应势出现，并激活了 H5、公众号图文、小程序等内容形式。而在充斥着信息流的媒介环境中，抖音、快手应势出现，并激活了生产快速、成本相对较低而十分适合于信息流的媒介环境的短视频。之后，信息过剩还可能会锻造出其他的适合时代趋势的平台和内容形式。

## 二、构建内容营销渠道

当一件事物越醒目时，它流行起来的可能性就越大。对于内容营销而言，内容的可接触性十分重要。既然在信息过剩的时代，内容营销首要任务变成被发现，内容营销还可能迎来出现新的商机平台，那么要引爆内容的第一步，就是要构建立体的内容营销渠道。

### （一）构建自有媒体矩阵

内容营销需要经营的是私域流量，所以企业首先要构建、完善企业自有的媒体矩阵。在该过程中，企业应选择目标用户最集中的几个渠道、平台，并分析每个渠道的特点，集合自身内容，选择合适的传播渠道，传递富有品牌特色的内容。除了在其他平台上开设账户，企业还可以打造自己的App、官方网站。如果企业成功树立了一个权威性的网站（例如，当企业所在的行业没有固定的内容网站，企业可着手建立行业资讯网站），那么企业的内容引爆就可以得到几乎永久的优势。此外，专属粉丝群、客户邮件，也是企业进行内容营销的有效渠道。如果传播渠道有限，企业还可以考虑与其他渠道结成伙伴关系。

除了构建渠道外，企业还要完善渠道，不断对渠道进行内部优化——尽可能确保自有渠道内框架清晰，标签适当，逻辑明确。必要时，企业还可以进行基础关键词研究，在该基础上选一个热门关键词，并根据选定的关键词优化文章（例如使文章标题或第一段提及该关键词）。

### （二）获得第三方渠道认可

在构建自有媒体矩阵外，企业还需要考虑如何从公域以及第三方渠道引流。这就需要企业的"站外经营"。企业可以通过寻找参加访谈节目等形式积极推广内容。如果企业能提供出色的内容，那么主流媒体也会渴望利用和分享这些内容。得到第三方渠道的认可，正是推广内容、喜迎新粉丝、打造可信度最重要、最有效的手段。此外，企业还需要基于内容进行搜索优化（SEO），因为良好的搜索引擎排名，是促进内容引流的最基本方式。

### （三）发现并精通新平台

随着技术的发展，未来还可能出现一些更新的商机平台和更丰富的内容表现形式，因此，企业除了关注大流量的平台外，还可以在一些新兴平台上进行开发。除此之外，企业还可以关注一些流量没那么大，但竞争也没那么激烈的平台。有时，一个小渠道也可能是一座金矿，因为该渠道内的用户可能都是品牌的潜在优质粉丝。

## 三、促进分享

要引爆内容营销，保证内容能触达到一定用户只是基本。内容营销的成功还必须要使内容得到用户的分享。分享与单纯的"点赞""评论"不同，它常常能表明"分享者"与信息源、与内容的关系，也能将"被分享者"与内容更为紧密地联系在一起。因此，在人际网络中被广泛分享的内容，往往能为品牌带来更多的价值。此外，分享行为还能促使内容在社群中不断地得以发酵、传播和推广[①]。所以说，促进分享是引爆内容营销必不可缺的一步。

### （一）培养分享型用户

一般而言，参与内容分享的用户在所有用户中的占比是较小的，但他们也往往是最活跃的。这些用户对于企业而言有很大的价值，对内容的网络传播至关重要。因此，企业在进行内容营销时，需要积极地寻找和培养这一小部分最活跃的用户。从一定意义上讲，企

---

① 费舍尔. 热点：引爆内容营销的6个秘密[M]. 北京：中国人民大学出版社，2017：17.

业员工可以算是企业的分享型用户。作为企业的内部人员，若企业所发布的内容能引发员工认同感荣誉感，那么员工会很乐意转发这些内容。以联想"看家宝"在红黄蓝幼儿园事件中的公益式参与为例，由于联想的热点性内容以公益的形式充分体现了企业的社会责任感，因此其内容得到了大量员工的转发，从而突破了圈层并获得了其他媒体的关注。

### （二）嵌入分享因子

用户分享内容的理由可以有无数个，但其背后的过程只有一个，那就是关系到个人形象和他人的关系，甚至还有对某个作者或者品牌的共情。因此，企业要促进分析就需要利用用户心理，在内容中嵌入分享因子。乔纳·伯杰在《疯传》一书中提出六个能促使人们讨论、分享并模仿的分享因子：社交货币（人们愿意分享那些让自己脸上沾光的东西）、诱因（当一项产品和创意和常见环境相关时更容易被人们想起并谈论）、情绪（调动人们的情绪能刺激人们分享）、公共性（凡事越醒目，就越容易被模仿，流行起来的可能性就越大）、实用价值（有实用性的东西更可能被分享）、故事（使信息成为故事不可分割的一部分，这样人们讲故事的时候，信息也得到了传播）[1]。

对于内容营销而言，这些分享因子同样有效。下面我们将重点分析如何用社交货币、情绪和公共性引爆内容营销。

#### 1. 社交货币

社交货币是指我们所谈论的事物能够影响别人对我们的看法，"就像人们使用货币能买到商品或服务一样，使用社交货币能够获得家人、朋友和同事的更多好评和更积极的印象"[2]。因此，如果产品和思想能使人们看起来更聪明、更优秀、更时髦、更潇洒、更爽朗，那这些产品和思想自然会变成社交货币，被人们分享。应用到内容营销中，如果企业所提供的内容能让用户在分享时获益，能够帮助用户塑造自身形象、得以"自我包装"，那么这样内容就更容易被分享。

企业要为内容嵌入社交货币，可以从四个方面入手：① 使内容中含有不同寻常、离奇或值得注意或关注的事情。最好的情况是，这些事值得讨论；② 为用户创造出可用于自我包装的场景和工具，如 H5 换装；③ 利用游戏机制，让人们获得成就、地位象征或标志性的身份信号，如各种性格、情商、智商测试。这样，人们往往会通过分享来夸耀自己的成绩；④ 使内容变得有趣或有用。有趣和有用的信息都会让人感到愉快，可以让分享之人在脸上沾光。除此之外，企业还可以寻找更多为内容嵌入社交货币的方式。

#### 2. 情绪

人们因为在意而分享。同时，分享感情还有利于加深彼此间的关系。因此，如果企业的内容能激发用户正确的情感，那么就能极大地提升用户的分享概率。按照情绪对人们心理的激活作用，人类情绪可以分为高唤醒情绪（能激发生物反应的情绪，如愤怒、兴奋、

---

① 伯杰. 疯传：让你的产品、思想、行为像病毒一样入侵[M]. 乔迪，王晋，译. 北京：中国工信出版社，2016：25-31.
② 伯杰. 疯传：让你的产品、思想、行为像病毒一样入侵[M]. 乔迪，王晋，译. 北京：中国工信出版社，2016：42.

焦虑、惊奇、快乐）和低唤醒情绪（会抑制行动的情绪，如满足、悲伤）[①]。其中，高唤醒情绪能促进分享行为，低唤醒情绪则会抑制分享行为。因此，当企业进行内容营销时，应善用高唤醒情绪，打造能打动人心的内容。

此外，人的情绪可以被视为一端是最消极情绪、另一端是最积极情绪的情绪连续体。情绪连续体上两种情绪间的距离表示两种情绪间的差异。两种情绪之间的差异越大，激发的反应就越强[②]。所以，在内容营销中，企业还可以通过不同情绪的混合，刺激用户更加强烈的心理反应，赋予人们分享的动力。

3．公共性

在内容营销方面，公共性作为"分享因子"，可以理解为社会认同及内容消费数据。社会认同和内容消费数据为人们的选择提供了参考信息。长期而言，人们可能根据你的观点和内容对你的影响力做出真正的判断。但短期而言，内容消费数据是社会认同的重要组成部分，也是影响内容传播的一个重要因素。因此，粉丝数、点赞数这类看似权威的数据，有时比依靠真正的知识和经验打造出来的真实权威更加重要。它们会影响到人们怎么看待品牌的地位和影响力。尤其在信息过剩的时代，人们没时间自己搜索出最佳内容，而会先查看别人看了什么。例如，人们在微信平台内搜索文章时，也往往会点开阅读量大、点赞量高的文章。因此，企业要想引爆社会营销，还需要呈现"漂亮"的内容数据，例如留下用户痕迹并把这些痕迹以显眼的方式展示出来。

**思考题**

1．内容营销和其他营销的区别是什么？

2．如何打造内容营销？

3．试选取一个你感兴趣的内容营销案例，分析其背后的方法和逻辑。

**推荐阅读资料**

1．狄勒．首席内容官：解密英特尔全球内容营销[M]．孙庆磊，译．北京：中国人民大学出版社，2016．

2．利布，西曼斯基．内容是营销之本：内容营销策略的实用指南[M]．王晔，译．北京：中信出版集团，2018．

3．费舍尔．热点：引爆内容营销的6个秘密[M]．北京：中国人民大学出版社，2017．

---

① 伯杰．疯传：让你的产品、思想、行为像病毒一样入侵[M]．乔迪，王晋，译．北京：中国工信出版社，2016：126．
② 科克．爆红：让内容、视频及产品疯传的九个营销秘诀[M]．张涵，译．北京：中国人民出版社，2019：50．

# 第七章

# 价格营销

## 学习目标

通过对本章的学习，学生应掌握如下内容：

1. 制定价格的策略和方法；
2. 折扣营销的方法和作用；
3. 免费营销的内涵和类型。

## 导言

价格是企业盈利和发展的保障，是激烈的商业竞争环境中的竞争工具，更关乎消费者的切身利益。在传统的市场营销中，价格是商家吸引消费者的重要手段。根据经济学原理，商品价格决定商品的销量，商品价格越低，销量就越高[①]；价格过低会使得成本无法得到覆盖，盈利空间小，价格过高又会使得销量锐减，因而企业需要找到适合的定价范围并配合价格营销。企业通过制定合理的价格，并适时做出折扣或提价调整，能够使企业的市场份额得到拓展，客源趋于多样和稳定，并在竞争中占据有利地位。此外，在现代市场营销中，免费营销和饥饿营销成了有代表性的价格营销现象，值得进一步关注分析。

## 第一节 制 定 价 格

价格是商品的价值和使用价值的综合体现，在流通过程中体现为交换价值并以货币为表现形式。在古典经济学以及马克思主义经济学中，价格是商品的内在价值的外在体现[②]，通过价格，商品和服务的价值得以量化。在市场经济学中，价格是由供给与需求之间的互

---

[①] 曼昆. 经济学原理[M]. 梁小民，译. 5版. 北京：北京大学出版社，2009：93.
[②] 马克思. 资本论[M]. 何小禾，译. 重庆：重庆出版社，2014：12.

相影响、平衡产生的[①]。在这个意义上，价格是产品价值的客观体现，也是市场选择、平衡的重要结果，可以认为价格的实质是通过市场进行的一种供需协商，它能够反映售卖者的供给意愿和消费者的购买意愿在某成交点所达成的一致。

# 一、价格的内涵

## （一）理解价格

从企业角度出发，科学合理地设置价格是必要的，通过设置产品价格，企业能够最大限度地通过盈利维持企业生存和发展，提升市场占有率，并塑造和优化企业形象及产品形象。企业由于是价格制定及价格营销的发起人和执行者，在价格营销中有一定限度的自主权，价格可以反映商家在营销过程中的主观选择。企业可以出于一定目的制定价格，并对价格进行调整，而如何做出合适的定价及调整，如何去理解并提升市场反馈，便是价格营销的重点。

从消费者角度出发，企业在进行价值决策时，不应简单地认为消费者是价格的被动接受者，实际上消费者才是主动掌握价格信息并做出选择的一方。基于价格，许多消费者会形成价格-质量推断，"便宜没好货""一分价钱一分货"便是该推断的直观表现。在某种程度上，通过价格来推断产品的质量是合理的，因为只有当产品的成本到达了一定的基础水平或范围后，产品或服务质量才能够得到相对较好的保障。这在消费中存在信息不对称时，尤其是消费者初次进行消费时是相对可靠的推断方法，即如果市场不透明，产品的成本和质量不能被消费者获知，价格便是能够进行判断的重要依据。

然而，价格质量推断并不是绝对的，价格不等同于质量。由于品牌附加价值不同、社会认知存在区别、版权 IP、精神文化内涵等不同因素，即使是相同的产品，价格也可能相去甚远，高价格产品的售价可能在原成本价格的基础上数次翻倍，价值远超实际成本，各类奢侈品营销就是品牌价值达到极致的典型。

对于文化市场而言，价格更不等同于价值，用金钱来衡量精神的高度是狭隘的。经典著作的售卖价格只体现了装帧印刷的费用，却无法体现其内容的博大精深；经典名曲流芳百世，也无人会认为一张唱片就能承载旋律的历史。在一些时候，价格与价值是成正比的，但也存在着价值与价格间跨越天堑的矛盾现象。凡·高生前穷困潦倒，画作无人问津，而在他抱憾亡故后，其作品却名声大噪，价格飙升。如果艺术家精神世界的价值无法与主流世界价值接轨，进而无法在精神和物质层面得到社会认同，或是为了温饱选择迎合甚至是媚俗，或是在苦难中永远遵从本性，原本价值所在就会因世俗的价格表现而衰落。文化市场营销者在其中应发挥超越营销推广的作用，除了商业化盈利，也能够担任推进价格与价值相统一的角色，通过包装、营销让"价值"用"价格"的方式表达，让精神的珍贵也得到物质诠释。

---

[①] 班佛德，格兰特. Cambridge International AS and A Level Economics[M]. 英国剑桥郡：剑桥大学出版社，2018：19.

（二）影响价格的因素

产品的价格不是恒定的，包括市场形态、供给与需求状态、民生经济、政府干预、货币价值在内的多种因素都会影响价格。其中，又以市场成本、需求、竞争的影响最为显著。

1. 成本

成本决定了产品价格的下限，是价格制定的基础，也是商品价值的重要组成。成本管理是一门重要的学科，涵盖生产成本、运营成本、营销成本、资金成本、税收成本等多个控制环节。成本存在许多分类方法，而在市场营销中可最直观地将成本按形态分为固定成本和可变成本，或按计量单位可分为单位成本和总成本。

在绝大多数情况下，企业生产、销售的目标必然是获取经济利益，这就要求产品售卖的单价必须大于单位成本，甚至是尽量提高定价并压缩成本。但在某些情况下，销售者想要通过制定价格达到的目标并不是某产品在短期内的获利，而是在长期内以其他方式获取更多利益。比如，许多商家以低廉价格提供体验性文化服务，用平价甚至是不计成本的初次服务，吸引消费者长期的后续消费。也有一些弱化成本概念的销售行为是为了降低损失，如在临近演唱会开演或开演已过半场时，销售者会通过大幅降价的方式出售持有的门票，不计成本只为将损失降到最低。

2. 需求

市场需求限制了产品价格的上限。具体而言，产品价格的高低决定了市场需求的多寡，在通常意义上，价格过高时消费者就不愿意进行消费支付，价格较低时消费者的购买能力和意愿都可能加强。企业通过对于需求的预计来确定价格，希望能够在尽量高的价格上获取尽量多的顾客需求，从而提升整体销售额。

价格与需求间的关系分析可从两个方面，即市场需求和个别需求出发。面对同样的价格变化趋势，不同收入水平的消费者个体会产生不同的需求变化。但市场需求是一个群体概念，因此价格对这两者的影响存在差异。

需求价格弹性系数是用来表现价格对需求影响的概念，是需求量变动比率与价格变动比率之间的比率。理论上，它存在完全无弹性、无限弹性、单位弹性、缺乏弹性和富有弹性等情况。完全无弹性的情况是指价格无论如何变动，需求量都不会变动（见图 7-1），一般是指突发情况下的需求或是对某些必需品的需求，如急救药或丧葬服务等。无限弹性则意味着当价格为既定时，需求量是无限的（见图 7-2），典型的例子是黄金。单位弹性是指价格变动的比率与需求量变动的比率相等（见图 7-3），现实生活中这样的案例较少。

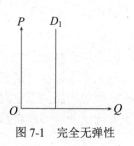

图 7-1　完全无弹性

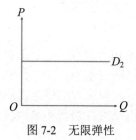

图 7-2　无限弹性

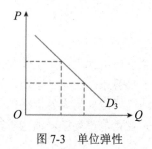

图 7-3　单位弹性

就现实情况而言，价格与市场需求存在负相关关系，因为市场需求是市场中所有消费者的购买欲望，是平均化的需求数量。因此当价格上涨时，由于消费者货币支付能力不变，市场需求会相应减少。这种负相关多表现为缺乏弹性（见图7-4）和富有弹性（见图7-5）。

缺乏弹性意味着需求量变动的比率小于价格变动的比率，需求曲线陡峭。需求量对于价格变动反应不敏感，此类商品主要是生活必需品。由于生活必需品满足的往往是人们的基本生存需求，因此当价格上升时，人们也不会较大幅度地减少购买量。相反，富有弹性指的是需求量变动的比率大于价格变动的比率。需求量对于价格变动反应敏感，此类产品主要是奢侈品等非生活必需品。文化产品属于非生活必需品，因此它的市场需求价格弹性系数较大。文化产品市场需求弹性受替代品数量和相近程度、商品重要性和用途等因素影响。市场中大部分消费者会在某种文化产品价格上升时，选择其替代品。例如，人们为了休闲消遣，会在看电影、看歌剧、看演唱会等项目中做选择，就社会总体需求量而言，某一项目价格上升，其需求量必然被其他相近功能的文化产品替代。

个别需求是具体个人产生的购买欲望，价格对个别需求的影响也存在上述分析的五种弹性类型。但其中也存在一些差异：首先，对某些收入较高、对某种文化产品极感兴趣的消费者而言，该文化产品的需求价格弹性系数较小。尽管文化产品对于他们仍然是非生活必需品，但收入、意愿、兴趣等多种因素使他们在面对该产品价格上升时，依然不会降低对其的需求量。其次，价格与个别需求会出现正相关关系，即当价格上升时，对某产品的需求量反而相应上升（见图7-6），经济学上称这类产品为"吉芬商品"。通常认为"吉芬商品"是指低层次的必需品或有其他因素干扰的产品，如吉芬所分析的"爱尔兰土豆"和雨天的雨伞。此外，现代经济生活中也涌现不少抬高价格后，销售反而增长的案例。由于人们心中的价高质优观念，在一定的货币支付范围内，人们往往会选择价格更高的产品。价格更高的产品往往也能为消费者带来身份和地位认同，这是驱使众多消费者倾向价高产品的重要原因。因此，不同于市场需求，具体个体或单一组织在面对不同的价格水平时，会因自身收入、心理状态、意愿兴趣等因素，做出不同于市场需求平均化结果的选择。

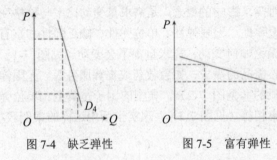
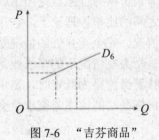

图7-4　缺乏弹性　　　　　图7-5　富有弹性　　　　　图7-6　"吉芬商品"

3. 竞争环境

竞争环境因素决定了价格水平的相对高低，竞争企业的生产销售和价格水平为本企业建立了参考系。在完全垄断、寡头垄断市场中，由于具有竞争力的生产者很少，消费者无法主动选择，只能成为价格的接受者，而在应用更为广泛的垄断竞争和产品同质化程度极高的完全竞争市场中，消费者能够主动进行消费决策，将各竞争者提供的产品和价格进行横向比对，择优而选，因而竞争者的销售就会对本企业产生重要影响。当成本和预期销量已相对明确时，企业应在自我营销分析的基础上对市场上的竞争品牌和竞争产品建立全面的认识，综合比对销售价格、产品质量、品牌优势等，使用价格优势或差异化优势来打开市场、提升市场份额。

鉴于竞争环境对定价存在显著影响，企业一般会形成以下两种定价策略：① 基于竞争环境的定价，将竞争对手的价格作为绝对参考，而并非以生产成本或者市场需求为基准来制定价格。该种定价策略适用于市场已相对稳定，对类似产品已经形成普遍合理价格共识的行业，或适用于产品高度相似的行业，业内多依靠压低价格获取客源进行销售。② 差异性定价，这里的差异性并非指市场营销中的将企业及产品向差异化方向打造，而是指通过地理区位、季节时段、目标身份等区分出若干不能互相流通的市场，并对不同市场进行不同定价，最大限度利用各级市场，获取更多利润。但随着线上零售的快速发展，消费者获取商品及价格信息进行选择、比价的成本更低了，差异性定价所需的各类市场互不流通条件可能逐渐被瓦解，定价存在差异也可能在消费者心中留存不良印象，需要谨慎使用。

## 二、制定价格的步骤和方法

### （一）明确价格策略

在价格营销中，首先需要理解价格运行机制，明确价格营销的目标，并建立相应的策略，才能为企业的长远盈利和发展服务，并将目标转化为具体的价格制定和调整实操。

1. 市场份额价格策略

1）撇脂策略

当一杯鲜奶经过烹煮而沸腾，最上层会凝结出一层醇厚的奶脂。撇脂策略即是在产品面市时以较高的价格进行出售，希望于短期内充分利用头部顾客，从高度忠诚或有强烈需求的消费者手中赚取高额利润，此后价格逐步下调，使得价格正常化、销售常态化。

2）温和定价

企业选取较为适中的价格，价格不过高亦不过低，能够使得买卖双方在满意程度上达成一致，并在后期无须做出过多价格调整。

3）渗透定价

当企业希望在短期内扩大市场份额、快速占领市场时，便可能推出较有竞争力的产品价格进入并渗透市场，该价格可能接近成本价，甚至是与成本持平或低于成本，因而不能在短期内给企业带来大量利润。但从长期看，渗透定价策略可能存在很大优势：一方面，企业能够以快速增长的市场为竞争力，获得巨额融资和快速变现；另一方面，当市场趋于稳定后上调价格，将能够借助庞大的消费者基数带来大量利润。

2. 消费心理价格策略

1）整数定价策略

在价格制定或调整时，有意地将价格制定为整数，能够给消费者以品牌优质、质量可靠的印象。

2）尾数定价策略

一种十分常见的尾数定价是将价格尾数设定为"9"，如"39.9""99"等，让首位数先入为主，给消费者以价格更低的印象。另一种常见的尾数定价是将价格设定为有一定寓意的非整数，如"66 元""388 元"等，通过"好彩头"降低消费者的价格敏感程度，愿意进行消费和支付。

3）招徕定价策略

企业在销售时将某部分产品的价格定得很低，以期吸引寻求低价的顾客进行消费，招徕客源，扩大市场。

4）声望定价策略

将价格定得很高，借此建立或巩固品牌高级、昂贵的印象，使声望溢价合理化。

3．产品组合价格策略

1）产品束定价策略

企业将若干产品合为一个产品组合进行销售，在总体上的价格会比单品价格的总和更为优惠。比如，游乐园的不限次数消费年卡、餐厅提供的午市套餐，都是产品束定价的例子。

2）产品线定价策略

企业可能会建立覆盖高、中、低三个档次水平的产品线，则应该于定价时用价格的高低加以明确区分。如同一个手机品牌下设高端旗舰机、商务手机、平价手机，在不同的价位提供不同质量的产品。

3）附属产品定价策略

某些产品在消费使用过程中伴随有其他产品的消耗，商家可以通过将主要产品价格设置得较为中等，而将附属产品的价格设置得较为高昂，以此通过消耗品不断获利。一台普通的拍立得相机可能只需要几百元就可购入，但不断消耗的拍立得相纸可能一包的价格就超过了相机的十分之一。

4）备选产品定价策略

在销售主要产品之余，同步提供备选产品补充销售。备选产品通常为零件、替换装、附加服务等，以供消费者做出多样化的进一步选择。

**（二）估算产品成本**

企业的产品通常由两部分构成，即固定成本和可变成本。固定成本是指在一定时期与一定业务量范围内不随产量变化的成本，如场地租赁费用、生产设备等。而可变成本会随着产量的变化而变化，每多生产一单位的产品就会多发生一单位的成本使用，如书本的纸张成本和印刷费用。但总体来说，产品的总成本是固定成本与可变成本之和，将总成本除以销量就能得到单位产品的平均成本，即

单位成本=单位固定成本+单位可变成本=固定成本÷销量+单位可变成本

**（三）明确产品的需求特性**

文化企业需要通过一系列市场调研和统计分析，从而对市场可能对价格产生的反应建

立较精准的估计。此部分的具体内容可参照市场营销调研及文化消费需求相关章节。

### （四）分析市场竞品

市场内的企业往往不是孤立存在的，竞争者的产品价格既是参考系，也预示着威胁和机遇。企业需要在明确竞品的价格水平和产品优势的基础上，对自身产品建立明确定位，通过品牌树立、品质提升、成本降低等方法打造差异化或价格优势。

### （五）制定价格

由于成本、需求和竞争环境都会对价格产生显著影响，从成本导向、需求导向和竞争导向的三重视角来研究价格制定的方法是合理的。

1. 成本导向定价

1）成本加成定价法

最基础也是最便利的定价方法是在总成本的基础上进行总期望利润加成，以此估算单位产品的成本和利润以便定价。由于单位成本会随着总销量的变动发生变化，计算时在注重单位可变成本之余不可忽视总固定成本和预期总销量。

一张音乐专辑的成本加成定价为

固定成本：2000 万元

单位可变成本：20 元

预计销量：100 万张

可计算得每张专辑的单位成本约为

单位成本=固定成本÷预计销量+单位可变成本

=2000 万元÷100 万张+20 元

=40 元

假设专辑出品方希望获得的成本利润率是 50%，那么专辑的成本加成价格应为

成本加成价格=单位成本×(1+成本利润率)

=40 元×(1+50%)

=60 元

在此，需要注意利润率的表述，如果是以成本为基准的成本利润率则按上述过程计算，如果是在加成价格基准上的期望利润率，则为

成本加成价格=单位成本÷(1-期望利润率)

但成本加成定价法相对而言是较为理想化的，以生产为导向的，而较少考虑到市场的真实反应。实际上，只有当达到了预计销量时，成本加成定价才是合理、可获益的。

2）目标收益定价法

目标收益定价法也叫盈亏平衡定价法，常常用于计算当产品获得某笔投资，应该以何种目标价格售卖才能回收目标利润或取得盈亏平衡。

假设某部电影收到总投资 20 万元，目标收益率为 50%，包含场地租赁、影片制作、宣传发行等成本在内预计单位成本为 20 元，总观影人数预计 1 万人次，则目标收益价格为

$$目标收益价格=单位成本+(目标收益率×投资额÷销量)$$
$$=20 元+50\%×20 万元÷1 万人次$$
$$=30 元$$

### 2．需求导向定价

感知价值定价法是最为常用的需求导向定价方法。即使是对于同一部电影，如果观众通过不同的院线或网络渠道进行观摩，也能够感知到价值的差异。建立于历史消费经验的基础上，结合产品质量、购买渠道、服务支持、品牌增值、消费口碑等，消费者会对商品建立价格感知。消费者在进行消费决策时会从感知价值出发，与产品的真实价格比较，如果两个价格能较好地匹配，或真实价格低于预期价格，消费者往往会欣然接受，而当真实价格远高于感知价格，消费者就会认为物与价不匹配而减少需求。

消费者对于商品的价值感知因人而异，也会发生一定幅度的增减变化。企业通过营销手段建立符合销售目标的价格感知是十分重要的，因为只有消费者感知价值和定价相匹配，潜在需求才能够被转化为实际购买。此外，如果相较于竞争产品能够拥有额外的竞争优势，比如在稍高的价格中包含对顾客有益的增值服务，那就可能提高消费者感知价值，从而能在获取目标客户的同时赚取较高的利润。

在实际定价时，可以通过若干具体方法进行感知价值估计。

#### 1）直接价格评价

邀请一定数量的消费者提前体验产品并给出产品预测价格，如预测某本纸质书籍的价格为 45 元。其中需要保证被试者符合企业选择的目标市场，且在年龄、性别、收入水平等方面存在一定程度的多样性，使得预测结果更科学、覆盖性更强。

#### 2）诊断法

邀请一定数量的消费者体验产品或服务，并根据一系列评判标准为包括本产品和竞品在内的多个同类产品分别打分，并按照重要性赋权计算特征值。通过诊断法能够基于与市场同类产品的详细比对，得出每个特征部分相对具体的评价分数，有利于企业对于自身产品进行审视改进，并基于竞品价格进行定价。例如在以下例子中，新产品舞台剧 A 的定价就适合在舞台剧 B 的价格基础上略微上调（见表 7-1）。

表 7-1　两个舞台剧对比

| 权　数 | 特　征 | 文 化 产 品 | | 特 征 合 计 |
|---|---|---|---|---|
| | | 新产品舞台剧 A | 竞争产品舞台剧 B | |
| 40% | 内容传达 | 45 | 55 | 100 |
| 25% | 艺术审美 | 60 | 40 | 100 |
| 20% | 参与体验 | 52 | 48 | 100 |
| 15% | 氛围感官 | 55 | 45 | 100 |
| 100% | 加权累计： | =45×40%+60×25%+52×20%+55×15%=51.65 | =55×40%+40×25%+48×20%+45×15%=48.35 | 100 |

3. 竞争导向定价

对于直接面对消费者进行销售的企业而言，随行就市定价法是较为通用的定价法则。顾名思义，"随行就市"即以行业或市场的价格为基础进行定价。行业的平均价格凝聚了各企业的共识，这种共识不仅是对于平均成本和利润的控制，更是与市场进行长期平衡的结果。尤其是在例如农产品市场此类近似于完全竞争模式的市场中，由于产品同质化程度高、市场进入壁垒小，精准而迅速地遵从市场价格是销售获得成功的重要方法。对于许多行业中的企业而言，选取接近行业平均价格作为定价是明智的，在此基础上企业可以根据自身产品的质量、特点等进行价格微调，使商品或拥有较有竞争力的低价，或表现出差异化特质而值得略高的价格。

此外，对于不直接参与零售的厂家可使用市场竞争定价法，根据零售价倒推竞争企业的出厂价以精准定价，企业在实行材料批发、工程承包等定价环节也可以使用密封投标定价法。

通过成本导向、需求导向和竞争导向的多种定价方法，能够大幅缩减价格确定的范围，甚至给出具体数值。但在实际确定最终价格时，也要进一步考虑其他因素。企业需要遵守相关法律法规要求，保证市场监管物价审批通过，并能够符合相关政策要求。企业在进行某件商品定价时也应将完整的产品组合考虑进来，衡量产品在整体业务中的地位和水平，以整体盈利为总目标进行适度调整。

# 第二节　调整价格

通过降价和折让的实施，企业能够获取更多市场份额，提升销售总额。在某些时机，企业需要考虑进行价格下调，如成本大幅降低，期待销量的提升和市场的拓展，生产能力过剩供大于求，存在资金回笼需求，存在政策或行业要求，竞争者大幅降价等。降价可能带来的是单件商品利润率的下降，却更可能带来整体获利的增长。

## 一、调整价格的逻辑和方法

在图 7-7 中，以曲线表示出边际成本曲线 MC、短期平均总成本曲线 SAC，以及短期可变成本曲线 SAVC 和市场价格 $P$。对一个竞争企业而言，市场价格等于边际收益 MR 和平均收益 AR（MR=AR），在产量为 $Q_0$ 时，边际收益 $MR_0$ 大于边际成本 $MC_0$，此时应扩大生产，来达到利润最大化。此处不讨论产量，只讨论价格。诚然，在 $P_0$ 价位时，商家仍然可以提价，来扩大自己的利润，直至 $P_2$ 边际收益小于边际成本。而实际上，商家的价格底线却远比想象中要低，即当 $P_1$ 与 SAVC 相切时，才是商家降价的底线，因为平均总成本 SAC 相当于平均固定成本 SAFC 与平均变动成本 SAVC 的和（SAC=SAFC+SAVE），而固定成本在短期决策中对商家来说是沉没成本，因此，只要收益大于变动成本，即在除以产量之后，价格 $P$ 大于平均变动成本 SAVC 就可以继续售卖，因为每售卖一份物品产生的边际变动成本被价格及其收益弥补了。因此，通过上述经济学的理解，就可以得出商家价格调整的底线，只要价格略高于平均变动成本，折扣就可以存在。

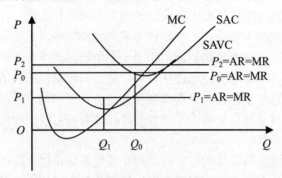

图 7-7　成本曲线

但与此同时，企业制定折让策略也需要理解折扣可能存在的弊端。首先，单价的降低必然会带来与原始定价利润相比单件产品利润的减少，这就要求企业能够对于折扣能带来的销量、销售额的提升进行较好的预测。此外，降价也可能会对企业的营销造成其他的影响，例如造成消费者对价格高度敏感因而忠诚度下降、与竞争企业陷入价格战、形成负面的价格-质量联想等。因而，销售者的目标是通过合理、适当的价格调整提升整体利润，并打造有利于企业长远发展的局面。

对于文化产业来说，例如美术馆、博物馆、电影制作公司，在前期的固定成本投入是很高的，然而后期的变动成本很低，边际成本也很低，后期进行场馆运营的维护和电影的播放并不会有过高的花费，因此，这些展览、观影的文化产业，折扣相对而言是一个很容易进行，且容易出现低价的营销手段，通过价格营销手段吸引消费者关注，用大幅提升消费者需求量增加总体收益。但由于文化企业销售的不仅是商品，更是文化价值，尤其是对于一些高艺术性的文化企业而言，折扣并非有效的营销措施，甚至可能带来负面影响。

在理解了价格调整逻辑的基础上，有一些通用的折扣方法需要掌握。

## （一）现金折扣

对于企业而言，收款时间的跨度是重要的。如果顾客能够及时按照预定日期甚至提前完成货款支付，将能够缩短收款周期，降低款项回收的风险和坏账损失。因而，企业往往愿意通过给予一定的折扣，激励消费者按期付清货款。

现金折扣通常都会用（3/10, net 30）或（3/10, n/30）的方式来表达，指在 10 日内付款可享受 3%的折扣优惠，或可在 30 日内完成全部金额的无折扣支付。

## （二）数量折扣

当消费者大量购买企业的某产品，不仅能够增加销售额，还能由于订单合并、物流合并等进一步节省商家在生产、销售、财务等各方面的开支。因而，商家愿意通过给予大量购买产品的顾客以折扣，通过让渡部分价值以期双方获益。

由于对于个别消费者而言，纯粹产品数量的提升往往对文化消费体验没有提升作用，在文化产品数量折扣中许多商家将数量变通为体验时限的扩展，如游乐园年卡、网络影片包年会员等，给愿意长期进行文化消费的顾客以更多的优惠。

### （三）季节折扣

许多产品的消费存在较强的季节性，这在部分保质期短或使用季节明显的商品的生产销售领域尤为明显，非常典型的例子是月饼、羽绒服。销售者愿意在临期、过季、反季等时间点给购买的顾客提供减价，既能够出清商品，又能够使得企业整体运营平缓稳定过渡。

许多文化产品由于其精神文化内涵的存在，能够维持较长时间的使用、鉴赏年限，但也存在一些文化产品的时效性很强，尤其是报纸、杂志，在发行较长时间后商家愿意给予较多折扣以出售商品。

### （四）价格折让

价格折让是根据价目表，直接在价格上进行折扣。一种典型的价格折让是以旧换新，消费者在向商家交易了同品牌或同类商品后，可以在购买新产品时得到折扣作为报酬。另一种典型的价格折让是促销折让，在店铺中看到的"首次消费立减""购买立享8折"等，凡是直接在原本价格上优惠下调的均可以认为是价格折让。

价格反映了需求与供给的平衡，价格的调整表现了供需的动态移动。在商业实践中，商家总希望能够在一定范围内以能够带来较多盈利的价格进行销售，一味降价绝不是商家期望的。奇货可居、高价售卖在某些恰当的时候，反而能够提升消费者的信赖，利用正向价格-质量推断的消费者心理定势，使价格提升被市场良好接受。在实践中，为了安慰消费者、降低价格敏感程度，往往会通过再包装、再设计、再改良等方式，将提价产品以新产品的面貌进行出售。

价格提升最常见也是最重要的原因是成本的提升，当生产、物流、销售等成本发生大幅上涨，继续维持原本价格将会使得企业的获利空间被大幅压缩。为了在一段时间内控制成本的上涨避免频繁提价，企业往往会将价格提升到高于成本提升的程度。

价格提升的另一重要原因是供不应求造成的稀缺性。当市场中需求远远大于供给时，商家提升价格是合理的，通过价格提升能够筛选需求更强、忠诚度更高的消费者，但这种提价措施在根本上无法缓解供需矛盾，稀缺的产品可能通过排队预约、个别交易、黑市等方式溢价流通。

此外，如果企业已建立起了品牌优势，具有一定的垄断特性或消费者高度忠诚的优势，提高价格将不会对销量形成打击，只会提升总销售额，这时就可以充分把握提价机遇。

企业在提升价格时可以采用多种方法，一种方法是直接作用于产品价格上，体现为价格上调，取消或减少折扣；另一种方法是作用于产品或服务内容上，表现为内容物规格、数量的减少，降低质量以削减成本，增值服务的减少，包装繁复程度的降低等。

## 二、折扣与"文化下沉"

折扣意味着经济上消费成本的降低。虽然从实际角度来说，文化消费中的折扣不一定会使得所有人受益，因为文化产品的消费和决策并不仅与经济水平相关，更与消费者自身的文化欣赏水平、受教育程度、价值观念等高度关联，就好像不识字的人即使拥有再多财富都很少会购买消费纸质书籍，对某种音乐风格不甚喜爱的听众也不会去购买相应的唱片专辑。这可能造成折扣对不够富有和受教育水平较低的人群带来的好处是有限的，有了折扣也不一定会购买，或因折扣而发生的文化消费对他们本人而言不具有意义。事实上，他们可能原本就并非该文化产品折扣销售的直接目标受众，这并不是说某类文化消费的边缘人群不应该在文化营销中得到重视，而是说文化产品在理论上更接近需求金字塔的顶端，其辐射效应是有限的。

如果企业以销售盈利为目的对文化产品进行大幅打折，就会吸引许多消费者进行消费，包括原本的目标人群和非目标人群。这在某种程度上是好事，原有目标市场人群的购买意愿会更强烈，购买动机更易向实际购买决策转化。非目标市场人群也可能会因为折扣和优惠去尝试超出原文化消费水平的产品或服务，这增大了文化消费的覆盖性，对文化内涵和精神价值的社会性传播无疑是有益的。文化工作者也希望看到这种文化下沉，借助营销为公共文化事业建设服务，以此满足公众精神需求，提升群众文化水平。

许多文化资源通过折扣下沉是极有效的，例如被大众广泛接受的电影票通过折扣优惠能够吸引更多人走进院线。但与此同时，有些内容之所以价值高，正是因为其文化性上的高雅——高尚、雅致、小众，非常人能轻易接触、理解、欣赏。折扣会使得这部分文化产品的受众增多，因而鱼龙混杂。部分消费者因审美和品位层次尚待进一步提升，只能囫囵吞枣、走马观花，甚至是买椟还珠，感到索然无味；另一部分高水平消费者的文化舒适区被"入侵"，感到原有价值和层次发生了下沉甚至是衰落，认为原有的文化性丧失了，从而兴趣缺失，减少消费。

可以用奢侈品行业做一个类比，奢侈品之所以能够产生巨大的品牌溢价，除了工艺、用料等成本的精选，离不开品牌文化、价值营销使其变为身份和品位的象征。消费者愿意投入真金白银，追求的往往就是这份昂贵高端的距离感，因而奢侈品不太可能大幅打折，它们宁愿放弃可能存在巨大利润的大众市场。如果奢侈品因为打折而以白菜价出售，当所有的人都可以随时衣着某些品牌的时候，就再也没有人会因追求奢侈上流而购买该品牌了。奢侈品折扣总是留给尊贵的客人和最优质的客户，而不是普通大众，这些措施意味着消费者已经接受了筛查。对于戏剧、音乐会、高端书籍等文化产品也是一样的，因为它需要一定的品味，而大规模的折扣会降低这种文化性。高格调的文化产品并不适合低端的折扣营销，例如表演艺术的成本很高，门票折扣不太可能使得市场规模飞速膨胀，随之而来的可能是它们标志性的资本的损失。

因此，推广此类文化产品，需要通过文化下沉培养受众，而不是一味地无限制扩大市场。受众的培养是长期的过程，既需要系统性的院系培养为社会输出高质量的文化生产者和引领者，又需要大众文化氛围的引导和熏陶，让美渗透生活，让更多人拥有欣赏不庸俗的美的能力。这对于原本是事业单位而今改制为文化企业的演艺公司，显得尤为重要。文化企业在具体操作中可以通过剧场讲座或校园公益活动等来进行，虽然也是无收入的免费文化活动，但不存在"折扣"带来的负面影响，且能够培育大批潜在消费者，为社会文化下沉助力。

如何在良性地促进文化下沉的同时，避免折扣营销产生的低质感，也是一个亟待解决的问题。进行折扣营销的方式最好也能够突出"品味"和"文化性"。会员的引入是较好的方法，通过前期过滤创造身份认同，如各种知名俱乐部的贵宾待遇，必须伴随数量上的精简和准入门槛的提升，甚至可以让文化企业获得更大的利润或名人效应。由此，产生的折扣不仅能够促进在目标人群中的商品出售，数量限制也可能营造饥饿营销氛围，让人们出于享受折扣和追求稀缺的心理，进行更多文化消费。基于折扣的会员制度，不仅没有降低其文化消费的质感，还能在企业和消费者之间建立高品位关系圈层，尤为适用于具有一定的文化品位要求的文化艺术单位，如艺术画廊、博物馆、剧院、沙龙等。然而，对于作为大众文化重要构成并起着基础媒介作用的文化企业而言，其折扣的运用不会带来强烈的"低价值感"，因为其消费的主要内容——电影、游戏等并不因此而劣化。

# 第三节　免费营销

当商品价格为零时，其销量将达到最大化，但这时商家由于售价低于成本已经无法盈利。可以说在传统市场中，"免费"是一个"营销悖论"。然而随着新媒体、信息技术和互联网的发展，这个"悖论"正逐渐演变为一种独特的市场营销手段——免费营销。在免费营销中，商家通过免费提供商品以争取消费者、占据市场份额，再利用其他渠道吸引消费者支付费用，获得利润。这种营销理念在文化市场中的应用更广——因为文化市场具有无形性和特殊性，其商品成本比正常的生产成本更低，更适合"免费"营销。在信息时代，这种看似并不合理的商品与价格关系成了文化市场最为重要的营销理念之一，"免费"也由此成了文化市场价格营销未来的发展方向。

## 一、免费营销的类型和市场

在日常生活中，我们总会看到这样的现象：走在街上有免费的英语课程发放；商场中有免费书券派送……这些不需要我们花费任何金钱就能得到产品的促销活动，指"对同业或消费者提供短程激励，以诱使购买某种特定商品的活动"。如今，我们的大部分消费尤其新兴消费都是免费的，免费视频聊天、免费收发邮件；然而看似免费的背后却隐藏着巨大的营销"套路"。价格免费是一种营销方式，是当今大多数企业为了吸引受众而采取的一种策略。

### （一）免费营销的类型

时下，随着各种网络科技的盛行，营销渠道不断拓宽，尤其是 Web 2.0 时代的到来，企业越来越善于借用这个平台，开拓并理解通往成功道路的规则①。而这也是当下免费营销的更高阶形式。美国学者克里斯·安德森称这种新型的"免费"并不是以往左口袋出、右口袋进的伎俩，让消费者感觉是一种诱饵，当下的"免费"是一种把货物和服务的成本压低到零的新型卓越能力，是数字化时代的独有特征，是一种以电脑字节为基础的经济学②。克里斯的这段话指出了传统免费营销（原子世界）与新型免费营销（比特世界）的区别。另一位美国学者威廉·庞德斯通则更为具体地指出，免费营销是建立在"用户愿意免费做值得的'工作'（新闻、电影、政治评论）"③从威廉的表述中，可以看到比特世界免费营销的另一特点，即以用户主导而生成内容的方式，体现了用户流量为王，内容为王的现状。

综合上述两位学者对免费营销的观点，可将当下更为高阶的免费营销总结为：为消费者低价格或零价格提供能体现用户价值的产品或服务，并通过其他渠道获得收益。因而，这种更高阶的免费营销的本质在于企业收益来源的根本性转移④，是一种长期可持续发展的商业模式。

目前市场上的企业使用的免费营销主要分为以下四种类型："直接交叉补贴"模式、"三方市场"模式、"免费+收费"模式和"非货币市场"模式。

1．直接交叉补贴——天下没有免费的午餐

顾名思义，直接交叉补贴就是"羊毛出在羊身上"的一种免费模式。商家将产品 A 免费提供给顾客，然而通过向产品 B 收费获得利润。这里的关键就是，赠送的对象与花钱消费的客户是同一人，所以这就是所谓的"羊毛出在羊身上"战略。比如淘宝、京东等购物网站也基本上采用满多少免运费的"套路"，实际上免去的运费也是由消费者增加购物数量或金额所支付的。

这一模式的最大优点就是，它是一种"开门模式"。在免费送出产品时，你们之间的生意关系才刚刚开始，它将"一生一次"的生意逐渐转向了"一生一世"的关系，这就是其独到之处。

2．三方市场——天下真有免费的午餐

第三方付费模式，就是指生产商免费将产品或服务提供给消费者，其利润由广告商或者其他普通顾客支付，而广告商付费购买的是消费者会购买广告上产品的机会，如果消费者购买了，说明广告有所成效，广告商就能从中得利；而对于有部分人群免费的模式则是由于其他普通顾客为其支付了相关费用，而企业通过这部分人的消费就能够获得足够的利润。三方市场的形成则体现了商家盈利渠道的拓宽与转移，消费者可以享受真正的"免费的午餐"。

---

① Tim, O'Reilly. Web 2.0 Compact Definition: Trying Again[EB/OL]. http://www.mendeley.com/catalogue/7a098eda-4e48-34/a-b852-20551c/sc24cd/.

② 安德森. 免费[M]. 蒋旭峰，译. 北京：中信出版社，2012：8-9.

③ 庞德斯通. 无价[M]. 闫佳，译. 北京：华文出版社，2011：152.

④ 罗俊皓. 免费经济学[M]. 金香兰，译. 北京：中国铁道出版社，2012：10.

广告商作为第三方市场的这一模式在文化市场中被广泛运用。例如广播，我们每天都可以从视频网站浏览各种内容，而我们却从未为此付过费。视频网站盈利的其中一部分就是靠广告商。并不通过支付将内容卖给消费者，而是把消费者卖给了广告商。

其他顾客（普通顾客）作为第三方市场的模式也在文化市场中被广泛运用。比如许多艺术馆、博物馆、美术馆等采用的收费方式往往都是"成人收费，儿童免费"，也就是通过让成人付费以实现儿童免费。

从上述案例中可以看到，商家的免费营销不再是变相地让大众消费者付费，而是瞄准特定的消费者群体，让那一部分付费的消费者为免费的消费者付费。若企业尚未独当一面，又想要在竞争激烈的环境中生存，那最好能找到一个风险共担者，来降低企业自身的风险，这时第三方付费的模式可能就是最佳选择。

3．免费+收费——主动选择付费

免费+收费模式是指通过对普通消费者免费提供普通产品，对部分消费者有偿提供专业产品，用付费的收入来补贴免费产品的支出的模式。或许会有人问，一部分付费的收入能否补贴众多免费的支出呢？广泛运用免费+收费模式的腾讯 QQ 系列是深谙此模式的实践者，腾讯 QQ 旗下的 QQ 游戏、QQ 空间、QQ 邮箱等功能消费者都能免费使用，但是如果想要获得其他特权，就需要付费升级为 QQ 会员，开通各种星钻级别。这种增值模式是基于免费营销吸引了足够的忠实消费者，针对忠实消费者提出的增值方案，让这部分消费者主动掏出钱包。

可见，免费可能是最佳定价，但不能是唯一定价。只有免费与收费相结合，才能创造更好的环境与收益。

4．非货币市场——远大于经济利益的收获

在传统的货币市场中，人们交易的载体就是货币。然而在数字化时代的今天，有越来越多的人关注的是自身精神的满足感，而非物质的享受。于是在非货币市场中，我们就可以看到以点击率、关注度等为交易载体，来实现市场的运作，即生产者将产品或内容免费提供给消费者，消费者通过给予关注度或点击率来回报生产者，这就是非货币市场模式。通过社群传播而形成的荣誉满足感，也具有类似货币化收益的效果，这类非货币的利益收获同样不容小觑。

### （二）传统免费文化市场

文化市场的免费其实由来已久。在传统的文化市场中，"免费"是商品营销的重要手段。当然，传统的"免费"营销与信息时代的"免费"营销大相径庭，但传统的"免费"仍然具有相当的参考价值——它们告诉我们免费的理念是怎样的，传统的免费如何影响商品的销售情况，以及传统的"价格转移"如何逐渐演变成真正的"免于付费"。

传统免费大致可以分为三种，分别是免费产品、免费试用和免费服务。和前文所说的有形商品的免费一样，这三种"免费"形式其实并不是真正的免费——赠品的价格被囊括在了成本里，试用则说明用户可以暂缓付费，免费服务则是转移成本和暂缓付费的结合。但无论是哪种方式，其最终目的仍然是希望消费者付钱进行消费。

1. 免费产品：隐藏成本（见图 7-8）

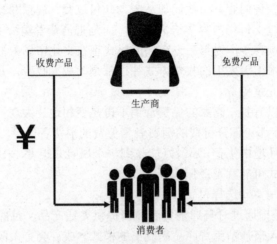

图 7-8　免费方法一：免费产品

　　杂志是一种典型的文化产品。在我们购买杂志时，往往能得到各种各样的赠品，并不需要为此支付额外费用。但实际上，这些赠品的价格通过隐藏成本的方法，被转移给了第三方。对于 CD、小玩具等赠品，批量生产它们的成本其实并不高，折合下来可能只需要几角钱甚至几分钱的成本，这个价格被囊括在了杂志的价格里；对于化妆品和代金券而言，赠送它们的成本被转移给了提供化妆品试用装和代金券的商家，商家不但要免费提供这些赠品给杂志，甚至还有可能要额外付钱。因为读者会试用他们的产品，成为潜在消费者。

2. 免费试用：延缓付费（见图 7-9）

图 7-9　免费方法二：免费试用

　　事实上，免费试用是世界上最早的"免费"营销[1]。其核心理念是先免费提供自己的产品，在免费使用期间，培养消费者使用这种消费产品的习惯和意识，在免费试用结束时，消费者可能已经离不开这种产品了，从而愿意付钱继续享受服务。

　　免费试用的手段听起来很不可思议，但是在文化市场中，却非常行之有效。例如爱奇异视频网站，网站上的视频往往是高清正版，并且提供免费试看。但如果你不是爱奇异的会员，那么只能短暂免费试看，后续内容需要支付消费。消费者正是在试用期间发现自己喜欢上了试用的产品，并愿意为此付费。

---

[1] 安德森. 免费：商业的未来[M]. 北京：中信出版社，2009：3.

### 3. 免费服务（见图 7-10）

图 7-10　免费方式三：免费服务

免费服务在经济学上被称为"互补商品"（complementary good），即某种免费的商品或者服务，可以增加消费者对另一件付费商品的兴趣。例如，咨询公司一般会提供免费的前期咨询，但是全程的咨询是收费的；广告公司为消费品公司设计的广告方案，展示它们是免费的，投放和制作它们就需要收费。

又如提供热水和公共空间使用权等免费文化服务的上海图书馆（见二维码 7-1）。其借阅卡服务分为两种——100 元的年卡和 1000 元的永久卡，读者可以每次借阅 10 本图书，还可以进入免费读者无法进入的区域查阅资料（图书馆内的 VIP 区域）。对于上海图书馆而言，提供免费服务的成本很低，但是可以借此吸引大量消费者到图书馆来，从而增加他们办理会员卡（提供付费商品）的概率。

7-1

### （三）新兴免费文化市场

在信息时代，免费产品、免费试用和免费服务仍然盛行——他们是免费"文化"的鼻祖。但是另一方面，信息技术、长尾理论和其他种种新兴的营销理念，使得文化市场开始向真正的免费大步迈进。消费者们发现，免费变得货真价实，不需要付钱就可以享受服务，而"付费"也不再是商家的最终目的；另外，这个真正免费的市场发展蓬勃，迅速瓦解和取代原来的付费市场。

接下来我们将简要解读三种新型的"免费"形式与其获利方法。

### 1. 5%和 95%模式——少数为多数买单（见图 7-11）

5%和 95%模式[1]是新媒体时代，文化商品免费最为常见和直观的模式。这种模式的核心理念，是文化产品的生产成本越来越低，增加新用户的边际成本趋近于零，因此只要有

———————————
[1] 安德森. 免费：商业的未来[M]. 北京：中信出版社，2009：9.

很少一部分人愿意付钱，就足以支付为大部分人免费提供产品的成本。这种免费模式的一个典型例子是百度的网盘服务。目前，百度网盘已超过 7 亿用户，除了免费提供的存储存容量外，百度网盘还推出了付费会员制，开通会员将获得离线上传下载、更大的容量、更快的上传速度及手机备份等额外功能。目前，付费用户已突破 5000 万人，百度网盘的盈利正是来源于对网盘有高层次需求的部分人群，他们为剩下的大部用户买单，于是在大多数用户看来百度网盘仍是免费的。

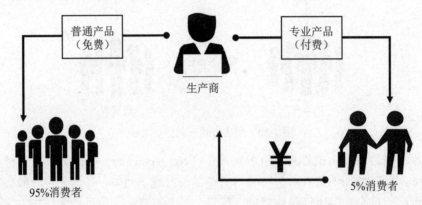

图 7-11　5%和 95%免费模式

2. 第三方付费模式——广告商为消费者买单

第三方付费模式其实是一种历史悠久的免费模式。当我们看报纸、听广播、看电视的时候，在节目间隙中经常会出现各种广告。这些广告就是广告商作为第三方，为观众收看节目所支付的成本。在我国，电视和广播具有特殊性，它们属于政府的公共服务产品而非私人电台，但即使是对所有的地方卫视而言，制作、播放节目的成本都是需要从政府之外渠道解决的。从这个角度而言，其实广告商已经为我们收看节目支付过费用了。

在信息化时代的免费中，第三方付费的覆盖面更广了，例如软件公司会慷慨地将新软件放在 App Store 上，让消费者免费使用。这些免费的文化产品是需要成本的，其制作、设计费用往往相当高昂。但是第三方例如唱片公司、软件公司等支付了这个成本，因为这些免费的产品可以起到广告宣传作用，大量的消费者得以更加熟悉原本陌生的歌手、游戏和公司，并且吸引消费者集聚，这使得第三方的付费有了极大的广告效能（见二维码 7-2）。

7-2

3. 声誉市场模式——声誉是最好的利润

声誉市场是免费文化市场的另一个获利方法。商家提供免费、高质量的文化商品和服务，最大程度吸引消费者集聚。这些集聚的消费者自身就是宝贵的财富，因为他们可以成为广告商的潜在受众；另外，这些消费者对于商家的商品和服务进行评价，这些评价可以进一步提高提供服务者的声望，使得服务者提供的其他有偿服务得到了免费的宣传（见图 7-12）。

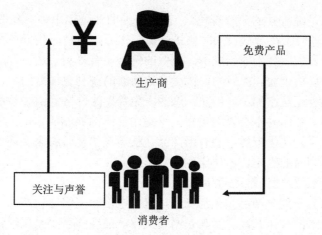

图 7-12　声誉市场模式

TED 是世界上最著名的分享性公开演讲 TED 大会的简称。TED 现场演讲每次邀请的听众只有 1000 人，并需要支付 7000 美元的费用作为入场券。尽管如此，TED 大会的入场券还是往往一票难求。[①] 2006 年，TED 放弃了闭门开会的传统，将演讲放到了网上免费供大家下载。视频上线后，其辐射人数变得无限扩大。在不少国家，TED 甚至成了网络课程的代名词。TED 的声誉市场由此不断扩大，越来越多的消费者进入这一市场，并迅速因为其高质量的免费产品成为 TED 大会的拥护者；由于 TED 的声望越来越好，也越来越容易请到优秀和著名的讲者，形成良性循环。

## 二、文化市场免费营销

对于文化市场而言，由于文化产品或文化服务本身的特殊性，免费营销因其自身的优势而广泛适用于文化市场。对于文化市场而言，免费营销是值得鼓励的但不应该是千篇一律的，不同的文化产业类别应该选择适合其自身发展的免费营销策略。

### （一）文化市场适合免费营销的原因

相比较实体消费品，文化产业消费品的边际成本非常低，因此其增加一个消费者的成本也很低，销售给这个消费者的消费品价格也可以随之下降，最后甚至可以趋近于零。接下来我们将通过与有形商品对比、长尾理论分析和消费者心理三个角度，更加详细地剖析为什么文化市场适合免费营销。

1. 有形商品：资源稀缺性决定商品价格

文化市场中的消费品分为有形商品和无形商品两大类。有形的文化消费品包括书籍、报纸、唱片、游戏光碟等一切实体物品，与所有普通的有形商品一样，这些商品具有资源的稀缺性，这种稀缺性决定了其商品价格。

---

[①] 安德森. 免费：商业的未来[M]. 北京：中信出版社，2009：134-135.

资源的稀缺性是经济学的第一理论[1]。在传统的商业营销中，"免费"的存在形式是"折扣"。例如商场经常在节假日的时候进行促销优惠，但是这些折扣其实是包含在商品的价格里的，其定价依旧高于原始成本；类似的例子还有"买一送一"，赠品的价格其实囊括在付费商品的价格里面。类似的促销尽管让商家的获利更加薄弱了，但是由于销量的增加，商家的总获利还是增加了。当然，这些"免费"的价格营销并不是真正的免费，而是商品价格的转移，商品并不会真的免费，这是由商品的原始成本决定的。

因此我们可以说，文化市场中的有形商品往往通过价格转移来实现"免费"，这是由于资源稀缺性造成商品的固定成本决定的。

2. 无形商品：长尾理论推动商品免费

文化市场中的另一部分商品是无形商品，包括电影和网络文化产品，也包括旅游和演出等文化服务。无形的文化产品，尤其是网络文化产品往往是"长尾理论"的践行者。长尾理论[2]是克里斯·安德森提出的一种网络时代特有的营销理念，也是网络文化趋于免费的理论基础。长尾理论从一个角度，解释了那些互联网时代的无形商品可以免费的原因——由于科学技术的发展使商品的生产、发布和销售成本极低，相应的其售价也可以无限下降。如果你经常使用电脑和网络，那么这种理论其实很容易理解。

由于网络和新媒体技术的发展，商品生产的成本和效率无限下降，甚至接近于零。在这种情况下，几乎任何需求极低的产品，都会产生供应和需求——因为商家供应它们非常便捷，只需要在销售的网页上增加一个条目，或者在网页上增加一个链接，其成本可能几乎为零；而消费者获得这些产品也非常容易，只需要点击购买即可。尤其是网上的视频、游戏和音乐等。这些需求和销量极低的商品占据的市场份额，可以和主流产品的市场份额相当。

在这个理论的支持下，信息时代的免费变得可以理解了。互联网上，商家制造商品、销售商品和展示商品所耗费的时间相当少。例如爱奇艺的视频资源，一旦被放到网上，对于商家而言，提供这个视频的原始成本只是搜索引擎、网站年费和版权的费用，无论有多少消费者购买其产品，增加的边际成本几乎为零。只要原始成本被支付了，那么销售视频的成本为零，因此商家完全可以免费为消费者提供这个产品。

3. 消费者：免费至上的市场

消费者的选择习惯往往会左右市场的发展。这并不是危言耸听，但是事实是互联网时代的消费者已经逐渐习惯了免费消费品，因为它们价廉物美，能让消费者以几乎趋于零的成本享受原本需要付钱才能享受的服务。

消费者为什么会倾向于选择免费？主要有以下两个原因。

其一，免费规避了选择的成本。如果消费者需要付费在两个商品中选择一个，那么无论这两样商品多么便宜，消费者需要付出选择的成本。这意味着当消费者要在付费商品中进行选择时，其实面临着双重成本——商品的价格和思考的成本。尼克·萨博（Nick Szabo）称之为"心智交易成本"（mental transcation costs）[3]。换句话说，选择的消费是

[1] 曼昆. 经济学原理[M]. 梁小民，译. 5版. 北京：北京大学出版社，2009：3.

[2] 安德森. 长尾理论[M]. 3版. 北京：中信出版社，2012：10.

[3] 安德森. 免费：商业的未来[M]. 北京：中信出版社，2009：66.

一种投资，具有一定的风险。消费者在做出付费决定的思考和支出是一种风险投资，而如果消费者选择了不喜欢的商品，心智交易的成本将会更高——消费者会惋惜花出去的钱。而免费意味着零风险，免费让消费者支出的成本为零，无论是心智上还是消费上，无论如何你都不会吃亏。

其二，免费市场取代了收费市场。消费者倾向于选择免费的产品，这就意味着免费产品比收费产品更有竞争性。在同一消费品市场中，如果有保质保量的免费产品，那么消费者一般不会选择那些同样质量的付费产品。

事实上，免费已经成为我们日常生活的一部分，这使得这些领域的所有付费商品都失去了市场：免费的邮件取代了付费写信；微信和 QQ 软件让短信业务一落千丈；免费歌曲下载让音乐唱片变成了夕阳产业，同理的还有游戏、图书等文化消费品。当越来越多的文化消费品和文化服务保质保量地进入免费市场领域后，消费者就不会再愿意付费来追求这些日常服务了，这些进入免费领域的文化产品逐渐瓦解原来的付费市场，消费者变得越来越不愿意付出金钱成本——商家不得不另辟蹊径，让消费者掏钱。

### （二）文化企业选择免费营销的动因

都说天下没有免费的午餐，但是越来越多的企业选择免费营销，这其中包括早已成功的大企业，如美国谷歌，也包括正处于上升期的中小企业，如饿了么、滴滴打车等。究竟是什么让他们不约而同地选择免费营销？

1．创造需求——开创蓝海新战局

蓝海，是相当于红海而言的，国外学者把市场比作海洋，红海代表已知的开拓的被瓜分的市场，企业间相互竞争争夺消费者；蓝海则代表剩下的尚未被开拓的市场，那里存在着被忽视的消费者[1]。图 7-13 是学者通过定量的分析方法所得出的"蓝海的利润和增长效果"，可以看到，在蓝海设立的 14% 的企业获得了 61% 的总利润，蓝海所创造的绩效显而易见。而免费营销便是远离红海，创造需求，开创蓝海战局的有利方式。

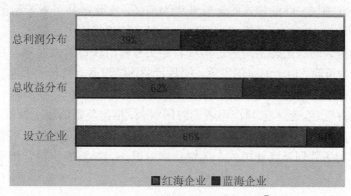

图 7-13　蓝海的利润和增长效果[2]

[1] 金，莫博涅．蓝海战略[M]．吉宓，译．北京：商务印书馆，2005：7．
[2] 金，莫博涅．蓝海战略[M]．吉宓，译．北京：商务印书馆，2005：9．

利用低价甚至免费从红海的厮杀中退出，开拓崭新蓝海市场的例子不计其数——谷歌战胜雅虎也是如此。许多刚成立的中小型企业对雅虎高额的广告费用无能为力时，谷歌推出的 ADwords 功能，为那些被忽视的消费者们开辟了一个新市场。相比雅虎动辄 5000 美元、10 000 美元的巨额广告费用，谷歌提供的自助服务式广告产品，价格可能低至 1 美元，创造了许多新需求。

对文化市场来说，许多行业由于同质化、缺乏创新而处于饱和胶着的状态。比如不断衰落的唱片业，还有音像制作业、图书出版业。在这样的情况下，就有商家放弃价格竞争，开辟蓝海战局。例如 QQ 音乐为消费者免费提供各种音乐下载、豆瓣提供低廉的电子书、各大视频网站提供免费的视频内容。他们都利用免费开创蓝海战局，而通过其他渠道盈利。

2. 提升影响——扩大品牌知名度

毫无疑问，消费者对"免费"是热衷的。免费营销的初级形式，免费产品的派送所起到的影响力不言而喻。自 2016 年以来，黄鹤楼景区已连续五年推出"免费"门票——14 周岁以下儿童背诵 3 首与"黄鹤楼"相关诗词，即可在自费购买的《江南三大名楼通关文牒》邮册上盖戳，凭该邮册可免两大一小门票。既吸引了游客，更使消费者在游览景区过程中寓教于乐，传承传统文化，提升了景区的文化影响力与关注度。因"免费"而声名鹊起的案例数不胜数，"免费"可以迅速地吸引消费者的眼球，并且在消费群体间扩散，提升品牌的影响。

3. 创新模式——设计商业新模式

著名的管理学大师德鲁克说过，"当今企业之间的竞争，不是产品之间的竞争，而是商业模式之间的竞争。"在互联网时代，更是如此。在淘宝出现以前，易趣一家独大，淘宝的成功便是其商业模式的创新——免费。易趣通过收取佣金盈利，而淘宝就是抓住了易趣"收费"的漏洞，开创免费的商业模式。免费入驻，免收交易费，吸引了许多小商品市场和卖家，淘宝一经推出，就吸引了大批卖家入住，成为最具影响力的电商平台。后起之秀拼多多更是在免费的基础上，提供平台"百亿补贴"，进一步吸引了大量消费者。

而在文化产业领域，商业模式的重要性更为凸显，文化产品可以带给消费者精神上的愉悦与体验上的满足，好的商业模式，可以让消费者的满足感更为强烈。例如，在音乐市场，一场演唱会带来的满足感绝对超过消费者购买专辑所获得的愉悦感，对歌手来说，演唱会的收益也更为可观。由于网络的发展，唱片行业逐渐没落，当有歌手埋怨网络音乐对他们的冲击时，也有人充分利用网络，开创了新的发展模式。2020 年受新冠肺炎疫情营销，各类演出市场一片低迷，艺术家和演出者们跨国联合，推出免费的线上演唱会为抗疫应援，观看人数达到前所未有的新高度，筹集到了天价善款以捐献给疫情防控事业。可见，如果能够充分利用有利条件创新商业模式，免费营销可以作为重要的价格营销手段。

**思考题**

1. 你有注意过身边的价格营销吗？请为各价格营销策略寻找至少一个实例。

2. 运用某种价格制定方法为某产品进行虚拟定价。

3. 请尝试具体分析一例文化市场中的免费营销。

## 推荐阅读资料

1. 庞德斯通. 无价：洞悉大众心理玩转价格游戏[M]. 闾佳，译. 北京：华文出版社，2011.

2. 安德森. 免费[M]. 蒋旭峰，译，北京：中信出版社，2009.

3. 罗俊皓. 免费经济学[M]. 金香兰，译，北京：中国铁道出版社，2012.

# 第八章

## 链路营销

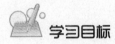 **学习目标**

通过对本章的学习，学生应掌握如下内容：
1. 理解链路营销的内涵；
2. 明确链路营销的主要流程和模型；
3. 了解链路营销的效果评估。

 **导言**

近年来，"链路"引起了业界的广泛讨论，成为时下的热词。"链路营销"也取代"整合营销"被人们越发频繁地提及。那么链路营销与整合营销到底存在何种关系？整合营销为何会被企业搁置，链路营销又有何优势，企业又该如何推进链路营销呢？

## 第一节　链路营销与整合营销

在许多情况下，营销语境已发生变化，整合营销不再是最佳选择。传统的整合营销在当下时代环境中，已然需要进行迭代和进化，从"简单整合"过渡到"有机整合"，从战术上的集合升级为战略性的商业流程，这就需要发展链路营销。

### 一、整合营销的内涵与局限性

#### （一）整合营销的内涵

20世纪，多数公司的营销活动以大众传媒广告为主。20世纪80年代，销售促进（sales promotion）、直复营销（direct marketing）、公共关系（public relations）等领域迅速发展，众多公司从长远的战略性视角出发，开始意识到整合各类营销工具的重要性[1]。

---

[1] 贝尔奇 J，贝尔奇 M. 广告与促销：整合营销传播视角[M]. 郑苏晖，等译. 北京：中国人民大学出版社，2019：8.

通俗来讲，整合营销即公司围绕一个核心信息，通过全景图式的视角，整合各种营销方案和传播工具（如大众媒体广告、户外广告、人员推销、直复营销、销售促进、公共关系、数字营销、口碑、事件、赞助、产品植入、销售终端等），使企业在营销过程中的所说所作都符合一个统一的定位，从而在市场中投射出一个统一的形象。以迪士尼乐园为例，从品牌标志、社交媒体传播、故事讲述到活动呈现，迪士尼的宣传推广主题都围绕"欢乐""梦想"展开，从而在消费者心中树立了鲜明的形象。

1991 年，唐·舒尔茨（Don Schultz）提出了"营销整合"（integrated marketing communication）的概念，并梳理出为人所广泛接受的定义：整合营销传播是一种战略性的商业流程，用来规划、开拓、执行和评估具备可协调、可测量、具备说服性和持续性的品牌沟通计划，该计划的目标是建立与消费者、中间商、潜在消费者、雇员、合作伙伴及其他相关的内部和外部的目标受众的沟通，产生短期的收益回报并建立长期的品牌与股东价值[①]。

在整合营销中，主要的促销工具有广告、人员销售、公共关系、直接营销、销售促进五种[②]。其中广告包括广播广告、印刷广告、互联网广告、户外广告等；人员销售指公司的销售人员为实现达成销售和建立客户关系的目的而进行的商品介绍和展示，包括展销、激励计划等；公共关系指企业通过获得有利的宣传，建立良好的企业形象，处理不利的流言、事故和事件，从而与公众建立良好的关系，具体包括举办新闻发布会、特写报道、赞助和事件等；直接营销指运用邮件、电话、电子邮件、互联网以及其他工具与特定消费者进行的直接沟通行为；销售促进指为鼓励产品和服务的购买或销售而进行的短期激励，包括使用折扣、优惠券，进行产品或服务的演示、陈列等。此外，按照传播中是否需要人际接触或反馈，整合营销还可分为非人际沟通营销和人际沟通营销。其中，非人际沟通营销包括主流媒体传播、场景营造、事件策划等。人际沟通营销的手段更为多样，当前该类型新兴营销手段有口碑运营、KOL（关键意见领袖，key opinion leader）推广、网络红人（influencer）管理等。

整合营销的出现，意味着传统营销观念的进步，即企业不再将各种营销活动当作独立事件。随着时代的发展，整合营销的重要性进一步凸显。首先，在数字信息技术的进步下，用户可以获取信息的渠道变得愈加丰富，媒介呈扩散化趋势。由于用户对于品牌的认知是基于各种所接触到的信息的综合，因此在媒介扩散的趋势下，企业越发需要整合传播工具，传递统一的声音。其次，在生产力的发展下，市场上可供选择的产品越来越多。面对产品暴增，企业更需要通过整合营销为产品树立一个形象化的品牌，以在消费者心理利益满足与选择序列中占据有利位置。最后，随着媒介分化、产品暴增，媒介环境中的信息量也呈现爆炸性增长，传播过度的问题逐渐显露，信息的传播效率大大降低；同时面对信息的轰炸，用户也逐渐采取防御措施，开始躲避传统广告。因此在信息爆炸的背景下，企业更需要积极整合（除传统广告以外的）不同渠道、不同方式，利用一切能向目标受众传递信息

① 舒尔茨 D，舒尔茨 H. 整合营销传播：创造企业价值的五大关键步骤[M]. 北京：中国财政经济出版社，2005：16.
② 科特勒，阿姆斯特朗. 市场营销原理[M]. 北京：清华大学出版社，2019：134.

的途径来获得最佳的接触效果。总之，数年来，整合营销在企业建立和保持品牌识别与品牌资产上扮演了十分重要的角色[①]。

### （二）整合营销的时代局限性

然而，"单纯地将各种营销元素进行简单整合"这一层面的"整合营销"理念，在今天已经有了很大的局限性，其实用性也大大降低。

首先，在互联网的背景下，消费者的认知和交易不会发生时间上和空间上的隔离。以往，大众媒体传播（顾客认知渠道）与商品流通渠道（产品服务的交易渠道）基本上是互相独立的，只在零售终端有所交集（如终端促销的情况）。因此，企业需要单方向、大投入且反复式地从制高点上，将广告信息传递给消费者，使他们在进行商品交易时，依然能进行品牌识别、品牌回想。而现在，当大众传播媒体与发生商品交易的渠道相融合，人们一旦有了购买要求，就可以随时随地提交订单并实现交易，即实现了所谓的"认知即交易"。因此，现今的营销不再仅限于对于消费者心智的占领，还可以直接实现对消费者行为的诱导。因此，单纯地整合元素以树立一致的形象、发出一致的声音的这种营销思路，已表现出明显的思维局限性。

其次，媒介的扩散化趋势仍在继续。从单一信息源获得完整信息的时代已经不复存在。以一档综艺节目为例，用户可能会在搜索引擎上接触该节目的相关娱乐新闻，在微博、公众号上获取相关咨询，在视频网站上追节目，在抖音、B 站上看衍生剪辑，在微信、QQ上与朋友进行讨论，在淘宝、京东上购买相关商品。年轻人已经将这些社交平台作为一种互相交流的方式[②]。然而，大量的平台（如各种类型的社交平台、电商平台、直播平台、视频平台、游戏平台、资讯平台等）及其平台上不同端口、成千上万的订阅号，使得单纯的整合需要巨额的成本。这非大多数企业所能负担的。

最后，随着大数据、人工智能等技术的发展，消费者从浏览广告到购买商品的整个行为链条都可以转化成大量的行为数据，并成为企业分析决策的重要依据。基于此，企业能够清晰地看到各个营销环节的效果并进行相应的调整优化。如果仅对营销因素进行单纯的整合，就不能充分利用这一技术优势。

## 二、链路营销成为时代新风向

### （一）链路营销与整合营销的关系

链路营销即把消费者从第一个广告触点到最终形成购买转化的全部行为链条连接起来，形成一条营销通路[③]。链路营销脱胎于整合营销，是传统整合营销的升级，是一种将整合营销的单纯整合（机械整合）升级为"有机整合"的营销理念。实际上，唐·舒尔

---

[①] 贝尔奇 J，贝尔奇 M. 广告与促销：整合营销传播视角[M]. 郑苏晖，等译. 北京：中国人民大学出版社，2019：13.

[②] 梁将军. 2020 "整合营销" 已逝，"链路时代" 来临[J]. 企业观察家，2020（2）：108-111.

[③] 焦玉豹. 链路营销：触发消费者购买的十大关键点[M]. 北京：人民邮电出版社，2020：4.

茨在为整合营销梳理定义时，就已经避免了"同一种声音，同一种形象"这样简单的说法，而是基于新的视角，把一系列的相关人员视为该过程的重要组成部分。但链路营销与之又有不同。链路营销关注的对象是消费者，有机整合的落脚点在于消费者行为。同时，"链路营销"这一新的说法本身，也将这种新视角与传统的整合营销拉开距离，通过一个新的"名词"扭转传统观念。

从营销路径上看，整合营销关注空间维度，力求整合各类营销资源，确保所有地方共同出声；链路营销除了关注空间维度之外，还关注时间维度，力图从消费者购买决策的不同环节分别入手，形成环环相扣的营销链条；从营销目的来看，整合营销是希望用大声量抢占消费者的记忆，链路营销则希望能直接看到广告活动对消费者行为的影响；从营销的最终目标来看，整合营销是为了占据消费者的心智，树立品牌形象；链路营销是为了驱动消费者行为，获得消费者拥护[①]。

以中国选秀节目的冠名为例，在十几年前电视选秀节目中，节目与冠名商进行的是整合营销。例如，在 2005 年《超级女声》中，蒙牛乳业集团出资近几千万元冠名"超级女声"，还围绕节目及其新产品蒙牛酸酸乳，在其他媒体上投入上亿元广告费进行整合营销，包括采用选手代言、制作"酸酸甜甜就是我"主题广告歌、拍摄"想唱就唱"电视广告、开展超女路演、设立蒙牛酸酸乳超级女声活动网站、采用新产品包装、张贴户外广告、运作媒体公关稿件，等等，同时湖南卫视给每一位选手提供了充分展现自我的舞台。节目组和蒙牛企业围绕"个性、释放青春梦想"将《超级女声》和乳味饮品推广到全国各地。

到了近两年的偶像出道时期，节目组与赞助商进行的是链路营销，其最主要的一个表现形式，就是由双方共同开启的引导用户购买产品为选手投票的"助力"活动——用户先在节目内看到相关的活动讲解及商品广告，随后部分用户拿起手机开始投票，当面临缺票时，这些用户可以直接跳转至小程序商城中购买商品（例如 2018 年《创造 101》中的视频会员、《创造营 2019》《创造营 2020》《青春有你 2》中的牛奶、《明日之子 3》中的面膜、《明日之子 4》中的可乐等），拿到产品后想要继续投票的用户可以在产品端扫码获得更多票数，并再次进行投票。在这个过程中，营销不仅仅是为了加强观众对商品或节目的认知，更是为了直接促进用户的商品购买。甚至，有的用户对于产品本身的需求早已饱和，但为了给喜欢的选手投票依然进行疯狂购买。在这种情况下，商品本身是什么、怎么样都不再重要，商品能提供的票数才是驱动消费者购买行为的因素。

### （二）链路营销的发展

链路营销概念的另一个来源可以对应到消费者行为分析理论。这些消费者行为模型的发展史，也是链路营销的进化史。1958 年，欧洲著名推销专家海英兹·姆·戈得曼（Heinz M. Goldman）首次总结得出推销模式——AIDA 模式，描述了潜在用户从第一次意识到某一产品或品牌到实际购买时所经历的步骤或阶段[②]。其中，A 即 attention，指推销员要将顾客的注意力吸引到产品上；I 即 interest，指推销员要使顾客对产品产生兴趣；D 即 desire，

---

[①] 梁将军. 2020 "整合营销"已逝，"链路时代"来临[J]. 企业观察家，2020（2）：108-111.

[②] 戈德曼. 推销技巧：怎样赢得顾客[M]. 北京：机械工业出版社，1984：181, 195-200.

指推销员要刺激顾客欲望；最后一个字母 A 即 action，指推销员要促成用户购买、达成交易。

1989 年，美国广告学家刘易斯提出"AIDMA"。其中，5 个字母分别对应 attention、interest、desire、memory、action。与 AIDA 相比，该模型多了一个 memory，指消费者在产生欲望和进行购买之间，还有一个"对产品留下深刻印象"的行为阶段。然而随着时代的变化，适用于实体经济的 AIDMA 已无法准确概括网络时代的消费者典型特征。因此，到了 2005 年，日本电通集团基于 AIDMA，提出了更适合网络传播环境的 AISAS 理论，将 AIDMA 的后三个阶段变为 search（主动搜索品牌信息）、action（达成消费行为）和 share（分享购买感受）。

时间继续向前推移，移动互联网时代到来，大量互联网企业诞生。这些互联网企业的营销目标相较实体企业发生了变化——由"驱动消费"转变为"获取用户"。面对这种变化，2010 年 Qualaroo 的创始人兼首席执行官肖恩·埃利斯（Sean Ellis）首先提出了"增长黑客"（growth hacker）的说法。其中"增长"即指向产品增长这一核心目标，增长对象不仅包含用户量的累加，更囊括了产品生命周期中各个阶段的重要指标。增长黑客理论根据不同阶段用户参与行为的深度和类型，将增长目标拆分并概括为"AARRR"转化漏斗模型（见图 8-1），即 acquisition（获取用户，让潜在用户首次接触到产品）、activation（激发活跃，引导用户完成某些"指定动作"，使之成为长期活跃的忠实用户）、retention（提高留存）、revenue（增加收入，向用户直接或间接收费）、referral（传播推荐，促成基于用户关系的病毒传播）。在这个转化漏斗中，被导入的一部分用户会在某个环节流失，而剩下的那部分用户则继续使用中抵达下一环节，在层层深入中实现最终转化。[①]

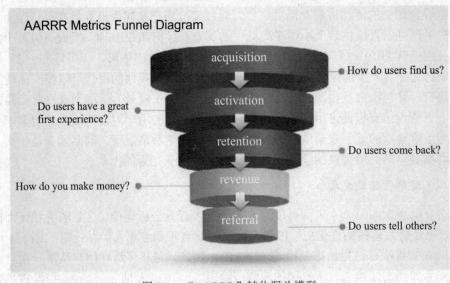

图 8-1　"AARRR"转化漏斗模型

（图片来源：《增长黑客》）

---

① 埃利斯，布朗. 增长黑客：如何低成本实现爆发式成长[M]. 张溪梦，译. 北京：中信出版集团，2018：104.

增长黑客模型追求的是以数据驱动营销、以市场指导产品，通过技术化手段贯彻增长目标。在这一理念下，"拉新"取代了"品牌知名度"，"留存"代替了"复购"。它所倡导的 "去广告化""老用户带新用户"以及把投放广告的钱用于用户补贴和技术搭建，受到了互联网企业的追捧。从国内来看，抖音、拼多多这类企业的崛起，其核心便是更依赖增长理论，而非品牌理论。

2011 年，中国互联网数据中心 DCCI 针对移动互联全数字时代，提出用户行为再次发生变革，并推出 SICAS 模型，即 sense（互相感知）、interest（产生兴趣）、communication（互动沟通）、action（行动购买）、share（体验分享）。该模型的出发点在于，DCCI 认为在移动互联时代，消费者的注意力发生了新的范围转移，用户呈现更多非线性行为，技术创新也已经能够在品牌和用户之间直接建立更为紧密的双向互动和有效连接。

此外，2018 年营销学之父菲利普·科特勒（Phillip Kotler）基于互联互通的时代特点，也将顾客体验路径重新修改成 5A 架构：认知（aware）、吸引（appeal）、询问（ask）、行动（act）和拥护（advocate）。认知阶段，即顾客被动接受信息的阶段，也是品牌知名度（brand awareness）形成的主要阶段；吸引阶段，即顾客将已知的信息进行加工随后锁定几个品牌的阶段；询问阶段，即顾客积极从亲朋好友、媒体、品牌方处搜集信息的阶段；行动阶段，指顾客发生行为（不仅限于购买还包括使用以及售后服务等其他与品牌的互动）的阶段；拥护阶段，即随着时间推移，顾客可能会发展出对品牌的强烈忠诚度（这会反映在顾客保留率、重复购买，以及向其他人宣扬品牌的好处上）的阶段。同时，科特勒也指出，5A 模型中的各阶段并非严格直线型，有时甚至是螺旋型，当用户精力不足时，他们可能跳过某个阶段。[1]

基于不同的消费者行为模式，可以推出不同的链路营销模式。因此，企业根据对消费者参与行为的分析，也可打造出不同链路，基于不同阶段的用户参与行为展开营销。2019 年起，许多中国互联网企业也开始纷纷提出自己的链路营销模型。链路营销已顶替整合营销成为我国互联网巨头们的新宠。

### （三）链路营销成立的原则

链路营销的模式可以是多种多样的，但要想链路营销成立，还需遵循以下三个原则。

（1）链路内的环节必须找到合适的桥梁进行衔接，环环相扣，不能断裂。以 AISAS 模型为例，以往的线下广告在引起用户注意、引发用户兴趣后，通常以"请搜索某关键词"的方式，促进用户的搜索行为。但当用户产生相关需求并上网搜索时，很容易同时搜索到其他替代品的相关信息，进而基于搜索结果进行对比，最后才进行购买。在这个过程中，用户的行为链条很可能发生断裂，而链路的断裂就意味着用户的流失。例如，用户对广告的记忆变得模糊，回想不起关键词。再如，用户在搜索信息时，被其他竞品的信息所吸引，从而转移了消费对象。但现在，广告"二维码"成了连接线下广告与线上内容的有效桥梁。

---

[1] 科特勒. 营销革命 4.0：从传统到数字[M]. 北京：机械工业出版社，2018：47-51.

用户在看到广告时，可以直接扫描广告上的二维码，连接到相关程序。此外，链路内环节的衔接还意味着，企业需要保持用户体验在不同触点之间的前后连贯性，如在内容创意上保证风格、元素、文案的前后呼应等。

（2）链路应尽量保持简短。以往的链路，大多是一种理论链路，从广告到购买决策的链条步骤太多，耗时太长，品牌主没法步步都抓牢消费者的行为轨迹。但现在，随着营销技术的发展，企业可以缩短营销链路，让链路更高效。其中一种方法是省略中间步骤。其实，不仅是企业，消费者本身在解决问题时，也倾向于"最小化其可能的平均工作支出率"。这便是最小努力原则（principle of least effort）[1]。因此，在消费者进行购买决策的过程中，也往往会省略步骤，如消费者在进行一些非常基本的搜索之后，就会很快决定购买一件便宜的产品。此外，用户行为还符合心理学的满意度原则（principle of satisficing），即为了更快决策，消费者在开展行动前是从选项的一个子集里进行选择，而不是考虑所有可能的选项。因此，消费者也会出现一些冲动性购买，即用户在仅知晓一种产品后就进行购买。而一旦用户的选择增多，他们花费的时间也会变长。实际上，链路模型中的分层次的系列步骤是否完整实施，很大程度基于消费者是理性行为者这一假设。但是，人的理性会受到上下文场景、情景、环境和情绪的限制。因此，企业为了缩短链路，可以采取手段迫使消费者没时间思考、减少思考甚至不思考，从而省去他们的中间步骤，加速消费者的购买决策。

缩短链路的第二个方法是让链路上的几个步骤同时发生。例如在 AISAS 模型中，步骤同时发生可以是消费者意识到产品即引起兴趣，或者是消费者采取行动的同时就进行分享裂变。这种不同步骤同步进行的形式，也体现了几年来营销界对于"品效合一"的追求。当前，互联网基础设施已十分完善，消费者行为的所有步骤都能在手机上即刻完成。这为消费者同步进行好几个步骤提供了很好的技术基础。用户看到就能找到、买到、分享，并不需要一个链接来中转。而在这个过程中，企业或广告商只需要为用户提供一个即刻行动的理由。

要做到以上两点，企业需要从消费心理（而不是从产品功能）去设计广告，唤醒消费者的购物欲。例如，企业通过限时、优惠、对比等刺激手段实现用户行为的快速转化。近几年兴起的电商直播，就是这样的例子——看到即抢购。此外还有拼多多这样的电商平台，以利益分成的方式，让消费者在购买的同时就进行分享。

（3）要确保链路上的用户行为数据的互相流通。对于一些日常所需、需重复购买的便利品（如日常类文创产品）而言，消费者很可能省略某些步骤，如 search。而对于一些价格相对较贵的选购品（如旅游产品、艺术品），消费者则愿意花更多时间进行比较后才决定购买。对于这些选购品，企业很难在短时间内驱动消费者行为，因此企业就需要提高自身对于消费者轨迹的追踪能力。而这就离不开链路数据的互相流通。

请思考以下两种情况：① 消费者在公众号上看到了关于某场展演的软广，于是用户

---

[1] ZIPF G K. Human behavior and the principle of the least effort[M]. Cambridge, MA: Addison-Wesley Press, 1949:1.

离开微信转而到其他平台搜索相关信息，最终又到售票网站上进行购票。在这种情况下，企业虽然获得了一笔订单，但不知道这笔订单是怎么来的。② 公众号内的软广自带购票链接，用户可以马上点击购买按钮，一键跳转购票小程序。在这种情况下，若交易达成，企业便可获得完整的用户行为数据，即便交易没有立刻实现，企业也可以对消费者行为有所了解。

链路数据按阶段可分为前链路数据（广告行为数据，也就是消费者对广告的浏览、点赞、评论、观看完成率等数据指标）和后链路数据（最终的购买行为、下载行为、留资行为等市场端数据）[1]。其中，前链路数据需要足够充分，企业才能从中看出端倪，分析出趋势，调整营销策略。由于多数企业的前链路数据都是沉淀在媒体端，很难完全沉淀到品牌自有的数据中台，因此在触点和机制设计的时候，企业需要尽量选择同一个"生态"里的平台，这样就能获得更好的用户数据支持。同时，后链路数据需要打通，只有这样企业对于广告的定向、内容的制作、媒体渠道的选择才有了参考依据。以 Netflix 为例，其内容平台上有大量自有数据，描述每个 Netflix 成员看什么，每个成员如何看（如设备、时间、强度、是否快进或倒退），这些数据可以帮助 Netflix 更好地为用户进行智能推荐。

# 第二节　链路营销的模型与流程

在理论层面存在许多链路营销模型，但在实践中可能并不完全适配于某个企业。不同企业有不同的优势与能力，因此企业需要根据自身的实际情况，创造自己的链路模型和链路营销流程，自成生态。

## 一、链路营销的模型与应用

AISAS 模型、AARRR 模型、5A 模型是既有的且当今依然适用的链路营销模型。以不同互联网内容平台的数据能力为例，爱奇艺、腾讯视频、芒果TV、优酷等长媒体平台广告形态核心是贴片广告，用户无法通过贴片广告产生划过、点赞、评论等行为，因此作为营销平台，这些平台的前端数据能力相对较弱。与之相对的是以抖音为代表的短视频平台，其平台广告是信息流的形式，且相较于微信朋友圈广告而言，量较大，因此其获取的广告行为数据也更多，前端数据能力更强，能更好地进行广告优化。对于后链路数据而言，电商平台（如阿里）的体系无疑是更为完善的。而这些企业也根据自身特点，推出了各自的链路营销模型。

### （一）阿里的 AIPL 模型

2017 年，阿里巴巴提出"全域营销"（Uni Marketing），并在阿里内部进行了实践。

---

① 焦玉豹. 链路营销：触发消费者购买的十大关键点[M]. 北京：人民邮电出版社，2020：7.

后来，阿里又针对"实现品牌人群资产定量化、链路化运营"提出了 AIPL 模型。该模型中，A 即 aware，指品牌认知人群，包括被品牌触达和品类词搜索的人；I 即 interest，指品牌兴趣人群，包括广告点击、浏览品牌/店铺主页、参与品牌互动、浏览产品详情页、品牌词搜索、领取试用、订阅/关注/入会、加购收藏的人；P 即 purchase，品牌购买人群，指购买过品牌商品的人；L 即 loyal，指品牌忠诚度人群，包括进行复购、评论和分享等的人。其中，针对 A 与 I 人群的营销的重点在于拉新，P 与 L 的重点在于留存和收益。基于 AIPL 模型，平台可以实时监测用户数据，并根据数据判断品牌当前的人群资产存在什么问题，从而针对性地采取不同营销手段，将用户从 A 转化为 L。

举例来看，若数据显示某品牌的"A 人群"量相较于竞品太少，那么该品牌就可以针对性地进行拉新营销。若该营销用阿里的 Uni Desk 进行投放，那么这些触达的用户数据可以通过阿里的 Uni ID 匹配沉淀到数据银行，成为新增"A 人群"；若数据显示，某品牌"I 人群"到"P 人群"流转率太低，那么该品牌可改善自身的销售转化机制，例如将"I 人群"进行细分，从而指向性地通过不同手段吸引人群采取购买行为（如针对价格敏感型用户推送店铺折扣信息），从而提升投资回报率（ROL），实现用户购买甚至复购。

### （二）腾讯的 CIT 模型

相应的，腾讯也提出了"全链路营销"理念，推出了腾讯数据智库（Tencent Data Cloud）这一产品，依托自身的全用户、全场景、强社交的独有优势，将包括社交、咨询、App、搜索、娱乐、购物等腾讯全平台上的数据在数据智库内进行转化。在此基础上，腾讯使用 CIT 模型来对其数据智库中品牌人群在各营销阶段的分布及转化情况进行分析。其中，C 即认知（cognition），I 即兴趣（interest），T 即转化（transaction）。

### （三）爱奇艺的 AACAR 模型

基于自身产品矩阵，爱奇艺所提出的是 AACAR 营销模型：attention（引起注意）、association（产生联想）、consensus（共鸣共识）、action（购买行为）、reputation（口碑分享）。从 attention 到 association，指向通过视觉冲击力，建立品牌认知；从 association 到 consensus，指向强化品牌形象；由 consensus 到 action，指向形成品效协同；由 action 到 reputation，指向形成用户自传播。基于 AACAR 模型，爱艺奇能对用户进行有层次的全链路追踪、定位，从而形成了自成一体的完整营销生态。

### （四）字节跳动的 O-5A-GROW 模型

字节跳动提出了 O-5A-GROW 模型。其中，O 即 opportunity，挖掘机会人群，包括基于流转分析挖掘的人群、基于历史投放高点击通过率（CTR，click-through-rate）扩展人群、用户行为与兴趣定向人群、传统数据管理平台（DMP，data management platform）定向意向人群；模型中的 5A 则与科特勒提出的 5A 模型一致，即 aware（感知）、appeal（好奇）、ask（询问）、act（行动）和 advocate（拥护）。而 GROW 是对链路营销效果的评估模型，即 gain（品牌知名度）、relation deepening（深度种草）、owned self-media（众媒养成）、word of mouth（口碑建设）。基于该模型，字节跳动能使整个营销流程中的用户流转数据清晰可见，让品牌在全链路中掌控用户的转化历程。

## 二、链路营销的流程

企业采用的链路营销的模型不同，其进行链路营销的流程自然也不同。这里以 O 复合 5A 模型为例，对链路营销的流程及各个阶段的注意点进行讲解。其中 O 即在公域流量内持续挖掘机会人群，5A 指向私域用户沉淀，关系到品牌用户的长效经营与管理。

### （一）挖掘机会（opportunity）

随着消费者在新媒介的作用下走向分散化、细分化，企业要进行链路营销，首先要锁定可以转为 5A 的机会消费群体。锁定机会人群的方法主要可分为定性分析和定量分析两种。

（1）定性分析主要是进行策略上的分析，具体有六种途径。① 取各领域需求与各维度人群的交集。以英语学习为例，不同年龄段、不同英语水平、不同学习目标的人群，有着不同的学习需求。小朋友需要英语启蒙，面临考试的学生需要英语专项训练，工作人群需要商务英语培训，等等。通过取交集，我们就可以锁定细分消费群体。② 将某些基础性需求进行差异化衍生。以看视频为例，观看视频进行娱乐消遣是人们的基础需求，视频按内容长短分为短视频、长视频、中视频，按内容分为游戏、纪录片、动画、时尚、电影、舞蹈等，在这样的区分下，需求的差异化就表现出来了。③ 关注社会的整体动态。社会整体动态揭示了社会人群的变迁。例如，近年来健身休闲成为文旅消费新时尚，健康养老成为社会新趋势，也意味着这些新的需求群体的壮大。④ 跟踪社会热点。例如，通过《创造 101》的爆款，我们可以看出女团粉丝的兴起；《三十而已》《乘风破浪的姐姐》的火热折射出成熟女性的追求。⑤ 反向跟踪新产品、新模式。以拼多多为例，它的成功反映出三四五线城市存在巨大消费潜力。⑥ 直接关注人群动态变化，从身边人的变化入手。例如，当身边养宠物或者穿汉服的人变多，则直接透露出新消费群体的出现。

（2）定量分析是指从数据入手。随着现今的信息环境越发复杂，流量、购买路径越发多样，营销人员难以再靠经验分析消费者的购买行为，而必须要有效分析各种媒体渠道上产生的数据，才能精准圈定潜在机会人群。具体的数据分析方向，包括通过对用户的性别、年龄、兴趣标签等人口统计数据对用户画像进行分析，从用户的广告点击、活跃、留存、传播分享等行为数据对广告营销有效性进行分析，等等。

在 5A 之前锁定机会人群是十分必要的。若企业跳过该步骤，那后期链路营销中很可能会出现大量围观群体——他们与产品不相关也不是真正的感兴趣，而只是单纯的好奇。围观人群中鱼龙混杂，会干扰后期产品行为数据统计的准确性，也可能会对产品生态造成伤害（如一款针对女性的产品，捧场的却都是男性），甚至聆听他们的错误反馈会导致产品向不良方向迭代。

### （二）触发感知（awareness）

在锁定潜在机会人群后，企业需要引发用户关注、触发用户感知。在这一阶段，企业首先需要合理安排触发用户感知的渠道。当前，企业与用户发生交互的空间主要有网络空间、社群空间和线下空间。网络空间包括各种信息流平台，如腾讯、微博、新浪扶翼、抖音、知乎、百度、今日头条、UC头条、论坛社区等，可实现面上的高效传播和群、点上的精准沟通以及反馈式的互动。社群空间包括各种兴趣部落、群组等，可实现交互方的直接接触、反复接触。线下空间，包括各种固定或不固定的零售场所和设施，可营造具象、生动、细节丰满、质感强烈的展示氛围和审美环境，并使顾客能够切实感知、体验产品和服务的实体形态。

确认接触渠道后，企业需要考虑如何吸引用户关注的问题。在该阶段，消费者的角色状态是"受众"。受众的第一特征是茫然，第二特征是遗忘①。因此，传统的"坐庄派"（等用户上门，任用户选择）是行不通的。若广告出现时，用户一直未留意，那么链路将无法继续。因此，当企业希望与"受众"进行沟通时，需要基于用户需求，抢占用户心智，继而连接用户价值。

这首先要通过刺激把受众从茫然状态唤醒，让受众看到你、做出反射，对广告内容产生认知，甚至就此展开联想。这种刺激可以来自信息形式：第一，根据人的原始本能，我们的注意力会被面孔、食物等所吸引，尤其对于Z世代的年轻人而言，他们更表现出对于感官刺激的追求，因此营销可以通过视觉化设计引发受众关注。第二，人们会注意到与自己行为模式截然不同的东西，因此营销可以通过新、奇、特的方式进行信息呈现。例如，爱奇艺所打造的《奇葩说》的花式口播、《老九门》的原创帖、《热血街舞团》的街舞创意口播、《中国新说唱》的RAP广告歌等新的广告形式，都是内容形式创新的成功案例。

唤醒受众的刺激还可以来自信息内容：第一，人们会自动处理与自我相关或与个人有关的信息（如人们对自己的名字特别敏感），因此营销可以把信息内容与用户利益关联起来，以激发用户的理性诉求。第二，由于人们会注意到那些能激发自身情感的信息，因此营销可以设计内容来激发导致购买的积极或消极情绪，刺激用户的感性诉求。例如，网易云音乐的乐评营销，便是通过在地铁站铺设大量用户乐评，引发路人情感上的波动与共鸣，从而获得了巨大成功。第三，由于用户存在道德判断，因此营销可以将内容与受众的是非观联系起来，刺激受众的道德诉求。将受众唤醒后，企业还需要深化受众对信息留下的印象甚至提升品牌知名度，其中最简单的一种手段，就是对信息内容进行重复。

迪士尼曾经推出的"疯帽子"互动广告牌就是通过信息形式和信息内容很好地吸引了游客注意。《爱丽丝梦游仙境》续集《镜中奇遇记》上映期间，迪士尼在乐园内竖起广告牌，又邀请影片中"疯帽子"的扮演者置身影棚，借助隐藏摄像头和直播技术，远程地和主题公园的游客进行实时互动。这种互动广告牌不仅在形式上让游客感到"惊"，也在内

---

① 华杉，华楠. 超级符号就是超级创意[M]. 南京：江苏凤凰文艺出版社，2019：201.

容上让游客感到"喜"。互动视频被传上网后，在 Facebook 和 YouTube 上播放 1600 万次，20 多万人转发分享[1]。社交网络上对该活动的重复播放，又进一步加深了受众的记忆。

### （三）引起好奇（appeal）

让人们留意到信息并对信息留下印象只是第一步，接下来企业还需要利用人们的好奇心与探究欲来为营销造势。当然触发消费者感知与引发消费者好奇有时是同时进行的，因此适用于触发感知的营销技巧，如相关化（使顾客清楚地意识到他们在接受产品后可以得到何种利益）、可视化（可视的事物更容易激发大家的行动欲望）、情感化（如强烈的个性、高尚的道德、浓厚的情感），同样有利于引发消费者的好奇。但是，除了以上这些，在已经引起消费者注意的情况下，要调动消费者的好奇心还有以下几种方式。

（1）在营销活动中设置悬疑。因为人们想要缩小理解上的差距，消除令人不适的紧张感，所以人们天生就对悬疑感到着迷。当用户开始对营销中的悬疑设置进行琢磨时，其好奇心自然也被点燃。悬疑设置可以通过空间上的留白或时间上的延迟来实现。前者主要指在单一空间中信息的戛然而止，或者将悬念与答案分割在不同空间中，常见的营销手段有悬念式、引导式的广告设计。后者主要指将信息在关键时刻分割开来，把精彩内容留到最后，慢慢抖包袱，主要的营销手段有提前预热和延缓曝光。

（2）增强营销活动的趣味性、轻松感、故事性。对于真正有意思的广告，人们不仅不会屏蔽它，还会主动搜索它。因此，营销活动可以不只是营销，还可以包括互动游戏或是有价值的文化产品。以前者为例，2015 年，英国旅游局发现尽管越来越多中国人愿意去海外旅游，但是英国不受华人欢迎。基于该问题，旅游局在社交媒体上收集意见发现，中国人喜欢给东西取绰号——这不仅能给人们带来乐趣，还能拉近人们与这些东西的距离，让他们感觉到对这些东西更加熟悉[2]。对此，英国旅游局举办了"为大不列颠起中文名"活动，成功推动了中国人至英国旅游人数的增长。又如，2018 年京东白条将"京城第一鬼宅"朝内 81 号改造成为"一点当典行"，通过沉浸式的场景为用户提供典当负能量与烦恼兑换甜点的特别体验，进行"京东白条"的营销，实现了持续引爆。再如，在 2019 年的《中国新说唱》节目中，爱奇艺上线了行业首支互动视频广告。根据其数据报告，互动视频广告可以将广告曝光次数提升 30%以上，用户互动率提升 40%以上。针对后者，2018 年，故宫博物院和北京电视台共同出品了《故宫上新了》节目，以文化综艺的形式，带领观众探索故宫宝藏、解读历史故事、寻找文创元素，并做出相关的文创设计。《故宫上新了》虽是文化类节目，但极大地推广了故宫文创。2020 年，游戏《山海异兽录》也举办了小说大赛，招募写手为游戏量身定做小说故事，如此公司既通过大赛本身，又通过大赛中的小说，为游戏进行了宣传推广。

（3）充分体现产品或服务的实用性。实用性比相关性更进一步，是要切中用户的真

---

[1] 科恩. 参与游戏：顶级品牌如何运用互动营销引爆裂变传播[M]. 周舒颖，译. 杭州：浙江大学出版社，2019：147-148.
[2] 罗伯逊，巴斯. 品牌与产品疯传的十条戒律[M]. 刘静月，译. 北京：中国青年出版社，2020：90.

实需求。兴趣反映出顾客需求，却无法揭示其根本动机。例如，一名男性坚持锻炼是为了增加对异性的吸引力，却对外自称是自己热爱运动；一位明星投身公益是为了提升公众形象，却在媒体上强调自己充满爱心。因此，要真正引发用户的好奇心，并确定链条上的后续行为，就要切中用户动机，对接上用户愿意为之付出代价、视为目标的真实需求。

### （四）主动问询（ask）

当消费者对产品或服务产生兴趣后，可能会发生主动问询的行为，并对所得的信息进行评估。由于"对于一个顾客来说，一个信息系统的使用越困难、耗时，他就越不可能使用该信息系统"[1]，即信息使用与信息获得容易程度是正相关的。因此，针对消费者主动询问，企业首先要占据他们的问询渠道，如浏览器搜索、官网查询、客服咨询、电商比价、口碑验证、实体店体验等。此外，尽管用户做出了主动问询动作，但这不意味着用户愿意花大量时间在不同频道上搜寻相关信息——他们更希望有价值的内容能够自动出现在眼前。因此，企业除了占据问询渠道外，还需要做到在用户问询时对信息进行快速匹配。

以搜索引擎为例，浏览器一直是互联网的主要门户，以及互联网上重要的"交通工具"。因此企业无疑需要理解自主搜索中的消费者行为。在实际情况中，用户搜索行为呈现幂律分布——少量的词频繁出现并产生很大的影响，大量的词很少出现并且影响很小[2]。同时，用户会在网页上进行阅读、点击、登录等操作。通过分析搜索用户使用的查询词、查询词的投资回报率（ROI）以及其他用户行为，企业可以在一定程度上确定用户潜在意图。通过对消费者意图的估计，企业需要优化自身内容，如优化关键词设置、升级人工智能推荐系统等。此外，企业也可以投资搜索引擎的广告，使信息在网页上有较好的排名和位置。

在主动问询阶段，用户会以某种方式处理所获得的新信息，并将其与已有的信息、想法相融合，并决定是否打算使用新信息、使用这条信息干什么。用户的认知行为有时会立即发生，有时会在交流结束后发生（或继续）。所以，有时用户会看起来看了相关内容，但什么也不做[3]。此外，进行最终购买前，用户也可能会多次回到同一条信息。

### （五）诱导行动（action）

有效的链条一定会导向消费者的消费行为。在这个阶段，消费者的身份变成了购买者。针对大脑的思考方式，诺贝尔经济学奖获得者丹尼尔·卡尼曼提出大脑存在依赖情感、记忆和经验迅速做出判断的系统 1（无意识运作）和通过调动注意力来分析解决问题、做出决定的系统 2（受控制运作）[4]。但大脑经常走捷径，直接采纳系统 1 的直觉型判断结果。同理，当购买者进行购买行为时，也很容易受到来自周围环境（情境效应）中无关的情绪、自身的以及其他的非理性因素的影响，通过系统 1 进行决定。在这种情况下，外界的条件

[1] PEMBERTON J M. Telecommunications: technology and devices[J]. Records Management Quarterly, 1989, 23:46-48.
[2] 詹森. 搜索营销：理解关键字广告之核心[M]. 杨彦武, 译. 北京：机械工业出版社，2019：64.
[3] 詹森. 搜索营销：理解关键字广告之核心[M]. 杨彦武, 译. 北京：机械工业出版社，2019：43.
[4] 卡尼曼. 思考，快与慢[M]. 胡晓姣, 李爱民, 何梦莹, 译. 北京：中信出版社，2012：8.

和表达方式，完全可以影响人们对得与失的认知，从而影响人们的决策（框架效应）。因此，企业也完全可以通过策略和技巧助推消费者的消费行为。

引导用户购买最简单的方式，就是圈定让用户心动的价格。首先是采用折扣、优惠等降价措施，使消费者在比价、观察价格历史走势时，产生"占便宜"的心态，从而激活购买行为。长期来看，企业可以采用价格歧视对不同类型的客户（如新老用户、时间成本不同的用户）进行差异化定价。此外，企业还可以采取种种定价策略，如产品组合定价（可驱动用户购买多种产品，提高销售欠佳的产品销量）、增值服务定价（以免费或低价吸引用户，继而通过增值服务获益）、渗透定价（以低价快速提高市场占有率，随后再逐渐上调价格）、高价定价（制定高价，打造高级感）、区域定价（根据产品销售区域不同制定不同价格），在市场中形成竞争力。

除价格因素外，企业还可以采用稀缺性、社会认同、权威性、喜好、承诺与一致性、互惠性等影响力原则驱动用户实时消费[1]：稀缺性原则，即利用稀缺信号，使购买情况看起来很紧急，常见的策略有倒计时、限时等；社会认同原则，即暗示消费者还有许多其他人也在购买该商品，常见的策略有口碑管理、KOL 营销、直播抢购等；权威性原则，即通过权威信号使产品信息显得更真实可信从而打消消费者的顾虑，常见的策略有张贴资质认证、采用名人代言、发布专家意见等；喜好原则，即通过吸引力或相似性使受众喜欢你的产品[2]，常见的策略有针对明星粉丝赠送明星周边等；承诺与一致性原则，即让用户做出承诺，这样他们更可能采取与承诺一直的行为，常见的策略有让消费者提前支付预约金、首付款等；互惠性原则，即给予消费者利益，如赠送小礼物或给消费者分红。以微软电商平台 XBOX Design Lab 为例，为了推广平台及其"允许玩家自行设计游戏手柄"的服务，XBOX 让消费者"反客为主"拥有自己设计的产品的所有权，提供资源和营销活动支持消费者在社交媒体上推广自己设计的产品，并让消费者能从销售利润中获得一定的分成作为激励。

### （六）获得拥护（advocate）

交易不是结束而是顾客关系的深化、双方长期合作的开始。当消费者完成购买行为后，消费者的角色就转变为体验者和传播者。企业则需要开始进行私域流量池内消费者资产的沉淀，因为只有这样企业才能建立与消费者长时间而有效的沟通。将用户沉淀为品牌资产，企业可采取以下几种策略。

（1）将品牌人格化。当品牌被注入人格后，它就变成了一个 IP，能在用户间进行自传播。豆瓣独立于世的文艺风格、三只松鼠的森林系萌形象、知乎的官方萌物"刘看山"都是这方面的例子。

（2）为用户提供社交货币。当一个产品和思想能使人们看起来更优秀，能满足人们树立形象和炫耀身份的需求，那么它就会变成社交货币，被人们主动传播[3]。例如，《美

---

[1] 恰尔迪尼. 影响力[M]. 杭州：浙江人民出版社，2015：20.

[2] 费根. 呆萌营销心理学[M]. 诸葛雯，译. 北京：中国人民大学出版社，2020：135.

[3] 伯杰. 疯传：让你的产品、思想、行为像病毒一样入侵[M]. 乔迪，王晋，译. 北京：电子工业出版社，2014：36.

国队长 3：内战》在北美上映期间，就发布了 Twitter 表情包，以及"美国队长队"和"钢铁侠队"两个标签，引导漫威迷挑边站队，给了消费者充分的谈资①。

（3）持续优化内容。优质的产品和服务是用户留存的基础，若后期内容数量或质量跟不上，在选择众多的市场中，用户很容易流失。

（4）通过互动提高用户活跃度。2018 年肯德基推出 "口袋炸鸡店"，使用户可以基于微信小程序，零门槛"开设"自己的门店，选择特定的肯德基产品上架销售，分享至社交网络。当朋友通过自己的门店购买产品后，用户可以获得各种奖励作为激励（类似于销售分成机制）。通过这种方式，肯德基在很大程度上提高了用户活跃度。

（5）建立会员制度，通过会员积分系统、提高逃离成本（如引入社交关系、会员专享优惠）等手段提高用户忠诚度。

# 第三节　链路营销的效果评估与优化

与链路营销模型相同，不同企业也可以提出自己的链路营销效果评估方案。阿里作为商业操作平台就提出了 GROW 模型来评估大快消行业品类的增长。G 即渗透力（gain），指消费者购买更多类型产品对品牌总增长机会的贡献；R 即复购力（retain），指消费者更频繁或重复购买产品对品牌总增长机会的贡献；O 即价格力（boost），指消费者购买价格升级产品对品牌总增长机会的贡献；W 即延展力（widen），指品牌通过提供现有品类外其他关联类型产品所贡献的总增长机会。

字节跳动针对链路营销效果评估也提出了 GROW 模型，不过两个模型的构成不同。这里以字节跳动的 GROW 模型（gain, relation deepening, owned self-media, word of mouth）为例，来看如何衡量营销效果。

## 一、品牌知名度（gain）

### （一）知名度与美誉度

品牌知名度即某品牌被公众知晓、了解的程度，是衡量品牌社会影响大小的指标。品牌美誉度是获得公众正面评价的程度，是衡量品牌声誉好坏的社会指标。高知名度不代表高美誉度，低知名度不代表低美誉度，反之亦然。若一个品牌或组织具有高知名度和高美誉度，则处于最佳公共关系状态；若具有低知名度和高美誉度，其公共关系则较为稳定和安全；若具有高知名度和低美誉度，其公共关系则处于"恶名昭著"的危机状态；若知名度和美誉度均较低，那么其公共关系处于原始、不良状态。在组织形象四象限中，低知名度和低名誉度是最差的组织形象。

---

① 科恩. 参与游戏：顶级品牌如何运用互动营销引爆裂变传播[M]. 周舒颖，译. 杭州：浙江大学出版社. 2019：53.

### （二）知名度的三个层次

名牌知名度被划分为三个层次。其中最低层次是品牌识别，指消费者能够将某一品牌与其他品牌区分开来，或能在产品和品牌间建立联系。品牌识别可以让消费者找到熟悉的感觉。在消费者购买便利品时，品牌识别起着十分关键的作用。品牌知名度的第二个层次即品牌回想，指消费者在外界未提供帮助的情况下，能够回想起某一品类中的产品品牌。品牌回想往往与较强的品牌定位相关联，并能左右潜在购买者的采购决策。品牌知名度的最高层次是第一提及知名度，指该品牌在人们心目中的地位占第一序列。企业如果拥有这样的主导品牌，就有了强有力的竞争优势。

### （三）衡量品牌知名度的提升

在链路营销过程中，品牌知名度的提升表现在 O（opportunity）人群到 5A 人群的转化量。企业可以通过分析营销活动的新增关系总数（活动期间有多少用户量）及价值（有多少活跃用户，有多少用户转化到 5A 的哪个阶段，A4——action 阶段的成交总额是多少）来衡量品牌知名度提升水平。

从具体数据来看，品牌知名度的提升的一个指标是营销活动中的进店转化率（进店转化率=访客数/路人数）。在数据分析过程中，企业可以将 O 人群到 5A 各个阶段人群的转化率进行一一分析，寻找链路上的薄弱点或断裂点，并对之进行完善。

## 二、关系深化（relation deepening）

品牌知名度是关键的品牌资产，但是仅凭知名度无法增加销售额。因此，企业还需要衡量营销活动中的用户和品牌关系的深化情况。用户和企业的关系深化，可以表现在用户对品牌产品的关注及其购买行为上。在链路营销过程中，该情况可以通过由 A1——aware 阶段感知人群、A2——appeal 阶段好奇人群、A3——ask 阶段问询人群，流向 A4——action 阶段行动人群，以及 A5——advocate 拥护人群流回 A4 进行购买的用户总数及价值来衡量。

从具体数据来看，行动用户转化率可以体现在营销活动中的支付转化率上（支付转化率=一定时间内支付买家数/访客数）。支付转化率可以分为某个产品的转化率和整个店铺或网站的转化率两种。除了支付转化率外，行动用户转化率还可以通过账号注册率、App 的下载率、节目收听观看率或订阅率来进行估计。

在数据分析过程中，企业可以将自身的转化率与行业其他企业的转化率进行比较，判断营销活动的关系深化效果。若支付转化率较高，企业可以继续分析原因，将经验嫁接到其他营销活动中；若支付转化率较低，那么企业就需要分析具体原因，并进行针对性优化。此外，企业同样可以通过对比 A1 到 A4 中间各个环节的转化率，来分析各个链路环节的用户流失情况及营销效果并进行相应的调整优化。

## 三、众媒养成（owned self-media）

链路营销的目的是沉淀私有用户资产。因此，企业还需要评估营销活动中的众媒养成、私域流量沉淀情况，是否能够留住用户。该情况可以通过由 A1——aware 阶段感知人群、A2——appeal 阶段好奇人群、A3——ask 阶段问询人群、A4——action 阶段行动人群流向、A5——advocate 拥护人群的关系用户总数及价值来衡量。

从具体数据来看，私域流量沉淀情况可以通过用户留存率来衡量。互联网产品的"留存用户"是相对"流失用户"的一个概念。对于企业而言，新老用户的交替是不可避免的。但用户留存以及用户流失的比例和变化能够反映企业产品在市场中的竞争力或是链路营销的质量。例如，某游戏企业在 A4——action 阶段促成用户注册游戏账号后，对用户做积极新人引导，使用户对游戏快速上手，那么用户的留存率很可能会升高。再举个反例，如果在营销的过程中，企业采取生拉硬拽的推销模式，不顾及用户体验，那么用户即便能对品牌留下印象，也难在企业的私域流量中留存下来。

不同产品在运营中会有不同的留存率指标。大致来说，用户留存率=一段时间后仍活跃的用户数/统计时段内新增关系用户总数=登录用户数/新增用户数。此外，用户留存率还会表现在会员注册率、复购率、关注率、收藏率等指标上。

在数据分析过程中，企业可以将自身产品、平台或服务的留存率与同一类别的其他产品进行比较，判断营销活动的众媒养成效果。同时，企业还可以将留存率数据与渠道数据（即新增用户来自哪个渠道）联系起来，从而评估各渠道的质量，进而可以优化营销渠道选择。此外，留存率是需要长期跟踪的（几天、几周、几个月、几年）。企业在进行产品、内容或平台的研发时，可以实验组与对照组的留存率（如采用 A/B 测试），筛选出最优方案；在产品、内容或平台升级后，可以通过比较升级前后，以及升级后一个周期中用户的留存率，来评估用户对于质量升级的感知。同时长期跟踪还有利于把握用户生命周期的长度，以寻找适合的周期来制定更新策略。

## 四、口碑建设（word of mouth）

口碑是关于品牌的所有评述，是对于特定产品、服务或公司于任何特定时间在"人民质检所"流传的所有评论[1]。由于口碑是在更为可靠的消息来源基础上建立并传播[2]，因此，消费者在做出购买决策时往往更相信并依赖于此类信息。口碑建设，即企业通过营销活动使关系用户的态度发生正向转变。认知一致理论（cognitive consistency theory）是解释人

---

[1] Goldsmith R E. The Anatomy of Buzz: How to Create Word-of-Mouth Marketing[J]. Journal of Product & Brand Management, 2003, 12(7): 491-492.

[2] FEICK L F, PRICE L L. The market maven: a diffuser of marketplace information[J]. Journal of Marketing, 1987, 51 (January): 83-97.

们态度形成与变化的一种主要理论取向。该理论认为，当人的信念或态度与其持有的其他观点或行为发生冲突时，就会导致人因认知不平衡而产生内心张力和想要恢复平衡的力量，从而推动人们进行自我调整，排除或降低这种不一致性，进而恢复认知上的一致[①]。从这个角度来看，企业的口碑建设即要先使消费者产生认知失调，继而推动消费者改变原有的认知或产生新的认知。

到了互联网时代，由于消费者之间的口碑传播速度更快、范围更广、扩散效应更强，口碑对消费者购买决策和企业品牌传播、营销活动及绩效都产生了前所未有的影响。因此，企业需要检测链路营销活动中的口碑建设情况，即关系用户"态度正向改变"情况。"态度正向改变"可以分为消除负面印象和提升正面印象两个方面。其中在链路营销过程中，"消除负面印象"的情况可以通过对品牌持负面态度（dislike）的人群，流向正向情感关系的用户（可以是 A1 到 A5 的所有用户）总数及价值来衡量。

从具体数据来看，口碑的分布可分为线上和线下，其中线上的口碑有大量的数据资料易于统计分析，甚至企业可以直接在网站上设置反馈窗口或建立可以相互对话的社群；线下的口碑则往往很难跟踪，也不易计量[②]。一种线上线下通用的方法是直接向消费者发起调查。净推荐评分（NPS，net promoter score）是由弗雷德里克·雷尔德提出的消费者态度分类方法。确定净推荐评分的方法，即直接向用户提出"你会向朋友推荐这个产品吗？"的问题，让用户根据意愿进行 1~10 级的打分[③]。若用户给出 9 或 10 分，那么他是"推荐者"；若给出 7 或 8 分，那么他是"反响一般者"；若用户所打分数是 6 分及以下，那么他是"贬损者"。最后，净推荐值=(推荐者数/总样本数)×100%-(贬损者数/总样本数)×100%。NPS 的提出为企业口碑评估带来了许多益处，但由于 NPS 只划分了三个评分等级，因此有较大的误差范围，不能很好地代表忠诚度和满意度。此外，给出 1~6 分的用户虽然推荐产品的意愿较低但不代表他们就对产品持贬损态度（例如用户不推荐的理由仅仅是认为产品过于私密），因此 NPS 很大程度上夸大了贬损者的比例。

基于此，一个新的调查工具 WoMI 出现。WoMI 在 NPS 的基础上，新增了"你有多大可能劝阻其他人与这家企业发生业务往来？"的问题[④]，同样让用户进行 1~10 的打分。若用户给出 9 或 10 分，那么他是真正的"贬损者"。最后，WoMI=坚定的推荐者百分比-坚定的贬损者百分比=9 分与 10 分的 NPS 推荐百分比-9 分与 10 分的劝阻百分比。通过这种统计方式，WoMI 更好地将正面口碑与负面口碑组合在了一起。

在数据分析过程中，企业可以将营销活动后的 NPS 值或 WoMI 值与活动前进行比较，并进行长期监测，以此来制定和优化口碑建设方案。

---

[①] 邵长斌. 决策神经科学与口碑在传播行为[M]. 上海：上海交通大学出版社，2017：31.

[②] 赛诺维兹. 口碑的力量[M]. 陆小斌，译. 北京：台海出版社，2014：210-211.

[③] 赖克哈尔德. 终极问题：创造好利润，促进真成长[M]. 杨大蓉，译. 北京：商务印书馆，2008：19.

[④] 弗雷德. 销量飙升密码：口碑[M]. 胡俊，译. 北京：清华大学出版社，2015：24.

**思考题**

1. 寻找链路营销案例并加以讨论分析。
2. 尝试从多方面评估链路营销案例的效果。

**推荐阅读资料**

1. 贝尔奇 J，贝尔奇 M. 广告与促销：整合营销传播视角[M]. 郑苏晖，等译. 北京：中国人民大学出版社，2019.

2. 舒尔茨 D，舒尔茨 H. 整合营销传播：创造企业价值的五大关键步骤[M]. 北京：中国财政经济出版社，2005.

3. 科特勒. 营销革命 4.0：从传统到数字[M]. 北京：机械工业出版社，2018.

# 第九章

# 水平营销

## 学习目标

通过对本章的学习，学生应掌握如下内容：
1. 水平营销与垂直营销的对比思考；
2. 水平营销的基本框架和六种技巧；
3. 跨界营销的不同方式及其应用。

## 导言

垂直营销是利用市场界定来创造竞争优势，水平营销则是对垂直营销无法抵达的领域进行的跳跃探索。通过改变或充足文化产品，以服务于变化的需求、情境或目标市场，水平营销能充分利用那些之前不被注意的用途、方法和属性。水平营销并不是对垂直营销的否定，而恰恰是对垂直营销现有弊端的有益改进。以水平营销的视角思考问题，能够激发文化市场营销的无数可能性，配合垂直营销的框架程序共同进行分析和落实，通过优势互补弥合文化市场营销过程中的诸多问题。这份跳跃的创新、可能性的颠覆和生发正是营销艺术的体现。

## 第一节　从纵到横的必要

在垂直营销逻辑的指导下，企业能够通过理解环境、把握需求、界定市场，将需求视作核心和起点，有效地将产品和服务推向市场，为营销的成功展开奠定基石。可以发现，作为一种成熟的营销理念体系，垂直营销存在很大优势，构建垂直营销体系为营销者提供了有力的抓手，使营销者不至于无从开展以致迷途。但随着营销的不断发展，垂直营销已不再能完全满足现有需求，因此需要蜕变与创新。离开纵向思维，透过水平思维去思考关键的破局点，往往能够重新定义产品与服务的内涵价值。

## 一、垂直营销的桎梏

在传统营销模式中，文化企业往往会受到既有条件的支配，以现有的资源和市场基础作为界限的划定，基于线性逻辑去思考，依靠渐进性的改变去实现文化企业的线性增长。这种传统的、结构化的营销思路严密简单，跟随直线逻辑一步步进行既定方向的推导，被菲利普·科特勒称为垂直营销。这里谈论的垂直营销，并不是指营销渠道的垂直体系，即生产者、批发商、零售商形成的统一的营销联合体，而是一种纵向的营销思维。垂直营销思维来源于对文化市场内部进行创新，是对原有市场的延续。

典型的文化市场垂直营销依循逻辑如图 9-1 所示。

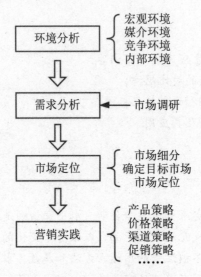

图 9-1　垂直营销逻辑

需要指出的是，垂直营销创新只发生于原有产品的类别，即使能够扩大市场规模，也始终无法创造出新的产品、新的市场。营销者对文化市场进行界定的过程，既是对目标消费群体或情境的选择，也是对另外一批看似并不适合该类产品和服务的消费群体或情境的放弃。而就在这些被放弃的消费需求、目标群体、消费情境里面，其实蕴藏着无数产品与服务实现创新的可能。而大部分的变革契机，都在这些旧模式的桎梏下被消磨殆尽，由此产生过度的市场细分与需求饱和，也成为一个严峻的现实问题摆在营销者面前。这也是当前许多文化企业的行销困境所在。

在这种桎梏下，文化企业下一步的发展永远取决于目前所在的位置，未来的发展轨迹始终被固化限定。这是企业在发展战略层面，恐惧抛弃原有模式的惯性红利，或是拒绝偏离原有模式的标准规范，因而难以生发出新鲜的思维角度。这种垂直营销思维指引下的营销行为，往往表现为文化产品内容的升级迭代和营销投入的力度不断提升，抑或是文化企业永远只专注于主流市场的主流消费者，持续迎合主流消费者的文化消费喜好。

## 二、营销生态的演变

菲利普·科特勒在其营销学著作《水平营销》中，将当下的市场生态总结为：包装商品领域集中销售剧增；品牌数量剧增；产品生命周期大大缩短；更新比维修便宜；数字化技术引发多个市场的革命；商标数与专利数迅速上升；特定产品花样翻新速度惊人；市场极度细分；广告饱和使得新品推介越来越复杂；消费者越来越难以被打动。[①] 与商品经济诞生初期比较，现如今在日益复杂、急速变化的竞争市场中获取成功绝非易事。而对于文化市场营销，类似的变化也亟待被重视。如若继续从原有垂直营销视角看待当下的营销生态，会发现有许多问题无法得到较好的解答。

从环境而言，当今世界的政治、经济、社会、技术、文化等各方面都发生了巨大变革，在宏观层面的影响上不断对文化产业的发展提出新要求。而对于文化营销，尤为必要去主动适应的是媒介环境的嬗变。数字化、网络化从根本上改变了许多文化产品的存在形态和营销方式，复制、共享、实时等关键词都使得新媒介助力下的文化产品能够直接面对全新数量级的文化消费者。这是对创新发展的催化，但在实际上也设置了无数个亟待攻克的难关，个体消费者的文化资源获取变得便利了，需求的沟通互动性增强了，但群体性的声音因人数的庞大变得嘈杂难懂。

从营销起点也就是需求角度而言，文化消费者变得更为挑剔了，"质优""价廉"成了重要的痛点。不是个别人的品位发生了小众化偏好，而是大众意义上对文化产品和服务需求的层次已不同于往日。在质量的维度，消费者的容忍度下降了，普通的需求饱和了，粗制的、简单的、美学欠缺的东西已经无法入他们的眼，甚至是常见的、质量尚可的文化内容也不足以使他们有足够的兴趣。永远追求新的趣味和体验，支持并喜爱高质量内容，这才是当代文化消费者的常态。一方面，需求的高要求迫使供给端穷尽浑身解数进行高质量创作生产，文化内容越来越优质。另一方面，对于竞争市场中的文化企业而言，要去正视并加入追逐，必然需要大量的资金与力量投入，无形中增加了小初企业、新生文艺工作者突破壁垒的难度，他们必须全力跨越成长初始阶段，才能以完成态出现，并成功吸引消费者。在价格的维度，文化消费者们永远期望高性价比或低价甚至是免费，这在某种程度上，尤其是在互联网+文化产业的发展过程中，将文化企业推向了价格战争。文化企业或降低成本、收紧利润，或提升质量让消费者愿意买单，这就需要在垂直营销之外寻求新思路和新模式。

从市场而言，商家面临的不是难以细分市场，而是市场极度细分、定位难以准确的困境。精准营销、大数据营销的支持更使得市场能够细分到个人。显然，仅仅依靠传统的市场界定模式，现代文化企业已经很难顺利生存。顺应文化市场新生态，为更难打动的文化消费者们服务，市场营销策略必须创新。

---

[①] 科特勒，巴斯. 水平营销[M]. 陈燕茹，译. 北京：中信出版社，2005：1-12.

### 三、水平营销的创新

水平营销，正是在无限细分和需求饱和这样的市场环境下被提上日程的。全球创新思维的权威人士爱德华·德·波诺提出，横向思维是诞生创意的理想途径。"现代营销学之父"菲利普·科特勒教授也提出其最新的营销理念——水平营销。水平营销，正是面对传统垂直营销的弊端而诞生出的全新营销思路。

支持水平营销的水平思维是在一个全新的维度上进行创意的开凿。水平思维的推进过程，往往是首先寻找出在营销设计过程中一直产生限制作用的支配性观念，将它辨识出来，进而逐步扭曲改变它。传统垂直营销思维支配下的市场细分、选择、定位只是原有产品和服务做些许改变，水平营销则是将产品和服务转化为某种全新的东西。以长远发展意义的视角去审视，传统的市场细分、选择、定位都是基于既定的市场进行，文化企业在这样的市场上无限细分，最终得到的新产品也不过是原有产品及服务的改良版变体而已，经过市场的形态演进与复杂竞争，未来的改进空间也终将会面临无法伸展的窘境。当这种旧有发展模式到达瓶颈时，跃迁式、非连续性的创新思维就显得极其关键，能够帮助陷入增长停滞的文化企业，通过全新的扭转与组合，实现对现有结构或环境的跨越，从而超越原有的产品和市场，为文化企业开辟出全新的市场和利润增长点。

不同的文化产品与文化服务往往存在着千丝万缕的联系，却常常被复杂的市场表象遮盖着。在文化企业进行营销设计的过程中，往往容易在主观上将关联性限制在某一个具体的突破节点，因而需要利用水平思维这一思维工具来进行辅助突破，将多领域的概念联结，在多个维度进行营销思维的跳跃发散。文化企业在审视自身的产品与服务时，这些内含的信息不是被简单孤立地陈列，而是应当重新调度分配，从而充分释放已有的、封存在旧的结构、模式、概念和认知中的信息和经验。水平思考与概念和感知转变相关，强调打破常规的思维习惯，不要求过多地考虑事物的确定性，而是考虑重新定义并调配多种因素选择的可能性。顺着思维水平移动的过程，尝试思考不同的感知、概念和切入点。在这种思维水平移动的过程中，可以通过"上下左右"的四方维度去审视文化产品与服务的变革：

"上"——文化企业此项产品与服务的本质是什么？

"下"——文化企业此项营销项目的背景是什么？

"左"——文化企业此项产品与服务的外围关联有什么？

"右"——文化企业此项产品与服务存在哪些特别的内涵特征？

对文化企业的产品与服务进行系统审视之后，再来看水平营销具体操作的方法论。相对于传统的垂直营销观念而言，水平营销试图通过对文化产品与服务在调整（即或强化，或弱化文化产品和服务的功能与物理特征）、规格（即改变文化产品和服务的体积、数量、频率）、包装（改变消费者对文化产品和服务的价值、功能、消费感知）、设计（改变文化产品设计、外观）、配料（在文化产品和服务中添加某种配料以创造出新花样）、减少投入（改变消费者购买过程中所包含的风险、投入）等方面的改善来实现其营销目的。它主张以消费者为中心，把消费者的横向需求作为基础，通过创新开创更广阔的文化市场。文化企业要想获得竞争优势，仅仅局限于满足消费者的现实需求是不够的，要比消费者自己更早地洞察并满足他们自身尚且无法表达或是无法构想的深层需求。作为一种横向思考模式，它能够跨越原有的产品和市场，填充市场空白，创造消费者未曾想象的产品来创造市场，为企业发展提供所需的全新空间，从而驱动并领导市场。

科特勒认为，水平营销是一个过程，虽然它属于一种跳跃性的思维，但也是有法可依的。应用创造性研究的结果，他指出了水平营销的六种横向置换的创新技巧，并分别应用到市场层面、产品层面和营销组合层面上。这六种技巧分别是替代、反转、组合、夸张、去除、换序。

水平营销的可供操作的方法论基本框架如下。

先选择一种产品或服务（当前投放市场的产品，要在发展中创新；竞争性产品，要寻找替代品）。

第一步：选择垂直营销策略的一个层面（市场、产品、营销组合）。

第二步：进行横向置换（三个层面各有不同技巧）。

第三步：运用评估技巧填补空白（想象购买过程，提取积极因素，找到一个情景）[①]。

相对于传统的垂直营销，水平营销还是一种较为新颖的营销方式，但由于市场反馈的营销效果显著，水平营销已开始广泛应用于许多行业。水平营销看似是对产品或服务中的某一个元素进行突破，但绝非毫无根据、天马行空的思考。支撑水平思维的逻辑框架是市场营销的逻辑框架，因此，水平营销的目标和思路相比于一般的思维创造更加清晰，也更具有可执行性，是一种更加高效的市场营销创新思维工具。

## 第二节　水平营销的策略

作为一种创造性的思考方式，水平营销本质上是基于直觉的创造，这与文化创意产业不谋而合。在文化产业发展日渐繁荣的今天，水平营销应用于文化市场的例子也屡见不鲜。在制定水平营销策略的过程中，需要充分理解水平营销的各个环节，结合产品层面、市场层面和组合层面建立多维营销视角。

### 一、产品层面的水平营销

在产品层面，科特勒参考市场层面的维度划分，主张对现有的产品进行分解，分解后的主要层面包括有形的产品或服务、包装、品牌特征、使用或购买，然后利用前面提到过的六种技巧进行横向置换。在进行水平营销时，可以选择一个自然限制作为突破口，也可

---

① 科特勒，巴斯. 水平营销[M]，陈燕茹，译. 北京：中信出版社，2005：87.

以选择其他元素作为突破口。所谓自然限制指的是为了创新而不得不从产品中去除的元素，选择自然限制作为突破口，会帮助我们跳开原产品，而选择其他元素则会创造出更多的亚类别而不是新类别，因为在重组过程中，改变的不是必不可少的元素。在进行产品层面的横向置换时，可以对有形的产品或者服务、包装、品牌特征、使用或者购买这四个层面中的任何一个层面进行改变或者置换，也可以将新产品与可能的市场进行联结，通过寻找一个可能的情境或者提取积极因素或者想象购买过程等方法来进行水平营销。

### （一）替代包装

在文化消费愈加讲求内涵与意义的今天，华丽空洞但内涵缺失的产品包装已经无法满足消费者的文化需求。曾经，作为旅游产品之一的旅游酒店往往追求豪华尊贵，但如今的旅游酒店通过将电影元素植入酒店住宿场景，打造"酒店+电影 IP"跨界融合。游客可以住在电影主题酒店，感受酒店中的电影元素，欣赏精彩的电影，从而实现酒店的功能突破和消费者体验度的提升，使旅游者在这样的新鲜环境里进行了一次心灵电影之旅。

而其他领域的产品通过吸收文化元素为产品赋予文化韵味，同样也是以水平思维借力文化内涵进行营销的范例。银行卡产品通过改变产品外在包装，在确保金融产品这一核心产品内容不变的基础上对银行卡产品进行其他层次的水平营销创新。"牵手"故宫文化元素，中国工商银行推出了工银故宫联名借记卡，其中的"一路追梦卡"以"一路追梦"为主题，取材于故宫藏"清掐丝珐琅百鹿图尊"。一鹿追蝶，蝴蝶象征梦，奔鹿象征不懈追求，展现追逐梦想、添福增禄的寓意。这样的银行卡不仅形式美观大方，而且契合了金融消费者追求吉祥彩头的消费心理，因而变成了值得收藏的文化产品。

### （二）组合品牌

品牌是文化产品以及其背后企业信誉的凝结，更是文化企业开拓新领域的重要的无形资源。短视频媒体"一条"是定位于制作生活艺术类视频的自媒体，坚持每天推送一条原创视频，每天精选人间美物。"一条"主要针对的消费者群体即是注重生活品质的中等收入人群，打造出具有生活美学气息的媒体品牌。通过线上媒体与线下实体店的组合，将自身的内容受众与消费受众高度拟合，以组合品牌的方式最大化实现"一条"这一文化品牌的资产收益。凭借着这一媒体品牌，"一条视频"陆续布局网络电商项目与日用品实体店——一条生活馆。对于拥有 3500 万粉丝的"一条"而言，将自媒体的粉丝顺利导流至购物领域，是将品牌资产效益扩大的组合创新。"一条"自媒体搭载着一条生活馆小程序，线上开设家电数码、美妆洗护、美食厨房、珠宝服饰、家居日用、图书文创等品类，线下实体店铺还会针对不同商品搭建独立生活艺术专题，开设生活美学讲座，立体化构建起自身的生活美学品牌矩阵。

### （三）反转使用或购买

反转是指对产品或服务的一个或几个元素进行反向思考或否定思考。正如戏称"旅游是从自己活腻的地方跑到别人活腻的地方去"，这恰恰说明，我们概念中的旅游是需要远离自己的居住的地方，我们也在不断追求着或至少是渴望观看到与自己生活迥乎不同的生活风格。以《向往的生活》为代表的"慢"综艺节目，采用纪实拍摄的手法，与一般竞技综艺背道而驰的就是不设置目标性极强的游戏和任务，将明星嘉宾们放置在相对宽松的环境下，让其呈现出最自然的状态。一反综艺节目惯有的紧张刺激的竞技元素，专注于开发节目本身的人文素养和情感关怀，成为综艺节目突破僵局成功转型的模范案例。

除了对文化产品中的元素进行反向思考，还有对文化消费方式进行反向思考的文化营销创举。许多画廊为了吸引消费者进行艺术消费，增强画廊作品的流转性，与消费者约定每六个月可以免费更换一次等值的画作，等到十年之后再选择一幅画，作为消费者自己的永久保留。消费者只要花费一幅画的价钱，就能体验更换 20 幅不同画作的艺术享受，从而为成交率极低的艺术品画廊创造更多的市场空间。

### （四）去除产品或服务

去除是指去掉产品或服务的一个或几个元素。我们都知道，书籍是要用眼睛看的，不管是纸质书还是电子书，都需要阅读。但是以"喜马拉雅 FM"为代表的听书 App 的出现，打破了这一规律，不识字但是有阅读需求的人群，或是需要零碎通勤时间补充知识的人群都可以通过"聆听"来获取书籍内容，享受"阅读"的乐趣。"喜马拉雅 FM"在阅读这一领域去除"看"这个元素，阅读就变成了一种全新的体验。看似在做"减法"，实则做出了"加法"。不仅为书籍阅读拓展了应用空间，也为自己的产品获取了市场。

### （五）夸张产品

夸张产品是指扩大或缩小产品或服务的一个或几个元素，它也包括设想完美的产品或服务。在北美被好莱坞片商包围，被工业技术所垄断的电影市场，大众往往对宏大叙事的工业化影片感到疲惫，而对文艺或是惊悚类的猎奇元素感到新奇有趣。独立电影公司 A24 正是将这些因素夸张到了极致，制作出一系列风格前卫的独立电影，从而获得了自己立足的绝佳位置。最初，戛纳电影节的单元开幕片《珠光宝气》等两部文艺犯罪题材作品，让 A24 电影公司展露出独特的制片风格。2013 年，A24 电影公司又参与制作了《宿敌》《皮囊之下》《洛克》三部充满惊悚元素的类型片。A24 电影公司从不聚焦影视大咖，而是更多地发掘最适合影片角色的演员，公司往往另辟蹊径，致力于开拓类型化的小众文艺片市场。从成立之初，A24 电影公司就明确目标，认为北美电影市场是需要独立电影以及文艺电影的，相较商业电影在北美的饱和，独立电影市场将会拥有更广大的未开垦的群众人群。这样的影片类型战略，A24 电影公司坚持了 8 年，其间创作了上百部独立电影，从 2015 年开始，在北美的市场份额排名挤进前十，在 2016 年、2017 年的鼎盛期间，其市场份额已经直逼"好莱坞六大"。截至 2019 年，A24 电影公司共得到 25 项奥斯卡提名。从电影票房前十"烂番茄"新鲜度可以看出，它的每一部作品都深受北美观众喜爱。A24 电影公司的作品往往能给北美观众带来新鲜感和刺激感，总能最先敏锐捕捉到适应当下社会的热点话题。正是将猎奇元素夸张放大，应用到极致的电影制作战略，帮助 A24 电影公司能够精准持续地吸引消费者。

### （六）换序产品或服务

换序指的是改变产品或服务的一个或几个元素的排列顺序，换序可运用到有形的文化产品或者文化服务中。电影的结局往往是神秘至极的，发行方甚至千方百计地保护电影剧情不被泄露，以免观众丧失兴趣，票房收益受损。但《后来的我们》《比悲伤更悲伤的故事》这类电影却调换了顺序，在宣传营销过程中直接公布了男女主角的悲剧结局，不留一丝悬念。它们的宣传核心点就是"哭"，影片的宣传海报上打出的唯一观影提示是"请带足纸巾"，将电影的基本剧情揭露无疑。然而，内地上映首日在排片占比为 11.6% 的相对劣势下，《比悲伤更悲伤的故事》单日票房达到 1988 万元，超过了奥斯卡获奖电影《绿皮书》，第二天更是成为当日票房冠军，一举拿下 1.34 亿元。日破亿对于如今内地电影市场来说很正常，但对于一部爱情片来说并不常见。大胆而直接的"换序"宣传营销，为小众的爱情电影打开局面。

## 二、市场层面的水平营销

市场是需求、目标、时间、地点、情境、体验的结合体，任何产品都不能脱离这些维度而存在。因此，诸如"去除一个维度""为某个维度换序""组合两个维度"等都是改变维度的方法，即以市场的一个维度替代另一个被淘汰了的维度。在替代、反转、组合、夸张、去除和换序六种技巧中一般认为替代是最有效、最简单的方法。

### （一）改变需求

在传统垂直思维下，游戏的改进就是不断强化竞技的心理快感，从而不断加强消费者的黏性。游戏产业这种迅捷迭代的特点，为游戏企业的技术改进带来了沉重的压力。然而在诸多游戏品牌之中，日本任天堂的屹立不倒，不仅仅是因为它拥有一系列诸如精灵宝可梦（口袋妖怪、宠物小精灵）、超级马里奥、大金刚、塞尔达等经典 IP，更重要的是在于它不限制于传统垂直营销思维的变革创造力。2020 年年初受到热捧的《动物森友会》游戏，拉动了任天堂 Switch 游戏机的热销，Nintendo Switch 在《健身环大冒险》和《集合啦！动物森友会》的携手带动下一周内销售 39 万台，打破了 2017 年上市时的记录，累计销售突破 1300 万台，随即在全球范围内脱销。《动物森友会》的成功之处就在于，它颠覆了传统游戏中高强度的竞技因素，一切需要激烈比拼的要素被有意弱化。游戏内没有明确的"任务清单"与"挑战对手"，不往前推进游戏主线也不会有任何惩罚。除了休闲，《动物森友会》还是一个几乎杜绝了一切恶意的游戏。这里面没有任何对抗，更没有任何暴力，没有任何"杀害"动物的暗示，你捉到昆虫和鱼，游戏会鼓励你放进博物馆收藏，而不是"烤来吃掉"。这是一个远离纷争的世外桃源。每天打开家门，玩家面对的是美妙的大自然。与岛上的动物居民交朋友，互赠礼物，在流星掠过时许愿，给未来的自己写信，时不时帮助遭遇海难、漂流到岛上的海鸥发出求救信号，也帮助山上的"幽灵"找回魂魄的碎片……没有负担，没有恶意，只有用温柔治愈一切，这就是《动物森友会》。这部游戏为生活在城市中的人群开辟出抚慰心灵的窗口。由于 2020 年新冠肺炎疫情的侵袭，这种宁静舒缓的"反竞争"游戏更是通过改变需求更好地贴近受众心理，这也是《动物森友会》逆势火爆的一大关键因素。

### （二）改变目标

非潜在目标群体是指那些不太可能购买或使用某种产品或服务的人，它与潜在目标群体不同，后者指的是那些目前不购买产品或服务但是有这方面的需求，随时都可能成为消费者的人。非潜在目标群体就是水平营销的研究范畴，确定非潜在目标群体的一个有效的技巧就是思考是什么因素阻碍购买或消费，清除障碍就能吸引新的消费者和增加销量。例如，一般来说乞丐是不会买报纸的，但是 19 世纪末的法国政府专门给乞丐办了一份报纸，主要刊登重大节日和集会消息，报上还经常向乞丐介绍乞讨的办法，以及慈善家的地址和接受谒见的时间等，以便帮助乞丐登门请求施舍。同时，该报纸还注意报道各地民风厚薄、人情善恶，以帮助乞丐在乞讨时做到心中有底。这份报纸在乞丐中果然大受欢迎，把原本人们认为最不具备购买力的乞丐也纳入了其消费群体。

观照当前，我国的音乐类节目整体呈井喷之势，但普遍面临着同质化等发展困境。在如今媒介融合发展形势下，以水平思维去进行受众人群的目标确定与颠覆，成为文化企业面临的全新机遇。高雅音乐如歌剧之类往往曲高和寡，受众也往往限制在有限的群体之中。《声入人心》是湖南卫视继《幻乐之城》后的又一档音乐类节目，在节目选手均非流量艺人，而且定位于美声唱法的冷门小众背景下，《声入人心》这档音乐综艺节目前景起初并不明朗。但依靠节目模式的精心策划与标新立异，《声入人心》突破了音乐类节目的发展瓶颈，转变了传统音乐的表现形式，将本来想象中并不在目标受众群体之中的普通大众吸引到了《声入人心》的观众队伍之中，掀起现象级收看热潮的典范，甚至被广大观众誉为"零差评的美声殿堂级之作"。《声入人心》节目所呈现的是交融性的高雅音乐，既有《悲惨世界》《卡门》等国外经典歌剧、音乐剧，又不乏《青花瓷》等当代流行音乐。通过伴奏团队向器乐中引入流行乐元素、丰富伴唱乐队人声效果等，《声入人心》节目极大地削弱了以传统声乐为主的经典表演方式可能对观众主流审美带来的不适感，以一种容易被理解、被接纳的方式将原本小众的领域带到大众视野中，既满足了观众的娱乐需求，同时也让观众收获新的知识，将娱乐节目变为兼顾娱乐和教育双重功能的新型节目，也为国内高雅音乐与小众音乐文化的传播开启了一扇通往普罗大众的门。《声入人心》的成功离不开娱乐化、商业化与专业化尺度的精准把握，更离不开节目模式、内容形式、音乐元素等方面的全面创新。

通过上述例子我们可以发现，改变目标这一维度，一般都是在原有市场上扩大或通过细分市场来吸引新的消费群体，从而达到扩大消费市场的目的。

### （三）改变时间

许多产品都与特定时段联系在一起，水平营销的巧妙作用就是在于发掘产品新的使用时间。相比于只有白天营业的书店，24 小时营业书店——大众书局通宵营业，店内提供免费无线上网、咖啡吧、创意产品区等服务，店内摆设更像一间小型艺术馆，经常在晚上举办名人讲座、文化沙龙等活动。24 小时营业书店为越来越多的工作或娱乐至深夜的青年人提供了便利。这种在市场上以改变常规时间的模式来吸引消费者的也不在少数。如今知识付费的出现，也是通过提供随时随地的学习方式，改变了人们只有在相对安静的整段时间才进行学习的学习习惯，整合起人们分散的细碎时间，迎合了现代人快节奏的生活方式，最大限度地拓展了人们使用线上学习系统的时间，在每个人的知识文化消费领域打开突破口。

### （四）改变地点

改变地点可以说是最简单的替代方法之一，而且收效甚佳。某些产品总与特定的地点联系在一起。我们可以选择某产品一个"不可能发生"的地点或场景来改变常规。知识付费品牌"得到"曾经将《薛兆丰的经济学课》的新书发布会设置在极具生活气息的北京三源里菜市场的蔬菜摊、生肉店、馒头铺之中，主题也是极具新意的"菜市场遇见经济学"。作者薛兆丰主张，经济学是一门贴近日常生活的学问，那么就索性将新书发布会拉到线下一个真实的菜市场。从经济学角度来解读这个菜市场里的车水马龙，为每位参与者带来了非常实际的经济学感官体验。新书发布会核心展品是一个包含了不同食材层的高达两米的汉堡模型，每一层设置了汉堡生产流程的微缩景观展板，以通俗易懂、生动活泼的形式展示全球化生产分工协作的经济学原理，使得新书中"经济学来源于生活"理念的营销推广深入人心。通过地点的改变，整个营销活动传递出一种"让更多不了解经济学的人通过非常朴素的常识，走入普通经济学常识的认知领域来"的理念，新书发布的营销造势也获得了非常理想的效果。

### （五）改变场合

人们总是把特定的产品与某些场合和事件相联，如庆功宴上喝香槟，生日时吃蛋糕等。营销人员所面临的挑战是为产品创造一些新的适用性场合和事件。在地铁这样人流量相对较大、人群层次差异也较大的场所，新世相读书会却掀起了一场追求宁静阅读的"丢书大作战"——将书籍悄悄投放在地铁站的各个角落，鼓励人们在乘坐地铁时进行碎片式阅读。乘坐地铁时阅读不仅可以打发旅途时间，还能给短暂的路途增加乐趣。同时，这种来自陌生人的问候和鼓励，在愈渐冷漠的社会中重新建立温情。作为新形式的情感交流载体，阅读之后的书本将会被带到其他地方被再次传播。这样的交互式营销活动，持续为新世相读书会的品牌声量反复造势。

### （六）改变相关活动

改变相关活动是指选择其他产品所适宜而本产品目前却未考虑进去的活动，将产品置于各种形式的体验中。我们都知道报纸是用来看的，但是你想过报纸可以吃，可以用来当桌布吗？西班牙曾出版过一种用芳香、无毒的特殊油墨印刷在面粉纸上的报纸。读者看完报纸后，可把它卷起来当作点心吃掉。法国巴黎也有一种《椒盐》报，采用无毒油墨印刷在防水纸上，这种报纸可铺在酒家或餐厅的餐桌上作台布，消费者可以一边就餐一边从桌布上阅读当天新闻。这样第二天再换一张新的，如此延续不断。这种可以吃的报纸或者可以当作桌布的报纸都改变了人们对于报纸这种事物的固有体验，吸引了大批喜欢新鲜尝试的消费者。

网易云音乐本身只是一个功能常规的音乐 App，面对 QQ 音乐、酷狗音乐等老牌音乐 App 却能够独当一面，成为一款现象级音乐产品，其原因在于网易云音乐以音乐评论切入巨头林立的音乐 App 市场，这种水平思维——评论功能改变了音乐 App 原有的狭窄的相关活动范围，为消费者开拓出全新的应用活动场景。每个人曾经深刻记忆的碎片会被具象化的音乐触发，不同心境的人被触发后互相联结进而产生共鸣，文字和音乐恰好就是连接共鸣和记忆碎片的好方式，文字和音乐的组合就构成了网易云音乐的评论。在网易云音乐评论区中，有价值的评论的一个共同点是消费者将自己的经历、心情与音乐联系在一起。只要让对一首歌有共鸣的消费者留下内容，其他消费者对这些内容也会产生共鸣，这便成了音乐评论功能的突破点。随后网易云音乐迅速增加了评论点赞功能，让消费者能为产生共鸣的评论点赞，写评论的人能够感受到这种非常强烈的情感反馈，情感互动的链条进一步被强化，从而使这款 App 的使用过程不再只是欣赏音乐，而是心灵共鸣与精神慰藉的交流平台，使用场景立即变得丰富，为网易云音乐 App 沉淀下更多具有高黏度的价值消费者。

除了替代之外，进行横向置换还有另外的五种维度：反转、组合、夸张、去除、换序。由于组合过多，这里就不一一列举。为了具体分析运用水平营销开发全新产品的整个过程，以装饰用书为例进行阐释，具体如下。

（1）服务：装饰用书。

（2）水平营销技巧：反转"需求"维度。

（3）改变需求后的新维度：想象买书的人只是纯粹地为了做装饰用，并没有阅读的需要。

（4）空白：没有"无内容"的书，买真的精装书太贵且笨重多余。

（5）填补空白方法：找出一个可能产生联结的情境，并想象使用过程。

（6）可能的环境："书店"只卖外观包装精美豪华的假书，只有一个空壳子而已。

（7）限制因素：可能不为大众所理解、接受，作为一种新产品在市场推广时受到阻碍。

（8）解决限制因素的途径：加大宣传力度，并纠正买假书是附庸风雅的观念，提出正确地对待假书的态度，列出假书的系列优点，如轻巧便宜，还可以作为置物盒，精美豪华的外观放在办公室很有面子等。

（9）服务名称："装饰用书"店。

（10）填补空白产生的效果：创造了一个新的产品种类，扩大就业，增加营业额。

## 三、组合层面的水平营销

在营销组合层面进行水平营销指的是以横向置换为焦点，其余营销组合因素（如价格、地点、促销等）意味着改变当前向消费者呈现产品或者服务的方式，但不改变产品或者服务的本质，也不改变需求、目标或产品、服务的适用情境。

在多数情况下，在组合层面进行的水平营销置换将会促生一些亚类别或者创新性商业战略，而不是产生全新的行业或类别。选择营销组合层面作为焦点进行置换，其优点在于应用直接。原创的新概念和新产品的开发需要时间，而这种水平营销更讲究策略，更偏重短期效应，更快速地生成新想法。在营销组合层面进行水平营销时，我们会有两个不同目标，一是对产品或服务采取不同的营销组合战略，二是寻找新的营销组合战略。营销组合层面包括定价、分销、促销、沟通四个因素，通常情况下，使用替代这个技巧来进行营销组合，即拿其他产品的营销组合为我所用。

### （一）定价

组合定价营销中存在着一系列水平思维的定价模型。

（1）体验模型，通过给予消费者"优质的免费体验"，以吸引消费者后续进行消费。

（2）功能模型，在去除费用的基本功能之上，向消费者展示"高价值功能"以吸引其进行消费。我们使用的视频网站便是基于这一逻辑打造的，普通内容免费观看，精品视频内容往往需要收费。

（3）第三方支付模型，通过"提供免费服务"，赚取第三方支付的费用（如广告费）而盈利，如我们使用的免费通信软件 QQ 与微信，娱乐软件抖音与快手，等等。

（4）跨界模型，即"改变自己的销售方向"。例如实体书店免除人们进店工作商谈的费用，但是开展收费的文化讲座以增加收入。

（5）耗材模型。例如，任天堂的红白游戏机本身盈利并不丰厚，但是匹配游戏的游戏插件价格不菲，使得玩家需要持续购买并更新游戏插件，任天堂则依靠这些"持续的耗材"盈利。

（6）时间模型，即在"特定的时间内"去除费用，或者是低价。例如，各大视频网站往往在影片内容开始之前，播放广告。如果需要跳过广告，就需要消费者购买会员资格。但在冷门观看阶段（如上午 9 点至 11 点的工作时间），往往可以免费跳过广告，视频网站借助在这些时段获得的流量来避免由于付费而流失的消费者流量，借此来平衡网站的观看流量。

### （二）分销

随着信息化时代的到来，传统的分销渠道逐渐向现代化的分销渠道转变。现代旅游分销渠道是以消费者为中心的新型模式，消费者可以通过网络直接预订饭店、机票等。去除分销渠道，避开旅行社寻找一种直接面向消费者的营销方式的这一设想给经营者以启发，这也使得饭店全球分销系统（GDS）应运而生。现代饭店将计算机信息技术应用到饭店营销系统，开发了一种开放的、直接面向消费者的饭店专业预定系统——全球分销系统（GDS）。这种新型的分销渠道既有效地展示了饭店的形象和服务又方便了消费者直接购买饭店产品，同时也降低了饭店的销售成本，在很大程度上提高了其经济效益。

### （三）促销

现代营销不仅仅局限于开发一项好产品以及为产品制定一个很具吸引力的价格，企业还必须与消费者进行沟通或交流，其中沟通的内容及方式如何，已成为影响企业营销效果的关键因素。促销的实质便是信息的沟通。例如搭载网络直播技术的文化产品线上直播营销——龙江非遗精品直播购物活动。活动中，清宫造办处第六代传人、金漆镶嵌工艺省级非遗传承人、省级工艺美术大师夏立军、白艳萍通过直播传授、讲解"大漆工艺"，进行商品线上展示、咨询答疑、导购销售，将推广困难的文化艺术品重新带入市场销售的视野中心，强化了人们对产品的认知度，为产品创造了新的商机和市场。

### （四）沟通

在当今的竞争环境下，人成为商业活动中越来越活跃的因素。无论是制造业还是服务业，原材料、生产技术和产品本身等都已不再是影响竞争的最重要因素，人成为决定一个企业生存和发展的有力保障。例如，言几又从一个书店品牌升级到文化品牌，就是在水平思考的突破口之中找到了新的战场，其本质是提供了沟通的沙龙空间。有书，但它不只是书店；有咖啡，但它不只是咖啡店；有文创产品，但它不只是创意市集；有食品，但它不只是食品店；有画，但它不只是画廊。言几又把多个元素融合，同时兼顾活动空间、产品空间、公共空间三大空间的价值。

## 第三节　跨界营销的未来

如果说水平营销呼唤了在各个水平上基于"跳出"的创造，那跨界营销就是水平营销中"跳出界限"的突破性创造。在企业竞争日益激烈的文化市场环境中，跨界营销作为一种全新的突破思路，集聚各方优势资源，达到"1+1>2"的营销效果，是一种大胆、跨越、跳跃的水平营销。

跨界营销中的两者看似无关，但两者在品牌理念或产品功能、目标消费者等方面往往具有隐秘的深层联系。跨界营销背后的核心逻辑正是依靠水平思维，去审视并提取产品中的某种元素，借助合作双方内在特质的相关性而碰撞出别样精彩的营销攻略，使原本毫不相关的两个产品通过相互渗透与融合，大大削弱了企业品牌单独作战的乏力感，给消费者带来一种纵深感的品牌体验。

跨界营销往往基于两个目的，一是改善性的战略，基于水平营销的思维变革产品服务，焕新品牌形象，引爆市场话题，从而服务于品牌内涵的升级。二是改革性的战略，通过互换资源，吸引不同领域、不同年龄层的消费者，突破渠道与行业间的壁垒，拓展品牌的全新领域布局，延展品牌的渠道覆盖。通过跨界营销，不仅能够帮助文化企业摆脱品牌老化的束缚，以跨界联名的方式重回市场视野，同时也可以帮助企业在迅猛变革的市场趋势中不断积淀自己的品牌 IP 文化。跨界营销以水平营销思维致力于攻占消费者的心智壁垒，用产品间相互反差的特性来收获用户的关注度。发现需求、制造需求、满足需求，让具有"另类"特点的品牌从经济市场中脱颖而出。这种跨界营销制造出来的"冲突感"魅力，核心就在于水平营销思维对产品与服务横向层面的创新。

伴随着跨界营销的发展和延伸，必然会打破文化市场中几乎所有的壁垒和边界。通过跨界整合得以将跨界双方的品牌理念与资源禀赋充分调动，产生聚合效应，将催化出更大的市场空间。这将意味着文化市场更加多变，原本线性发展的竞争格局，将逐渐被跨界竞争所打破，不同行业的基因序列都将被重组。在这样的发展趋势下，文化企业之间的竞争早已突破二维平面视角。当文化企业考虑未来的竞争者时，未来的强大对手，甚至可能是合作方，而不再仅仅是竞争方。在这种趋势下，用水平思维去思考，打破看似不相关的思维限制联结，去发现文化产品与服务在不同功能或场景下彼此的接触点，通过深度合作开展营销，进而提升品牌内涵与产品功能，吸引更多的潜在消费者，水平营销的强大能量将会进一步得到释放。

以水平营销的思路去审视跨界营销，往往需要文化企业经过以下的逻辑链路进行思考。

首先，明确跨界营销的核心诉求。通过跨界营销，文化企业的核心诉求是为了提高市场份额？还是扩展消费者覆盖范围？还是增加文化品牌曝光率或认同感？还是重塑或者革新文化品牌形象？

其次，以水平营销思维的流动去寻找跨界合作的领域。根据自身的核心诉求与双方的品牌调性，寻找合适的合作方进行跨界营销。

最后，以水平思维的逻辑去设计跨界营销的形式：通过产品/内容/渠道展开跨界营销。下面从产品跨界、渠道跨界和行业跨界三个实操性较强的关键环节展开讨论。

## 一、产品跨界

水平营销思维在产品跨界过程中的应用，既包括在既有产品下的人群、价格、档次、诉求等的界限性一体化突破，也包括对产品的研发性跨界创新。简单地说，就是将两种看上去毫不相关式素"打碎"后重新组合到一起，变成一个有机式新概念产品，从而产生出结合原本两种子产品完全不同的价值。这种"有机复合式产品"正是产品跨界营销在水平营销思维下的产物。比如互动式电视剧的出现，使得影视与游戏的界限越来越模糊，在使用功能上区分度也越来越小，越来越像介于二者之间的"有机复合式产品"。当然，这两种子产品必须具备一定的共性，否则就不具备生成跨界产品的潜质，升华性的完美融合更是无从谈起。另外，文化产品具有情感与体验的特质，因此进行文化产品的跨界必须以消费者为中心，以消费者的情感体验需求来锚定水平思维流下产品设计的出发点。

以水平思维思考链接点，实现两个品牌理念的相互渗透和相互融合、相互映衬和相互诠释，才能打造出从平面到立体、由表层进入纵深的营销传达效果。《穿越火线》作为国内消费者最多的枪战游戏，注册用户超过 5 亿，最高同时在线人数超过 600 万，早已成为人尽皆知的国内顶级枪战游戏。《穿越火线》与 Zippo 打火机跨界合作的背后，体现出的正是《穿越火线》基于游戏 IP 授权而开展的跨界营销布局。作为一款备受玩家关注的经典游戏，《穿越火线》积极谋求游戏主题的多领域曝光，通过寻求调性一致的品牌进行开放式合作。《穿越火线》游戏公司联手著名打火机品牌 Zippo 共同推出了"CF&Zippo"合作款全球限量打火机，同时开办"燃！CF+Zippo 设计大赛"周边产品设计大赛，向专业设计领域和广大玩家群体征集周边产品设计创意，并最后选取两名优秀获奖者到美国 Zippo 总部交流体验。通过推出专属合作款火机和设计大赛活动，《穿越火线》游戏借力著名打火机品牌 Zippo 再次放大知名度，并通过开展"燃！CF+Zippo 设计大赛"周边产品设计大赛与兴趣玩家间产生了密切联系与亲热互动。最为关键的是，《穿越火线》游戏"枪战就要燃"的主题和其提倡的积极向上的战斗精神与 Zippo 的品牌内涵高度契合。通过"Zippo 打火机"这一代表着"酷炫""霸气""燃"等极具男性色彩关键词的品牌，使得《穿越火线》所代表的游戏文化也获得了完美诠释，整体品牌形象和品牌联想更具张力。这种品牌联动与跨界营销成功丰富了《穿越火线》与 Zippo 打火机各自的产品内涵。

相似的文化基底与品牌价值追求，这是跨界营销品牌印象加强的基础。在此基础之上，才能实现品牌印象与品牌观感的链接与扩展。一个是国内知名运动品牌李宁，一个是一线传统媒体旗下新媒体人民日报，这两者同样可以利用水平营销的思维碰撞出跨界营销的火花。共同的时代背景与历史情怀将两者其链接，既在表达品牌理念，也在追忆消费者的情感人生。人民日报的新媒体板块，代表着国内思想的潮流，而李宁则是国产品牌的代表，两者气质极为契合，两者的结合是真正的"国潮"。"中国李宁与人民日报"联名款 T 恤分别有老报纸剪报款——截取老报纸上有关"李宁"的信息拼接成剪报，经过镂空、拼贴形成满印设计；以及老照片致敬款——将报纸上李宁先生向观众致意的老照片与现代喷绘处理手法相结合，整个画面设计感十足，背部的印花则致敬《人民日报》在 1984 年刊登的李宁在洛杉矶奥运会上获得金牌后的照片，也有 1990 年《人民日报》刊登李宁品牌商标征集的胜出作品，这是李宁品牌商标的首次媒体曝光。这些设计元素无一不在展示两者的深刻渊源，也深深触动着消费者的文化情怀。作为时代见证者的《人民日报》时刻记录并见证着中国本土运动品牌李宁跌宕起伏的岁月历程，《人民日报》这一"时代守望者"的文化品牌形象在消费者的心智中也变得更加立体可感。

## 二、渠道跨界

渠道对于文化企业成败的意义，很大程度上在于文化企业的产品与品牌能否尽可能多地接触消费者，能够对消费者产生多大的影响力与渗透力。渠道的跨界和推广，必然会带来文化产业领域的不断整合。这种整合趋势倒逼文化企业的市场运作思维也需要随之转变，文化产品的营销推广模式也需要进行相应变化。这将会是一种系统性的变革。企业如果仍旧过度依赖传统渠道的经营模式，被淘汰出局的风险就会越来越高。在渠道变革的趋势中，考验的是文化企业之间渠道的宽度和广度。文化企业所把控渠道的效度与质量，直接关系到文化企业产品的品牌声量与营销效果。解决渠道的效果问题就必须在充分考虑渠道布局的成本与效率的前提下，尽可能地扩大目标消费者与产品的基础面，从粗放式的渠道运营逐步发展成精细化渠道运营。传统营销思维下，一再提升资源投入的方式绝不是企业发展的长久战略，运用水平思维进行全新渠道的引流，才是文化市场营销的大势所趋。

进行渠道跨界，意味着文化企业可以用更多的方式来推广自己的品牌和产品，同时也意味着消费者可以通过更多种的方式获取所需的文化产品。移动互联网的发展背景下，线上 PC 端的各类网站，移动端的微信、抖音号等社交账号，手机里一个又一个的小小图标，消费者每天会与这些软件长时间接触，这些软件入口天然成为吸引大量用户前来的可能渠道。在这种时代背景下，"渠道"这一概念不仅是一个产品销售的通道，还是一个立体全面的"渠道空间"。通过这个空间，企业不仅可以销售产品、推广品牌、传输企业的理念和文化，充分设计并展示自身的文化企业品牌形象，还可以在其中谋划自身的业务版图布局。

渠道的跨界有两种思路与方向：一种是横向展开，以共享的理念联结两个品牌的渠道进行合作，将其中有效互补的市场潜力进行挖掘，把合作品牌的商品整合到自己品牌的渠道上，互相拓展彼此的渠道；另一种是纵向突破，企业品牌进入新的行业领域，在新的领域寻找空间。两种思维方式各有侧重，但本质相同，即都是借助新渠道或寻找新的合作渠道。通过渠道跨界这一全新的渠道营销模式，企业将不再需要拘泥于从竞争对手处抢夺市场，而是到相关领域接近并主动培养消费者的文化审美与消费偏好，扩大品牌影响力范围和理念辐射力覆盖区域。这种多元化整合渠道的经营方式，为文化企业在不同的战略和战术层面上进行营销活动提供便利。

横向展开的渠道跨界相对比较常见。作为当下在年轻人群体中广受欢迎的网易云音乐 App，区别于传统音乐软件，网易云音乐最大特点就是成功融入社交属性，让用户在听音乐之外还有一些更多"走心"的体验，成功满足了用户被了解的需求、自我表达的需求、自我认同的需求，从而建立起黏性极强的用户群。网易云音乐 App 和饮用水品牌农夫山泉进行合作推出的限量款"音乐瓶"，成了一道吸引眼球的产品风景线。网易云音乐精选 30 条用户乐评，印在 4 亿瓶农夫山泉矿泉水的瓶身，让每一瓶水都"自带音乐和故事"。通过这种跨界营销，网易云音乐借助快消品这一消费品渠道将自己的品牌调性通过优质的用户生产内容迅速传递给大众，而农夫山泉则在本次活动中借由网易云音乐的传媒渠道成功打入年轻消费群体，增加用户黏性和口碑。两者在文化娱乐产品与快消日用品两大渠道各取所需，通过跨界借助渠道，拓展了自己的品牌触达群体。同时，网易云音乐同样将合作的目光放到了同样将富有年轻、激情、活力的红色作为品牌色的京东。京东作为中国最大的自营 B2C 电商，聚集高品质的"超级用户"。作为旗舰纽带的京东物流，利用强大的物流供应链覆盖能力，在供需之间修筑传播的"高速路"使得产品更好匹配市场，让品牌声音直达用户。在情人节合作中，以京东物流的快递箱作为优质载体，将网易云音乐"石头计划"中优质的歌词 IP 在箱体上进行呈现，走心的文案、改编的《京东小哥情歌》将浪漫的情意通过物流的形式传递给消费者，让消费者在情人节签收快递的同时感受到了一份甜蜜气氛。京东物流与网易云音乐的合作，是基于双方均致力于为用户提供个性化、优质的服务体验。深入洞察用户内心并提供温暖慰藉，此次合作更是将网易云音乐的音乐 IP 进一步场景化深植在消费者心智之中。

纵向突破的渠道跨界相比于横向展开的渠道跨界，往往需要更为坚实的资源支持文化品牌在新领域的施力布局。如果获得成功，也往往将会比横向展开获得更为广阔的渠道拓展。当 2020 年新冠肺炎疫情来袭，字节跳动公司购买电影《囧妈》的网络播映权，与影视公司欢喜传媒公司建立起业务合作关系：双方宣布，将协同打造"首映"流媒体平台。同时，欢喜传媒公司发布公告称，将开放影视项目资源为字节跳动及其关联方提供植入广告、联合推广、异业合作等资源促进字节跳动公司多重业务的发展，字节跳动未来的渠道跨界营销已呼之欲出。

## 三、行业跨界

行业跨界定位需要分析行业环境，又需要辨别区隔概念，进而在行业中找到支持点。这种分析和寻找，需要以水平思维的逻辑去打破传统界限，善于跨界，将能够帮助文化企业突破行业格局，双向吸收各自品牌在所在行业的目标消费群体，从而避免传统营销模式下在固定行业领域中品牌单兵作战，易受外界竞争品牌侵蚀而导致品牌穿透力与品牌影响力削弱。

腾讯"大文娱"布局就是在立足于核心业务的基础之上，将业务触角广泛地水平延伸至多种行业的典型代表。以一部小说作品改编为电视剧的产业链运作为例。小说 IP 利用腾讯旗下起点中文网的爆款小说作为内容资源，演员则可以启用腾讯娱乐旗下火箭少女101 这样的自家艺人资源，在影视制作环节，则可以调动腾讯视频旗下的专业制作人团队资源，从而监控整部电视剧制作质量，从上游到下游完全把控文化产业领域中多个行业关节。在这种水平推进的行业跨界布局战略之下，传统的影视企业既要依附腾讯的强大资源，又逐渐在腾讯文学、影视等多个行业布局下的跨界营销中被击溃。

故宫作为国民级文化品牌的代表，更是集成了水平营销中产品层面与组合营销层面的成功范例，在瞬息万变的环境中与不同行业中的品牌频频跨界出彩。故宫的文化品牌形象也在这些跨界合作中，变得更加鲜活亲切。故宫，在我们心目中的形象早已不仅仅是一个收藏着我们民族千百年文明的博物馆，更是一个与时俱进、鲜活生动的文化品牌，

在产品层面的水平营销，故宫通过改变产品形式与颠覆场景的方式，实现了古今元素的精彩碰撞。在中秋节这一国民级的营销节点上，不管是山海相隔还是时空各异，中国人都怀有一种"共赏十五月"的节日心意。抖音与故宫系列产品中的"朕的心意·故宫食品"联合推出"抖转星移共团圆"宫廷月饼吉盒，与乾隆皇帝共玩抖音，共赏明月。故宫"朕的心意"系列文创产品搭载抖音开展跨渠道营销，故宫的文化元素再一次成功走出阳春白雪的帷幔。

通过夸张产品元素的水平思维，故宫也与 kindle 联手打造起跨界营销，将"慢""古"

"旧"文化演绎到极致。我们都怀念那个"从前慢"的年代，人与人之间的心意，都言之有物，朴实真诚。在春节这一极富吉祥庆贺寓意的传统节日时段，故宫×kindle 推出新年限量版礼盒，带领消费者一同追忆怀念中国文化里有礼有节、"温良恭俭让"的文化光辉。在系列限量版礼盒中，故宫精选故宫博物院中颇具"祥瑞"寓意的藏品元素，融入故宫文化×Kindle 新年限量版保护套的设计中，希望消费者在新一年继续读遍万本好书，喜乐康宁，整个营销活动极具文化韵味与吉祥元素，自带话题属性，获得极佳的品牌声量。

在组合营销层面的水平营销，故宫除了对已有文化元素强化传播，还致力于利用水平思维对自身整个的文化品牌矩阵进行焕新。腾讯 NEXTIDEA×故宫×QQ 音乐携手创办的国风音乐创新大赛"古画会唱歌"，鼓励年轻人将故宫博物院典藏的十幅古画谱写新词曲。值得一提的是，故宫在选择合作方时也做出了正确考量。作为中国最有影响力的数字音乐平台之一，QQ 音乐在活化传统文化、特别是在以创新形式传承音乐文化方面也确实拥有得天独厚的优势。QQ 音乐正版曲库内不仅拥有海量的传统文化底蕴类歌曲，且国风主题类优质歌单就有近千张，每年传统文化类歌曲在平台上的播放量高达上亿次，是音乐创作资源雄厚的跨界营销理想合作对象。"古画会唱歌"音乐分享会视频在全网播放量近 400万次，微博话题#古画会唱歌#吸引超过 2.2 亿人阅读。"课堂清话""水车磨粮""长桥卧波""峰鹰争翠"……在旋律、文字、动画的融汇与雕琢之中，一曲《丹青千里》复现出千年前 18 岁的王希孟所作《千里江山图》中的丰富内容。由知名音乐人张亚东、方文山联合创作，由同是 18 岁少年的易烊千玺演唱上线。传统文化的魅力在新的传播思路和方式中，以古代文化与现代作品的有机结合开辟了全新的文化继承形式。由此次大赛延展开来的还有相关纪念品衍生创作、系列文创产品展销等全方位的营销活动，从需求、目标、时间、地点、场合、相关活动层面都实现了不同程度的变革创新，打造出充满立体感与纵深感的故宫文化品牌形象。

作为国宝级超级文化 IP，故宫凭借厚重的文化底蕴以及数量众多的文化瑰宝以及蕴藏的巨大民族精神财富，其价值自然不言而喻。在新时代背景下，打破与大众的传播桎梏，释放其文化价值已经势在必行。近年来，故宫一直在努力践行"让故宫文化成为一种生活方式"这一口号，探寻传统文化的现代化表述。通过跨界营销，打造出品牌特有的记忆符号。故宫博物院广泛涉足上述文娱、电子用品等多种行业开展跨界营销，准确找到与消费者的情感链接触点，塑造自身开放包容和与时俱进的文化品牌形象，也在将国家博物馆的品牌内涵无限深化。

综上所述，水平营销大致分为以下三个具体步骤。

（1）可以将垂直营销过程简化成市场、产品和其余营销组合三个主要层面，并从中选择一个目标层。市场层面包括功能或需求、消费者和购买者，以及用途和情境；产品层面包括实际的解决方案；营销组合层面则是怎样去销售产品。

（2）制造营销空白是水平营销的基础，这需要暂时中断逻辑思维，并运用替代、反转、组合、夸张、去除、换序六种基本操作方法。同时也需要对空白进行评估，逐步跟踪这些空白刺激所引发的整个购买过程，想象一个"假设"的购买者如何完成信息收集、购买决定、产品使用等整个过程，然后将想象的情境作为"历史"记录下来。在那些不合理的空白刺激中寻找积极因素，并思考是否能够运用其他方法来产生积极的效果。

（3）要找到一个可能的情境（如你身边的人、地点、时间、场合等）来使空白刺激产生意义，接着再移动或改变空白刺激，直到它适合那个情境为止。通过这三个步骤进行的水平营销可能会产生三种结果：第一种是旧产品有了新功能，扩大了垂直营销的领域；第二种是创造出了新产品新功能，这样就有了一个新的市场或产品类别；第三种是出现了一种新产品来发挥已有的功能，这种效果是创造了一种新的亚类别。

作为重要水平营销的跨界营销往往需要两个产品或是品牌具有共同的品牌理念、共同的使用场景、共同的消费类型人群作为跨界合作的基础。跨界营销背后的核心逻辑正是水平思维，通过审视并提取产品中的某种元素，借助合作双方内在特质的相关性进行相互渗透与融合，强化文化品牌的纵深感与丰满感。跨界思维涉及多行业多领域多文化，更具综合性，需要由多到一的融合创新，这对跨界思维者提出了更高的要求，必须具备多行业多文化多领域的营销策划能力，在运用水平思维进行突破性思考时，也更要能清晰准确地把握住双方产品与品牌的状况。

 **思考题**

1. 水平营销与垂直营销有何本质不同？
2. 文化企业如何应用水平营销？
3. 跨界营销有哪些要素或方法？如何运用？

 **推荐阅读资料**

1. 科特勒，巴斯. 水平营销[M]. 陈燕茹，译. 北京：中信出版社，2005.
2. 穆恩. 哈佛最受欢迎的行销课[M]. 罗雅萱，吴四明，译. 台北：先觉出版社，2011.
3. 斯莱沃斯基，韦伯. 需求[M]. 龙志勇，魏薇，译. 杭州：浙江人民出版社，2013.

# 第十章

# 故事营销

 **学习目标**

通过对本章的学习，学生应掌握如下内容：

1. 故事的特点与结构；
2. 象征性故事的架构策略；
3. 故事营销的评估方法。

 **导言**

故事在人类理解、记忆与沟通等心灵活动中，一直扮演着核心的角色。希斯（Heath）兄弟在其成名著作《创意黏力学》中就指出，具有吸引力的概念或创意，通常是以故事性的方式记载或流传。同时，故事也是打破"知识的诅咒"的好方法。对于某个观念或是知识娴熟的个人，很难体会不了解该观念的感觉，因此在阐述时，无法从未知的听者角度去说明。这个时候用说故事的手法，引导听者建立该观念的架构并进而了解，往往有惊人的效果。"故事"不仅能够帮助人们学习、记忆，理解事物所要表达的核心意涵，还能够凝聚社群，成为近年企业管理以及商业营销常使用的工具。"故事营销"可视为以故事与消费者进行沟通的方式，透过"故事"影响消费者情感，进而促进消费者对产品产生情感认同，最终达到消费目的。

## 第一节　故事及故事营销的内涵

作为体验营销的重要组成部分，故事营销是指企业利用演绎后的企业相关事件、人物传奇经历、历史文化故事或杜撰的传说，激起消费者的兴趣与共鸣，并提高消费者对品牌关键属性认可度的一种营销方式。

## 一、故事的特点与结构

讲故事是人类的天性，人们常常将身边发生的事件以故事的形式加以表达、传播和记忆。罗伯特·麦基（Robert Mckee）提出"故事艺术已经成为人性的首要灵感源泉，因为故事在不断地设法整治人生的混乱，挖掘人生的真谛。我们对故事的嗜好反映了人类对捕捉人生模式的生存需求，这不仅仅是一种纯粹的知识实践，而且是一种非常人性化的、非常情感化的体验"。许多学者都尝试在不同的角度对故事进行定义，一些学者认为"故事是针对一个或者多个时间进行的描述，无论是真实的或是虚构的"；另一些学者则认为"故事是指不断出现在主角面前的困难，来说明主角追寻的目标。而故事的本身就是这些困难、人物和目标的综合体"。这些多是从故事结构的角度对其定义的，美国全国讲故事联合会的迪茨这样定义故事："故事是一种沟通行为，它包含的许多感性材料能够让听众迅速、轻松地使之内化，理解它，并且从中发生出新的意义"。这则是从故事的发生过程角度进行的定义。由此可以看出，对故事的定义可分为三个层次，首先是故事的内部结构，包括时间、人物和事件等；其次是故事作为一种沟通行为，将其内部结构传递给受众；最后是这种沟通行为产生的效果，即故事将其内在蕴含的价值观传达给受众。因此，尽管故事是内容、知识与经验的承载物，但其归根结底传达的是一种价值观，也正因其价值观的存在才变得有意义。

在英文表达中，讲故事（storytelling），意味着通过即兴表达或是润色修饰，用语言、形象、声音来达到传播事物的效果。故事叙述应用在每个文化领域，目的在于潜移默化向受众灌输价值观念。正因为故事传达的是一种价值观念，在进行故事叙事时，这些故事首先需要满足象征价值（symbolic value）、审美价值（aesthetic value）和普世价值（universal value）。此外，故事还应具备以下六个特点。

（1）吸引性。故事本身内部有一定的组织结构，即情节。一个故事之所以引人入胜是因为人们被其情节所吸引和牵制。由于好奇心的存在，人们似乎对具有情节的故事毫无抵抗力，一旦进入故事便被接下来的情节所控制，直至故事终结。假如其间故事戛然而止，人们便叹息不止，若有所失。这就是故事的魅力所在，它总是能在纷繁的感官体验中脱颖而出，得到人们的青睐，这种青睐在人们对情节完整性的期待中持续下来。

（2）认同性。故事中人物的情感在故事外都能得到真实的认同，越是贴近生活的情节就越能打动听者，因为这种熟悉的情节让他感到熟悉和亲切，移情就此发生。回想那些让人感动的故事，它们之所以动人，是因为人们觉得这是真实发生的，而那些听似亲切的细节印证了这一真实。《红楼梦》中，当黛玉听到《西厢记》唱段时不禁感叹："双文双文，诚为命薄人矣。然你之命薄尚有孀母弱弟，今日林黛玉之命薄，一并连孀母弱弟俱无。古人云佳人薄命，然我又非佳人，何命薄胜于双文哉！"黛玉的伤感之情，是因为她体会到崔莺莺的伤感，继而感伤自己，由人思己，体现了对《西厢记》故事的高度认可。故事能直指人心的核心正是通过影响，人在情感的影响下对故事产生认同。一个优秀的故事往往就是将听众的情感牢牢地困在故事人物的情感之上。

（3）传播性。在犹太民族的故事里，有一则关于真理的故事。真理，她一丝不挂，饥寒交迫却无人肯收留，它的赤裸让人无法直视。寓言发现了真理，将其带回家用故事装扮起来。身披故事的真理得到了人们的热情招待。索然无味的真理与简单易懂的故事相比，人们还是比较喜欢故事。通读《三国志》的人寥寥无几，但是能讲述《三国演义》的却大有人在，其中不乏许多目不识丁者。《大染坊》中的主人公陈寿亭虽然目不识丁，但是通过听说书了解到三国故事，这也反映了宋代说书艺术的兴盛和故事容易传播之间存在着必然的联系。

（4）教育性。人类擅长从别人的故事中学习经验，获取灵感启发并指导自己的生活。所有故事都为人们提供了一个体验学习别人生活的途径和平台。我国古代流传下许多优秀的成语故事，像田忌赛马、龟兔赛跑等，这些成语故事都包含了丰富的人生真理和深刻的商战原理。田忌赛马，最重要的是对整体规则了然于胸，然后确定自己的比较优势。这表明，哪怕优势只有一点，运作好了也能扩大。第一次龟兔赛跑，乌龟侥幸获胜。但即使兔子不睡觉，如果在泥地里比赛，乌龟一样能赢，在水里比赛兔子恐怕连命都没有了。这表明，优势和劣势都是相对的，比赛规则有时比优势本身更重要。

（5）激发性。罗斯·斯图特说"一个故事能改善与他人之间的关系，怡人性情，使人恍然大悟；一个故事可以是我们沉思生存之意义；一个故事可以使我们接受新的真理，或给我们以新的视野和方式去体察大千世界、芸芸众生"，除此之外，最重要的是它能激发受众的联想和期待。一个好故事是能激发听众联想和愿景的，"愿景是美好的，但是他是否能转化成人们的动力，就在于故事能不能在人们的心理植入'这是我需要的'念头"，故事中的暗示总能激励着人们向着它所讲述的愿景前进。迪士尼乐园就是文化市场中深谙故事激发性原理的产品，它以众多可爱的卡通人物以及它们背后生动形象的卡通故事吸引着人们的前往。

（6）持久性。优秀的故事是不会被时间和空间所阻隔的，它具有时间穿透力，就像一瓶老酒，可以越久越浓。优秀的故事往往传达的是一种共通价值观，它不会因为地域、时间、种族、语言的不同而贬值，相反会亘古长存。哈姆雷特的故事流传到现在，仍被奉为经典；也正是因为故事较强的持久性让我国古代的优秀故事随着时间的流逝依然具有独特的魅力。

故事是因为一个事由，造成某个主角采取一定的手段来追求某个目标，过程中有帮助者，也有阻碍者，当主角追求到新的目标，即达到新的平衡，也就是故事的结束。画成图来说明，会更容易明了（见图 10-1）。

比如长篇小说《魔戒三部曲》，虽然书有三大册，拍成电影有近十个小时的内容，但用故事 DNA 来解释，几句话就结束了——因为魔戒沦落世间造成伤害（事由），哈比人佛罗多（主角）必须将魔戒丢到火山熔化，旅程中有甘道夫与亚拉冈等人在旁相助（帮助者），也有白巫师萨鲁曼与半兽人等在破坏（阻碍者）。当魔戒丢入火山后，故事就结束了（新的平衡）。

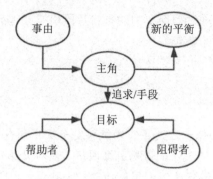

图 10-1　故事 DNA

　　故事里最重要的一条线是从"事由"到"目标"，如果这条线连不起来，故事就会像漏了气的气球，一点儿都鼓不起来。原因在于事由提供了主角追求目标的动机，而且目标一定要跟主角有某种距离，让主角没办法立刻达成目标。如果主角可以立刻追求到目标，没有能力上的阻碍，就没有故事好讲了。《魔戒三部曲》的佛罗多，就因为他不过是个小矮人，什么能力都没有，所以他离这个目标的距离是最大的，戏剧性也最强。如果是甘道夫担负这项任务，故事就没什么好讲的，他马上就乘着老鹰把戒指丢进火山，谁也拦不了他。同理，《西游记》中的唐僧，是取经队伍中能力最弱的，若是孙悟空担负去西天取经的任务，他一个筋斗云就到了，那去西天取经路上的八十一难就无法编排。需要注意的是，故事 DNA 中所有的框框，基本上都是功能项。换言之，不一定永远都是固定的人或事（也可以是物品或大自然），过程中可以变换框框里的内容，只要这项功能被满足就可以。所以，第一，可能有一个角色，他一开始是帮助者，后来可能变成阻碍者；第二，阻碍者比帮助者重要，一个故事可以没有帮助者，但若缺乏阻碍者，故事的强度就会降低；第三，一定要有充分事由，事由赋予了主角去追求目标的动机，当主角追求到目标的那一刻，故事就结束了。

　　故事 DNA 主要是指故事的内在结构，并不代表说故事的方式。说故事的方式主要有五种：主观化、客观化、回忆、隐喻和想象。所谓的主观化，就是不论外在环境或内在想法，都用某个角色的主观感受来形容外在世界，甚至会导致世界的变形，有点儿超现实的味道。例如，电影《罗生门》中五个角色完全用他们的主观角度来说明一件事。客观化是小说、电影甚至历史（历史也是在讲故事）所采取的最主要方式，无论是《倚天屠龙记》还是《少林足球》，都是用一种客观的方式来讲述，好像那件事就在那里，然后用笔或镜头讲出来，不会让人意识或感觉到其中有主观的个人加料。回忆是一种倒叙的手法，电影中比较常见。回忆可以交叉使用，比如在客观化的故事里也可以有回忆，回忆也可以从主观化的角度书写。隐喻是建立在类似性上的，等于是用新的角度来讲一件事。比如伊索寓言都是隐喻，既不是主观化也不是客观化。想象通常是用虚拟的方式去描述事实上并不存在的事情，在讲故事的过程中一般采用梦境。

　　当代最重要的说故事媒体，就是电影。故事说得好，观众自然觉得电影好看。这并不代表故事情节之外的其他元素不重要，而是这些元素都应该辅助电影将故事说好。而在电影故事本身的叙述外，如何通过短促有力的预告片段引发共鸣或兴趣，从而使得更多人走进影院，就是十分典型的故事营销。

 **故事分析**

2019年年初，电影小猪佩奇过大年官方微博发布短片预告《啥是佩奇》，通过故事叙述，电影预告受到各路人士的关注，话题引爆网络，堪称是第一季度的现象级营销。

预告片通过对佩奇IP进行改编利用，借助"小猪佩奇社会人"的奇特的外形以及诙谐有趣的梗，符合当下年轻人喜欢自嘲、自黑的心境，成功引起一部分潜在消费者注意。与此同时，在留住受众注意力这一方面，《啥是佩奇》在故事主题和故事情节两个方面进行了重点表现。首先，它很巧妙地利用了"春节"这个时间节点，采用了一个"过年团圆"的主题。预告影片叙述了临近年关老人等着儿子一家回乡团圆，打电话问小孙子想要什么新年礼物，结果因为隔代沟通效果不良引发了一系列故事的故事。这种过年回乡，与家人团圆的情节对于在外漂泊打拼的人来说再熟悉不过，而且过年团圆本身就是中国最多阶层家庭的共情基因，所以在春节前夕放出这样一个以"过年团圆"为主题的短片，很容易就让人"触景生情"，不自觉地将自己代入这样一种期望团圆的情绪中，然后渐渐地被故事情节所主导。

而在故事情节叙述中，《啥是佩奇》虽然名字叫啥是佩奇，但除了最后的宣传部分，剧情中没有出现过一次佩奇的形象，利用反套路的叙事方式充分引起观众的好奇心，让人产生继续观看来寻找佩奇到底在哪里的欲望。另外，老人在追问"啥是佩奇"的过程中，不是一帆风顺直接就得到了答案的，而是曲折离奇、笑点百出的。我们可以看到他找到了叫"佩奇"的主播、佩琪牌洗发水、还找到了叫佩琦的村民，这种让人哭笑不得的"小插曲"的出现为故事情节带来了悬念，比如"老人能不能找得到佩奇""谁来告诉他啥是佩奇"这种疑惑。同时，这个故事在老人再次打电话结果儿子却说自己不回家时迎来了高潮，这种剧情发展与人们的预期相悖产生的偏差再次构成了新的"悬念"，让人不由自主地跟着揪心，思考"接下来会怎么样呢"这类的问题。由此，人们的注意力一直被跌宕起伏又充满笑点的故事情节牢牢地牵制住。

巧妙的故事情节设计不但让受众被吸引，也起到了重要的宣传效果。《啥是佩奇》很好地抓住了大多数城市精英和城市中产阶级的痛点，并利用这一点将故事主题升华到了"陪伴父母"的伦理问题上来，引发了更大程度上的情感共鸣，从而召唤了人们的实际行动，实现了受众的自主扩散。对于在城市中生活的这些人来说，他们渴望团圆又总是不能团圆，因此，不能在过年的时候兼顾老人孩子以及工作、客户永远是一个无法解决的痛点。所以这个故事就把隔代沟通、家庭伦理还有情感冲突一起呈现出来，精准且有力地踩在了这些人的痛点上，同时又在短片中给出了解决这种问题的方法，像短片中的儿子虽然没有回家过年，却把自己的老父亲接到了城里一起团圆，一家人还去了电影院看小猪佩奇大电影，由此实现了故事的大团圆结局。这样故事就通过打感情牌的方式满足了人们对于过年团圆的情感需求，也在一定程度上减轻了人们因为无法陪伴父母过年而产生的愧疚。这种情感共鸣很容易地调动了人们的转发行为，就好像你转发的不是视频，而是自己因为缺席过年团圆对父母产生的愧疚。

《啥是佩奇》在讲述一个时长 5 分 20 秒的故事的过程中就实现了对人们注意力的吸引、对受众情感的引导，甚至实现了对人们行动的召唤。可见，在注意力稀缺的当下，讲故事是一种能够成功吸引和牵制人们注意力，并且能够激励人们做出行动的有效的方式。而在营销过程中，可以通过讲述故事的方式吸引人们对于产品或服务的关注，也让受众与产品或服务之间产生情感联结，并且通过故事带来的情感驱动人们产生消费。

## 二、故事营销的内涵与依据

故事和营销的联姻已经成为一种新的营销理念。在营销领域最早使用这一理念的是广告营销领域，故事型广告探讨的就是如何使用故事来影响广告受众，达成预期的广告效果，由此产生了广告心理学和广告效果研究等。故事可以召唤关联性行动：首先，消费者设想自己是故事中的主角，与主角一起经历故事的体验；其次，消费者从假象的体验中抽身而出，对故事产生认同，由此认识到行动的必要——消费。故事营销就是通过此种方式进行营销沟通，加强产品影响力，从而促成消费行为。

在文化市场中，故事营销既是一种营销方法，又是一种营销思维。美国西北大学和亚利桑那大学的心理学家西德尼·列维（Sidney J. Levy）曾提出："大部分的营销活动是提供及消耗各种故事，故事被买进与卖出，故事是媒介交换的一部分，且故事是所有其他产品和服务的运输工具"。故事营销实质就是将故事所蕴含的价值观念出售给消费者，消费者因为对该价值观的认同，愿意付出高于产品物理价值的价格购买该产品。换句话说，产品因为一个故事而不再只是产品，还可以令消费者获取某种情感价值上的满足，消费者自然愿意以一定价格购买这种产品。故事的价值观念为产品增加了附加值，使之价格不再仅围绕产品的物理价值上下波动，还会受到故事带来情感价值的影响，所有的加起来才是最终的价格标准。

一个好的故事既是产品的内涵物质，又是产品的传播载体。在文化产品中故事的力量尤为重要，故事为文化产品构建的是多重文化附加值，并将这种文化附加值转变为经济收益。在古玩市场中，一个打动人心的故事促使消费者以高价来购买一件器物，因为故事不仅将古玩的相关的专业性的知识、历史背景结合在一起，还令人体验到沧海桑田的世事变迁。在好莱坞电影中，情节的跌宕起伏、特效的绚丽夺目、明星的强大阵容、符号的象征意义都是为故事叙事服务，虽然这些故事的叙事模式多种多样，但核心永远是围绕着基于人类普世价值观的爱、和平、自由、正义等，而正是这些通过层层包装来讲述的故事，令受众感同身受。

那么，是什么特性使得故事营销建立产品与受众之间的情感对接？也就是说，故事营销如何成为可能？

首先，学者 Escalas 于 2004 年提出：当消费者以故事的形式来了解和记忆一个品牌时，该品牌便已经与消费者的自我概念取得了联结。[①]研究表明：阅读过品牌故事之后的消费者，并不仅仅对故事内容本身进行注意和加工，还会将自己的情感投射到故事内容，并想象自己在使用该品牌时会伴随产生怎样的愉悦情绪，即所谓的品牌联想；同时还会额外地将自我概念与品牌形象进行对比，得出自我一致性与否的结论。

其次，故事是一种学习场所。故事伴随着人的存在而存在，人的一生是一个不断认识不断发展的过程，作为社会性动物的人类若想获取发展就必须通过交流获取生存的资源，而故事是呈现和理解社会经验最好的方法。人类从他者的故事中获取生活经验，"我们向一些人讲述有关另一些人的故事，故事帮助我们洞察社会的每一步变化。安全、虚构的故事世界作为一种训练场所，我们可以联系与他人交流，熟悉社会习俗和规则"。[②]故事的存在是人类获取生存经验的重要途径，是社会继续存在和发展的必然结果。从这个角度说，故事的产生是伴随着人类社会出现和发展自然而然形成的过程，它已经被内化为人类生活和文化的一部分，与社会浑然天成不可分割。"故事存在于一切文化及亚文化中，可以被视为人类与实践、过程、变化达致协调的一种基本策略。"[③]

最后，故事具有移情作用。一个好故事能够引起受众的共鸣，顾客进入故事的世界，故事不知不觉使顾客在心底进行了角色转换。然而这一切又是怎样发生的呢？一些心理学家和神经学家对此产生了兴趣。美国心理学家梅拉尼·C·格林在 2004 年做过一个实验，内容就是让实验者阅读一篇有关男同性恋参加大学兄弟会重聚的小故事，最后发现，那些有朋友或者亲人是同性恋的实验者产生更为强烈的共鸣，感到故事中的时间，情节设计和人物更加真实；有兄弟会聚会经验的人也有此同感。格林最终得出结论是：熟悉情境有助于产生叙事转移，对角色的认同有助于转移产生，即先前的知识和生活经历会影响沉浸体验。

人类归根到底是一种情感性的动物，并且有着为他人着想的能力。当人听到一个故事，会在故事和自己的经历之间建立一种联系，正是人们有着自己的真实情感和生活经历，才使得人们能够理解和推理别人的生活经历和情感，从而产生认同，对故事的情景和内容产生心理真实感，并沉浸在故事情节中，这种状态被心理学家称作"叙事转移"。

营销的最大的关键点是想方设法地引导受众的情绪，因而最有效、最简单的方法莫过于为产品附上一个故事，为消费者讲一个动听的故事。心理学研究表明，理性的行为往往是由感性的因素来驱动的，人是感性的人，会由故事引发的感性的情感来驱使其理性的行动。故事营销正是一种从目标对象的心理和情感体验出发，聚焦受众更深层次内在需求，进而逐渐渗透和感染对方，使其逐渐认同并不断强化品牌精神和理念的一种有效传播手段。

---

① ESCALAS J E. Narrative processing: building consumer connections to brands[J]. Journal of Consumer Psychology, 2004, 14: 168-180.

② 杰里米·徐. 为什么我们爱听故事[J]. 科幻大王，2009，000（002）：51-53.

③ HERMAN D. Narrative theory and the cognitive sciences[J]. Narrative Inquiry, 2003, 11(1): 1-34.

# 第二节　象征性故事的架构策略

所谓象征性故事，就是象征企业的强项、与企业的策略方针一致、会忍不住想告诉别人的故事。泰坦尼克号是 20 世纪初建造出的世界最高级豪华客轮。1912 年 4 月 14 日深夜，在招待众多社交名流的处女航中撞上冰山，连同无数的牺牲者一起沉没海底。当时乘客的行李中有只路易威登（LV）的皮箱没有沉入海中，有乘客便因抓着这只皮箱而获救。而且据说在沉船事件经过数十年后，打捞起遗留在船体内的 LV 皮箱一看，里头完全没有进水，行李完好如初……这故事本身可以说是轶闻，真伪难辨，但具有吸引人的力量，会让人想要告诉别人。这个故事清楚地告诉大众路易威登这家公司的强项。其重点有三：从当时最高级的豪华客轮泰坦尼克号上满载着 LV 皮箱一事可以看出，LV 在那时就已是深受社交名流喜爱的名牌。"不会沉""皮箱里完全没有进水"象征着 LV 引以为傲的高品质和技术。而事实上，LV 的商品是由专属工匠亲手打造，还可以修理，品质有保证。更进一步说，被用于海上旅行等的四方形平放式行李箱本身就是 LV 进步的象征。LV 创立于 1854 年，当时行李箱的主流为马车用的圆顶形式，在那样的时代中，很快地察觉到铁路和船舶今后将成为旅行的主要交通工具，设计出可以平放堆叠的四方形行李箱的，据说就是路易威登。时至今日，这一类"基本款"仍然占了 LV 营业额的很大一部分。

这个故事生动地传达出，顾客、品质及象征性的主力商品正是 LV 的强项，所以人们听到这则故事便马上觉得 LV 的行李箱看起来与众不同。这就是故事的力量。

除了凸显企业的强项，象征性故事还需要具备两个条件：一是要符合策略的方向性，就是故事要与企业所采用的策略方向性一致。比如 LV，除了高级，还要以可靠品质胜出。任何企业都有许多信手拈来的小故事，人们一旦被这样的小故事所吸引，就会想要散播与该企业偏离的传闻。"什么都可以说"是很危险的事，若非与策略方向相符的故事，就无法成为强化竞争力的一股助力。二是故事要简明扼要，让人"想告诉别人"。告诉别人泰坦尼克号的路易威登故事并不需要花费很多唇舌。因为简洁、有趣，所以故事容易传播。

象征性故事的建构，一般要历经三个阶段："发掘"故事，"测试"故事的力量，与商业模式"建立联结"。

## 一、"发掘"故事

能够萃取出象征性故事的故事种类繁多，和人有关的故事，和商品有关的故事，与顾客之间的小故事等，其主角从有形到无形，不一而足。但主要有三大类型：一是关于创业者、传奇技术人员、知名顾客等"人的资源"的故事；二是与改变时代的产品、令人惊艳的技术和服务等"物质资源"有关的故事；三是与作业流程、运营等"组织资源"有关的故事（见图 10-2）。

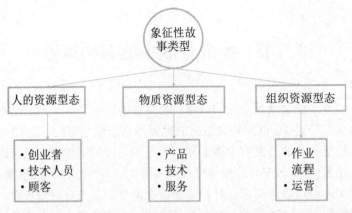

图 10-2　象征性故事的三种类型

用这样的视角重新检视自己公司的资源，就比较容易找到"象征自己公司强项的故事"。由创业者、传奇技术人员和知名顾客等的故事衍生出的人的资源型象征性故事，在消除购买者对自己的决定到底正不正确的"认知差异"上，发挥了绝大功效。"幸好是跟这家公司购买""若是这家公司的产品就不会错"，对企业永续经营来说，获得这样的信任是无比重要的资产。改变社会的革命性产品，或是令人惊艳的技术等较属于物质资源型的象征性故事，会因为那样"东西"成为象征，而为其他产品带来正面的"光环效应"。象征性故事如果运用得好，可以使消费者对企业的认识改观，认为其与其他公司不同，并因此带来巨大的效果。组织资源型的象征性故事（包括持续推动改善的组织生态以及运作方式），可以在企业内部发挥"使命效应"。当使命以"组织惯性"的形式在企业内扎根，成为行动依据时，这项使命不只能赢得顾客的信赖，还能确实感染想在那里工作而来应征的人。使命效应会对现场的运作方式带来持续的深化。

探索象征性故事有三种方法。第一种是从自己公司的成长史中去芜存菁。这时候不论是公司的历史或发展沿革都无妨，再次综观历史会有意想不到的发现。第二种是从公司各个部门中牵引出故事。也许在研究开发、商品企划、生产、物流、销售、售后服务等过程中，隐藏着不为人知的故事。第三种是向外部关系人探询。身处公司内部无论如何都无法保持客观，或欠缺与其他公司比较的观点。向有生意往来的客户或顾客等探询，常常会发现意想不到的魅力。

这时最容易犯的错误，就是把"佳话"与"象征性故事"混淆。最初的筛选标准是，"故事的传播者和接受者是否双赢"。传播者指的是对外传播故事的一方，也就是企业；接收者指的是接收到故事的一方，也就是顾客。首先，对于传播故事的企业来说，所谓的赢，就是"故事与策略的方向性一致"。这必须在把故事当作核心纳入商业模式时，便与策略要素紧密结合，借以实现更强的商业模式才行。而对接收者的顾客来说，所谓的赢，一言以蔽之，就是故事有趣。也就是"会想告诉别人的那种故事"。传播者觉得"想要告诉别人"的故事未必有趣。判断故事价值的毕竟是接收者。若非独具一格、能够打动人心的故事，不可能成为值得向人传述的故事。与传播者的策略一致，且让接收者想要告诉别人的故事，便符合双赢条件，才有可能成为象征性故事。与象征性故事完全相反，既不符合策略，又不会让人想与他人分享的故事，就是"废话"。对传播者和接收者双方都不具任何价值。（见表10-1）

表10-1 "节选"故事

| | | 与策略是否一致？ | |
| --- | --- | --- | --- |
| | | Yes | No |
| 会想告诉别人吗？ | Yes | **象征性故事**<br>象征企业过人之处的故事 | **无关紧要的事**<br>虽然会成为话题，但对传播者来说没有意义 |
| | No | **自我吹嘘**<br>传播者愈热情，接收者便愈感到困扰 | **废话**<br>对传播者和接收者来说都没有意义 |

无关紧要的事，即是"会想告诉其他人，但不符合策略的故事"。它虽然会成为人们聊天的话题，但与自己公司的策略方针完全无关。假设有家高级饭店提出的策略方针是争取国外顾客，而如果这家饭店的员工餐厅是出了名的"有益健康又美味"，情况会如何呢？乍看之下似乎不是坏事。要解释成"为了提供优良的服务，首先是让工作人员吃得健康又美味"等也不是不可以。但是，至少这个员工餐厅的故事，不可能成为海外旅客选择这家高级饭店的关键性理由。这一类故事就属于无关紧要的事。

自我吹嘘，就是"虽然与策略一致，但不会想告诉其他人的故事"。就企业的立场而言，虽然觉得该故事具有策略意义，一定要传播出去，但若缺乏独特性又不有趣，没有人会愿意听。在大众传媒还是企业和消费者之间的主要沟通桥梁时，企业在一定程度上，可以将自己想传达的意思原原本本地传达出来。但如今消费者本身就是媒体。例如，单纯地告诉别人"我们的美味程度远胜其他公司""我们的员工提供宾至如归的服务"，消费者只会左耳进右耳出，应该不会分享给更多人知道。当然，如果持续不断地这么说，也许总有一天周遭的人会记住。不过，如果有人不断地把自己的功劳或强项（至少本人相信是这样）说给你听，你不会听到烦吗？就算本身是好人，老王卖瓜自卖自夸也不会给人好印象。

或许有人会说，就算是无关紧要的事，在媒体大肆报道或口耳相传之下，应该也能赚到曝光量吧。即便是自我吹嘘，只要大量打广告，相信也能获得大众认识。这对于以曝光量和认知度挂帅的广告、文宣等负责公关的部门来说，是很重要的成果。就短期性成果而言，不能说完全徒劳无功。不过若从它"是否强化了企业的商业模式""有没有为企业带来长期的竞争优势"这样的观点来看，不能算是值得投入宝贵预算和时间的对象。

## 二、"测试"故事的力量

最好的故事也必须从经营资源和故事的角度，好好检视它对取得竞争优势能做出多大的贡献，以及是否具备让人想告诉他人的要素。

### （一）检验"作为资源的力量"的 VRIO 分析

VRIO 分析是为分析企业拥有的经营资源而开发出的框架。从以下四种角度，评估自家公司所拥有的经营资源是否具有价值和稀有性，容不容易被其他公司模仿，以及组织能不能善加应用这些经营资源。

透过 VRIO 的框架检视故事作为经营资源的力量十分有效。将 VRIO 套用在有希望成为象征性故事的故事上，就能检视这个故事能否帮助企业获得竞争优势。

（1）Value（经济价值）就是分析这个故事在市场上能否为企业带来经济价值。这个故事会让消费者的购买意愿提高吗？会感觉值得向那家企业购买吗？如果顾客听了后并不能改变其行为，这个故事便没有价值。

（2）Rarity（稀有性）就是分析这个故事在社会上是否具有稀有性。这个故事真的独一无二吗？其他公司没有类似的故事吗？不够稀有的话，在资讯泛滥的时代中会被淹没，不可能成为消费者选择那家企业的理由。

（3）Inimitability（模仿难度）就是分析这个是否不容易模仿，也就是抄袭。其他公司很容易模仿的故事，即使现在感觉独树一帜，但相信竞争对手迟早会迎头赶上。

（4）Organization（组织式应用）就是分析这个故事能否为组织体制有效利用。就算是十分吸引人的故事，但体制若不完备，恐怕就无法在现场重现，也无法让整个商业模式得以强化。

如图 10-3 所示，能够通过 V、R、I、O 这四个阶段检视的故事，即被认为是能真正带来竞争优势的经营资源。

| V | R | I | O | |
| --- | --- | --- | --- | --- |
| Value<br>（经济价值） | Rarity<br>（稀有性） | Inimitability<br>（模仿难度） | Organization<br>（组织式应用） | 竞争优势的强弱 |
| 不具价值 | | | | 竞争劣势 |
| 有价值 | 不稀有 | | | 竞争均势 |
| 有价值 | 稀有 | 容易模仿 | | 暂时性优势 |
| 有价值 | 稀有 | 模仿困难 | 不具组织性 | 长期性优势 |
| 有价值 | 稀有 | 模仿困难 | 具有组织性 | 永久性优势 |

图 10-3　VRIO 分析的步骤

### （二）检验"作为故事的力量"的英雄之旅分析

人会觉得什么样的故事有趣而被吸引呢？什么样的故事会让人想告诉其他人呢？在这世界上首次发现这类迷人故事共通点的，是神话者约瑟夫·坎贝尔（Joseph Campbell）教授。人类代代相传的故事，自古就被称为"神话"传承至今。神话鼓舞着人们，给予人们活下去的力量。坎贝尔教授发现这些神话存在一定的法则。他将该法则命名为"英雄之旅"。他提出"故事就是一场填补缺憾的冒险，出发后缺憾被填满就会回来"这样的结构。具体而言，其发展如表10-2所示，旅程开始，然后结束。

表 10-2　英雄之旅的过程

| 场　　面 | 内　　容 |
|---|---|
| 日常 | 主角过着平凡的生活，但总觉得有些不满 |
| 分离 | 主角因为某个事件而脱离日常的轨道 |
| 挫败 | 主角性格上的缺点导致他一度挫败 |
| 试炼 | 主角克服缺点，或是成长茁壮后，向敌人做最后的挑战 |
| 胜利 | 主角突破试炼，赢得胜利 |
| 回归 | 主角成长后，回归日常生活 |

注：此表为笔者根据 Christopher Vogler 和 David McKenna 所著《Secrets of Structure and Character》整理而成。

卢卡斯的电影《星球大战》即是运用这样的法则：主角卢克·天行者诚然是在遇到各式人物的同时，历经分离、挫败、试炼、胜利、回归的过程，并逐渐成长。《西游记》《哈利波特》的故事结构也别无二致。日本的电视剧也符合这套神话法则，如 NHK 连续剧《小海女》，主角具有某些缺点，借由种种局面克服这些缺点，在成长的过程中逐渐抵达终点（见表10-3）。

表 10-3　《小海女》的英雄之旅

| 场　　面 | 内　　容 |
|---|---|
| 日常 | 16岁的天野秋从小在东京长大，是个阴郁、内向的女孩 |
| 分离 | 她前往母亲位在北三陆的故乡，决心追随外婆的脚步成为海女 |
| 挫败 | 虽然意外走红成为地方上的偶像，但得意忘形的她因遭到母亲强烈反对而受挫 |
| 试炼 | 小秋决心前往东京发展，并加入偶像团体，但与经纪公司的方针不合而遭到冷淡的对待 |
| 胜利 | 因担任知名女演员的助理而获得主演电影的机会，大受欢迎 |
| 回归 | 因发生311大地震而返回北三陆，以在地偶像之姿参与灾后复兴，并与家人、亲友、伙伴一同成长 |

注：此表为笔者根据 Christopher Vogler 和 David McKenna 所著《Secrets of Structure and Character》整理而成。

## 三、"联结"商业模式

企业的竞争优势不是来自产品、服务、人才、设备等策略的个别要素，而是来自将这些要素搭配组合的想法。这些要素之间的联结就称为商业模式。也就是"只要找出其他企业难以模仿的要素联结，就能在竞争中取得优势"。

构成商业模式的策略要素主要是：为顾客提供的价值、持续保有竞争优势和获利机制。象征性故事所指涉的并非商业模式本身，而是能提升商业模式中各个要素独特性的故事。将各个要素强力联结、调味、包装，以各种形式发挥强化商业模式的任务。

整理商业模式与作为资源的象征性故事之间的关联性，结果如图 10-4 所示。

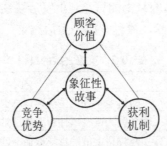

图 10-4　象征性故事是制造策略要素差异化的资源

现在汽车普遍使用的"三点式安全带"其实是由沃尔沃工程师尼尔斯·波林（Nils Bohlin）发明的，1959 年沃尔沃推出的 PV544 车款，在世界上首次搭载这项技术。基于"希望这项技术能让所有人受惠"的想法，沃尔沃及波林进一步无偿开放了这项专利。这个故事充分显现出沃尔沃把安全的社会看得比自己公司的利益还重要的态度。今天，沃尔沃汽车以"拯救一百万人的工程师"作为象征性故事加以活用，但就算没有这个故事，沃尔沃汽车的商业模式依然成立。不过，若被问到"哪一家汽车企业最重视安全性"，相信大多数人都会选沃尔沃汽车。而象征沃尔沃汽车最重视安全性的，就是"拯救一百万人的工程师"故事。

（1）结合第一步，策略要素不自相矛盾。首先要具体找出顾客价值、竞争优势和获利机制，然后从两个视角检视其一致性。一是"故事测试"。三大策略要素的组合是否有一贯的逻辑，只要逻辑一致，就应该能写成一篇文章对人讲述。二是"数字测试"。也就是说，故事情节是否能增加收益？检测它实际化为事业的可能性。故事再美好，若不能以数字模拟呈现有多少顾客，具有多大的竞争优势，最后能获利多少，它的策略方针就不合格。为了实际验证顾客价值，需要以市场调查、消费者调查佐证。为了实际验证竞争优势，竞合分析则不可或缺。而为了实际验证获利机制，则要预估销售额、产品开发、制造、展店等情况。有必要透过数字测试来提高商业模式实现的可能性。

（2）结合第二步，将故事藏在里面。若是与各项策略要素紧密结合的故事，其与商业模式的一致性也就很高。这里出现第一个检查重点，即"××（策略要素）正如××（故事）所象征的那样"的叙述句是否成立。

（3）结合第三步，思考策略选项。意思就是要保有"既然有了××，是不是也能××"这样的视角。要探究以下问题：将象征性故事置于商业模式的核心，是不是就能让周围的策略要素变得与其他公司不一样，验证是否可以利用故事强化商业模式并促使其进化。

## 玉子屋"坏小孩们"的创意

株式会社玉子屋是 1975 年创业的便当店。玉子屋与东京都内为主的公司行号等签约，每天将午餐的便当送过去。年营业额为 90 亿日元，包括临时人员在内，员工人数达 400 人。

玉子屋创下许多惊人的数字：一是一天供应 65 000 份餐点。以这一行来说，平均一天 3000 份餐点就算多了，可供应 10 000 份餐点的便当店在东京都内不到 10 家，据说这家玉子屋是世界最大的便当店。二是便当的废弃率仅 0.1%。一般认为，便利商店的便当废弃率为 2%～3%。相比而言，玉子屋的便当废弃率远低得多。此外，玉子屋还有各种可显示出其特征的数字，比如菜单只有一种，每天更换。不过两个月内不会出现同样的菜色。售价一律 450 日元（含税），但内容丰富到令人担心卖 450 日元是否有钱赚。

不过，在玉子屋独特的商业模式下，这些惊人的数字都一一实现了，而让这套商业模式得以顺利运作的，正是在第一线工作的员工，其核心在于"坏小孩的创意故事"。

首先介绍一下玉子屋的商业模式重点。玉子屋每天要在午餐时间前，及时将便当送到有合作契约的公司。订购数量每天并不固定，"今天想吃玉子屋的便当"而订购的人数每天不同，每年都要确认有合作契约的公司订单，准确将其订购的数量送达。

每天订购数量不固定，还能达成惊人的低废弃率，关键在于不使用一次性餐盒，而是选择可回收使用的便当盒。配送员回收食用完毕的便当盒时，会若无其事地收集各种情报，包括对便当口味和分量的感想、想吃的菜色、附近便当店和餐厅的动向、公司的活动和休假情形等。也就是说，玉子屋的便当配送员把可回收便当盒当作工具，同时兼做业务和市场调查。

由于平时就与顾客建立良好的关系，因而使隔天订单预测的准确度提升。不仅如此，玉子屋甚至会检查回收回来的便当盒，确认剩菜。负责每个区域的小组互相交流这些情报，然后据此预测隔天的订单。借由反复彻底执行这项作业，累积经验值，将预测的准确度提升到最高。

接着在半夜十二点到两点，采买比预测量略少的食材，并开始制作便当。早上九点到十点接受电话和传真订购，再追加采买不足的食材，于中午十二点前完成配送。

此外，配送小组之间还会互通有无，以便应付突发性的数量变更。玉子屋便是靠着这套体制，恰如其分地将便当送达顾客手中。也正是这样的机制，让玉子屋创造出低得惊人的废弃率。废弃率降低，收益方面就会相应地增加。玉子屋又将增加的收益把注于充实食材。换言之，就是将消除浪费所产生的利益当作资金，用以提升便当的品质，进而促使顾客的回流率提升。

实现上述这套出色营运制度的是一群充满创意的员工。玉子屋对于这种能发挥高度组织能力的人才，有项独特的录用标准。玉子屋的创业人菅原勇继表示，他录用人才的重要条件是"坏小孩"。理由是，"坏小孩"学得快，因应各种状况的速度也快。比方说，玉子屋在配送便当时，一天之内会多次变更路线和配送数量，这是之所以能机灵地迅速做出反应，靠的就是"坏小孩"们特有的创意和应变能力。菅原勇继说："我找来一群让人完全没辙的坏小孩后就开始卖便当。之后也积极雇用这样的孩子。他们有些粗野，不常被人夸奖，所以听到客人或我的夸奖就很开心，很多孩子都很拼。"

他们预测便当订购数量，追求零浪费的配送，自己绞尽脑汁设法减少损耗率。公司方面则给予他们适当的权限，让做的人承担责任、有所自觉，提升他们的工作热情。

# 第三节　故事营销的效果与评估

　　文化市场故事营销，归根到底是向潜在受众传达一种文化产品或者服务的附加价值。引起受众的心理好感和情感共鸣，继而产生偏好，激发消费。而像电影、电视、图书、动漫甚至游戏等文化产品，故事营销过程相较一般商品而言难度更大，因其要实现情感价值上的增值。文化市场的故事营销与文化产品的内在精神性存在错综复杂的关系。因此，评估故事营销是否成功需要从现场效果、销售效果、受众记忆效果、受众忠诚度等方面开展。

## 一、现场效果

　　故事的现场效果是衡量故事营销是否成功的首要标准。现场效果就是故事讲述时听者的接受程度、共鸣程度、认同程度。"一个好故事之所以能够引起读者的共鸣，就在于故事能使人不知不觉间从心底进行角色置入，由人及己，从而完成价值观及情感的无声输出。"[①] 故事营销的首要目标就是使人进行角色置换，产生共鸣，为之感动，将听者"摆渡"到预期的效果中。如果故事达不到这种效果则说明此次营销的失败。以步步高点读机为例，那句经典的广告词——"妈妈再也不用担心我的学习！"之所以会如此深入人心，正是因为它讲述了一个巧妙的故事：一个名叫小雨的三年级小学生放学回家，她的妈妈正在拖地和擦玻璃，她很乖地自己做起作业来，遇到了难题，她向妈妈寻求帮助，但妈妈也不会，一边拖地一边支支吾吾地告诉镜头："这个……忘记了……很多知识早忘了。"突然镜头一转，步步高点读机来了，小女孩拿着点读机，用笔点着英文单词，高兴地说："语文、数学和英语，哪里不会点哪里，妈妈再也不用担心我的学习！"这个广告故事对家庭日常生活情境的描绘就营造了一种很好的现场效果，有效增强了广告的说服力和亲和力，使产品形象深入人心。好的故事需要有直击人心的力量，它必须能唤起听者内心的共鸣，像润物的春雨一样渐渐融入听者的内心。而故事之所以成为故事，就在于它将读者内心深处的情感或者渴望调动出来，从而使其所表达的主题思想获得听者的高度认同。再比如中央电视台综艺《故事里的中国》就将《永不消逝的电波》《平凡的世界》等经典的故事再次搬上舞台，并且不同于一般的舞台剧表演，节目将剧本围读、排练这些幕后的工作都完全呈现在了现场观众面前，给观众呈现了一种身临其境感，仿佛置身于剧本围读或彩排现场，并且参与了优秀的舞台剧的诞生。由此，这种呈现方式为观众营造了极佳的现场效果，增强了表演的感染力与真实性，极大提升了观众的体验感。

## 二、销售效果

　　故事营销的首要目的就是达到预期的沟通效果，使顾客购买产品或服务。好故事能够

---

① 黄学焦，赵彤. 卖故事[M]. 海口：南方出版社，2011：12.

直接刺激顾客的购买欲望。故事营销就是要锁住消费者的心，要实现这一点，首先要找到属于自己的独特定位，才能脱颖而出、抢占市场。消费者期望的故事、富有感动力和安全的故事、热点故事以及爱情故事都能够触动消费者心底最柔软的角落，从而激发其购买欲望。台湾农产品品牌"掌生谷粒"在一片文创农产品中异军突起，从台湾的文创精品奖，到香港"设计营商周"的"亚洲最具影响力设计大奖"一路拿到德国的红点设计大奖，广受国内外媒体的采访报道。这是过去的台湾农产品品牌所不曾遭遇的，更是大陆农产品品牌从未有过的成功。除了严格控制的产品品质、新颖独特的包装设计，掌生谷粒品牌最为人称道的就是它独到的产品文案。类似于绿茶、金萱、鹿野、小情歌、早春、土地、可爱、简单、米、农民、百年、稻田、太阳、野鸟、人……这些能给人带来"小清新"感受的词汇，被大量、高频次地运用于掌生谷粒的文案故事中。这种文案以其淡雅、自然、朴实、超脱、静谧的文字特点，深深吸引着生活方式受清新风格影响的文艺青年。

掌生谷粒产品故事非常注重描写产品是以传统手工方式产制而成，强调商品的质朴感，将普通的农作物塑造成富含传统精神以及手作色彩的商品，借此增加产品的独特性，使之成功在同类型产品竞争中脱颖而出。品牌的附加价值在于品牌可以为产品所创造的人文意义。举凡品牌所代表的性别意义、社会意义等，都是可以被灌输在产品中的人文意义，而这些人文意义是从大众文化中被挑选出来，借由广告转化到产品或品牌，最后经由消费者以及消费过程，将产品或品牌的人文意义转化到自己身上。故事中包含了产品所具有的功能利益和无形利益，也就是所谓的"人文意义"——例如掌生谷粒常常在品牌故事中宣扬的"对土地友善"的观念及生活态度，因此能增加产品的附加价值，以及增加消费者的购买意愿，使消费者因认同这种文化而进行消费。只有站在消费者的立场，了解消费者的期望，为营销的故事注入可以满足这些期望的因素，或者直接用这些因素来讲故事，才能锁住消费者的心，达到预期的销售效果。

## 三、受众记忆效果

受众的记忆效果是指顾客对营销故事的印象深刻程度。优秀的故事具有很强的时间穿透力，受众的记忆不会因为时间的消失而模糊。打造让受众印象深刻的故事可以从两个角度出发：以产品为基础，围绕产品创造全新的故事；也可以借鉴知名的人物或现成的故事为营销增彩，并迅速获得人气。例如电影《失恋 33 天》的剧组除了拍摄电影本身之外，还同时拍了一部叫作《失恋 33 天》的纪录片作为预告片、宣传片，片中接受采访的都是一些普通人，有小说作者、婚礼策划师、电梯监理、歌手、人力资源部职员、平面模特、保安队长、前台等，以交替叙述的表现手法讲述了一个个关于失恋的故事，让普通人说出自己的情感经历，用真实打动了观众，颠覆了传统预告片的模式，围绕失恋这个核心话题展开了许多新的故事，使它真正起到了诱发精神消费欲望的作用。此外，在支付宝的一则新媒体广告中，支付宝以凡·高为主要人物，叙述其生平经历，并最终将故事牵引至支付宝这个产品，宣传支付宝的理财功能，为凡·高穷困潦倒无法理财而惋惜。故事内容虽不算新颖独特，但其与产品的连接可谓神来之笔，读来让人过目不忘。

芝加哥艺术博物馆在 2016 年为了宣传梵高举办了"凡·高房间"的展览，按照 1∶1 的比例还原了凡·高作品《凡·高的卧室》中的场景。为了让更多凡·高迷充分了解凡·高，在展览后还将房子放在 Airbnb 上出租。这样的合作让 Airbnb 成了众多凡·高迷和媒体关注的焦点，还进一步提出"我收费 10 美元没有别的原因，只因为我要买颜料"的广告标语，再次强化受众记忆。1∶1 的还原程度，加上只需要 10 美元即可入住的低价，为此次联合营销带来了良好的效果。

## 四、受众忠诚度

受众忠诚度是衡量故事营销的重要标准，而故事的持久力是受众顾客忠诚度的重要力量。产品的购买都是始于受众对产品的关注。故事持续下去的意义在于强化和扩展产品或者服务的精神内涵，从而延续产品或者服务的生命，使受众深刻认知和认同产品价值。具有持续力的故事营销才能收获受众的忠诚。持续力的标准是生命力和魅力。一个故事的生命力主要依靠两点：人物和情节。只有拥有出众的人物形象和精彩的情节才能使故事具有强大的持续力。通过塑造一个形象鲜明、生命力强的人物形象、来使营销故事能够持续下去的著名案例有迪士尼的米老鼠和唐老鸭、皮克斯的跳跳灯等。同时，一个有着强大持续力的故事必然拥有着强大的魅力。有魅力的故事要注意表现积极向上的精神和人类共同的情感诉求。一般而言，受众忠诚度的建立可依托下述原则：首先，价值追求"从一而终"。现代社会价值追求多元化，每个人都有权利追求自己认为合理的价值目标。然而作为营销者，需始终坚持一个价值理念，否则将丧失受众的信赖。因此，故事营销首先应明确价值追求，并一以贯之。其次，故事结构"绝对简单"。故事应尽可能以简单的言语表现丰富的意象和内涵，使故事在信息膨胀、纷繁复杂的环境中脱颖而出。

乐高在成立 80 周年之际发布了一段长达 17 分钟的"广告片"，视频讲述了乐高的发展历史，虽然说是广告片，但更像是一个励志动画电影。从 1932 年乐高雏形的诞生讲到乐高这个名字的使用，又从乐高标志性的插座式塑料砖块是如何发明的谈到了怎么建立乐高乐园，其中穿插着一些注入品牌精神的小故事，比如乐高创始人训斥儿子偷工减料，还让其追回玩具并独立通宵完成应有工序；还有面对工厂两度失火的重创，父子两代积极面对等。这些故事的诉说不仅赋予了乐高一种传奇的色彩，也让乐高的受众在了解乐高发展历史的过程中更直观地体会到乐高坚持如一的价值追求，以及不断创新的进取精神，感受到乐高 80 年如一日的高品质，进而与乐高产生更紧密的情感联结，成为乐高的忠实用户。此类营销虽简洁，却以独特的内涵吸引了特定的人群，并借助相同的价值观培养受众忠诚度。

与此同时，产品故事的背后是情怀，情怀的载体是符号，符号构成了意义与想象空间，消费者通过符号来接收意义，获得精神层面的愉悦与满足。台湾诚品书店的品牌故事，正是以文字符号为载体，构成了品牌文化的核心。

## 《用过即弃的爱情》

用过即弃的爱情，用过即弃的虚荣，用过即弃的问候。

现代人大量抛弃物质，凡事过了三个月的保存期限，就彻底失去忠诚。

在文化高度传染区里，办一场属于文化人的跳蚤市场，

在杂货堆里寻找艺术，带着发现宝藏的惊异，把永恒感找回去。

用过即弃的爱情，用过即弃的弹簧床，用过即弃的寒暄，用过即弃的保暖袋，

用过即弃的问候，用过即弃的雷诺原子笔，用过即弃的现代人大量抛弃物质。

凡事过了三个月的保存期限，就彻底失去忠诚。

期待这一场诚品跳蚤市场，让你我在旧货堆中找到艺术，

在旧鞋里发现脚的生命，在旧照片中体悟新情感。

在世事难料、风云不测中找到永恒感。

## 《南京东路二六九巷，记录一段出走后的私生活》

上午十一点五十分

胆固醇过高，胃肠长期欠安，离开排骨便当，基于自保的理由，

改吃淡口味的日式料理是健康的。

下午二点三十分

旋转木马式的偏头痛，没有咖啡的焦虑。丢开工作效率，ESLITE CAFE 和你的办公室恋情小小出轨。

下午四点二十分

文件过量，享乐含量不足，离开二十六度的冷气，YOGEN FRUZ 的冰淇淋和你玩一场不设防的清凉游戏。

下午五点三十分

老是闯红灯的欲望，下班即是解严，用 MANDY'S 的公事包提书香，是一种比爱还危险的勾引。

效率过高，焦虑过夜，办公室竞技场上人心茧居，不适者也要生存。

十月十二日诚品南京店全馆开幕，给每一个想在压力中假释的人，一个随时出走的私生活。

诚品文案故事中充满浓厚的人文艺术气息，人名、书名等词汇的出现频率很高，联想式引用是其主要的写作手法，或许比起故事，更像是一种诗歌的表达，柏拉图在《理想国》里说，诗原来是写给神的，诗歌用"隐喻"和"象征"的方式表达对这个世界的感知。也许可以用符号学的观点来对这一类故事文本做出分析：符号学的观点认为，符号是由人自己创造出来的，人可以借由符号意指事件和表达思想，而且符号本身也可以反过来作为一个自律的文化生命体来控制人本身。叶茂中认为，符号可以解决策略、定位确定之后所面临的表现问题、传播问题，伟大的符号的出现，可以使产品更加强盛。符号消费可以用来

理解消费中故事所包含的意义，故事借由符号来传达特定价值，"意义"在作者的主观表达和读者的阅读理解中得以建构。

诚品故事大量使用充满隐喻的符号，以"蒙太奇"式的叙事手法，强化了文案作品的文学性，奇特的构思，灵活多变错综复杂的句式，使作品提高了欣赏性，给读者带来独特的审美体验，满足了对传统文化产品新型消费的需求。诚品广告故事体现出了品牌文化的核心内容，与"诚品"品牌文化的构建之间通过共同的特质和精神层面巧妙地结合在一起。诚品的广告故事，虽然针对不同类型的需求有所不同，但故事风格、叙事方式都具有一致性，这种一致性使得"诚品书店"这一品牌具有很高的可识别性，有利于消费者的认知和认可。别具特色、充满情怀的文案故事，把诚品书店包装成一个高品位、高格调的地方，诚品在人们的心中早已不仅仅作为一个书店而存在，而是成了一种生活方式的体现。一则好的故事总是能精妙地表达出目标消费者心中的所思所想，或者能够唤起消费者潜意识中的渴望，使他们意识到自己原来存在这种需要，消费者从故事文案中找到了自己想要的东西，这则故事就真正取得了成功。

除了上述判断故事营销效果的四种标准，也存在故事营销在推出之初取得了很好的反馈效果，但在一段时间后就出现停滞的情况。为了识别故事营销是否陷入停滞，确认品牌是否存在问题，可以从以下几个角度来辨别分析。

（1）销量下降（这是故事营销出问题最明显的迹象）。

（2）客户名单萎缩/分化（明显分层，客户老龄化）。

（3）忘记历史与成功故事（成功切断了事业与过去的联系）。

（4）自我过分关注（把自己过度包裹起来，忽视潜在客户的需求）。

（5）品牌无法走出舒适圈（品牌发展乏力最重要的迹象）。

 **思考题**

1. 举例对故事做英雄之旅分析。

2. 举例对故事营销做 VRIO 分析。

3. 举例对故事营销做效果评估。

**推荐阅读资料**

1. 阿克洛夫，席勒. 动物精神[M]. 北京：中信出版社，2014.

2. 南顿，迪克斯，阎佳，等. 故事营销有多重要[M]. 北京：中国人民大学出版社，2016.

3. 岩井琢磨，牧口松二. 故事行销力[M]. 钟嘉惠，译. 台北：台湾东贩股份有限公司，2017.

# 第十一章

## 场景营销

 **学习目标**

通过对本章的学习，学生应掌握如下内容：
1. 场景营销的概念和内涵；
2. 文化企业构建的场景类型和特征；
3. 文化企业实行场景营销中的困境与对策。

 **导言**

腾讯开发微信红包功能，为消费者构建了发红包、抢红包的社交场景；蜻蜓 FM 构建了收听随时、内容随选的音乐娱乐场景；Nike 夜光足球场构建了想做就做、富有个性的运动场景。无论是传统的文化内容产业，如电影音乐行业、新闻业，还是文化服务行业，如博物馆、娱乐演出、体育，或是文化附加值产业，如文化旅游、主题乐园，都在积极构建文化场景，实施场景化营销。这些企业与产品的场景化营销获得了消费者的大量关注，在各大社交网站被分享传播，同时消费者生活的方方面面也逐渐被这些产品所渗透，生活与消费习惯被逐渐影响与改变。人们对产品文化内涵消费的倾向，让文化企业关注到构建富有文化意义的场景的重要性，而技术的发展与运用，有效地帮助文化企业完成场景的构建并实施场景化营销，加之传统营销方式对消费者逐渐失效，让越来越多文化企业认识到场景化营销的必要性与有效性。

场景化营销并非是当下才有的营销概念，它已然被企业广泛运用。这离不开以下的现实背景：首先，人们的消费对象与目的发生了转变，消费的目的不再只是满足基本的生理需求，而是获得精神上的愉悦与自我价值的实现，文化企业通过精心的场景构建与场景化营销方式，有助于向消费者传达产品或服务的文化与价值，满足消费者个性化的需求；其次，企业与科技拥有更多的结合，在场景化营销的过程中，通过各种新技术的运用，可以拉近企业与消费者的距离，增强文化企业与消费者的互动性，文化企业可以根据消费者的信息共享了解消费者的实际需求，让营销活动不再是单纯的单向促销活动，而是基于双方需求的互动过程；再次，企业间跨界合作机会大大增加，现如今"互联网+"越来越被广泛运用，企业间的跨界合作让线下场景、线上场景进行恰当的转化、融合与叠加，使得场景的构建趋于立体化，可以尽可能更多地覆盖到消费者的实际需求，增强场景化营销的效果；最后，传统营销效果呈现出不理想的现实状态，美国 Forrester Research 公司在 2014 年发布的《The Power of Customer Context》报告指出，传统的以活动为主的营销方式在赢得和留住消费者的效果上越来越不理想，企业急需转变这些传统的营销方式，采取一种能够即时的、双向的、以洞察消费者需求为驱动的循环互动模式，Forrester Research 将这种创新的营销方式称为场景化营销引擎（contextual marketing engines）。

# 第一节  理解场景的三种角度

对于场景这一概念，人们一般理解为影视剧中的场面或人们日常生活的情境，通常包含人、时间、空间与活动。不同领域的专家与学者们从不同的学科角度提出了对场景的理解，以下从社会学、传播学角度阐释场景的内涵。

## 一、社会学角度：具有符号意义的集合空间

社会学家戈夫曼对场景中的空间要素进行了阐释。

关于"场景"的理论，可以追溯到美国社会学家尔文·戈夫曼出版的《日常生活中的自我呈现》，书中提出了"拟剧理论"，该理论从人际关系的角度出发，借用戏剧中的术语，把人们生活的社会比作一个巨大的舞台，人们通过理想化的表演获得预期的他人的认同。他将"场景"定义为"任何受到可感知边界某种程度限定的地方""有明确边界的区域""通常还会附加上时间的限制[①]"，在这个类似舞台的场景中同样有道具、设施等硬性要素，也包括舞台的布局设计、整体氛围等软性要素，而人们就是舞台中的演员。人们基于对所处场景的理解进行表演，这个过程构成了"在建筑物或房舍的有形界限内有组织的社会生活[②]"。戈夫曼着重描述了人与人面对面时产生的场景。

同为芝加哥社会学派的代表人物，特里·N·克拉克对空间要素进行了深入分析，并将人看作是消费者而非一般个体。特里·N·克拉克为代表的研究团队从城市发展的角度提出"场景理论"。该理论的提出是基于以消费为主的后工业社会[③]背景，即以娱乐、教育、保健、贸易、金融等行业为主的服务业成为社会的中坚力量。城市中的个体不再只是生产者或是居住者，而是消费者；城市空间也不再只是为了满足个体的工作或居住需求，而是让消费者可以在其间消费、娱乐、欣赏的场景。此时对场景的定义不再只是一个有着

---

[①] 戈夫曼. 日常生活中的自我呈现[M]. 黄爱华，冯钢，译. 北京：北京大学出版社，2008：93.
[②] 戈夫曼. 日常生活中的自我呈现[M]. 黄爱华，冯钢，译. 北京：北京大学出版社，2008：1.
[③] 贝尔. 后工业社会的来临：对社会预测的一项探索[M]. 高銛，王宏周，魏章玲，译. 北京：新华出版社，1997：14.

明确边界的地理概念，而是一个蕴含着特定文化与价值观念取向的都市娱乐设施（包括气候、山水等自然设施与博物馆、剧院等服务设施）组合，不同的都市娱乐设施组合会形成不同的场景，因而政府要考虑不同都市娱乐设施结合的可能性，构建不同的场景，并凭借这些场景吸引创意阶层进入城市从而推动城市发展[①]。徐晓林指出这些蕴含文化与价值观念的场景使消费者在采取消费行为时获得了生活方式与情感表达上的社会认同[②]。吴军评价克拉克所阐释的场景概念已经超越了生活娱乐设施集合的物化概念，而是作为文化与价值观的外化符号，且因此吸引并影响着城市中的消费者[③]。

可以发现，虽然两者的出发点不同，但考察的都是与我们日常生活息息相关的现实空间内的场景。戈夫曼与克拉克都肯定"场景"是一个具有一定物理属性的空间；同时"场景"不是单独的"场所"，克拉克更加深入地论述了场景是包括有形的物件、边界与无形文化与价值符号的"景"的总和；此外，场景中人们是作为消费者存在，他们的消费行为正是出于对这些符号价值的认同。因而在社会学领域，场景是具有符号意义的集合空间。

## 二、传播学角度：实现信息传播的信息系统

传播学家将场景中的空间要素再次进行拓展，并阐释了场景中人们活动方式的转变。

在传播学领域，学者并不关心"场景"的物理性质，而是更关注于场景中人们信息交流的传播渠道与方式。科技的发展，不同媒介的产生，改变了人们的信息交流方式，美国传播学家梅罗维茨将电子媒介引入场景概念，研究电子媒介介入下场景的变化。

梅罗维茨认为电子媒介介入了原本物理概念的场景，改变了地点场景的信息特征，使不同的社会场景相互交叉，如电视中的真人秀或谈话类节目，公众人物的感情生活、衣帽间等原本后台场景与前台场景融合，即使观众的地理位置没有发生改变，也可以通过电子媒介观察他人的私人场景与行为。

因此，梅罗维茨将场景视为一种超越时空概念的"信息系统"。他认为对人们的互动行为起到决定作用的"并不是物质场地本身，而是信息流动的模式[④]"，电子媒介的介入使人们之间的信息流动突破了地域限制，并使人们的生活中产生了新的有别于面对面时的物理场景，这种新的场景使人们的行为也发生了变化。例如，电视媒介介入公共演讲中，演讲者的受众不再局限于实体演讲厅的空间，而变得更加公开，还包括其他使用电视媒介的人群，因而在电视媒介介入的演讲场景中，演讲者的行为需要调整、变化。

梅罗维茨从传播学角度阐释的场景，给了我们另外一个视角，即突破现实中面对面的交流，超越具体时空的限制，将场景解读为一个在媒介介入下形成的为实现人们信息交流

① SILVER D, CLARK T N, ROTHFIELD L. A theory of scenes: the structure of social consumption[J]. University of Chicago, 2006: 11-5.
② 徐晓林，赵铁，克拉克. 场景理论：区域发展文化动力的探索及启示[J]. 国外社会科学，2012（3）：101-106.
③ 吴军. 城市社会学研究前沿：场景理论述评[J]. 社会学评论，2014，2（2）：90-95.
④ 梅罗维茨. 消失的地域：电子媒介对社会行为的影响[M]. 肖志军，译. 北京：清华大学出版社，2002：33.

的信息系统。

### 三、营销学角度：以消费为基础的多元空间

营销学中场景的主体应是文化企业，出发点与立足点是消费者的消费活动，方式是不同载体与消费符号组合，核心是文化与价值观念的体现，目标是满足消费者的生活与情感需求。其中仍旧可以发现与社会学和传播学中场景的共同点与联结性。

首先，营销学中的场景同样是具有符号意义的集合空间。文化企业可以通过各种消费符号的组合为消费者构建具有不同符号意义的集合空间吸引消费者，同时满足消费者个性化的需求与精神上的追求。法国学者波德里亚曾提出消费是"建立在某种符号和区分[①]"之上的，体现了消费者与集体和世界的关系。当消费者在文化企业构建的集合空间中采取消费行为时，同样表达了对集合空间中蕴含的文化与价值观念的认同并借这种消费行为获得他人的认可，形成自己的标签。

其次，营销学中的场景具有多样性。营销学中的场景既可能是一个人们可感知到边界的现实空间，也可能是一个无明确地理边界的虚拟空间，抑或是两者的结合。营销学中的文化场景强调的是文化企业或产品的文化价值的赋予。

总而言之，文化场景就是企业通过不同消费符号的组合，为消费者构建的，能满足消费者的情感或物质需求，体现消费者生活方式与价值观念的多元空间。例如，消费者在下班路上使用喜马拉雅 FM 收听音乐，就是企业通过音乐内容、音乐质量、播放器操作等不同载体与消费符号的组合，为消费者构建的，能满足消费者悠闲娱乐的需求，体现消费者喜爱音乐、热爱生活特性的多元空间。

## 第二节　场景的类型与特征

国内文化产业方兴未艾，进入了丹尼尔所预测的后工业社会[②]，个体作为消费者对生活中各种不同文化设施组成的场景越来越关注。同时，随着社会科技的发展，文化企业构建的场景类型也呈现出符合时代特质的多样性，以满足消费者的多样化需求。

### 一、场景的类型

文化市场中，企业构建的场景一般分为基于人们日常生活的实体场景、基于技术手段的虚拟场景以及两者结合的融合场景，这样的分类也体现着科技在营销中的作用，如表 11-1 所示。

---

[①] 波德里亚. 消费社会[M]. 刘成富，全志刚，译. 南京：南京大学出版社，2006：50.

[②] 贝尔. 后工业社会的来临：对社会预测的一项探索[M]. 高铦，王宏周，魏章玲，译. 北京：新华出版社，1997：14.

表 11-1　文化市场中的场景类型

| 类　型 | 实　体　场　景 | 虚　拟　场　景 | 融　合　场　景 |
|---|---|---|---|
| 定义 | 出现在消费者的现实生活中，满足消费者的生活与情感需求，有着较为固定的场所与明确的地理边界 | 互联网技术背景下催生出的，有别于传统物质形态，突破地域的概念，一种新型的信息流动的场景 | 将消费者的消费环节拆解，以虚拟场景获取消费者，以实体场景使消费者获得真实体验 |
| 案例 | 书店、博物馆、图书馆等文化场馆，电影院，演唱会，迪士尼等主题乐园 | 网络游戏、乐视网等视频网站、亚马逊图书等虚拟商店、微信等社交平台 | 携程旅行 App、猫眼电影、咕咚运动、蜻蜓 FM、小米手环 |

## （一）实体场景

实体场景是最早出现的场景类型，也是文化企业最常构建的一种场景类型，它真正出现在消费者的现实生活中，与消费者的生活息息相关，有着较为固定的场所与明确的地理边界，可以满足消费者情感与生活的需要。正如克拉克所说的，场景是不同文化娱乐设施的组合[①]，在现实生活中，文化企业会通过固定的场所及周边场所的整体布局设计，加之对场所内产品、环境、氛围、人员等的精心组合，使其具有不同的文化内涵与价值。因而，即使是同行业的文化企业，他们构建的场景也会给消费者带来不同的感受。

该类型的场景最普遍的便是各类艺术场馆与文化产业实体店。在类似诚品书店的这些实体书店中，文化企业通过对书店本身场所建筑的艺术设计与布局，增强场所本身对消费者的视觉冲击力，让场所不再是冰冷的建筑，而是具有观赏性、艺术性与人文性的空间，加之对产品图书的创意陈列，使得消费者进入场所就仿佛进入了书的海洋；文化企业还在场景中加入了古典音乐、咖啡、兴趣俱乐部、艺术作品、娱乐表演等各种文化元素，使整个场景又充斥着文艺且小资的文化氛围；文化企业还将书店与周围其他设施组合形成不同的文化场景，如诚品书店的台北信义旗舰店位于繁华地段，与台北 101 大厦及周围的国际百货公司结合，体现的是国际性文化的荟萃，形成具有时尚、前沿潮流的文化场景，而公馆店则与周围的台湾大学、师范大学、世新大学等高校组合形成具有浓厚学术氛围的场景。因而，消费者进入书店的场景中，不仅是为了对场景中图书的消费，为了功利性的知识的获取，更是对整个集合空间中文化意涵的享受与认同。消费者来到台北并且进入诚品书店，代表的是一种休闲而时尚的生活方式。

社会学家认为，人们的日常生活便是由不同的场景组成，每天经过的咖啡厅、休闲广场、商业办公区等，这些实体场景充斥在消费者的日常生活中，并且在不经意间，就已经让消费者感受到企业在其中赋予的文化内涵。

## （二）虚拟场景

虚拟场景是在通信技术与互联网技术发展的背景下催生出的新的场景类型，对比实体

---

[①] SILVER D, CLARK T N, ROTHFIELD L. A theory of scenes: the structure of social consumption[J]. University of Chicago, 2006: 11-5.

场景，它突破了地域的概念，并不以传统的物质形态呈现，而是一种新型的信息流动的场景。文化企业使用技术手段在计算机、手机等不同媒介终端，通过画面、音效、程序等呈现内容的设计，从视觉、听觉以及整体操作体验上向消费者传递企业、产品、服务的文化价值。

最典型的便是网络游戏公司为消费者构建的虚拟游戏场景。网络游戏《三国志》中，企业设计了美轮美奂的山水自然景观与气势恢宏的中国古典建筑，配以或古风或激烈的音乐，完美逼真地将中国古代的三国世界重现在消费者面前，让消费者可以穿越时空，享受不同时代的文化内涵；同时，企业在场景中加入的性格身份迥异的人物角色、酷炫霸气的武器技能、难易不同的任务排行等程序，让消费者参与到场景中，实现消费者与消费者、消费者与企业之间的信息互动，从而让消费者感受到企业在场景中赋予的价值，即消费者不仅是在完成一个游戏任务，更是在享受由团队合作、排兵布阵、提升技能，到最终统一中原的过程，这种从无到有的场景体验给消费者带来精神上的满足感。

此外，虚拟场景并非与实体场景没有联系，相反，虚拟场景还是实体场景的一种延伸与拓展。原本需要在电影院才能观看的影片，需要到现场才能观看的音乐会、体育赛事，通过文化企业虚拟场景的构建，让消费者可以摆脱实体空间的限制，选择任意时间通过媒介终端观看文化企业提供的信息内容。例如，乐视网通过媒介客户端为消费者构建的虚拟娱乐场景，满足了用户随时、随地、随心观看一部大片、一场赛事的需求，让消费者体验到了更人性化的娱乐消费场景。又如，微博与微信等社交媒介使消费者不必面对面，就可以通过企业构造的社交场景实现交流沟通。

显然，文化企业构建的虚拟场景在呈现效果上更加丰富酷炫，并且为消费者的消费提供了便利性。

### （三）融合场景

实体+虚拟的融合场景并不是简单的在实体场景中增加虚拟场景，或是将实体场景拓展到虚拟场景，而是找到实体场景与虚拟场景的结合点，将消费者的消费环节拆解并根据效果分别呈现在实体场景与虚拟场景中，发挥其各自的功能，通过虚拟场景获取消费者、通过实体场景让消费者真实体验。

实体+虚拟的融合场景被O2O（online to offline）企业广泛运用。以电影院为例，一般消费者的消费过程是：产生需求—选择影院/影片—购买影票—观看影片—观后感悟。

实体场景中，文化企业通过良好的观影效果、独特的影院氛围、优惠的价格等消费符号，吸引消费者前往电影院购买电影票并观看影片。虚拟场景中，文化企业为消费者提供海量的内容与高清环绕的画面音效，让消费者足不出户就能享受电影。

而实体+虚拟的融合场景，如猫眼电影，是文化企业为消费者构建虚拟场景，帮助消费者选择好影片、影院、座位并完成购票支付行为，在实体场景中观看影片，并最终在虚拟场景中将观后感悟进行反馈。这样实体+虚拟的场景发挥了虚拟场景中文化企业与消费者的信息沟通的优势，企业可以根据移动互联网技术为消费者推荐距离最近的影院，同时通过消费者以往的消费行为推荐感兴趣的影片，或是提供具体的影片评分、评价等信息帮助消费者选择最优的影片；消费者观看影片的过程则在实体场景中完成，可以让消费者更好地享受电影院的氛围与其周边其他设施构成的场景；观看完影片后，企业会鼓励消费者在虚拟场景中分享消费感悟，满足消费者想与他人分享的社交需求，同时企业也可以更多地收集消费者的信息。

O2O文化企业将实体场景与虚拟场景结合可以发挥两者各自的优势，让企业为消费者创造更好的场景体验，这显然已成为各大文化企业的首选。

随着科技在文化企业营销中的深入，场景的类型也呈现多样的变化，但总体上是实体场景、虚拟场景及两者结合的融合场景。

## 二、场景的特征

上文已经介绍了不同类型场景营销各自的内涵，由于实体场景、虚拟场景及融合场景自身呈现形式各有各的不同，各有各的优势和劣势。因此，本部分将进一步讨论不同场景类别的各自特点。

### （一）实体场景的特点

实体场景是文化企业构建的出现在消费者现实生活中的不同文化设施的组合，因而消费者可以真实感受到，具有较强的体验感与信心度，但同时也因为传统物质形式的局限性，使得实体场景的时空局限性较大，缺乏多样性，相对的成本也较高。

1. 场景体验感强

实体场景具有极强的体验感，这种体验感一是来自对真实有形的客观存在的不同文化设施的消费，二是来自实体场景内气氛、服务、价值等无形符号的感受。

在旅游产业中，文化企业最易打造场景的体验感。据统计，2019年中国接待国内外旅游人数超过60亿人次，同比2018年增长8.4%，旅游总收入达6.63万亿元，同比2018年增长了11.1[①]。随着新冠肺炎疫情的爆发，旅游业一度受创，但在2021年疫情得到平稳控制后，游客出游热情依然高涨，旅游市场持续复苏。即便互联网技术的发展使得消费者在家就能欣赏世界各地的风光，但是消费者对旅游的热爱却没有因此而消退。这正是由于景区开发商为消费者构建了体验感极强的实体旅游场景。在国内著名旅游景区云南玉龙雪山，当消费者置身于景区中，高大、绵延、起伏的雪山所带来的视觉震撼，气温、海拔的改变所带来的生理刺激是目前的虚拟场景无法比拟的。此外，企业还添加了实景演出，将演出场地设在海拔3100米的甘海子，以雪山为背景。当几千名消费者共同聚集在如此高海拔的场地中，当少数民族的演员身着民族服装在观众席间穿梭，当用少数民族语言演唱的歌声在雪山间回荡，此时的《印象丽江》不再只是一部演出作品，玉龙雪山也不再只是

---

[①] 新华社. 2019年我国国内游人次超60亿[EB/OL]. （2020-06-20）[2021-06-02]. http://www.gov.cn/xinwen/2020-06/20/content_5520856.htm.

单一的地理景点，《印象丽江》与玉龙雪山的组合成为了云南独有的文化符号，而这些元素组合形成的独特文化场景只有消费者真正置身于实体场景中才能感受到。

2．场景信任度高

实体场景客观存在于消费者的现实生活中，企业构建的实体场景可以让消费者真实感知到，相比虚拟场景，消费者对实体场景的信任度更高。

实体场景中消费者对企业的文化感知更为直接，场景的规模、场景的风格、场景的氛围等，都会直接影响消费者对场景的信任度。同样购买一款工艺美术品，在实体场景中，消费者可以从企业构建的场景中感受到企业整体的设计风格，同时可以近距离观察产品的创意与工艺，还可以与销售人员沟通，这种面对面的交流与真实感受的场景增强了消费者对场景的认同感与信任度。

3．场景局限性大

文化企业构建的实体场景虽然体验感强、信任度高，但也面临着时间与空间上的局限性。

首先，实体场景有时间限制。许多的实体场景很少可以全天候二十四小时为消费者服务，尤其是博物馆、文化场馆等，这些场馆通常每天下午五点左右就开始闭馆，消费者的消费行为也会因此受到限制。

其次，实体场景有空间限制。由于实体场景是在相对明确的地理边界内文化符号的集合，因而企业构建的场景中的文化符号数量受到空间的限制。例如，在图书馆中，由于空间的局限性，为了陈列更多的书，图书馆中的桌椅与休息室都尽量占用最少的空间，书架一般都比较高，顶层的书因此很少被消费者关注，书架与书架间的距离也会比较小，同时大部分书都是采用书脊向外的陈列方式，这些都或多或少地对消费者的消费行为有一定阻碍。又如布达拉宫、陕西博物馆、故宫博物院等场所，在旅游高峰期都会限制每日的客流以应对场景空间不足的问题。

4．场景多样性少

由于实体场景的时空局限性，文化企业构建的实体场景主题性比较单一且固定，无法满足消费者多样化的需求。

首先，文化企业构建场景的目的是满足消费者的需求，但实体场景中企业通常考虑的是消费者群体，而无法精确到消费者个体。其次，实体场景中企业与消费者主要依靠面对面的交流获取信息，只能尽量判断当下消费者的需求，而无法对消费者更多的消费信息进行挖掘，而现实情况是每个消费者都有不同的需求，同一个消费者不同时间段又有不同的需求，因而，实体场景中企业难以追踪消费者更精细化的需求，使得场景缺乏多样性。

例如旅游产业中，每一个相对固定的旅游场景，都安排有基础的导览员，但他们无法判断每位消费者之前是否来过这个景点，已经看过、了解过哪些信息，想要了解什么信息等，因而他们提供的服务与带消费者参观浏览的旅游场景都是统一标准化的，缺乏对每位消费者不同需求的满足。

5．场景的成本高

企业构建的实体场景成本较高，一方面是场景构建的成本，包括场景的租费、设计、建造、装饰、布局等；另一方面是场景的维护成本，尤其是像博物馆之类的文化场馆，其运营维护成本通常让企业入不敷出。例如宁波紫竹林博物馆，每年场景的运营维护费用约70万元，而门票收入仅50万元[①]，出现了严重的收不抵支的情况。实体场景的高成本限制了企业的进一步发展与创新。

### （二）虚拟场景的特点

虚拟场景是文化企业运用技术手段构建的场景，场景的入口众多，丰富的场景设计对消费者有着极强的吸引力，虚拟场景的大规模也可以满足消费者的多样化需求，但也因虚拟场景的数字化形式，使得虚拟场景的体验感较弱，且信任度低。

**1. 场景的入口多**

虚拟场景是文化企业通过互联网技术在不同的媒介终端构建的场景，因而相比实体场景，虚拟场景的入口更多。

虚拟场景的入口多一方面体现在媒介的丰富性。从以往的电视到电脑 PC 端，再到智能手机、掌上阅读器、智能手环、谷歌眼镜等移动终端，虚拟场景的入口越来越丰富。

另一方面，即使是同一媒介，企业也可以建立不同的虚拟场景入口。在智能手机终端，大众点评选择在通知栏推送附近影院的折扣优惠，消费者可以通过点击进入虚拟场景，进行影片的选择和购买，有道词典将入口设置在锁屏界面，每当消费者解锁时，屏幕就会显示之前学习或浏览过的英语单词，消费者的学习场景因此被碎片化，消费者随时随地都可以进入英语学习场景。

虚拟场景众多的入口使其在潜移默化间渗透到消费者的日常生活中，增加与消费者接触的机会。

**2. 场景设计感强**

虚拟场景借助计算机技术来建构，因而在场景的视觉呈现上相比实体场景拥有更多可能，设计感更强，效果更加酷炫。

完美世界推出的网络游戏《诛仙3》，主战场河阳古城视野开阔而明亮，高精细的画面设计凸显了历史古城的气魄，消费者无论是俯瞰、平视还是仰视，画面都极富视觉冲击力，刺激着消费者的感官；虚拟场景中设计的缥缈的建筑、路过的行人、街边矗立的摊贩，即使在虚拟场景中，也充满着人文化的生活气息；虚拟场景中构建的光感特效，模拟真实的光线轨迹，加上技能特效与音效，使得竞技场面逼真而酷炫。

虚拟场景可以设计出实体场景无法呈现的视觉效果，拥有极强的设计感，刺激消费者的感官。

**3. 场景的规模大**

作为由互联网技术构建的信息化空间，虚拟场景的规模并不是传统意义上物理体积的

---

[①] 中国产业信息. 2015 年国内民办博物馆的发展状况分析[EB/OL].（2015-12-28）. http://www.chyxx.com/industry/201512/373796.html.

概念，而是存储空间与运行空间的概念。相比实体场景的规模，虚拟场景依靠技术的进步拥有更大规模且扩展起来更快。

虚拟场景的规模主要依靠服务器来承载，体现在虚拟场景中信息的规模以及同时在线的用户规模。著名在线书店亚马逊公司的图书网站，为消费者构建了超过700万种[①]图书的虚拟书店场景，如此众多的产品品类是任何一个实体场景书店无法比拟的，这也意味着文化企业可以在虚拟场景中为消费者提供更多文化符号与文化价值，满足消费者的不同需求。

此外，虚拟场景的规模还体现在与其他不同类型的虚拟场景的链接上。正如前文所说，不同的文化符号组合可以构建不同的场景，文化企业构建的虚拟场景通过技术的设置，可以让消费者更容易地在阅读场景、音乐场景、视频场景等不同虚拟场景间转换，此时文化企业构建的虚拟场景规模将会更加庞大。

4. 场景体验感弱

文化企业构建的虚拟场景，消费者始终是借用媒介才能感受，与直接在场的实体场景的感受相比，体验感较弱。

例如，同样观看一场演唱会，消费者在虚拟场景中虽然可以360度观看，享受高音质的音响效果，但是消费者无法与其他观众一起呐喊欢呼，也无法看到因为自己挥舞的荧光棒形成的光波。隔着媒介享受的虚拟场景与实体场景相比，缺乏了现场参与的体验感。又如前文提到的消费者进入诚品书店的场景中，是体现了消费者的一种生活方式，可以得到同在场景中的其他消费者的认同，并且可以体验书店中服务员的服务，而在虚拟场景中，即使消费者购买了同样的一本书，消费者也无法从他人处感受到对自己的认同，而且无法享受在购买的过程中服务员的面对面服务。虚拟场景缺乏了文化消费中的体验感。

5. 场景信任度低

正是由于消费者无法直接感知虚拟场景，虚拟场景的信任度较低。

一方面，虚拟场景中的信任度低体现在消费者对信息内容的信任度上。由于虚拟场景是文化企业借助媒介终端呈现在消费者面前的，消费者与企业间的交流并非面对面，在媒介作用下，消费者难以判断企业提供的场景中的信息内容是否真实、准确，如图书的印刷是否清晰，纸张是否完好，音像制品画面是否流畅等，因而虚拟场景的信任度较低。

另一方面，虚拟场景的信任度低体现在消费者对活动流程的信任度上。文化企业的实体场景中，消费者的消费活动都是由消费者亲身参与，从确认需求到购买再到反馈都是在一个实体场景中快速完成，但是虚拟场景中，消费者的消费活动由企业设计的流程完成，消费者无法确保自己资金的安全，消费的服务或产品是否可以按时收到等，因而对虚拟场景的信任度会降低。

（三）融合场景的特点

融合场景是文化企业构建的能满足消费者多样化需求且更符合人性化设计的融合场

---

[①] 数据来自亚马逊网站。

景，结合了实体与虚拟场景各自的特点，取长补短，优劣互补。

首先，实体场景可以借助虚拟场景的入口完成消费者流量的转化；其次，借助互联网技术，企业可以更多地与消费者互动，实体场景也可以获悉消费者更多的信息，从而满足其即时的多样化需求，同时增强消费者的体验感；最后，基于消费者本身的需求构建多样化场景，消费者对虚拟场景的信任度会增加，因为提供的服务是恰当而即时的。

实体场景自古就有，虚拟场景是互联网技术的产物，但实体场景与虚拟场景完美结合的融合场景则得益于移动互联网技术，是移动技术的运用使文化企业找到消费者当下的实体场景与虚拟场景的联结点。以智能手机为代表的移动设备成了联结实体场景与虚拟场景的主要端口；以 LBS（location based service）为代表的定位技术可以定位消费者在实体场景中的位置，并提供给虚拟场景进行分析；不同功能的传感器技术可以及时了解消费者的实时状态，并反馈在消费者的实体场景中，如加速度传感器与心率传感器为消费者提供运动建议与计划，使消费者感受到人性化的服务。

不同类型的场景具有各自鲜明的特征，因此企业要根据自身情况选择构建不同的场景类型并实施场景化营销，以满足消费者的需求。

# 第三节　场景营销的流程与策略

文化企业要实施场景化营销方式，就是要基于构建的具有符号内涵的场景，通过各种方法吸引消费者进入场景、留住消费者沉浸场景、推动消费者分享场景并最终实现场景的变现能力的过程。场景化营销的主体是文化企业，基础是构建的满足消费者需求的文化场景，对象是场景中的以及可能进入场景的消费者，目的是刺激消费者在场景中的消费行为，实现收益的转化。

## 一、为消费者构建场景

文化企业要实施场景化营销的第一步，就是要为消费者构建具有特定文化内涵，满足消费者需求的场景，通过对场景的洞察、定位与设计，建立场景，以完成之后的营销。

### （一）洞察场景主题

文化企业构建场景的第一个步骤，就是确定场景的主题，明确究竟要构建一个什么样的场景，满足消费者什么样的需求。

（1）现有消费习惯的洞察。洞察场景的第一个方式是通过对消费者已有消费习惯的考察，找到影响他们文化消费的痛点，完善他们的消费流程。例如，猫眼电影在洞察到消费者在实体场景的电影消费过程中需要花过多时间寻找、比对产品信息之后，帮助消费者在最短时间内提供最近距离可以观看到的最低票价的热门影片，并且帮助消费者完成购票与选座行为，为消费者节省了消费环节中的时间成本与思考成本，消费者在完成虚拟场景的步骤后只需到实体场景中取票即可观看。又如，在虚拟场景中消费时，一旦信号不好，就会出现离线、无法更新页面的情况，这种断网的现象成为消费者在虚拟场景中的痛点。针对这一痛点，新加坡的一家图书出版商 Math Paper Press 推出了"Offline"的虚拟场景解决方案，企业把一些图书介绍和图书中的段落植入这些离线页面中，当虚拟场景中出现突然断网的情况时，消费者就会看到这些图书推荐并且可以阅读部分段落，从而消除了消费者因为离线而形成的消费中的不适感，使得消费者的消费体验更为舒适。

（2）创造新的消费习惯。不同符号组成的场景体现的是一种生活方式与价值观念，因而洞察场景不仅可以从已有的消费习惯中思考，还可以构建新的场景引导消费者、为消费者创造新的消费习惯。例如，以往消费者的运动与健身都是在相应的体育场馆中进行，且较为独立和私密，但是随着微信、小米手环、苹果手表这些媒介的介入，消费者的实体运动场景与虚拟社交场景相结合，消费者不仅可以在虚拟场景中查看自己当天的运动量与运动轨迹，获悉朋友圈中其他朋友的运动情况与排名，还可以将其分享到微信、微博等社交平台，获得他人的认同。此时，消费者在实体场景中的运动已经不仅仅是一种锻炼或是为了身体的健康，更体现了消费者个人的一种生活态度与兴趣爱好。是否真的喜欢运动已经不再重要，在运动中使用这些媒介并且与他人分享成了消费者新的消费习惯。

### （二）确定场景定位

文化企业确定好场景的主题后，就要对场景进行定位，使企业构建的场景与其他同类型场景有差异化并且可以在消费者心中有不可替代的作用。

（1）从场景入手。从场景入手是指文化企业思考将场景赋予什么样的文化含义，使其与其他同类型场景区分开来。中国的千年古镇并不在少数，乌镇却可以在众多古镇中脱颖而出，就是因为它"以旧修旧、以旧修故"的定位与理念实践。在乌镇，没有高压线、电线杆，没有各种粗壮的排污管道与自来水管道，所有展现在消费者面前的都是最原始的古老的内容，企业每月举办主题文化活动，这些内容同样来自当地民俗，如乌镇香节、囡囡童玩节、赏灯节等，消费者从古建筑、民宿、小桥以及附近居民的生活状态中感受到的是最贴近自然的生态环境以及古朴、诗意的江南水乡风情。这样独特的场景构建将乌镇与其他古镇区分开来，别具特色。

（2）从消费者入手。从消费者入手是指企业思考将场景的文化内涵传递给怎样的消费者，针对什么样的人群。QQ 音乐与网易音乐作为国内较为知名的音乐虚拟场景，两者对于消费者的定位不同。QQ 音乐的消费者定位是大众消费者，因而腾讯致力于扩大内容品类，丰富场景内容，只要是热门歌曲，QQ 音乐一定有；而网易音乐则将消费者聚焦到校园群体中，这部分群体不仅要听好听的音乐，更要听与众不同的音乐，因为这部分群体更加注重个性化，因而网易音乐更加关注场景中原创内容的构建，如独立音乐人李志、陈粒等都是网易的签约音乐人。消费者使用网易音乐不仅代表着对音乐的喜爱，更代表着他们认可网易对原创音乐场景的构建，代表着他们对原创音乐的欣赏品位。

### （三）丰富场景设计

明确了场景的主题与定位，文化企业即确定了场景中的文化符号与内容，而场景的设计，就是要通过创意的陈列形式、布局设计等将这些文化符号更好地呈现出来让消费者感受到。

（1）内容呈现。构建场景就是要将文化内容呈现给消费者，让消费者感受到，因而场景的设计可以从内容的呈现出发。例如在博物馆中，企业不仅可以将馆藏品完整呈现在消费者面前，还可以运用视频、图像或现场演示等方式将藏品的制造过程呈现出来，这样消费者可以更好地感受藏品的内涵与工艺价值。又如在上海钟书阁书店的儿童区域，企业设计了不同动物形状的书架，有蝴蝶、大象、猫咪等，仿佛一个动物园，将儿童图书以更具趣味性的方式陈列出来，小朋友一看就知道这是属于自己的图书场景。再如在虚拟场景中，企业可以通过技术手段使产品的呈现效果更加丰富，如网络游戏中的各种竞技场面等。

（2）气氛烘托。企业构建场景还可以通过气氛的烘托。书店中播放的轻音乐、明亮的光线、木质的书架，都可以烘托出书店的氛围。在迪士尼主题乐园中，花车表演、人物角色表演等活动，也可以为消费者营造出轻松、欢乐的氛围。

（3）细节诚意。无论是主题、定位还是设计，场景构建的目的还是满足消费者的需求，以消费者为中心，因而在设计场景时，一些细节上的心意更能让消费者感受到企业构建场景的诚意。书店中书架设计的高低，是否使得书本在消费者正常的视线范围内，以方便浏览；购物商场中设计的供消费者休息的座椅是否让消费者坐得舒服，因为根据美国学者威廉·H·怀特的观察与实验，座椅的高度、宽度与长度[①]对消费者对场景的满意度有很大影响；虚拟场景中各个链接的位置是否醒目方便，文字图片大小是否适中……

只有构建一个完善的满足消费者需求的拥有丰富文化内涵的场景，文化企业才能更好地吸引、留住消费者，并实现收益的转化。

## 二、吸引消费者进入场景

文化企业构建好场景后，就要吸引消费者进入场景，通过对场景入口的增加、对兴趣的引发、对需求的满足吸引消费者进入场景。

### （一）媒介增加入口

前文介绍了目前文化企业最常构建的场景类型，即实体+虚拟的融合场景，文化企业要想吸引消费者，就是要借助这种类型场景最显著的特征，即媒介为场景创造的众多消费者入口，入口增多，势必会吸引更多消费者进入场景。

（1）利用不同媒介。企业可以利用不同媒介增加消费者的入口以此吸引消费者。以往网络游戏的入口只有计算机，但随着智能手机与基础网络设施的普及，手机也成为游戏

---

[①] 怀特. 小城市空间的社会生活[M]. 叶齐茂，倪晓辉，译. 上海：上海译文出版社，2016：21-41.

的入口，消费者不必再在网吧、家里或固定场所玩游戏，任何地点、任何时间消费者都可以通过手机进入游戏场景。一些实体场景借助媒介形成的虚拟场景同样增加了消费者的入口。地铁上的移动电视，介绍最新引进的话剧、歌剧或是展览，乘客只要扫描屏幕上方的二维码就能购票选座；阿里与国内十二家传统纸媒合作，在相关内容旁边附上二维码，消费者可以随时购买看到的内容或是展会的门票。

（2）利用不同形式。同一媒介有不同展现的形式，文化企业可以利用不同形式增加入口。在 PC 端，企业可以利用头条、弹出内容、悬浮窗等；而在手机媒介上，由于屏幕大小限制，弹出链接的效果不好，但可以利用手机本身的短信功能、信息栏功能或是解锁功能等增加入口。例如 PUMA 运动品牌与小米手机合作，每当 9:58，小米手机用户的锁屏界面就会出现代言人博尔特的海报画面，同时配上旋扭解锁方式，这既代表着博尔特 9 秒 58 的百米世界纪录，同时也蕴含着 PUMA "一旋即发"的产品理念，这种入口方式让消费者眼前一亮。

### （二）情感引发兴趣

场景化营销中企业构建的场景都蕴含着独特的文化含义，不同的文化含义代表着企业为消费者构建的不同情感的场景，企业可以利用这些情感引发消费者的兴趣。

怀旧情感是目前场景化营销中企业最常用的一种方式，怀旧是对岁月的怀念，更直接的表现就是对曾经的物品的怀念。"70 后"饭吧的名字本身就有怀旧的情感，容易引发消费者的联想，从而让消费者产生好奇。于是实体场景中便有了 70 年代的许多文化符号，老式留声机、拨号电话机、黑白电视、搪瓷杯、麦乳精、蒸蛋肉……70 年代人觉得亲切而熟悉，感受到这是专为他们打造的用来怀旧、聚餐的场景，而 80、90 年代的人则觉得新奇，有腔调。显然，70 年代和 70 年代之后的群体是目前主要的消费者，这张感情牌一举多得。

怀旧也要有新意，怀旧并非只是一味地怀念过去，场景化营销中的怀旧只是触发消费者兴趣的点，在实践过程中仍旧要为其增添新意。上海的"老码头"，也就是俗称的十六铺经过文化企业的再次打造，构建了一个怀旧与时尚相结合的文化场景。完好的临江里弄、老式的石库门，这些具有上海韵味的海派建筑重现着昔日上海滩的繁华，令人怀念而怅惘，同时企业也在其中巧妙地融入了玻璃、钢结构等现代时尚元素，原本怀旧的风情又平添了一丝潮流风味，不少文化创意企业选择在这里入驻，同时具有时尚品位的创意人士也对这里青睐有加，使这里成为了一个集创意、休闲、品位于一体的多元场景。怀旧不再只是对过去的缅怀，有质感、有新意的怀旧情感更能引发消费者的兴趣。

### （三）服务满足需求

场景化营销是基于场景满足消费者的需求，因而如果文化企业可以即时提供满足消费者需求的场景，消费者自然而然就会被吸引，进入场景。

比如慕课的发展就是满足消费者对教育、对知识、对自我技能提升的需求。消费者无论年龄、背景、学历都可以在虚拟场景中学习来自世界名校名师的课程，获得同等的教育，因而慕课受到大家的欢迎，大家纷纷注册进入。

本节开头提到的图书出版商 Math Paper Press 推出的"Offline"的虚拟场景解决方案，不仅解决了消费者虚拟场景中的痛点，同时它提供的图书内容也与消费者所处的具体虚拟场景有关。如果消费者离线前正处于一个社交网络的虚拟场景，提供的书目就和友谊相关；如果消费者离线前处于一个新闻客户端，提供的书目就和社会与政治相关；如果消费者离线前正处于一个约会网站，提供的书目就与爱情有关，如一本爱情诗集。这些内容与服务都是与消费者当时所处的虚拟场景相关的，因而消费者会更有兴趣阅读并且进入图书购买界面。

对消费者需求的即时满足要求企业在场景化营销中对大数据、传感器等移动技术精准分析与运用。只有吸引消费者进入场景，文化企业才有机会实施后续的场景化营销策略。

## 三、留住消费者沉浸场景

当消费者进入文化企业构建的场景后，企业就要通过互动促进消费者参与场景、让消费者获得认同得到满足、增加场景的跨界为场景不断增添新鲜活力的方式让消费者沉浸在场景中，增加对场景的黏性与忠诚度。

### （一）互动促进参与

文化企业构建场景是为了满足消费者的需求，因而消费者是企业实施场景化营销的出发点与落脚点。要让消费者沉浸在场景中，就要通过具有创意的互动活动与环节，让消费者参与到场景中，真正体会企业赋予场景的文化内涵。

互动是文化企业在构建场景中最常用的方式。2016 年 4 月在上海开展的《名侦探柯南巡回展》引发了众多"90 后"的回忆，但是在实体展览中，企业并不是简单地陈列画作手稿，而是设置了许多互动环节，消费者一进入展览就可以通过扫描二维码成为侦探团中的一员，主办方将案件信息与线索通过微信传递给消费者，消费者以侦探的身份进入场景，不仅可以参观展览，还要完成破案任务，这样的互动设置无疑让消费者更加沉浸在展览场景中。展览中还设置了 3D 互动区域，消费者可以完美地融入动画现场中，或是阿笠博士家，或是毛利侦探社……

互动还能增强虚拟场景中的体验感，让消费者沉浸其中。Bilibili 网站通过设置弹幕互动，让消费者一边观看视频，一边分享评论，这样的互动让消费者感觉自己不是一个人在消费，而是与许多爱好者一起消费，并交流感想。一些自己没有注意到的场景细节，可以通过弹幕被放大，一些有争议的场景内容，消费者也会评头论足，从而丰富了消费者对场景内涵的理解并使其沉浸在场景中。

### （二）认同获得满足

场景对消费者需求的满足不只是功能上的，更是情感与心理上的。当消费者在文化企业构建的场景中获得了他人的认同，从而获得满足感与荣誉感时，消费者便会受到激励，更加积极地沉浸在场景中。

前文对场景的内涵的阐释表明，无论是面对面的实体场景，还是媒介介入的虚拟场景，场景中的消费者都希望向他人表演理想化中的自己，得到他人的认同与肯定，因而，消费者在场景中会特别注重自己的行为。在知乎这一企业构建的交流场景中，每一位消费者既是内容的提供者同时也是内容的生产者，为了获得他人的认同，如点赞、评论、收藏、关注与感谢等，每一位消费者都会精心编辑自己将要发表的内容，当获得他人认同时，他们会感到前所未有的满足。

因此，文化企业在实施场景化营销的过程中，要赋予消费者认同感与满足感，让他们更愿意留在场景中。可以对消费者的回答数量与质量进行评级，表现出消费者在场景中的重要性与贡献率；也可以使用排行榜的形式，鼓励消费者的行为。只有授予消费者足够的认同与满足，消费者才愿意留在场景中。

### （三）跨界增添活力

要留住消费者，文化企业就要不断地对场景进行创新，不断对场景中的文化内涵进行新的演绎与创造，增添场景的活力，让消费者感受到不一样的文化内涵，对场景始终保持好奇与新鲜感。跨界的场景叠加是企业演绎文化内涵并给场景增添活力的最好方式。

百货商场是文化企业跨界构建场景增添活力最典型的案例。上海的 K11 商城致力打造成为零售博物馆，通过零售与艺术、娱乐、教育等不同领域的跨界，不断革新与丰富场景文化内涵。K11 为消费者构建了服装、箱包等时尚用品的零售场景；商场内散布的艺术作品、不定期的艺术展览、乐队表演叠加了艺术场景；三层的都市农庄，入目的绿色植物与新鲜蔬果以及卖萌的小香猪，为这个充满都市化与现代化的场所增加了接地气的生活场景；格调不一的咖啡厅、茶座、甜品店为消费者提供了不同的娱乐场景；番茄田亲子幼儿中心以及烘焙兴趣教学为消费者提供了教育场景。在 K11，消费者仿佛是一个探索家，可以不断发现新鲜事物，每次来到 K11，不仅是为了放松，更是为了发现与寻找不一样的场景内涵。

新媒介的介入，让场景的跨界有意想不到的效果，为消费者提供了更大的惊喜与文化体验。Uber 一直以来倡导高效、便捷、优雅的用车服务，这与 Kindle 的目标受众是相同的。2015 年的世界读书日，Kindle 和 Uber 合作，消费者使用 Uber 应用选择 "Kindle" 并花费 9.9 元呼叫书单，离呼叫最近的 "Kindle 车" 会将书单和用于购买其 Kindle 电子书的优惠券送到消费者手中。这样的跨界玩法，将消费者的实体用车场景与虚拟阅读场景相结合，让消费者感受到原来日常的用车场景也能有文艺气息，同时也为消费者增加了适合用车场景的阅读场景，让消费者的出行与阅读更加轻松愉悦。

只有调动消费者参与的积极性、满足消费者的情感需求和永远充满惊喜的体验与新鲜感，才能让消费者愿意留在场景中，沉浸其中。

## 四、推动消费者分享场景

当文化企业构建好场景、吸引消费者进入场景并对场景形成一定的忠诚度后，企业就要推动消费者去分享场景，扩大场景的影响力。社群与社交是推动场景分享的重要力量，企业可以通过形成社群、维护社群的方式，以及社交关系链，推动消费者分享场景。一个无法推动消费者分享的场景就丧失了生命力，不是故步自封就是最终消失。

### （一）借助社群传播

社群是指那些对企业构建的场景极其忠诚的消费者构成的群体，他们不仅是场景的消费者，更是场景的拥护者。例如愿意在网络游戏中购买大量道具、研究攻略的游戏玩家；热衷在知乎回答问题并且内容质量较高的用户。

无论是线下的俱乐部、会所，还是线上的论坛、跑友圈，抑或是当下的果粉、米粉，都是具体场景下的社群集合，因为有共同的文化追求与兴趣爱好，粉丝会自愿聚集在一起，企业要做的就是聚集社群的力量，推动场景的分享。

社群的基础是拥有共同的目标。目标是聚集、凝结社群的关键，每一个社群都有不同的目标，满足社群不同的需求。逻辑思维的社群是指企业每年公开招募的会员，且有人数限制，他们通过交流获得知识的学习与逻辑上的共鸣，将此传播给其他消费者，并因此获得一定的优越感。正因为是拥有相同目标且自己认同的场景，社群的分享会更有效益。

当一个场景的社群初步形成，企业就要用心去维护社群，发挥它的功能。社群的形成是基于共同的目标，而要维护好社群，就要通过社群间的交流与成长。

社群需要交流。每一个场景的社群内部，消费者是互相沟通交流的，他们的交流结果会进一步促进场景的完善，因而相比粉丝，社群成员间的关系更为紧密。逻辑思维的社群，他们的交流结果会在逻辑思维相关的虚拟场景中呈现。

此外，社群还需要成长。创业黑马社群是目前中国最大的创业者自发组织的社群，拥有 100 万名用户，其中付费用户为 2 万名。该社群也是中国最活跃、交易量最高的创业者社群之一[①]。它的长期运营就是基于社群内部的资源共享与合作。社群成员间会相互投资与帮助，在交流的基础上，每位社群成员还能获得成长，因而也加强了社群的凝聚力，成员会主动分享自己所在的场景。

### （二）借用社交分享

社群是场景的拥护者，他们的主动分享是基于对场景的信任与忠诚，社群的消费者是企业的核心用户。也有一些消费者，他们并非场景的拥护者，但企业构建的场景仍旧可以为他们的社交关系起到一定作用，因而他们也会为企业分享场景。

---

① 每经网. 一年融资 609.63 亿元，黑马社群到底是个啥样的社群？[EB/OL].（2015-12-11）. http://www.nbd.com.cn/articles/2015-12-11/969420.html.

2014 年春节时微信红包的推出，无疑是对社交场景中那些弱关系链的有力利用。红包自古就有，发红包是中国人过年独具特色的生活场景，但微信让红包超越了本身的含义，原本只是长辈对小辈发红包，微信则构建了一个人人发红包、抢红包的社交游戏场景，曾经许久未联系的朋友或是微信群，不知该用什么样的话题重新切入，现在一个红包就能调动起大家的积极性，重新建立起联系。

消费者在其间有炫耀运气好的、有懊恼手速慢的，这些心理与话题激发了消费者主动去分享与传播红包场景，让更多消费者参与到微信红包场景中。于是，职场同事间、师生同学间、家人亲友间……消费者通过微信红包场景的分享，以一种方便且好玩的方式在社交网络中与他人互动，获得了更好的社交关系。

消费者每一次的场景分享既是对场景内涵的肯定，又是自身社交关系的稳固，给自己的社交关系链带来价值。

企业通过对场景社群的聚集与运营，对社交关系的利用，使消费者主动成为场景分享的重要推动力量，扩大场景的规模与影响力。

## 五、刺激消费者场景变现

作为一种独立的营销方式，前面所有的场景化营销策略只是为了吸引消费者进入场景、留住消费者沉浸场景、推动消费者分享场景，这样是不够的，因为场景化营销的最终目的还是为了刺激消费者产生消费行为，实现场景收益的变现，为文化企业创造盈利。文化企业可以通过对场景内部与外部的收益挖掘，实现场景变现。

### （一）简化场景消费

文化企业的场景化营销，在消费者感受场景文化内涵的同时，最关键的是要刺激消费者的支付行为。企业构建的场景中，每一件产品或每一种服务都可能是消费者想要购买消费的，因而企业要尽量缩短消费者的犹豫时间，简化他们的消费流程，做到"所见即所购"。

想象一下，当消费者在书店看中一本书时，消费者只要通过手机扫描书上的二维码支付，书本就会送货到家，或是在离店时领取；消费者在虚拟场景中观看视频时，看到喜欢的明星，希望穿上他的同款服饰，只要点击视频中的人物就能拥有同样帅气的装扮；消费者在参观文化展览时，希望同样精美的画作可以出现在自家的起居室，同样精致的茶具出现在自家的客厅，只要扫一扫二维码就能拥有艺术家一般的生活……

消费者的消费都带有一定的非理性，尤其是当企业在前期做到让消费者沉浸在场景中时，消费者的消费更容易受到文化氛围、服务质量、心理需求的影响，因而便捷的支付流程无疑会使消费者的消费行为增加。

### （二）提升场景服务

将场景的服务分级，通过提供增值的服务让消费者采取支付行为。戈夫曼指出在商业活动中，企业会给消费者制造一种印象，让消费者觉得企业和他们之间的场景互动关系具有独特的意义[①]，也就是我们常说的企业为消费者提供"个性化服务"。

在视频网站等虚拟场景中，付费会员可以优先看到热门影视的视频，他们比其他消费者更早一步知晓真相的虚荣心会让他们感受到自己的与众不同，并且乐于在社交平台分享吹嘘；付费会员还能享有更高质量、更加流畅的画面；付费会员享有没有广告打扰的服务，整个消费体验更加美好。在游戏网站的虚拟场景中，那些拥有更强武器的消费者可以轻松地获得胜利并因此受到其他玩家的追崇。在实体场景中，消费者愿意支付更加高昂的费用去享受更优质的服务，如在健身房中聘请一对一的教练，在培训班中选择一对一辅导的老师等。

企业构建的场景不仅要满足消费者的物质需求，还要满足他们的情感需求。将场景服务分级既可以让消费者充分获得场景功能上的满足，还能让消费者感受到独一无二的场景服务，满足情感需求，因而他们会更加愿意采取支付行为。

### （三）增加外部收益

企业不仅可以依靠对自身场景的改善与提升促进消费者的消费行为，还可以依靠自身对消费者的数据分析吸引相应的外部广告投资。

场景化营销本身便是基于满足消费者需求的场景所实施的营销策略，因而进入场景的消费者具有一定的共性，而构建场景的企业拥有这些消费者的相应数据，可以找到企业自身拥有类似消费者群体的其他企业，帮助这些企业实现精准营销。

携程作为国内最大的在线旅游网站，手机客户端月均活跃数达 678.6 万[②]，拥有众多消费者数据，通过这些数据的分析，可以知道消费者的兴趣爱好，如可以将越野车的广告投放给喜爱自驾游的消费者；企业还可以通过数据分析判断消费者目前所处的实体场景及未来可能进入实体场景，如消费者即将下飞机，企业可以推送附近的旅店、餐厅或专车接送服务。

由于这些广告的投放是基于消费者的数据进行的分析，因而消费者更容易接受，广告效果更好，广告主也乐于投资。

企业只有真正实现收益，才是真正达到了场景化营销的目的。可以发现，企业从构建场景到最终实现场景转化，每一个流程与步骤都是在满足消费者的需求，为消费者创造价值，同时跨界的合作与外部收益的挖掘，也是企业之间的价值共享，因而场景化营销作为一种营销方式不仅可以为不同企业创造收益，也是迎合消费者需求的为消费者创造更多价值的营销方式，是一种共赢的营销方式。

## 第四节　场景营销的问题

场景化营销在为消费者和文化企业创造价值的同时也存在许多问题，尤其是当媒介介

---

[①] 戈夫曼. 日常生活中的自我呈现[M]. 冯钢，译. 北京：北京大学出版社，2008：40-41.

[②] 易观智库. 场景白皮书 2016[D/OL]. （2016-04-24）[2021-06-02]. http://wenkubaidu.com/view/493f98e3af45b307e971971f.html.

入之后，对消费者的隐私、生活状态与心智能力等诸多方面都带了严重的影响。

## 一、媒介使用中的隐私泄露

场景化营销的实施与媒介的使用有着密不可分的关系，正是由于媒介的丰富性与技术性，使得文化企业可以借助其构建多样的场景与互动，但是在运用媒介为消费者提供产品与服务，为消费者创造价值的同时，也引起了人们对自身隐私问题的关注与担忧。

隐私指的是某个个体不愿让其他人知道的信息。当文化企业将媒介引入消费者的生活中时，这里的隐私包括消费者的姓名、年龄等基本信息，消费者的家庭住址、工作单位、个人邮箱、手机号码等联系方式，消费者的经济状况、银行账号、交易记录等财产信息，消费者的个人病历、身体状况等健康信息，消费者的消费记录、行踪变化、兴趣爱好等活动信息。

在媒介使用中，消费者的隐私会被泄露主要有两方面原因，一方面是文化企业为了自身的利益，另一方面是消费者对隐私的忽视。文化企业在场景化营销的过程中，为了了解消费者的即时需求，会在信息互动的过程中收集消费者的个人信息进行数据分析，同时为了吸引外部投资，文化企业也会将收集到的信息再次提供给广告主。为了能达到场景化营销的目的，文化企业会对消费者的隐私进行收集与再次传播。在国内，消费者对个人隐私的重视程度不够，如在注册网络游戏的账号时随便提供个人邮箱或年龄、职业等，使用手机时自动上传地理位置等。更重要的是，消费者对隐私的忽视不只是对自身的，更是对他人的，由于媒介构成的场景的虚拟性，使得在虚拟场景中消费者之间的关系纽带并不如实体场景中那么紧密，因而消费者的行为会具有一定的侵犯性，会不自知地将其他消费者的信息传播出去。这些安全意识的缺乏，使得文化企业轻而易举就能获得众多消费者的信息。

当文化企业在场景化营销的过程中收集到消费者的信息后，会对消费者的正常生活与安全带来严重影响，主要体现在以下两个方面。

（1）体现在文化企业对消费者的信息骚扰。文化企业收集消费者信息，是为了可以根据消费者的个人情况提供服务。为了能刺激消费者的消费行为，文化企业会不断地向消费者提供场景信息，吸引他们再次进入场景，这样的信息轰炸会让消费者感到厌烦。例如，当消费者使用猫眼电影购买电影票并观看完电影后，消费者会时不时收到新电影上映的通知或打折影票的信息，然而消费者可能只是偶尔观看电影。此外，当消费者使用微信以及运动手环进行运动活动时，文化企业可能收集到消费者的健康信息，如心率情况、卡路里消耗量、体重变化等，当文化企业将这些信息提供给医疗机构、健身机构等第三方组织，他们会依此向消费者推荐保健产品，消费者可能会觉得自己一些难以启齿的身体情况被他人知晓，生活受到骚扰。

（2）体现在文化企业对消费者信息的泄露所带来的安全隐患。文化企业的场景化营销很大一部分是基于地理位置提供信息，因而文化企业对消费者的行踪记录非常重视，可能会有一些不法分子利用这些地理信息对消费者造成安全威胁。当家长热衷在微信等社交场景中分享孩子的生活记录时，就已经在增加孩子的安全风险指数。

隐私的泄露会阻碍消费者使用媒介的热情，从而使他们在一开始就无法进入企业构建的场景。因此，文化企业在实施场景化营销的过程中必须采取相应措施，为消费者的隐私安全提供保障。

首先，文化企业要从自身做起，要具有一定的社会责任意识。文化企业不应该为了利益过多地侵犯、收集消费者的个人信息；同时收集到的信息要做好严格的保密工作，防止信息被不法分子获取利用；在吸引外部投资的过程中，也要有辨别能力，场景化营销是为了满足消费者的需求，因而应该基于消费者需求去寻找外部投资，而不应该为了利益将消费者信息随便提供给第三方组织。

其次，文化企业要保障消费者的知情权与充分的选择权。对于文化企业将要收集到的信息，应该以醒目的方式告知消费者，并且告知消费者这些信息的作用，可能会给他们带来的影响，让消费者对文化企业的行为有一定的认知度，并且提前判断当信息提供后可能对自身带来的影响；当消费者进入场景后，企业也要让消费者拥有选择停止信息互动的权利，让消费者可以即时地退出场景，并停止与文化企业的信息互动。

目前的文化市场，场景的同质化现象越来越严重，但只有让消费者真正放心使用，没有后顾之忧的场景才是真正为消费者创造价值，有长久的生命周期的场景。

## 二、场景互动中的现实脱离

在旅游产业中构建虚拟场景，实施场景化营销，即使消费者不处在真实的景点中，也能有身临其境之感；文化场馆中使用场景化营销，消费者在互动中加深对艺术的理解与参与；游戏产业中使用场景化营销，游戏中的道具背景、玩家之间的竞技，让消费者的真实感与沉浸感被放大……但是在消费者的五感被延伸放大的同时，也使得消费者逐渐脱离现实。

再真实、再高度还原的场景构建，消费者也只是在场景中与企业或是其他消费者实现虚拟互动，无法与真正的实体场景相同。

场景互动会增强消费者的沉浸感，但媒介中的场景互动，消费者始终是独处的一个人，而无法与现实社会的其他消费者接触。当消费者使用 VR 眼镜观看足球赛时，在旁观者看来，消费者只是一个人在客厅的沙发上自娱自乐，他既不能听到其他消费者在进球时的欢呼，也不能与其他消费者争辩哪个运动员发挥出色，更不能让他的欢呼与加油声被场上球员听到。这样的娱乐消费是孤独的，消费者或许享受了虚拟场景中球赛的全景收看，但无法享受实体场景中赛事氛围的浓厚，当消费行为结束时，消费者摘下 VR 眼镜的一刻，会感觉更加孤独。

虚拟场景中的独处会让消费者逐渐失去面对面交流的技能、失去对现实生活的信心。在虚拟场景中，通过媒介的隔离，消费者可以很好地掩藏真实的自己，而向他人表现出理想化的自己。一个性格内向、不擅表达的消费者，可以在网络游戏中通过文字、表情、装备、技能等方式获得其他消费者的认同，这会让他更加满意虚拟场景中的自己。但消费者最终还是生活在实体场景中，在实体场景中他会更加不知道该如何与他人沟通，并且虚拟场景与实体场景的对比让他对实体场景失去信心，不敢进入实体场景与他人交流。

因此，文化企业在构建场景的过程中，不仅要关注虚拟场景，更要引导消费者进入实体场景中，让文化产品与互联网文化产品落地，实现虚拟场景到实体场景的转换，这也是最高阶的场景化营销的核心所在。

针对这一问题，一方面，文化企业可以从产品本身入手，通过消费者对虚拟场景产生的黏性与忠诚度，从而鼓励他们进入实体场景。例如，VART产品为消费者提供线上私人博物馆，但是会通过对同城文化展览和活动的推送，吸引消费者到现场观看展览，再加上产品随时提供的导览服务，增强了消费者在实体场景中的体验感，从而更好地感受到文化艺术氛围。即使是全球最著名的亚马逊在线图书商店，也建立了公司首家实体书店。不同于传统的书店，亚马逊实体书店的产品通过虚拟场景的数据分析，为消费者提供最受欢迎的产品，且每本书都以封面朝上的形式陈列，寻找起来更加方便，旁边还附有读者的评论，大大增强了消费者在实体场景中的体验感与满意度。亚马逊实体书店的建立是一次完美的虚拟场景到实体场景的转化。

另一方面，文化企业可以从消费者入手。例如，网络游戏这一原本依靠虚拟场景吸引消费者的行业，也开始有了实体场景的转换。完美世界将关注重点放在消费者上，促进消费者之间的沟通，拉近消费者之间的距离。作为成立九年的游戏公司，完美世界在2015年举办"九周年见面会"寻老友活动，让虚拟场景中的队友进入现实场景中。活动中，因游戏而产生感情并成为情侣的玩家有数百人，甚至有近百对最终成为夫妻。通过这种场景化营销方式，完美世界作为一家游戏公司不仅仅构建了一个虚拟游戏场景，更为消费者构建了一个现实的社交场景。

此外，虚拟与现实场景的转换还可以通过跨界实现对场景的叠加。完美世界与三亚·蜈支洲岛合作开发游戏主题乐园，将虚拟游戏场景与现实旅游场景结合，消费者既可以在游戏场景中感受自然风光，也可以在旅游场景中进行游戏互动。乐视视频的边看边买、真人秀节目的同款扫码同样是通过跨界实现了场景的转换与叠加。

消费者始终是生活在实体场景中的，因而只有让消费者在实体场景中也获得精神上的愉悦性才是成功的场景化营销。

## 三、价值创造中的思维能力缺乏

企业的营销通过影响消费者的决策达到收益的目的，文化企业在进行场景化营销的过程中，会通过大数据实现精准的需求匹配，为消费者提供最优的选择，为消费者创造价值。但是在文化企业为消费者创造价值的过程中，文化企业占据了消费者的心智，使得消费者逐渐丧失了很多思考的机会，造成了思维的懈怠与思维能力的缺乏。

消费者会疏于思考。文化企业的场景化营销会通过数据判断消费者当下的需求，即时为消费者提供服务，仿佛是消费者的私人管家，但是这种价值创造侵占了消费者的思维，让消费者疏于思考。例如 VART 手机应用方便了消费者参观展览，为消费者即时提供艺术品的信息与介绍，这种便利性在为消费者创造价值的同时，使得消费者不会再去思考作品背后其他可能的含义，或是消费者自身对作品的思考。文化展览本就是陶冶人们的精神世界，促发消费者的审美情趣与艺术联想的，但统一化的服务让消费者丧失了自身的思维能力。

这种思维能力的缺乏会让消费者过度依赖媒介技术，不利于消费者个人的发展。消费者进入文化企业构建的文化场景，是为了感受文化氛围，解读文化意涵，在这个过程中，消费者会充分调动自己以往的知识储备以及生活经历，与企业构建的文化场景进行信息的互动，从而形成精神上的共鸣。每一次的共鸣，都是消费者情感的回忆与抒发，仿佛完成了一次精神上的洗礼，这种愉悦性与思维的过程，会加深消费者对已有情感与经历的记忆，同时有助于消费者对现有文化场景的解读与感受，帮助消费者塑造精神世界。而媒介介入的场景化营销，让消费者完全依赖企业的数据分析，缺少了自身对场景文化意涵的解读。

这种思维能力的缺乏还不利于文化产业的发展。文化产业的发展需要多元化，追求差异性，目的是让消费者享受多元文化。正是通过差异化的文化内涵，文化企业才能为消费者构建不同的文化场景。但是，当文化企业依据大数据分析，为消费者提供最优选择的时候，是在引领着消费者进行大众化的消费，在消除消费者文化消费的多元性。例如猫眼电影提供的高评价影片，豆瓣社群对热门电影、图书、音乐的评价，这些为了方便消费者决策而向消费者提供的信息，却引导着消费者向那些大众感兴趣的、受欢迎的文化市场中的少数产品消费，让一些其他的文化产品受到了忽视。更严重的是，这种价值创造从一开始就使得消费者对电影、图书等文化内容产品进行了定义，消费者受这些已有信息的影响，从而丧失了自己的思考，甚至为了融入社群，变得人云亦云。无论是受到忽视的文化产品，还是消费者对文化产品的统一认知，都不利于文化产业多元化的发展。

因而，文化企业在施行场景化营销过程中，不仅要向消费者提供对其最优的决策，更要为消费者提供更多样的选择，在互动过程中开发消费者多元的兴趣。可以从消费者对个性化的追求入手，让消费者感受到场景中为他们提供的产品和服务是有别于大众消费的，满足他们的猎奇心与虚荣心。例如，在提供服务时表明"世界上只有 0.1%的人看过这本书"，这样的暗示性话语会立即吸引消费者的兴趣，从而使他们进入这样的阅读场景。

同时文化企业在实施场景化营销的过程中，还要鼓励消费者进行思考。文化企业可以从消费者对社交与认同的需求入手。例如 VART 产品将进一步推出点评功能，消费者在参观展览时可以对展览的作品进行点评与分享，向其他消费者展现自己的艺术见解，既满足了消费者对社交的需求，同时还可以获得认同，让他人见识到自己的艺术品位，这也让艺术作品的解读更多元化。

只有通过富有创造性的文化产品去丰富消费者的精神世界，文化企业才能让消费者获得真正的精神上的满足，为消费者创造价值，同时也促进文化产业的发展。

从营销学的角度来看，场景可以被看作是具有符号含义的，可以满足消费者情感与物质需求，体现消费者生活方式与价值观念的多元空间。场景有实体场景、虚拟场景与融合场景，每种类型的场景都有其各自的特点。文化企业可以通过场景营销来增加消费者对其产品或服务的好感，即文化企业通过场景化营销的方式，基于构建的文化场景，运用不同的策略让消费者进入场景、沉浸场景、分享场景，并且最终刺激消费者在场景中的支付行为，实现文化企业的收益。具体来讲，文化企业首先需要为消费者建构一个有意义的场景并借助媒体等力量将消费者带入场景中；其次还必须加强与消费者的互动，最终促进认同使其沉浸于中，并自愿成为文化品牌免费的宣传者与传播者；最后还需要积极引导消费者进行场景变现以实现企业盈利。同时，场景化营销还存在许多问题，如隐私泄露、缺乏创新等，因此文化企业在实施过程中务必要避免因为技术的运用而对消费者造成的负面影响。

 **思考题**

1．不同角度下场景营销的概念各有什么不同？

2．文化企业在建构场景营销时一般的流程是什么？应该注意什么问题？

3．文化企业在进行场景营销中遇到了哪些共同问题？应如何解决？

**推荐阅读资料**

1．戈夫曼．日常生活中的自我呈现[M]．冯钢，译．北京：北京大学出版社，2008．

2．贝尔．后工业社会的来临：对社会预测的一项探索[M]．高铦，王宏周，魏章玲，译．北京：新华出版社，1997．

3．梅罗维茨．消失的地域：电子媒介对社会行为的影响[M]．肖志军，译．北京：清华大学出版社，2002．

4．波德里亚．消费社会[M]．刘成富，全志刚，译．南京：南京大学出版社，2006．

5．怀特．小城市空间的社会生活[M]．叶齐茂，倪晓辉，译．上海：上海译文出版社，2016．

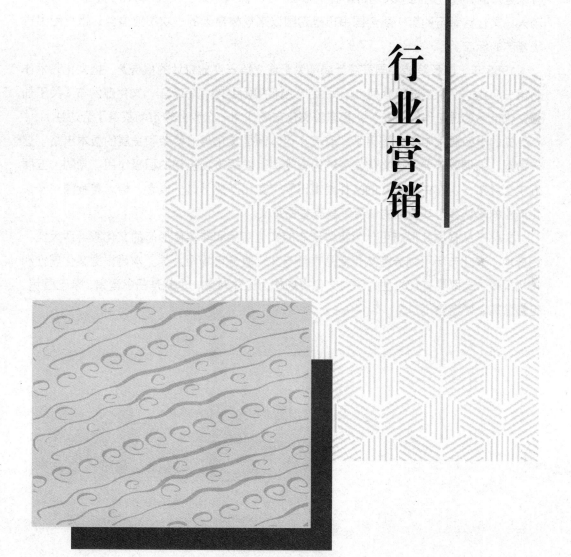

下篇

行业营销

1979 年，广州东方宾馆开设了国内第一家音乐茶楼，我国开始出现了具有现代意义和形态的文化市场。随着港台音乐流进，内地音响业开始起步，由此带动了演艺市场与卡带复制市场的迅速发展。中国文化市场复苏最为壮观和代表性的事件是 20 世纪 70 年代末电影的井喷，达到了人均每年看电影 20 场的惊人纪录。1980 年 10 月，在北京市劳动人民文化宫举行的第一届全国书市是建国以来规模最大的一次书业盛会，也是图书市场复苏的标志。

1985 年，国务院转发国家统计局《关于建立第三产业统计的报告》，把文化艺术作为第三产业的一个组成部分列入国民生产统计的项目中。1988 年，文化部发布《关于加强文化市场管理工作的通知》，标志着文化市场作为一个专业性市场获得了合法性。

党的十四届六中全会提出了"改革文化体制是文化事业繁荣和发展的根本出路"这一命题，强调改革要遵循文化发展的内在规律，发挥市场机制的积极作用。党的十五届五中全会第一次在中央正式的文件里提出了"文化产业"这一概念，标志着我国对于文化产业的承认和对其地位的认可，具有重要意义。

文化产品根据其形态可分为实体形态的文化商品和非实体形态的文化服务两大类，相应地，文化市场可划分为文化商品市场与文化服务市场两大类。本篇根据文化属性和市场规模，选取具有代表性的四大文化市场作为论述对象，也就是图书营销、演艺营销、电影营销、网游营销。

# 第十二章

## 图书营销

 学习目标

通过对本章的学习，学生应掌握如下内容：

1. 现代出版业的基本结构；
2. 数字图书的经济属性；
3. 新经济时代的按需出版。

 导言

联合国教科文组织对图书的定义是：凡由出版社（商）出版的不包括封面和封底在内49页以上的印刷品，具有特定的书名和著者名，编有国际标准书号。图书的本质是一种传播媒介，它与期刊、报纸、广播、电视等传播媒体相比，有许多个性特征，其中最突出的一点就是，其信息传播是非定期的。

图书首先是一种精神文化产品，同时也是精神文化内容的物化形态，因而也是一种物质产品。作为物质产品的图书，其载体形态多种多样。尽管图书的主流载体形态是人们熟知的纸张，但人类曾使用过各种不同载体的图书。例如，公元前3500年左右居住在两河流域的苏美尔人创造了"泥版书"，中国商周时期出现的"竹木简牍"等。随着社会经济的发展，除了传统的印刷品外，电子图书等新图书形式也成为图书市场中重要的一部分。

## 第一节　三类出版的结构性差异

现代出版业是相对古代出版业和近代出版业而言的。《大不列颠百科全书》将19世纪以来的出版业称为现代出版业，因为到19世纪"出版业已完全确立，其特点是商业性与理想主义的混合"①。简而言之，现代出版业是由三部分构成的，即一般出版、教育出

---

① 昂温 G，昂温 P S. 外国出版史[M]. 陈生铮，译. 北京：中国书籍出版社，1988：30.

版和专业出版。它们的产品就相应为一般图书、教育图书与专业图书。

一般出版是指与大众的日常生活、休闲阅读以及文化体验相关的出版，是大众眼里的出版，是最活跃、最丰富、最有魅力、最经典、最多元、最热闹的出版；一般图书有时也叫大众图书，或消费类图书，英文对应的常有 general interest books、consumer books、trade books，其实叫大众图书或一般图书有时未必很确切，有很多书既不大众，也不通俗；很难找到一个十分准确的名词来称呼这类出版（这是一个相对概念，相对专业而言）。一般出版更多的是一个商业上的界定，显然不能从表面上去理解。一般图书的细分通常是以人们的生活和娱乐兴趣来分类，常见的类别有小说、传记、少儿、艺术、旅游、保健、文化、科普、理财、自助、励志等。

教育出版是指与学习、教育及培训有关的出版，教育出版是最不会引起歧义、最名副其实的出版，但在很多人的出版概念里似乎并不包括教育出版，因为这是一种产品最模式化、标准化，而过程最复杂、计划性最强的出版，读者无法感知背后组织和过程的复杂，只知道产品的单调，教科书常常是枯燥的代名词。教育图书通常以知识深浅程度和门类为分类标准，主要分为基础教育出版和高等教育出版两大门类，后者还包括职业教育和终身学习读物的出版，二者各自又都可按学科和课程细分。一个国家对教科书的重视远远超过其他任何类图书，一个国家图书出版业发展的第一步，通常是从教科书开始，但一个国家教育出版规模的大小往往与其出版业发达程度成反比。

专业出版是指与职业和行业有关的出版，是最专、最深、最细分的出版，这类出版在传统的出版分类中也很难找到恰当对应称呼，常常笼统称之为学术出版或科技出版，这二者虽然也都是与职业和行业有关的，但含义都不如专业出版广泛，专业出版对应的英文为professional，有专业和职业两个意思，二者内在有一致性，专业的通常是职业的。在国际出版界，专业出版以职业和行业为分类标准，通常包括四大类：财经、法律、科技与医学，后两者常被通称为STM。需要说明的是，这里的财经与一般出版中的理财有很大不同，专指以理财为职业的读者出版的书，如职业会计师、审计师、职业经理人等；而不是炒股之类的大众理财读物。医学应当可以归入科技，因其出版规模大而单列；法律图书也是一种典型的职业图书而不适合称为学术图书或科技图书。

出版业可以有多种分类，如通常按门类和系统分为社科出版、文艺出版、科技出版、少儿出版、大学出版、古籍出版、美术出版、辞书出版、教育出版等。按载体分为纸介质出版、音像出版、电子出版、网络出版等。通过不同的分类可以从不同角度描述出版业的结构，把出版分为一般出版、教育出版和专业出版，由此描述的出版业的结构是最基本的结构。现代出版业的基本分类主要以出版业的功能为尺度，一般出版、教育出版、专业出版对应着出版业的三大功能：娱乐（文化）、知识和信息，出版业广义上属于内容产业或创意产业，事实上，内容产业基本功能也是这三个。现代出版业之所以承载娱乐（文化）、知识和信息三大功能是由其服务业的性质决定的。

出版业是服务业，服务业不同于制造业，制造业通常是价值链和产业链的龙头，是社会经济发展的主导力量，可以拉动一系列相关产业的需求，如汽车行业，可以拉动和决定许多行业的发展。出版业则不然，它是典型的服务业，其结构、功能、规模等是由其服务的对象决定和塑造的。

从终极的角度看，出版是为人服务的，出版业的功能体现了人类对出版内容的基本需求。通常情况下，人的状态无非两种，即工作和休闲，对应工作的是专业出版，对应休闲的是一般出版，而教育出版是为工作和休闲作准备，教育难道不是为生活和工作提供知识基础吗？

就一个人的一生而言，出版业的服务的对应是这样的：从看图识字开始，直到耄耋老矣，都会与一般出版发生关系，成为一般出版的目标对象；从幼儿园或小学开始直到参加工作，接触最多的当属教育出版，是教育出版的目标对象。待参加工作后更多会接触专业出版，即与职业和行业相关的出版；事实上，人们在接受高等教育期间，就会更多地与职业联系起来，这就是很多时候专业出版与高等教育出版有大量的交叉，不易分开的原因。

对出版业进行结构上的区分，并突出强调其差异性，更多的是出于经营和管理上的考虑。一般出版、教育出版与专业出版在商业模式、产业集中度、营销方式等方面都存在着不容忽视的结构性差异，这些差异无时不在影响着企业的经营与发展。

## 一、经济特性与商业特性

三类出版的经济特性与商业特性有较大差异，如表 12-1 所示。

表 12-1　三类出版的经济特性及商业特性比较

| 类　别 | 投资门槛 | 投资风险 | 盈利性 | 回报期 |
|---|---|---|---|---|
| 一般出版 | 低 | 低 | 差 | 短 |
| 教育出版 | 高 | 高 | 好 | 长 |
| 专业出版 | 中 | 中 | 好 | 中 |

纯粹从投资的角度看，一般出版并不是最佳选择。尽管一般图书创造了很多市场奇迹，但相对教育出版和专业出版而言，一般出版在商业上的麻烦和陷阱是最多的。困扰全球出版界两个最头痛的麻烦是高预付款和高退货率，这使得一般出版在畅销书光环的背后隐藏着巨大的风险和不确定性。

一般出版的进入门槛最低，主要依赖人力资本而不是有形资本；有形资本中主要是存货，而不是设备，不用多少钱就可以启动。从另一个角度看，门槛低意味着不容易建立起竞争优势，替代威胁大。世界各国这个领域的出版商最多，新陈代谢最频繁。

关于一般出版的商业缺陷，法国思想家狄德罗在 200 年前就一语道破，"出版者不乏烦恼，因为读者的兴趣总是出人意料；流行趋势变化的风险随时出现，就像纺织业，年年月月把整个身心投入梳理那些时常是杂乱无章不成系统的东西……但其结果远不如纺织业，积压的纺织品多少还有点价值，可积压的书可能完全没有用。"[1]全球最大的一般出

---

[1] 清水英夫. 现代出版学[M]. 沈洵澧，乐惟清，译. 北京：中国书籍出版社，1991：137.

版商是兰登书屋，在那里当过多年执行总编的乔森·爱泼斯坦对此讲得更深刻，"一般出版本质上像农业，分散，即兴，个人化，适合一些趣味相投的小机构来做""他们看重的回报常常是乐在其中的书本身而非现金流"。因此，热衷一般出版的多是一些理想主义者，而不是理性的投资人。尽管一般出版表面风头出尽，外界也吹捧有加，但不断制造明星与畅销书榜热闹非凡的外在表象还是改变不了其盈利性差的事实：兰登书屋 2000 年占据了《纽约时报》畅销书榜单的 60%，销售 20 亿美元，但利润却只有 1%。通常一般出版的平均利润只有 5%～6%，从单本畅销书看，利润确实丰厚，有时甚至是暴利，问题是谁能保证本本畅销？"一将功成万骨枯"，一本书畅销后隐藏了多少图书积压和巨亏的悲惨故事。

看起来枯燥单调的教育出版在经济效益上最光彩夺目。教育出版投资门槛高，有规模效应，不要说教材的开发和招标，即便是教辅书的开发、修订和销售投入也都不是小打小闹了。换言之，门槛高让进入者和竞争者减少，替代威胁自然减少。教育出版的盈利最高，全世界都是如此。美国中小学教育出版的利润高达 20%～25%，高等教育出版的利润也达 15%～20%。然而高利润背后是高风险，任何书都不像教科书，一旦不被采用就前功尽弃。教育出版的经营方式像医生开药方、患者买单的医药行业，购买决策者不是终极消费者。同时，教育出版也是最像制造业的出版：产品标准化，可以大规模制造，大规模销售，是一个牵涉研发、审批、招标、机构销售、政府攻关的系统工程。专业出版正好介于二者之间。投资门槛比一般出版高是因为其内容具专业性，其盈利和风险比教育出版低是由于其市场细分而狭小，整体上专业出版的盈利为 10%～20%。

## 二、产业集中度

就出版业而言，将三大出版的产业集中度的分析分开做比混在一起更有价值，因为三者市场替代性不强，且其产业集中度差异很大。

教育出版的产业集中度最高，无论是在市场主导的发达国家，还是在政府主导的发展中国家，教育出版市场都由少数几家公司掌控。四家公司掌控了美国基础教育图书市场，加起来占 70%；三家公司控制美国高等教育市场，份额超过 80%。英国教育出版前五家公司占 67%。相比之下，中国教育市场集中度偏低，无论是教材还是教辅，这主要是由于教材是区域市场主导，教辅缺乏领导品牌，但这只是暂时现象，大洗牌正在进行之中。专业出版有全球市场特性，无论是在全球市场，还是在国内市场，其市场集中度都很高，全球专业出版市场主要由汤姆森、里德和威科三大集团垄断。一般出版的市场集中度最低，世界上小而分散的出版社多为一般出版社。

三类出版在规模效应上的差异有价值链上的原因。从价值链的角度看，一般出版外包度最高，纵向整合度最低；教育出版则相反，外包度最低，纵向整合度最高；专业出版居中。

出版价值链由内容获得、编辑加工、设计印制、营销推广和读者服务等流程构成。一般出版的很多环节都可以外包，其中包括内容获得与编辑加工，这一方面使一般出版容易启动，一个人，一张桌子，一个电话就可以办一个出版社；但从另一个角度看，不容易做大，同时导致了纵向整合的难度大、对价值链掌控的主动性小的问题，从而使得一般出版的每一步都处于被动之中。比如拿好稿子被动，一般出版组稿主要靠编辑与作者的个人关系网，关系资源更多属于个人而非组织，个人竞争力大于组织竞争力，出版社的品牌对作者和读者的价值不如对经销商大；畅销书的作者品牌大于出版社品牌；与发行商谈判更被动，因为主要靠发行商送到全国市场，靠卖场销售。只有手中握有畅销书时，与经销商谈判才有点儿主动权，如现款提货，但这种情况太少了。

教育出版则正好相反，外包程度低使得出版商可以完全掌控整个价值链。比如教材和教辅的内容可以由出版商来投资开发，因此教材的版权比较复杂，一般不归某个作者，常常归投资的机构所有，至少与作者共同所有；因为规模大，完全可以自己建厂印刷；因为目标读者是学生和老师，目标机构是学校，如果政策许可完全可以直接销售，绕开经销商，掌握营销主动权。教育出版差不多在每一个环节上都可以主导，进而可以主导整个价值链；而且在学习用书和工具书上，机构品牌很有影响力，企业在资源和品牌建设上大有可为。从纵向的角度看，一般出版外包的收入，教育出版可以算作自己的，其规模效应自然就大。专业出版对价值链的掌握不如教育出版，但比一般出版强，至少可以掌控价值链后半截。因为专业图书目标读者明确，可以建立数据库，绕开经销商来进行直接营销，不用完全依赖书店渠道。对前半截，虽然专业出版的内容资源多数也像一般出版靠约稿，不可能自己研发，但方向要比一般出版确定，比如哪些作者和机构的研究成果有出版价值，分布在哪里等都不难了解到。近年来，专业出版也加强了对作者版权的掌控，像威科集团，有50%以上的版权是一次性买断，这些大型专业出版集团越来越多地把专家变成社内作者。专业出版规模优势的另一个来源是国际市场，专业出版的很多门类是天然的国际市场，因此其规模效应优于一般出版。

## 三、营销模式

三类出版的营销模式也有很大的差异，以经典营销原理4P略作分析，如表12-2所示。

表12-2　三类出版营销模式比较

| 类　别 | 产　品 | 定　价 | 渠　道 | 推　广 |
|---|---|---|---|---|
| 一般出版 | 内容+包装<br>关键词：原创 | 弹性大 | 零售渠道为主<br>有渠道依赖 | 畅销书靠拉<br>非畅销书靠推<br>媒体组合+渠道组合 |
| 教育出版 | 内容+审批<br>关键词：修订 | 弹性小 | 专门渠道<br>区域市场<br>（高等教育多为国际市场） | 系统营销<br>市场+政府公关 |
| 专业出版 | 内容品质制胜<br>关键词：更新 | 弹性小 | 零售渠道<br>直接渠道 | 目标营销<br>直接渠道 |

在产品方面，一般图书不仅卖内容而且卖包装，同一内容改变开本、字号和设计，就可以开发出新的市场，这种招数在专业出版上绝对行不通。专业图书读者买的是内容，信息是核心价值，不大看重包装。就内容而言，大众图书是原创驱动，产品的竞争力在于其内容的创新，不一定是最新的，也许是独特的、新奇的；教育图书则不然，最新的未必一定是最好的，特别是中小学教学用书，关键是要符合教学课程标准，要通过审批，相对而言，大学教材修订节奏更快，美国的教材修订频率是大学教材三年、中小学教材五年修订一次。真正的专业出版是最需要及时更新的，所以专业出版中期刊比重大，因为出版频率快。

在价格方面，一般出版的定价弹性最大，这是因为这类书给人很大的市场想象空间，每一个阅读人口都可能成为它的读者；但也可能每个人都不读，因为没有必读性，可有可无，还可以用别的媒体或别的娱乐方式来替代读书。因此，大众图书价格弹性大，价高不仅遏制需求，还为盗版提供机会，降低价格就能刺激销售，这就是为什么在西方出版史上将书价大幅降低的情况称为平装书革命，所谓平装书革命实质上就是图书价格显著降低而引发的一场大规模生产和大规模销售的市场营销突破。相比之下，专业图书价格弹性比较小，整体定价偏高。从商家方面看，专业读者人数就那么多，应当在每个人身上多赚一点儿；从读者角度看，因为专业图书消费多为工作职业需要，与其说是图书消费，不如说是智力投资，有必读性。在知识经济背景下，企业和个人向学习型转换，也越发强化了投入买书学习的必要性。教育图书价格弹性小，特别是中小学课本和课本相关的教辅类价格偏低，在中国有政府的相关政策实行价格上限的控制。高等教育图书则不同，其更接近专业图书，大学教材以上的高教图书价格较高，特别是国外的大学教材更是非常昂贵。高教图书的高定价也有很多副作用，比如在美国，因为新书价太高，致使二手教材市场繁荣，使新书退货率上升；而在一些发展中国家则给盗版商留下巨大的商机。

在渠道方面，一般图书主要依靠零售渠道，渠道越多越好，因为大众读者太分散，需要多种渠道组合提高覆盖率，需要不断开拓新渠道。大众图书有很成功的渠道创新，如俱乐部和直邮，但总体上还是以卖场销售为主，或者说严重依赖卖场来销售，因为更多的图书品种是靠越来越大的卖场陈列才有得以与读者见面的机会。专业出版也靠比例不小的零售渠道，但也有直接渠道，很多时候直接渠道对销售专业书更有效。美国专业图书利润率比一般图书高的一个重要原因是由于1/3以上的专业书是直接销售，大大降低了渠道成本，提高了毛利率。教育图书也可以用直接渠道销售，因为学校和学生就在那里，是很容易找到的。

在推广方面，一般图书的畅销书靠拉，非畅销书靠推。如果握有畅销书，出版商就比较主动，不用做广告，因为书本身就是新闻。但这样的书毕竟屈指可数，多数图书靠推，发到书店，铺到卖场，还要媒体书评跟进。专业图书的推广，很多是目标营销，直接渠道多一些，而教育出版是系统营销。[①]

---

① 程三国. 现代出版业的结构与商业模式[R]//中国文化产业发展报告. 北京：社会科学文献出版社，2004：80.

# 第二节　数字图书及其经济属性

联合国教科文组织关于图书的定义是基于传统图书的考量，但数字技术改变了图书的展现形式，按照传统图书定义，已经很难对数字图书进行一个合理的分类。根据中国数字出版产业发展的特殊国情，按照电子书呈现形式的不同，以及与传统出版之间的关系，可以将电子书分为三种基本类型：电子书 1.0、电子书 2.0、电子书 3.0。[①]

电子书 1.0（Ebook 1.0）即传统印刷图书对应的电子版。目前很多词典上对 Ebook 一词的解释指的都是这一类。其源于印刷纸质书，通常是先有纸质书再出电子书，或同时推出。它和纸质书的内容完全对应，版式也相同或相近，所以有人说它是一种新的"平装书"。因为它最接近传统的"书"，所以它具有以下三个特点：① 连续性。这是从阅读体验的角度出发，那些在内容组织上不连续（如数据库、电子书新闻报刊等）、非线性（如含有较多交互式、非静态内容）的产品不是电子书 1.0。② 独立性。电子书 1.0 的内容不会因阅读平台上其他内容的变化而变化，也不会随着阅读硬件的变化而变化，它是相对独立的，可以复制或传输，且始终保持内容原貌不变。③ 完整、定型。电子书 1.0 是一个内容上一次性封装完成的成品，尽管可以嵌入少量可变模块，可以改换显示形式，甚至可以被升级、更新，但在主体结构上是确定的、完整的。对它的消费是在生产完成之后。电子书 1.0 多是由出版社（或者是与出版社合作的技术方及销售平台）通过对排版文件进行转档，或者对图书进行扫描、OCR 等方式来生产。国外起步较早的出版社，包括国内的少数出版社，通过流程改造实现了电子书与纸质书前期生产过程的统一。

电子书 2.0（Ebook 2.0）指的是从生产到发布都只有数字化形态的电子读物，不过，那些先出数字版本，然后再出其他版式的图书也可归于此类。它虽然仍是以文字为主的静态阅读产品，但已失去了许多与传统"书"的对应关系。中国的电子书 2.0 起步于网络阅读，更多的带有 Web 内容产品的某些特点：① 较弱的完整性。它可以是完整、连续的（有纸质版的情况下），但也可能是以断续的、可定制的形式出现。② 较强的流动性。它更加重内容而轻版式；它的生产过程和消费过程在时间上是可以重合的，可以并行发生，类似于基于 Web 2.0 的信息消费特点。③ 文字层面的简单互动性。它在一定程度上使得文字的创作与阅读兼具社交的功能。目前国内的网络原创读物，如盛大旗下的文学网站上的原创内容等，绝大多数属于 Ebook 2.0。盛大文学在中国的崛起表明中国另一个阅读市场的开辟和发展，众多的网络阅读者形成了中国新的阅读人群。

电子书 3.0（Ebook 3.0）指的是除了文字、图、表等平面静态阅读要素以外，还集成了声音、视频、动画、实时变化模块（如嵌入的网页等）、交互模块等要素的多媒体读物。

---

[①] 百道新出版研究院. 2011 中国电子书产业研究报告[EB/OL].（2011-02-28）[2021-06-02]. http://www.bookdao.com/article/14206/.

这类电子书目前有诸多形式和名称，有的叫增强型电子书（EnhancedEbook），有的叫 Vook，即介于录像（video）和图书（book）之间的出版形态。如 knfbReadingTechnology 公司的 Blio 交互式电子书（interactivebook），DisneyDigitalBooks 等多媒体电子书，以及苹果公司 iOS 系统上（如 iPad、iPhone、iPodTouch 等）许多集成了多媒体要素的图书应用都属于 Ebook 3.0。Ebook 3.0 有以下特点：① 内容的杂合性。它是多种传播素材（文字、声音、视频等）的混合体。② 消费体验呈非线性。它可以包括一些动态生成的内容，以及交互式、有网络社交功能的模块。阅读或浏览可以是跳跃式的、选择性的。③ 制作过程的复杂性。一般不再是个人的独立作品。相对于传统图书，电子书 3.0 是最不像"图书"的图书，而更像融合了各种媒介的新媒介。首先，电子书 3.0 的生产者已不再以传统出版社为主，或者说它的生产者融合了文字内容生产者、音频内容生产者、视频内容生产者、技术合成工作者以及其他程序/应用开发者等，当融合涉及上游生产者，势必要求这些原本分散开来、各自为政的不同媒介生产者做一些调整和整合，以适应不断变化的生产需求；其次，电子书 3.0 很多情况下是以图书应用（App）的形式展现出来的，这种应用在形式上已经很难判断出它是一本书、一个教育产品、娱乐产品还是游戏产品了。

商品的经济属性可以用弹性指标进行具体量化，该指标能够对商品价格、收入与需求关系进行一般性的描述。图书的需求价格弹性直接影响到出版厂商的定价决策，图书的收入弹性则直接反映出消费者对图书商品的非必需性需求。而更为重要的是，图书作为"传达思想和文化的工具"，具有与其他商品不同的特殊属性，在赋予图书较强垄断性的同时，也显示出其信息产品的特性，以及较强的正外部性。[1]但这种属性在传统图书与数字图书上的表现并不一致。

## 一、价格弹性

在价格弹性上，传统图书较低，但数字图书不一定低。需求定理表明，一种物品的价格下降使需求量增加。需求价格弹性（price elasticity of demand）衡量的是需求量对价格变动的反应程度。如果一种物品的需求量对价格变动的反应很大，就说明这种物品的需求是富有弹性的。如果一种物品的需求量对价格变动的反应很小，就说明这种物品的需求是缺乏弹性的。任何一种物品的需求价格弹性都衡量当其价格上升时，消费者放弃这种物品的意愿有多强。因此，弹性反映了形成消费者嗜好的许多经济、社会与心理因素。[2]对传统图书价格弹性的实证研究表明，图书属于缺乏弹性的商品，即 $E<1$。根据美国著名经济学家斯蒂格利茨《经济学》一书中的测算，美国图书市场的需求价格弹性为 0.34[3]；而国内研究人员对中国图书市场 1990—1998 年的需求价格弹性的研究表明，这一时期中国图书

[1] 陈昕. 中国图书定价制度研究[M]. 北京：生活·读书·新知三联书店，2011：5-13.
[2] 曼昆. 经济学原理：微观经济学分册[M]. 北京：北京大学出版社，2006：93.
[3] 斯蒂格利茨. 经济学人：上[M]. 北京：中国人民大学出版社，2000：91.

的价格弹性一直稳定在 0.40 左右[1]。显然对于图书这样的低价格弹性商品,厂商一般会采取涨价策略来提高销售收入。就其一般性而言,图书属于缺乏价格弹性的商品,但对于不同类型的图书,其价格弹性可能会有较大的差异,甚至不排除某种图书有较高的价格弹性。比如教材的价格弹性较低,但教辅书的价格弹性则较高;专业图书与大众图书相比,后者的价格弹性较高;而大众图书中内容雷同、风格相差无几的图书,如大众食谱、养生健康等生活类图书,则往往会有更高的价格弹性。[2]

数字图书的价格弹性需要通过其与传统图书的替代性来分析。产品替代根据替代程度的不同可划分为以下三个层次:不完全性替代、基本性替代和完全替代。中国现有的三种形式的电子书对传统图书的替代性各不相同。① 电子书 1.0 实际上是纸质版图书的电子化延伸,与纸质版相比,除了载体不同之外,其他方面几乎没有差别。因此,对于对内容载体没有特殊要求的人来说,电子书由于自身具有的优势,如便携性、海量容量等,它对于传统图书可以说具有完全替代性。然而,在中国,由于各种条件的限制,实际情况并非如此。首先,由于传统图书阅读者一般都是资深读者,他们对纸质版的图书具有天然的依赖性和偏好。图书的装订、固有的阅读版式以及陪伴读者良久的书香都是电子图书一时之间无法替代的,因此,对于这些读者来说,电子书只在便携性方面对传统图书具有替代性,而在其他阅读感受方面则无法代替纸质图书,因此这种替代作用也只是不完全性的。其次,电子书 1.0 的内容对传统出版社有着极大的依赖性。传统出版社掌握着中国最大数量的优质传统内容,因为各种原因,传统出版社并不乐于把手中的优质内容转化成电子书的形式,这就极大地限制了电子书 1.0 所能提供的内容,因此也限制了传统图书的读者转化成电子书 1.0 读者的可能性。因此,表面上看,Ebook 1.0 会蚕食一部分纸质书市场,但其总体上是在为传统出版业做加法,相当于同一内容的多平台开发,是纸质书的价值延伸与转移。② 以盛大文学为代表的电子书 2.0 是纯网络文学发展和延伸的形式,与电子书 1.0 相比,它代表的是新生的阅读市场,读者也多为青少年群体和非传统图书读者。这样的消费者构成决定了电子书 2.0 与传统图书之间基本没什么替代关系,属于数字技术带来的新兴阅读市场。因此,网络文学在定价时不必参考纸质书价格,只需按照网络定价原则进行定价即可。电子书 2.0 的电子版本如果在网络上取得了不错的销售成绩,就有可能出版纸质版,这时纸质版的定价就要参考此类图书一般的定价原则,按照市场需求对等进行定价。总之,电子书 2.0 与纸质图书是有限交叉的两个市场,二者之间也几乎没什么可替代性。③ 电子书 3.0 是各种媒体融合的产物,也是与传统纸质版图书形式上差别最大的电子书形式,其受众(包括读者、听众、观众等)主要是平板电脑、智能手机以及数字终端的使用者。由于各种数字阅读终端价钱并不便宜,这部分受众与传统图书读者有一部分交叉,在这部分读者中,电子书 3.0 与纸质版图书有一定的替代性,但同电子书 2.0 一样,电子书 3.0 虽然提供了更多的感官享受,但无法替代深植于传统读者内心对"书香"的渴望,且与电子书

[1] 王广照. 向更高的境界迈进:用产业组织理论分析中国出版业[J]. 出版广角,2003(5):47-49.
[2] 陈昕. 中国图书定价制度研究[M]. 北京:生活·读书·新知三联书店,2011:7.

2.0 相比，电子书 3.0 受内容所限更加严重，很难让传统读者找到适合自己阅读的电子书。对于那些对传统图书并没有多少感情，特别是那些"数字新生代"而言，电子书 3.0 是阅读的首选，他们习惯了在数字终端上进行阅读，在这种情况下，电子书 3.0 对纸质图书几乎具有完全替代性。这时电子书 3.0 定价所要参考的就是整个市场上其他种类的图书应用使用的定价策略以及价格水平，来确定自己的价格。

## 二、收入弹性

在收入弹性上，传统图书较高，但数字图书更高。商品需求的收入弹性是指在价格不变的条件下，消费者收入变动百分之一时该商品需求量变动的百分比。在经济学中，该指标用来衡量某种商品需求量的变动对收入变动的反应程度，它是反映商品经济学特性的一个重要指标。据美国学者的测算，图书商品的收入弹性为 1.44[①]；而国内的研究表明，中国图书市场在 1990—1998 年的收入弹性为 1.03～1.49[②]。虽然不同类别图书的收入弹性存在差异，但一般而言，可以认为图书需求的收入弹性较高，属于一种较弱的超必需品。[③]由于阅读数字图书的首要条件是拥有合适的阅读终端，其次才是阅读终端里的内容。所以，探讨数字图书的收入弹性也必须从这两个方面入手。以阅读器为例，中国的阅读器最先是在礼品市场发展起来的。2009 年汉王电子书出货量为 27 万台，占据了国内市场超过 90%的份额。汉王电子书最早作为开会礼品，通过一层层口碑传播，做大了市场。作为礼品在市场流通的电子阅读器价格自然不菲，因此，对于一般消费者来说并不是生活必需品，而是可有可无的。但随着电子阅读器价格跳水，苹果产品在中国的风行，数字阅读终端已经从奢侈品变成了普通生活用品。但这并不意味着数字阅读终端已经成为必需品，只能说它的收入弹性正在降低，从原来的超必需品逐渐变为较弱的超必需品。对于数字图书内容而言，数字图书的售价一般比纸质图书更低，因此消费者对它的支付能力也更高，就此而言，数字图书内容是比传统图书更弱的超必需品。

## 三、市场垄断

在市场垄断上，传统图书垄断程度较深，数字图书则相对略浅。传统图书具有相当程度的垄断性，其垄断性主要来自图书的版权，一本书一般只能由一家出版社出版，从而保证了该书在市场上的唯一性。当然，进入公共领域的无版权图书可能除外，同样一本书可以存在多个版本相互竞争，尽管如此，不同出版社的品牌、信誉度、出版质量等因素仍然可以增强其垄断性。图书的垄断性还来自其"内容产品"的特性。正如不同书法家写同一幅字，不同画家画同一幅画，被认为是不同的作品，彼此之间不能相互替代一样，图书也

① 爱斯菲尔德. 微观经济学：理论与应用[M]. 上海：上海交通大学出版社，1988：156.
② 王广照. 向更高的境界迈进：用产业组织理论分析中国出版业[J]. 出版广角，2003（5）：47-49.
③ 陈昕. 中国图书定价制度研究[M]. 北京：生活·读书·新知三联书店，2011：8-9.

同样存在这一特点。同样类型、同样内容的图书，由于作者写作风格、表达方式、结构框架、思想深度等方面的不同，也会产生很大的差异性，更不用说不同内容、不同类型的图书了。差异度越高的商品，被其他相近产品所替代的可能性则越小，从而增加了图书的垄断性。由于图书的纸质出版物版权和数字版权是分开授权的，因此，一本书的版权并不一定由同一家出版社拥有，可能是由出版社和数字出版商分别拥有，这时出版社对图书内容的垄断性并不像传统图书时代那么强。现实情况下，对于传统出版社而言，最好的授权方式当然是纸质版和电子版权的打包授权，但由于之前出版社并没给予数字版权充分的重视，在版权合同中很少把数字版权（网络出版权/网络传播权）等包含在内，从而造成了现在很多的分歧和麻烦，使传统出版社陷入被动。在实践中，数字版权还会出现"一女二嫁"的情况，数字版权多次转手会造成大量版权纠纷，影响作品的传播和交易，对交易安全造成很大威胁。这样的情况也会降低图书内容的垄断特性。同时，由于我国的传统出版体制以行政区域划分为基础，人为地割裂了出版市场，使得各个行政区域内的出版组织选题重复，同题材、同背景、同意义的图书大量涌入市场，降低了图书的"唯一性"，损害了图书产品的垄断特性。

## 四、信息属性

在信息属性上，传统图书是信息产品，数字图书是更典型的信息产品。传统提供消费的本质是知识和信息内容，因此可以将其归纳为"内容为王"的产品。近年来，图书出版社也更多地将自身定位为内容提供者。图书作为信息产品，其价值是复杂劳动的一种凝结，也反映了生产者多年来知识资本的累积。所有的信息产品在生产技术上都具有如下特点：生产的固定成本很高，但边际成本却很低。也就是说，信息产品一旦生产出来，再生产一套的成本非常低，其成本主要来自前期投入的固定成本。对于完全数字化的信息产品，如软件、数字音像产品等，其边际成本几乎等于零。[1]数字图书是边际成本几乎为零的信息产品。所谓边际成本，指的是额外一单位产量所引起的总成本的增加。[2]当每增加一单位产量所引起的成本小于平均成本时，即边际成本递减。边际成本递减是信息产品的显著特性之一。作为数字化产品的数字图书，每增加一份数字复制的成本几乎可以忽略不计，因此，数字图书可说是边际成本为零的商品，是典型的信息产品。

## 五、外部性

在外部性上，传统图书一般具有正外部性，但数字图书的正外部性相对略低。作为文化和知识载体的书籍，传统图书主要承担传递和普及知识与信息的功能，因此，它是一种典型的正外部性产品。一本书的价值绝不能等同于出版一本书的成本或销售一本书的价

[1] 陈昕. 中国图书定价制度研究[M]. 北京：生活·读书·新知三联书店，2011：10-11.

[2] 曼昆. 经济学原理：微观经济学分册[M]. 北京：北京大学出版社，2006：270.

格。读书的人越多，对于社会而言，整体收益便也越大。也就是说，销售一本书的同时，出版社的收益与社会整体收益是不对等的，后者要远高于前者。但从图书内部来看，不同种类不同性质的图书外部性是有差异的，相比较而言，普及知识型的、科普教育型的、专业知识型的、提供信息类的图书的正外部性要大一些，而纯粹娱乐消遣性的图书其外部性要小得多，或者没有。当然我们也应该看到另一种情况，即内容不健康、不科学的图书还会有负外部性。因此，对于那些社会效益很高而私人效益较低，即正外部较强的图书品种，政府应该通过各种非市场手段，如补贴、直接生产、减税等，来刺激市场的实际生产量以弥补市场提供的不足；而对于那些外部性较弱、私人收益同社会收益悖离较小的品种，可以交由市场，按市场经济的法则来提供。①由于中国对于传统出版社出版的图书有着严格的审查机制，因此，大部分由纸质图书转化而来的电子书 1.0 的内容具有内容优良、健康等特点，可以说具有明显的正外部性。政府对电子书 2.0 和 3.0 的监管则没有那么严格，或者说还不能有效监管，造成了目前大量网络文学充斥着低俗、煽情等内容，这样的图书正外部性则没有那么明显甚至可以说没有任何正外部性；还有很多网络文学以传播血腥、暴力、色情以及其他不利于身心健康的内容为主，这些数字图书则具有明显的负外部性，需要行政、法律力量的介入，以免其消极作用影响社会正常秩序。②

## 第三节　图书市场营销的基本思路

图书市场营销的目标是扩大图书销量，打造叫好又叫座的畅销书。畅销书的概念伴随着市场化运营行为而出现。国外学界对畅销书存在着不同的理解，主要分为 bestseller 和 fastseller 两种，前者意指销售最好的书籍，这个词饱受争议之处在于，在对比中，销量最好往往只是一部书，而在现实生活中畅销书并非只有一种。另外，销量最好这个定义并未限定时间维度。而在人们的意识中，畅销书指的是较短时间内销售速度快的书，并不是无限长时间内最终销售总量最大的图书。因此 fastseller 的理解开始出现。美国《不列颠百科全书》对畅销书如此定义：一个时期内，在同类书的销量中居于领先地位的书，作为表明公众文学趣味和评价的一种标志。这一定义暗示了畅销书的秘诀，即满足大众的审美、心理、观念等需求。国内也有众多学者对畅销书的定义做出自己的理解。根据现实发展状况，畅销书可分为如下两种类型：畅销且长销、被称为经典的作品和畅销却短逝的快餐式作品。前者凭借出众的文化内涵、缜密的市场营销迅速且长时间获得大众青睐；畅销但短逝的原因包括作品契合暂时的社会发展热点、出版企业大量的宣传营销对需求的刺激等。在对畅销书进行理解时，可着重于其销量和质量层面。从销量方面看，短时期的大量销售和长时间较大数量的销售皆属于畅销。与别的图书类型相比，畅销书的突出特点是其"时令性"

① 陈昕. 中国图书定价制度研究[M]. 北京：生活·读书·新知三联书店，2011：12-13.
② 袁琳. 中国数字图书消费市场研究[D]. 上海：上海大学，2012.

和"生命周期性"。畅销书往往包含流行文化的因素，其内容、装帧、发布都体现出版、发行企业把握时机的能力。这种形式的畅销书往往出现"昙花一现"的现象。若出版企业对瞬时销量的过分专注，其基于社会热点、流行文化催生的畅销书容易造成创意快速复制、出版同质化。因此质量也应成为对畅销书市场营销评价的标准之一。与靠市场运作、炒作胜出的图书不同，优质的畅销书凭借精神内涵、正面的社会影响力引起市场轰动，不仅能在短时间内打开市场，也能保证长时间里的销售数量。

图书市场营销的关键在于创造出优质且读者喜闻乐见的内容、配合适宜的图书形式、选择高效的营销渠道。

## 一、图书内容的规划

内容的选择、打造与市场营销中的其他过程有一定的联系。内容是图书的灵魂，因此出版企业在进行图书产品开发时，首先应根据市场信息，结合特定的读者群体需求，打造出优质的图书内容。一般而言，图书产品的获得途径有四种：一是约稿，包括向名作家、社会名人约稿；二是购买书稿出版权；三是引进国外版权；四是作者自由投稿。这些途径都要求出版企业及其策划编辑能够慧眼识珠，根据市场需求，选择相应的适销图书内容。

### （一）图书市场的行为主体

图书市场的行为主体有作者、出版企业、读者等。作者是图书文本的直接生产者。他的写作风格、体裁类型、语言特点决定图书文本的内容。作者本人的社会影响力和号召力也将影响其图书的市场营销效果。在图书出版发展的早期，作者与图书的市场运营几乎分隔，只负责文本的写作。随着网络媒体和信息技术对出版行业的覆盖，作者利用网络平台、社交媒体等，参与到图书市场营销的活动中。在创作初期，不少作家通过多种网络渠道，了解读者的阅读习惯，获得读者需求的第一手资料，创作出符合读者需求的文本内容。创作完成付诸出版的阶段，作者往往运用社交媒体广泛传播的特点，对自己的新作进行宣传。出版企业是图书市场中的重要生产单位。作家创作的文本最初只以单本出现，出版企业将之扩大生产，成为市场流通中的商品。出版企业有多种类型，有的只以出版生产为业，也有的出版企业扩大业务，在市场中扮演生产、经营的双重角色。生产环节中，出版企业的重要意义在于其生产活动要面向市场，更好地满足读者日益丰富和多样化的阅读需求。经营环节中，出版企业开辟实体书店，将生产与销售结合，完善图书产业链。不少出版企业利用网络发达的契机，打造网上虚拟书店，拓展自身业务，丰富销售渠道。图书市场中的消费者即读者，由具有图书购买力和购买意愿的社会成员组成。读者的需求信息、组成结构对图书市场营销具有重要意义。就所购图书的意义而言，图书之于读者主要有阅读欣赏、符号象征两种功能。读者的阅读型消费需求是指读者购买图书是为了阅读，以获得知识或娱乐休闲。求知需求又分为实用性知识和专业性知识。前者是指读者就日常生活中遇到的问题，求助于书籍以获得解决方法的知识，如烹饪食谱、旅游指南、家庭保健、减肥塑身等书籍，常在销售榜中名列前茅。后者是指读者为了获取相关专业知识而购书，如学生购买教材、科普读物等。娱乐休闲需求牵引下的读者旨在图书中放松身心、获得快乐。中外名著、小说、娱乐周刊等书籍的消费，正是为了满足这种需求类型。符号象征功能与阅读欣赏功能的最大不同在于后者在购书后并未诉诸真正的阅读行为，图书对于这类读者只是社会地位、生活层次、审美情趣的体现。罗贝尔·埃斯皮卡尔曾指出："书籍的消费不能与阅读混为一谈。常常有这样的情况，一个消费者购买（或者更少见的借）一本书，并不是专门想读它……他们可以举出那种'炫耀性的'作为财富、文化修养或风雅情趣的标志而'应当备有'某本书的现象（此为法国各书籍俱乐部最常利用的购书动机之一）。还有多种购书的情况：投资购买某一种罕见的版本，习惯性地购买某一套丛书的各个分册，出于对某一项事业或某一位深孚众望的人物的忠诚而购买有关书籍，还有出于对美好东西的嗜好而购买。因为书籍可以从装帧、印刷或插图等方面视作艺术品，这是一种'书籍兼艺术品'。"[1]针对不同功能需求的读者，出版企业应制定不同的营销策略。

### （二）图书内容的类型选择

迈克尔·科达在仔细研究美国百年畅销书史后得出如下结论：美国的畅销书排行榜从 1900 年到 20 世纪末的每一个 10 年中，人们的确重复地被相似的书籍吸引，若不是这样，出版商或是书店早已无法生存。某类受欢迎的小说一向卖得很好，节食减肥的书也一直卖得不错，自我成长的书、公众人物的回忆录、危言耸听的科学或宗教推论、宠物的故事、医学指南（尤其是长寿、育儿等方面的相关主题）、民间智慧或幽默小品，还有以美国南北战争为题材的书，永远受到读者的喜爱。[2]由此可见，知识型、娱乐型和实用型书籍始终是读者群体受欢迎的类型。知识型书籍内容包括学科知识、文学、经管知识等，通常面向具有较高文化素质或渴望获得知识的读者群体。出版企业在选择知识型内容时有两种选择，以专业读者为目标群体时，书籍的内容选择应注重专业性、力求知识型内容叙述的深刻化、全面化。面对业余读者时，应首选知识阐述深入浅出、通俗易懂的书籍内容。比如近几年中国学术文化类畅销书，其中的典型代表为余秋雨的大文化散文系列、阎崇年的"清帝"系列、刘心武的"红楼揭秘"系列、易中天的"品三国"系列和于丹的"《论语》心得"系列。上述书籍尽管都涉及严肃的文化知识，但其内容表述不像专业的历史书籍一样晦涩，在内容表述时引人入胜，强调趣味性和故事性，从而获得众多非专业读者的青睐。娱乐型书籍的产生基于人们对休闲和娱乐的需求，这类书籍的内容通常包括体育、时尚、娱乐信息等。娱乐型内容对于信息更新的要求很高，这意味着此类书籍通常很难成为畅销书。因此出版企业在选择这类图书时应注重其内容与现实流行的适应性。实用型书籍内容广博，覆盖读者生活的各个方面，如健身、美容、烹饪、养生等主题。出版企业在选择实用型书籍时，应立足于读者的实际需求，并注重书籍是否通俗易懂地对内容进行传达，避

---

[1] 埃斯皮卡尔. 文学社会学[M]. 杭州：浙江人民出版社，1987：89.

[2] 科达. 畅销书的故事[M]. 卓妙容，译. 北京：中国人民大学出版社，2006：6.

免实用型书籍对内容表达的晦涩性。

除了上述按主题划分内容类型以外，还可以按市场定位划分为先导型图书内容与后进型图书内容。按市场定位的划分方式关乎出版企业在市场中的经营战略。先导型图书内容是指出版企业根据市场需求与自身优势，先于竞争者进行的内容开发和选择，使其图书在市场上处于先入主导的位置。选择先导型图书内容有利于图书利用首先行销的优势，迅速占领市场。具体可作为市场先入的图书内容包括：填补市场空白的相关内容、有关最新科技成果、流行时尚和时事发展的内容、创新型写作形式和内容等。出版企业在开发先导型图书内容时，首先，应建立起健全的市场信息网络，迅速捕获最新的社会发展动向，及时分析读者需求随社会发展产生的变化。落后于市场与环境信息的企业是无法实现创新的。其次，企业应建立专业的选题开发小组，培养优秀的策划编辑人，将图书出版内容的选择提高到市场营销工作的优先地位。选题开发小组应努力提升快速反应能力，打破常规，将优秀创意迅速推入市场。先导型图书产品的开发对出版企业要求较高，同类型的图书在出版时间上总会有先有后，众多后进型图书产品同样拥有良好的销量和口碑。在图书市场中，后进型产品主要是指那些受到先导型产品启发，从而开发出的高价值主题，属于另一种形式的创新而非模仿与抄袭。具体方法包括：从作者角度看，某出版社出版大 S 的美白系列，后进出版社就可以考虑出版小 S 的减肥系列；从图书产品内容而言，可以对先行上市的图书产品进行注释、评价，成为与先导型图书产品相配套的有机整体。例如围绕同济大学出版社的《高等数学（第六版）》有众多解析、配套用书，如中国海洋大学出版社的《高等数学同步辅导与习题全解》。出版企业选择后进型产品战略后，应努力使自身图书产品比先导型图书高一层次，否则将失去自身价值，沦为照搬照抄的产物。

## 二、图书形式的设计

图书形式的设计在图书市场营销中同样处于重要的位置。图书形式主要分为图书的包装形式（封面、书名、版式等）与图书的价格形式。图书毕竟是视觉消费品，因此其外在形式在很大程度上影响其畅销程度，良好的封面设计、书名、包装等将使更多的读者打开书籍，阅读书中经出版社努力策划并确定的主题内容。价格则是影响图书市场消费的关键因素。

### （一）图书的包装形式

按照杜邦定律，63%的消费者是根据商品的包装来做购买决策的。图书包装包含开本、封面、书名、版式、纸张等。首先，书名是书的眼睛，也是最重要、最长效的营销工具，好的书名不仅让人过目不忘，也能让读者产生迫不及待一读的冲动。畅销书《谁动了我的奶酪》《细节决定成败》等都是具有这两种优势的书名。日本著名出版人井狩春男曾说：只靠书名就能成为畅销书。好的书名需要具备"6 个强"：一是新鲜感强，让读者耳目一新，不会产生似曾相识之感；二是概括性强，用高度凝练的语言点出全书的内容或主题；

三是艺术性强，给人深刻印象；四是时代感强，充满时代气息；五是个性强，让人难忘；六是亲和力强，能迅速拉近作者与读者的距离。[①]现实市场中完全具备这六强的书名可谓凤毛麟角，但出版企业在书名设计时能大致具备某几点就已不失为一个好书名。其次，在封面设计方面，畅销书的装帧设计通常非常讲究，从封面、封底或封腰都有体现。调查显示，在吸引读者关注的诸多因素中，封面的设计排在前几名，由此足以看出图书包装的重要性。一般而言，出版企业在进行图书的封面设计时应在结合文本内容的基础上，对封面图片和色彩进行创新整合，形成统一的图书风格。例如上海译文出版社出版的包括《荒原狼》《月亮与六便士》等在内的名著系列丛书，封面统一为浅蓝色配白色字，没有多余的图画，整体简洁自然，受到众多读者的欢迎。图书市场最常用的营销手段就是利用名人推荐或是宣传口号。名人推荐实质上是利用名人效应来做宣传，出版社先请社会知名人士阅读本书，让他们发表一些读后感言用于推荐。名人感言通常被置于封底或封腰，对读者的购书选择起到一定的影响效果。除此之外，书的内部包装也有讲究。书籍的形态、文字的排列、图像的选择、色彩的配置、纸质的使用、印刷的工艺等都有多元化的选择。如《话说中国》在内在形式方面就有很多突破，4800 页的大型图书，可从任何一页读起；每一个合和页都形成一个阅读的板块；网页的模式给历史图书带来现代的气息。外在包装形式是一种立体的思考行为，它能够唤醒文本的生命，焕发图书独特的个性气质，使图书在庞大的书架上脱颖而出。出版企业若能够设计出与图书内容相适应的独特包装风格，将有力地推动图书的营销活动。

### （二）价格形式

在市场经济条件下，价格是市场营销中的重要手段，也是广大消费者比较关心的市场因素之一。图书作为商品，是以交换的方式进入市场到达读者手中的，图书定价高低直接关系到读者对图书的接受程度，影响到图书市场发行量，影响着出版社的盈利水平。[②]出版与发行企业在确定定价策略前应明确定价目标。一般而言，定价目标分为获取利润、提升市场竞争力、树立品牌形象等。利润是出版企业从事图书出版活动所追求的主要目标，扩大市场占有率并巩固市场地位也有可能成为出版、发行企业定价的目标。依据不同的定价目标，出版企业在确定图书定价时可以采取不同的策略：成本导向定价、需求导向定价、竞争导向定价、社会效益导向定价等。成本导向定价的目标是获取尽可能多的利润，出版企业在成本计算的基础上，结合税金、管理费等其他相关费用，确定最终的图书销售价格。由于成本导向定价只专注于盈利状况，忽视市场平均价格、竞争者的价格策略，因此并不适合多数出版企业的日常营销活动，应仅在图书滞销积压、资源闲置或面临亏损时考虑使用。需求定价法基于有关读者消费需求与价格承受力的调查，不同环境中的读者对同一种图书往往会表现出不同的需求特征，如需求的时间不同、地点不同等。出版企业可以将需

① 要力石. 畅销书策划 88 法[M]. 北京：新华出版社，2009：70.
② 赵东晓. 出版营销学[M]. 北京：中国人民大学出版社，2010：144.

求差别定价体现在销售过程中的折扣、折价、优惠售书活动中。[1]竞争导向定价意味着出版企业需对竞争对手的价格策略进行密切的关注，以其图书价格为基准价，确定自身图书的价格。在实际的市场营销活动中，出版企业可以自身的品牌特征与实力状况做出一定的调整。

确定相应的价格策略后，出版企业还可以对具体的价格方法进行选择。首先是极限价格方法，它意味着出版社在新版出版物上市的初期，在政策允许和读者能够承受的范围内，将价格定到高极限水平，以便在短期内收回资金并获得利润。那些资金雄厚、出版物质量较高、品牌效应比较突出的出版社，可以考虑将价格定得高于竞争对手，以获得更多的利润。采用高定价策略的图书，它的读者群一般为收入较高的企业家、公司职员，对图书价格不敏感。如《谁动了我的奶酪？》每个印张定价将近六元，几米绘本系列图书每本只有十几页，定价却都在 20 元以上，这些畅销书采用的都是撇脂定价策略。但由于这种定价方式有可能催生较高的价格，由此将影响图书的市场需求量。畅销书运用此方法必须以适当的条件为前提，否则其效果就会适得其反。其次是渗透定价方法，它是指出版企业利用读者的求廉心理，以较低的价格将图书商品推向市场的一种定价策略。求廉是人们对市场的本能反应，读者都希望以最少的钱买到最多、最好的图书，此策略的适用范围较广，特别是市场容量大、同类品种多、需求价格弹性高，并有畅销潜质的图书一般都适用这一定价策略。这种定价的突出优点是：较低的价格，对于迅速打开市场、扩大销售量十分有利，是获得读者、赢得社会效益和扩大自己影响的捷径。安妮宝贝系列图书中的《告别薇安》《八月未央》《彼岸花》等都采用了渗透定价策略，价格定在 16～20 元，充分考虑了读者的购买力，以低定价迅速打开了市场，扩大了销量。[2]英国的"平装书之父"艾伦·莱恩就是以"薄利多销，服务大众"的经营方针赢得了英国民众的普遍欢迎，形成了英国出版历史上的"平装书革命"。最后是按照平均价格水平来确定图书产品价格的满意定价方法。这是一种比较常见的定价法，它吸收了上述两种策略的优点，读者与出版企业双方都比较乐意接受。但它也同样存在缺陷：不利于出版企业用价格手段参与市场竞争。随着社会发展，物价上涨，书价也会随之涨高，但无论采取何种定价策略，都必须考虑到价格弹性、读者的定位、读者的购买力及购买意愿。

传统图书市场中，图书标示价格和实际售价之间差异的实质在于图书生产者和销售者之间对定价权的博弈。在西方数字图书市场，特别是美国，这种博弈表现为"批发制"和"代理制"规则的演变。在"批发制"下，一本电子书的定价与其纸质精装本的定价相同，亚马逊、巴诺等零售书店按批发价进货后，再自行决定零售定价，这套程序与纸质图书的进货销售相同，即电子书最终售价是由渠道方决定的。而所谓代理制模式（agency model），即出版社制定电子书的零售价格，所有电子书零售商按此价格销售电子书。在这个制度安排中，电子书零售商并不是真正的卖家；他们不过是渠道，消费者通过这个渠道将钱传递给出版社，而出版社通过这个渠道把电子书提供给消费者。作为渠道，电子书零售商获得

[1] 肖东发. 出版经营管理[M]. 北京：北京大学出版社，2008：268.
[2] 伍旭升. 30 年中国畅销书史[M]. 南昌：江西教育出版社，2009：31.

一定比例的委托使用费用，即电子书的售价是由版权方来决定的。

电子书形式不同，定价策略也应有别。在大部分传统图书生产者看来，电子书 1.0 与图书精装本、平装本一样，是图书的一种版本形式，因此，在给电子书定价时，普遍采用追随图书纸质版本价格的原则，在纸质版定价基础上给予一定的折扣。这是传统图书"三级价格歧视"策略在数字图书市场中的运用。这个策略的前提是假设市场可以分隔为两个子市场：高收入人群市场和低收入人群市场，或者是价格敏感型市场和价格不敏感型市场，这两类市场分别有不同的需求曲线。其中一个市场代表了稳定的消费者，并且也往往是消费的主体。向这类消费者销售图书的交易成本较低；而另一个市场则代表了不稳定消费者，其消费行为容易受到价格、收入、替代产品和竞争产品的影响。因此，出版企业向这类消费者销售图书的交易成本较高。垄断企业此时可以对上述两个市场分别采取不同的价格来获得最大利润。在实践中，图书是一个容易采取"三级价格歧视"策略的市场，比如在英美等国的图书市场上，出版商在推出昂贵的精装书的同时，也生产广受欢迎、价格低廉的大众市场纸皮书。以盛大文学为代表的电子书 2.0 创造性地使用 2～5 分/千字的定价方法，对于吸引众多网络读者，繁荣网络阅读市场，功不可没。但这种统一化的毫无差异性的定价，不能体现作品本身的优劣差异和不同作者之间创作价值的差异，因此无法真正鼓励精品内容的创作热情。电子书 3.0 则通常采用综合的定价策略，如尾数定价法。所谓尾数定价法指的是用特定尾数作为定价基础，一方面给人以便宜的感觉，另一方面则用精确的标价给人以信赖感，满足顾客的求实心理。苹果中国店中的图书商品则无一例外地运用了尾数定价法，并且全部商品（免费图书除外）都是以".99"作为图书的价格，这样的定价方式与传统图书定价方式大相径庭。

折扣手段的运用也是重要的营销方式，它影响图书的最终销售价格，也会在一定程度上提升图书的销售额。目前图书市场常见的折扣方式是现金折扣、数量折扣和季节折扣等。

## 三、销售渠道的选择

市场营销中的销售渠道是指商品和服务从生产者向消费者转移的具体通道或路径。一般而言，营销渠道有四种层级分类：制造商—消费者、制造商—零售商—消费者、制造商—批发商—零售商、制造商—批发商—代理商—零售商—消费者。第一种属于直接渠道，是指在没有任何中间商介入的情况下，由出版社将图书商品直接销售给广大读者的一种渠道类型，具体的实现形式包括：出版社自设门市销售图书，如生活·读书·新知三联出版社旗下就有三联韬奋书店等门市；出版社推销人员向读者进行直销或邮寄直销等。目前中国图书市场的发展中，后两种直销方式较少见。直接销售渠道存在众多优点：为图书减少了流转步骤，避免其过度消耗；由于流通环节的减少，出版企业可以直接让利于读者；在产销一体化的过程中，有利于企业不断提升市场信息的把握与分析能力。直销渠道的最大缺点是产销活动全部依赖出版企业自身，容易分散企业的精力，对图书出版业务造成冲击。后三种都属于间接销售渠道，这种渠道类型有助于图书产品的广泛分销，也在不断促进图书市场的专业化分工协作。出版企业应根据自身定位与实力状况，选择适宜的渠道路线。

批发商在图书市场营销中具有重要意义。图书批发商对图书的大量购入与销售，简化了交易过程，提升了图书行业的周转速度。出版企业的业务重心是对优质的图书内容进行规划出版，因此批发商的分销工作有助于促进出版企业的专业化发展，尤其是一些小型出版企业，自身无法建立直接销售渠道，批发商的出现将极大地促进其产品的流通与销售。零售商方面，随着技术的发展，线上图书零售商逐渐成为图书市场的重要主体。目前中国活跃的线上图书零售商包括当当、京东、淘宝、孔夫子网等。信息更新速度快、网络货架的无限性、读者受众广博等因素使线上零售商逐渐成为出版企业优先选择的终端销售载体。但由于网络购书通常存在较大的折扣，对于出版企业而言，这意味着单本图书利润额的降低。线下图书零售商尽管受到网络书商的巨大冲击，但仍通过发展方式的转变获得了全新的市场机遇，如有些书店被改造成特色书店、主题书店，打造成图书销售业务为主、娱乐休闲为辅的全新零售商形式。对于出版企业而言，在选择线下零售商时，应根据图书内容与特征，选择相应气质的书店。

# 第四节　图书市场营销的策略

创新数字技术的进步使图书行业面临前所未有的挑战。消费者需求多元、发行渠道变化、电商和物流发展，都会直接影响发行数据的变化。图书市场营销在秉承传统有效策略的基础上需要不断创新。

## 一、定制营销，按需出版

在传统的图书营销实践中，图书的选题策划是以出版社为中心的，出版社与读者在图书选题策划过程中缺乏沟通，读者只是被动地接受和反应，无法直接参与图书的形成过程。新兴的图书营销策略则强调以读者为中心，根据读者的需求定制图书，以满足读者的个性化需求，这种策略可称为图书的定制营销策略。

定制营销能使图书出版企业获得巨大的竞争优势。① 图书定制营销能降低出版企业的成本。图书定制营销的前提是按读者的需求定制生产，这样不仅可以降低出版企业的制造成本，而且可以降低其存货成本。② 图书定制营销有利于增加出版企业的利润。因为按读者需求定制的图书最大限度地满足了读者的需求，读者认同的价值也就更高，所以，定制的图书极具溢价的潜力。在图书销量稳定的情况下，图书的价格越高，出版企业的利润就越大。③ 图书定制营销有利于出版企业对现有市场的保护。按照客户需求定制的产品可能只有极少数，甚至根本没有竞争对手，所以它在某种程度上居于垄断地位，因为没有其他产品可供比较，所以更具价格优势。④ 图书定制营销有利于出版企业进一步开发图书市场。通过某种图书的定制，出版企业能够预知图书市场的细小变化，而通过对这种细小变化的把握，又能促使出版企业不断开发新的图书品种，挖掘新的图书市场。⑤ 图书定制营销有利于加速出版企业的资金周转，提高资金的营运效率。图书定制营销不仅不会造成出版企业存货的积压，而且由于读者的及时甚至是提前付款，使出版企业的资金能够迅速地周转，这将极大地提高出版企业资金运用的效率。总之，图书的定制营销对出版企业和读者双方来说是一种"双赢"。读者因出版企业提供的称心产品（或服务）而满足了自身需求，出版企业因满足读者需求而提高了竞争力，二者相得益彰。

图书定制营销的实施策略包括建立读者数据库，积极推行按需印刷业务等内容。任何图书营销活动的实施都离不开读者信息，图书定制营销的实施更是需要读者信息的支持。图书定制营销的核心是"定制"，"定制"的依据是读者需求，出版企业只有通过与读者沟通才能了解读者需求。因此，与读者沟通是开展图书定制营销的前提条件，与读者沟通的程度和效果，决定着图书定制营销的成败。建立读者数据库是出版企业了解读者需求、加强与读者沟通和联系的重要途径。

网络技术使市场营销进入"大数据时代"，为出版企业提供巨量的市场资料，使其在图书选题、确定内容的阶段就有科学的数据支持，降低市场竞争风险。在面对网络呈现的海量数据时，出版企业应充分利用最新网络数据采集技术，利用互联网搜索引擎技术实现有针对性、行业性、精准性的数据抓取，并按照一定规则和筛选标准进行数据归类，形成适合数据库文件，从而对读者的需求信息等内容进行分析。例如2014年京东推出的《大卫·贝克汉姆》就是基于对网络数据的分析，他们前期对用户搜索、浏览以及购买频次的庞大数据进行分类和比较，从而得出京东用户对人物、文学、经营、生活类图书更有热度和购买力的结论。对相关数据进一步分析后发现，用户中近六成读者为男性，且年龄层主要集中在22～40岁。结合这类数据和出版团队对一些关键信息点的捕捉，例如2014年世界杯足球赛、中国球迷对中国足球命运的关注等，该书的内容和主题应运而生。利用网络与读者进行沟通是当前出版企业有效实施图书定制营销的重要手段。

按需印刷（print on demand）是相对于批量印刷的一种新型的图书印刷及生产技术。由于批量印刷存在某些缺陷，如不能满足读者的个性化需求、容易造成图书库存积压、浪费纸张及其他资源等，按需印刷于是应运而生。按需印刷是实施图书定制营销的重要手段，是满足读者需求的重要举措。首先，按需印刷使图书的生产更趋于个性化。出版企业出版图书，可采用各种不同的版型来适应不同读者群的需要；读者还可以根据自己的需要，将不同来源的信息资料自行编辑、组合，印成一本书。图书的数字化以及网络的即时互动性非常有利于图书的修改，这样能为读者提供不断变化的个性化的服务。其次，按需印刷使图书多样化成为可能。出版企业既不用担心图书滞销，也不用担心图书脱销，出版企业和读者都不必等待最低印数。人类文化成果的寿命因此可以无限延长。最后，按需印刷有利于出版企业节约资金，提高效率。按需印刷代表着一种"有求必应"的图书生产方式，对出版企业而言，它能够保证每一本书都卖得出去，不存在积压、退货等情况，这就把市场风险降到了最小。在传统印刷出版模式下，每年都有大量的图书因为读者阅读兴趣的急速变化而积压。采用按需印刷后，出版企业再也不需要在仓库里堆积大量的图书了，存货占用的资金将越来越少，出版企业的效率将越来越高。更重要的是，有了按需印刷这种方式，那些因发行量不大而被出版社拒绝出版的学术专著、用量少的大学教材以及早已绝版的图书，可以起死回生，重新流通，这对繁荣学术、支持基础科学研究工作、拯救传统文化等都将起到积极的作用。

## 二、差别定价，分类营销

图书行业普遍采用的差异化营销策略，可以使不同消费者、不同渠道均得到更好满足，也可以使每个细分市场的销售潜力尽可能得到挖掘，有助于分散经营风险，并在一定程度上提高竞争力。

### （一）销售渠道差异化定价

通常情况下，同样品类、种类的图书，以新华书店为主体的传统渠道销售价格最高，民营二渠道书店次之，而新兴电商书店销售价格明显低于实体店。从上游看，出版商给不同销售渠道的供货折扣各不相同。电子商务和物流体系的迅速发展，价格优惠和支付方式的便捷，均使得发行渠道重心从主二渠道向电商转移。目前，当当、京东、淘宝等几大电商所占市场整体份额已超过 50%，并呈继续扩大趋势，而众多没有教材支撑的民营书店陆续进入"寒冬期"。电商降价的成本并非由电商自己承担，一部分成本和风险被转移给了图书供应商：图书供应商给新华书店、民营书店、电商的折扣有 5%～15%的差异。从短期看，电商渠道似乎为纸质版图书日益低迷的市场创造了改善良机，从长期来看却从整体上冲击了整个市场的规范有序，越来越多的读者去实体店选书，再通过电商下订单购书，甚至有少数零售商户从网店低价进货，再按较高价格经由实体店退回给供应商。

### （二）目标群体差异化定价

选题转化为图书的过程中，出版方根据目标群体的差异，为实现效益最大化，会对目标市场进行细分。根据地域、品类、渠道等要素差异，可以将图书市场划分为不同的细分市场，针对每个细分市场的特征，对产品品相和定价进行微调。例如，从地域差异看，政治历史类读物在以北京为中心的华北区域销售较好；生活、保健类读物销售，则在华东、华南区域有较好表现；中西部地区的少儿、教材教辅类读物销售较好。若考虑目标群体对价格的承受力，那么，经济、管理类读物单印张定价最高，少儿、文学类次之，而面向农家书屋、社区书屋和其他馆配类图书，单印张定价普遍较低。国家有关部门对政府采购类图书的开本、材质、单印张定价等，往往有明确的要求。

### （三）版本形态差异化定价

同一类产品，往往会根据装帧设计形式、成品印刷形态等方面的差异推出不同版本，以不同的价位和质量满足不同读者的需求。比如，台湾商务印书馆 2012—2013 年推出一套高档彩插版茶文化图，安徽人民出版社 2013 年年初引进大陆版权后，根据大陆读者消费水平和消费习惯推出"大众版"（平装，横排，较小开本），市场相当成功。但仍有少量读者坚持购买台湾的高价原版，因此，出版社后来加紧推出"典藏版"（精装，竖排，大开本，高档材质），定价明显提高，但能满足高端读者的需求。

### （四）销售时间差异化定价

每年都有近 30 万种图书新品进入市场，有限的陈列场地、公众兴趣点的转移、全媒体时代的"快消文化"，使得大众图书的平均生命周期越来越短。少数经典图书能保持几年动销，多数大众图书尤其"跟风"书，生命周期越来越短，有的已短至三四个月。对于库存一年或更长时间的图书，出版方和销售方都会设法低价处理，不惜亏本销售，以便回笼资金。

### （五）回款周期差异化定价

对图书行业来说，从给销售商发货到回款，账期常见的有三个月、半年、一年不等。为了减少经营风险、加快资金周转，中间商的回款模式已成为图书定价的重要参考因素。图书供应商一般会对账期短、退货率低的大客户销售商，在折扣上给予一定优惠。最典型的案例是无退货的馆配、直销、包销、定制等渠道，折扣会明显低于常规销售渠道。小规模的现款客户，也可归入这一类。因回款导致的差异化，直接影响图书发行渠道的划分，也使各类渠道呈现不同的特征和游戏规则。

### （六）营销规划差异化定价

"中公教育"旗下品牌"中公版"公务员考试辅导教材的发行折扣远低于出版社其他品类产品的正常发行折扣，尤其是给三大电商的供货折扣，有的品种已低至定价的20%～30%。对一些培训、教育机构来说，图书销售只是公司营销体系中的一个环节，这样的策略会令其产品在电商定期更新的各种榜单（如畅销榜、飙升榜、热评榜等）中排名靠前，进而吸引读者。这种做法的实质，和搜索引擎竞价排名有异曲同工之处。但对出版社来说，无论何种营销规划，最终的目标之一就是促进图书社会效益和市场效益的最大化。

差异化定价也有其局限性，尤其是营销、物流成本的直接增加和利润率的直接降低，导致一些出版商采取差异化营销时，动销品种和单品销量增加了，回款实洋也增加了，但实际上利润却降低了。

## 三、延伸链条，跨界营销

自 20 世纪 90 年代开始，作家作品"触电"的情况就屡见不鲜。文学生产日渐商业化后，获得影视改编甚至成为作品创作成功的一个标志。图书向影视和游戏媒介的延展，提供了以图书为源头的产业链开发的可能。但在国内，这条产业链只局限在图书出版和影视领域，尚未像英国的"哈利·波特"那样形成跨行业的产业链。"哈利·波特"系列自 1997年开始，十几年间已形成超过 60 亿美元收益的产业链，从出版到影视、唱片、游戏、广告……从玩具、文具、服装、食品、饮料、手机等多种特许经营商品，到主题公园、主题旅游……"哈利·波特"产业链的界限不断模糊，领域不断扩大。

中国借鉴"哈利·波特"重策划、重包装、延伸产业链的营销方式，始于博集天卷公司 2007 年出版的《杜拉拉升职记》。围绕《杜拉拉升职记》这一畅销书，博集天卷公司逐渐建立了以图书出版传播为起点，报纸、广播剧、电影、电视剧、网络等多种媒介互动传播并取得强大传播效果的本土文化产业链范例，打造了一个跨媒介文化品牌。

"杜拉拉"系列从诞生之初就是一场集体策划。《杜拉拉升职记》最早发表在网络上，作者李可当时只是在和讯网博客中写了约 2000 字的小说。书探王勇发现她文字机智、活泼而感性，随即与李可碰面。书探是图书产业链中的一种新型职业人，他们不同于编辑之处在于将更多的注意力放在网络资源的挖掘上，并解读稿件，找到"品牌"的立足点，再将这一立足点无限放大，放大成一种"精神"，并通过对这种"精神"的宣传来炒作图书，实现图书的畅销。他们同时也是作者的"代理人"，以版权交易的方式签约作者，借助全媒体平台为作者设计个性化的图书营销模式。李可将自己的生活积累结合通过出版方了解到的读者需求，创作了《杜拉拉升职记》：主人公杜拉拉没有背景，受过良好的教育，凭自己的聪明才干、坚强和勤奋，从职场"菜鸟"变身为高级白领，享受着有品质、有品位、有自我的生活。博集天卷公司和李可共同为读者打造了一个"自信+独立+内外兼修＝高级白领"的职场规则。

《杜拉拉升职记》出版后，一开始反响并不大，出版方发现网上书店销量比实体书店高出许多，依此判断它更吸引习惯于网购、年龄在二三十岁左右的白领。于是最先运用图书网站宣传造势，卓越亚马逊和当当网两大图书网站都在首页、分类页、排行榜上推荐该书，使得该作品连续 70 多周在两大图书网站的小说排行榜名列第一，销量突破 60 万册。网络书店的喜人销量也带动了实体书店的销售。同时，各大图书网站和个人网络空间出现了成千上万读者自发写的书评，杜拉拉被认可为典型的职场成功女性的代表。这时，"杜拉拉"系列的编辑在卓越亚马逊和当当网上意外发现了很多男性读者的留言，致使他们改变了最初"白领女性"的受众定位，将其重新定位为一本适合所有职场人的读物，并立即换下了第一版粉色调和高跟鞋剪影的封面，改为中性风格的白底红字版。这进一步将杜拉拉包装成了"职场达人"，称"她的故事比比尔·盖茨更值得参考"。此后，博集天卷公司便运用自己强大的媒介资源开始了全媒体打造"杜拉拉"系列的运作。

在《杜拉拉升职记》畅销后，"杜拉拉"的电视改编权卖给了《蜗居》制片人徐晓欧，拍摄了由王珞丹主演的同名电视剧；话剧版权卖给了上海话剧中心，由姚晨饰演杜拉拉，在全国巡演数十场；电影改编权被中国电影集团公司买断，由徐静蕾自导自演。"杜拉拉"开始了在各种媒介中的宣传，搜狐视频联合上海文广传媒为电视剧版在京举行网络首映礼，搜狐拥有独家新媒体版权，在网上同步播出此剧；电影版"杜拉拉"与中央电视台电影频道、北京卫视、东方卫视、深圳卫视等国内主要电视台联手打造首映礼，有效弥补电影频道影响不到的区域和观众群；出版方将"杜拉拉 3"与电影同期发布，并在图书海报中加入了许多电影元素，通过图书与影视捆绑的宣传方式进一步提高了小说的关注度。卖出去的版权作品上映后都开始"反哺"图书，据《生活周刊》调查，2010年2月《杜拉拉升职记》单月销量达到 12 892 册，3月在电影进入宣传期后马上升至 19 894 册，环比增长超 50%；4月电影上映后，图书卖出了 29 869 册，环比再涨 50%。

"杜拉拉"已跨越单纯的图书生产这一领域，跨界到话剧、影视等其他文化产品领域，甚至跨界到日常生活消费品领域。"杜拉拉"运作成功的意义不仅在于其在图书销售码洋、电影票房、电视剧收视率取得的成功，它更提供了以图书为起点、跨越多媒介的文化产业链的本土范本。同时，"杜拉拉"系列文化产品的宣传实现了多媒介的合作、新媒体与传统媒体的合作，以及媒介宣传与现实行动的结合。

 **思考题**

1．一般图书、教育图书和专业图书的营销模式有何区别？
2．图书电商的商业模式有哪些类型？
3．举例说明图书跨界营销的绩效。

**推荐阅读资料**

1．罗森塔尔. 按需出版：国际图书印刷与营销新途径[M]. 陶晓鹏，译. 北京：清华大学出版社，2009.
2．科尔. 图书营销全攻略[M]. 修订版. 杨贵山，译. 北京：中国人民大学出版社，2010.
3．清水英夫. 现代出版学[M]. 沈洵澧，乐惟清，译. 北京：中国书籍出版社，1991.
4．陈昕. 中国图书定价制度研究[M]. 北京：生活·读书·新知三联书店，2011.

# 第十三章

## 演艺营销

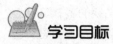 **学习目标**

通过对本章的学习，学生应掌握如下内容：

1. 演艺市场的特征与分类；
2. 我国演艺市场的当下症候；
3. 演艺市场的营销战略和策略。

 **导言**

文化产品因其独特的艺术属性，常被诟病是否应与商业有紧密的联系，但随着我国文化艺术领域内产业化步伐的加快，文化产品走向市场已经成了必然的选择。在这样的趋势下，社会各界对于文化艺术领域发展的讨论就不应再局限在商业和艺术的矛盾冲突上，而更应关注文化主客体如何在市场环境下更好的发展的问题了。

改革开放后，我国演艺市场实行了全方位的开放。随着市场机制的引入，演艺市场中"以观众需求为出发点"的营销理念也逐渐成了各演艺组织关注的焦点。而以往营销意识欠缺、没有形成营销理念、营销队伍不规范、营销手段不完善、缺乏专业营销人才等导致营销队伍在市场化中中介作用不够突出，有些团体甚至没有专门从事营销的部门，使市场在某种程度中陷入了"多演多赔、少演少赔、不演不赔"的境地。我国演出市场的繁荣，从一个层面反映了我国社会文明发展的程度和文化实力的提升，更是全民综合素质和思想文化修养的重要体现，同时展现出了一个地区文化发展成果。所以，演出市场在宏观上应该如何发展、在微观上应该遵循何种路径，都有着极其重要的理论和实际意义。在这其中，营销在市场定位、市场运作和市场发展中发挥着不可替代的重要作用。

自我国加入 WTO 以来，演艺市场的开放给我国的演出市场带来了很多机遇，同时也带来了新的挑战。这就促使我们更要不断完善、不断创新，才能在优胜劣汰的竞争中力争上游。而在进行营销研究时，我们要尊重艺术、尊重市场，按艺术和市场的双重规律办事。自 20 世纪 80 年代中后期，我国经营性事业单位开始产业化以来，我国的社会主义文化市场已经走过了三十多个年头，但它毕竟还是新生事物。我国演出市场发展的历史也不如西方发达国家那样长、经验也不如它们丰富，但我们的后发优势可以通过对国外先进理念的研究找寻到适合中国演艺市场发展的准确道路和方法。此外，我国有着源远流长的文化史、文化资源丰富，有着相当大的发展空间。

# 第一节　演艺市场的特征与分类

表演艺术一直以多样的表现形式吸引着大众的关注。走进同一个剧院，人们可以选择欣赏一场新年交响乐庆祝新一年的到来，欣赏一次民族舞剧感受中华各民族的多样文化，观看一回多媒体杂技体会感官的多重冲击，抑或者观摩一场探讨生活哲学的实验话剧。当表演艺术的形式变得越来越细化，不同的观众就成了不同市场的目标群体，成了组成演艺市场的关键因素。当艺术走向市场总会引发社会各界对于艺术与商业是否完全对立，或是如何减少其间的矛盾和冲突，从而实现有机结合和发展的讨论。而表演艺术作为文化领域内可能最早走向市场化的形式，形成了具有鲜明特征的演艺市场。

## 一、演艺市场的特征

作为文化产业的重要市场，演艺市场中主客体与受众的相互选择、演艺产品与市场营销之间的互动联系以及艺术与商业的有机结合，使得市场呈现出前所未有的活力和独特性。一般的，市场由主体、对象、产品、渠道四方面组成（在演艺市场中，是指演艺团体或个人、消费者、演艺作品以及营销四方面）并互相影响。作为市场中的主体，演艺团体兼具了产品创造者和表演者的双重角色；消费者，即通常所说的观众，出于各种需求对主体提供的产品进行选择性消费。演艺作品由主体创作和表演，供观众消费。营销则需将前三者进行有机地整合以推动演艺市场的活跃度和全面性。

### （一）多样性

不同于其他文化艺术市场相对较为单一的产品，演艺市场能够针对不同消费者的各种需要提供不同的产品。年轻消费者可以选择流行演唱会、爵士乐、话剧等大众艺术产品来满足社会交际的需要，他们也会选择诸如交响乐、歌剧等高雅艺术产品来提升自身的艺术修养。同样的，职场成功人士会为了商务的需要而出席一场慈善性质的演出，他们也会陪伴家人观看一次正在进行世界巡演的商业性演出。了解消费者的行为是一个市场能够健康发展的关键。一般的，消费者多样性选择源于不同的环境因素、文化因素、社会因素、心理因素和个人因素。所以，只有在对消费者的动机、偏好和行为都有所了解和把握的情况下，处于市场中的组织、企业和政府才能有方向性的对自身定位和策略进行选择。欧洲人常被认为出席艺术活动比美国人踊跃，这正是欧洲拥有更为久远的文化历史的缘故。在欧洲，艺术有很深的社会根基，在这样的基础上政府只需顺势提供一定的支持和补助，就会使出席艺术活动不再仅仅是上流社会人士的专利，更多的工人阶层的人也会乐于积极的投身其中。

多样的产品在使消费者有更多的机会选择不同产品的同时，也让演艺市场自身不断地进行着差异性定位和细化发展。非营利性的演出团体会更多地从社会功能性的角度出发，承担起市场中艺术教育和艺术宣传的作用。而营利性演出机构为获得利润最大化和相应的经济效益会更多地采用非艺术领域企业的商业运作方式。当然，这样的划分并不是完全割裂开的。非营利性组织也需要为可能达到的观众规模最大化和经济效益的提高而采用市场营销的方式，而营利性机构因为其艺术特质也会起到艺术宣传推广的作用。这将是由艺术的本质所带来的下一个演艺市场的特征。

### （二）艺术商业化

虽说艺术界永远不敢奢望其经济效率的成长能像产业经济一样大幅跃进[①]，演艺市场却提供了一个平台让艺术和商业可以发挥出各自的优势。

当古代的街头艺人第一次在街上摆上了摆开阵势开始向公众展示自己技艺时，表演艺术注定就是需要交流和共享的，走向市场是表演艺术得以维持和发展的唯一途径。在这样的背景下，商业的介入也就顺理成章了。商业运作解决了表演团体日常运作和艺术家生计问题，专业化的管理使艺术团体的功能和职责都发生了极大的转变，市场营销为演艺打开了市场，扩大了影响力。当然，很多艺术界的专业人士极力地反对将商业的经营活动引入其中，他们认为这将让艺术走向毁灭。但在全球经济化的浪潮下，这样的观念已不能与"艺术商业"这样的理念相抗衡了，特别是在演艺市场中。演艺产品需要必要的宣传来为大众所知，而消费者则需要一定的激励或刺激手段让他们来消费产品。而一般的演艺产品常会演出较长的一段时间，如一个表演季，除了保持艺术的高水准外，就需要持续的商业运作让大众来进行消费，而不仅靠他们对于新生事物的好奇而产生的消费冲动。

此外，随着大众艺术和高雅艺术的相互渗透，艺术与娱乐不再对立。最初，人们对于艺术与娱乐的不同认识源自两者不同的运营模式。表演艺术节目常常是由非营利性团体安排，而通俗文化则会由企业根据市场的需求来进行投资。其实艺术本身并没有太大的差异性，这只是不同性质的组织在演艺市场上不同的价值取向。而如今，这样划分的意义已被市场规模最大化和观众规模最大化等一系列市场营销概念所取代。这也就使得艺术与娱乐可以融合，那娱乐背后的商业其实也已经在演艺市场中与艺术和谐的并存了。

### （三）教育性

对艺术的热爱和鉴赏要立足于对艺术的参与，而出席一次次的表演艺术活动是人们自我的实现，是心灵的需求。艺术教育一直被视为是艺术创造与消费的最有力指标，其影响

---

① BAUMOL W J, BOWEN W J. Performing arts-the economic dilemma: a study of problem common to teacher, opera, music and dance[M]. England: Gregg Revivals, 1993.

力远远高于社会地位、血统/种族以及性别等其他因素[①]。随着大众接收信息的渠道越来越多样，走进剧院欣赏一次演出已经被电视、电影、网络等所取代，但只有参与艺术活动才能真正地体会到其中的真谛。于是，教育机构开始开设艺术课程来提高孩子们的审美情趣。他们在课上向孩子们传授艺术的基本知识，让他们聆听和观赏经典的演出片段，或是教授一些基本的演奏技巧。从根本上讲，这样并不能代替一次在剧院里欣赏艺术的经历。对于成年人来讲，物质的满足需要有精神上的实现来体现。演艺市场将给整天忙于工作的人们一个放松的机会，而其具有的教育性又能不再给消费者带来压力的情况下提升自身的修养，可谓是一举两得。

## 二、演艺市场的分类

对演艺市场的划分和构成的分析是为了对拥有不同需求、偏好和行为的各类市场及各类群体有所把握，以便更好地为策略性营销找准市场机会，拓宽或调整市场所提供的演出内容等。

根据市场属性、人口统计学等维度都可以将演艺市场进行划分，但由于演艺市场自身的特性，对于市场的划分总会出现无法穷尽以及无法完全割裂的情况出现，而本章试图从生产模式的新角度对演艺市场进行时间发展脉络上的细分，希望能够在一定程度上对演艺市场进行全新的解读，并为市场营销策略的谋划奠定好明晰的理论基础。

### （一）传统划分方法

专家学者在对演艺市场进行划分时，通常会从演艺市场的属性入手，如演出产品、演出周期、演出形式、演出覆盖范围和演出性质等方面。从演出产品上来说，有演唱会、话剧/音乐剧、音乐会/歌剧、舞蹈/舞剧表演、戏曲/曲艺、魔术/杂技/马戏等。从演出周期来说，可分为短期、中期和长期演艺市场。短期演艺市场上上演的产品持续场次一般为在10场以下，时间不超过一个季度，小剧场话剧就较为典型；中期演艺市场的产品出演场次在10~30场，时间不超过一年，如明星演唱会等；在长期演艺市场的产品演出场次通常都在几十场，甚至上百场，而持续时间也通常较长，上海音乐厅上演的星期广播音乐会就属于此类。根据演出形式可以将演艺市场细分为传统剧目市场，如古典芭蕾舞、传统戏剧和经典歌剧等，以及创新剧目市场，如新媒体与各种演绎产品的结合以及脱离开剧院模式的新型表演模式等。在演出覆盖范围上的划分，主要分为社区、城乡、全国、环球。社区型演艺市场主要为公益性演出，旨在满足和丰富大众基本的精神文明需要；城乡演艺市场又可再细分为城市和乡村两部分。在城市中的演艺市场是商演和公演共存的市场，而乡村则主要以公益性演出为主；全国的演艺市场是向一国内所有公民和居民开放的市场。大众可以根据自己的喜好选择欣赏各种表演艺术；环球演艺市场的对象是世界所有公民，各国因其

---

① BERGONZI L, SMITH J. Effects of arts education on participation in the arts[R]. Santa Ana, California: National Endowment for the Arts, Seven Locks Press, 1996: 32-47.

不同的政治、经济和文化上的因素会对演艺市场的发展有不同的定位和路径，而使世界演艺市场呈现出丰富的多样性。

从人口统计学角度上，从年龄结构来划分，主要可分为儿童演艺市场、中青年演艺市场和老年演艺市场。儿童演艺市场常上演兼具娱乐性和教育性的产品，寓教于乐，他们的消费能力也极大地依赖于成年人，如儿童剧市场。在培养儿童对于艺术一定的欣赏力的同时，也将一定的价值观念融入其中。中青年市场上观众人群最多、消费能力强，而产品种类也最为丰富，涉及生活各方面。随着全球人口老龄化，老年演艺市场逐渐受到关注。该市场的产品通常为传统剧，一般为非营利性市场，观众消费能力相对较弱。

市场划分的方式有很多，以上这些传统的划分方式在一定程度上帮助学者专家在对演艺市场进行研究分析时更为便捷和具有目的性。但是由于演艺市场的特性使得传统的划分方式很难将各种类别市场的外延完全独立开来，而不发生重叠的情况。

### （二）按照人类文明轨迹的划分方法

人类文明的发展经历了农耕文明、工业革命到如今信息时代的种种转变。社会的推进源自人们对于自身认识的深入，特别是在生活生产模式上。男耕女织、日出而作日落而息是农耕文明最为典型的生产模式；大规模机械生产属于工业革命的产物；信息时代带来的是网络的无边界式发展。文化艺术发展往往紧随人类经济和社会发展的脚步，演艺市场发展也经历了农耕、工业和信息等生产模式阶段。

民以食为天，农耕社会是人类发展的基础，各类文化艺术形式也从中逐渐形成。耕作时随意地哼唱是戏剧的前身，庆祝丰收的舞动是舞蹈发展的基础。作为四大文明古国之一的中国，自古就以农业为国家发展之本，诸如二人转、东北秧歌、花鼓戏、皮影戏等传统中国演艺模式也源自劳动人民的生活感悟和智慧结晶。在以农耕文明为背景发展而来的演艺市场，具有源自生活的创作以及浓郁地方劳动耕作特征的表演方式。如今，农耕时期的演艺模式大多积淀成了一国或一地区的传统文化精髓，但随着社会的急速发展也使得一部分的传统演艺产品以及市场面临着失传和消失的危险。这就对市场中的营销人员提出了严峻的课题，特别是在我国，约 2.3 亿的农民群众是演艺市场不可忽视的一个庞大群体。2006年 5 月 20 日，陕西华县皮影戏经国务院批准列入第一批国家非物质文化遗产名录。民俗活动成为皮影戏赖以生存的土壤，而皮影戏正是紧紧围绕着农村广大群众的生产生活和风俗而产生并不断演变发展的一种纯粹的民间艺术。自封建社会历朝历代以来，广大农村中的祈神祭祀、社日庙会、秋神报赛及一家一户的结婚、添丁、祝寿、丧葬、节日庆典、酬神还愿等民俗活动都离不开皮影戏助兴。

农耕时期的演艺表演除了来源于大众的生活外，还与人们的信仰紧密关联。对于自然的未知和憧憬，使人们开始了祭祀等自然崇拜活动。在欧美，最早的演出就始于希腊人的自然崇拜活动。规模宏大的祭祀典礼上，诵读、吟唱、舞蹈等演艺模式一一呈现，在不经意中演艺市场已然形成，并且初具规模。再者，宗教信仰在农耕社会更是人们无法取代的精神力量。而在演艺市场上，最为典型的就是宗教音乐的演出和传播。交响乐的前身是教堂音乐，合唱队的形式也受到过唱诗班的影响。如今，信仰类的演艺产品依旧存在，如张艺谋的"印象"系列等很多的旅游演艺市场就是在此基础上发展而来的。

工业革命的洗礼带来的不仅是经济生产发展的提速，也给人们的文化艺术生活带来了全新的时代，各类市场飞速诞生并发展起来。演艺行业在如此的浪潮中，丰富了表演产品、扩大了演艺市场，并试图将艺术与商业完美结合。如今我们生活中最常见的演艺产品，如音乐剧、话剧、杂技、魔术等，都是在工业革命之后开始进入人们的文化艺术消费市场中的。声、光、电的使用，机械手臂的舞台搭建，这些客观的外力条件使演艺市场的硬件条件越来越完善；在软件上，创作者在工业进程中寻找艺术最后的栖息地，表演者将生产方式的转变融入演艺再创作中，消费者握有了更多能够消费文化艺术产品的物质条件，转而去寻找那原先的精神家园。工业革命后，演艺市场因其丰富的产品以及与人们日常生活的紧密联系成了文化产业化中的生力军。音乐剧就是 20 世纪出现的一门新兴的综合舞台艺术，集歌、舞、剧为一体，广泛地采用了高科技的舞美技术，不断追求视觉效果和听觉效果的完美结合。市场一般也具有一定的生命周期性，就如同产品一样，分为导入期、发展期、成熟期和衰退期。就演艺市场的现状来说，这些从工业革命之后发展而来的演艺产品经过几十年的发展已经普遍进入了成熟发展期，有一些甚至出现了衰退的迹象。这些市场中既有忠实的消费者，也同样存在着可能的潜在消费者，不同的市场如何在高速的生活节奏中进行有效的营销将大众吸引到剧场中进行演艺的消费是工业文明留给演艺市场的营销挑战。

手机、网络这些电子交流媒介的发明将人们推进了信息社会，而 21 世纪更是信息爆炸的时代。在无垠的资讯世界里，演艺市场也开始了全新的开拓过程。经过简单与计算机技术嫁接的视频播放时期后，市场将演艺产品中的文化元素融入网络中，试图开创一种全新的市场模式，即没有实体市场的互动性运作形态。在此背景下，中国互联网演艺平台陆续诞生。2005 年天鸽的 9158 聚乐网正式上线，2006 年呱呱涉足视频互动领域，2008 年呱呱视频社区开始公司化运作，2009 年六间房由视频网站开始向互联网演艺平台转型，2010年我秀正式上线，2012 年 YY 推出视频互动服务功能，随后众多互联网娱乐平台开始涉足互联网演艺，如酷狗推出"酷狗繁星网"，优酷推出"来疯"视频直播平台，网易推出"BOBO娱乐"，2015 年后抖音、快手等短视频直播平台的流行给互联网演艺提供了更大的空间，2020 年新冠疫情爆发后一些传统的演艺机构和相关组织也开启线上转型纷纷创建自由线上平台。互联网演艺平台进入了快速发展期，竞争愈演愈烈。此外，第一视频集团 2009年春节期间制作的网络春晚，演出采用了全景式多机位直播技术和互联网视频直播同页面多屏幕用户自主导播形式。网民观众可以在电脑页面上看到 11 个机位、12 路信号提供的多个视角画面，通过鼠标点击感兴趣的内容，实现自主导播。截至 2021 年 6 月，我国网民规模达 10.11 亿，其中网络视频（含短视频）用户规模达 9.44 亿，网络直播用户规模达6.38 亿[①]，这意味着网络演出潜在的消费市场空间巨大。然而，对于如何实现客户价值最大化，如何建立有效的盈利模式，网络演出制作及运营单位仍在需要更多的尝试和摸索。

---

① CNNIC. 第 46 次中国互联网络发展状况统计报告[EB/OL]. （2007-07-04）[2021-06-02]. http://www.cnnic.cn/hlwfzyj/hlwxzbg/index.htm.

随着信息技术的不断更新，处于其中的大众必将接触到更多样的演艺市场，他们会在市场中具有多重身份和角色，运营单位需要在计算机技术、演艺产品、市场营销等多个领域之间游走，这为演艺市场的发展创造了新的平台，但同时也对营销策略制定设定了更多的技术和沟通上的新课题。

## 第二节　演艺市场营销的流程

20世纪80年代末，一位名为马克·兰德尔的记者针对大规模调查费城地区文化观众的行为提出，营销对艺术毫无作用，只能对艺术造成伤害。"艺术家和营销人员所做的完全相反。艺术家必须做出他们该做的事情，而后才能希望获得人们的喜爱；而营销人员则是先找出人们喜爱的事物，而后再去想办法满足这一喜爱。"为回应兰德尔的观点，菲利普·科特勒在《票房营销》一书中将营销导向置于艺术使命和艺术视野构成的情境中加以定义："营销不会要挟、强迫艺术放弃原有的艺术观点，它并不是'强卖'或欺骗性的广告。它是一种创造交易并影响行为的稳健、有效的技术，如果运用得当，它对交易的双方都有好处。"[①]可以看出，赞同"将艺术卖给大众会消磨艺术的本真"的人，是混淆了高雅艺术与文化演艺的范畴。高雅艺术包含于文化演艺内部，是文化演艺的子集而非文化演艺的全部。高雅艺术的高贵性的确值得维护，但其艺术性的磨损与否并不是取决于是否进行了营销，而是取决于艺术家的态度及其坚持的艺术理念，与营销并无直接联系。何况，文化演艺本身就是商品化的艺术表现形式，营销则是促进其长远发展的必然途径。文化演艺市场营销就是从演出经营者的立场出发，以观众为对象，研究演出经营者如何面对市场面向观众，以观众需求为中心，通过现代市场运作方式把演出这一特殊的舞台艺术品销售给观众，在满足观众需求的同时，使经营者获得最大利润的全过程。

文化演艺市场的营销过程大致分为六个步骤，即划分市场，选择目标，定位节目，演出制作与定价，广告、促销与公关，销售与售后服务。

### 一、划分市场

划分市场即把消费者整合成数个相似的群体，在拥有不同需求、偏好和行为的不同种类市场中明确标示出各种群体，以便演艺团体根据市场划分制定出服务于某个特定区域的节目安排。

对某个特定的市场进行区域划分有很多种方法，而演艺团体最经常使用的划分市场区域的变数，是人口统计学中的因素：年龄、性别、收入、受教育程度、职业、宗教、种族、家庭规模、家庭生命周期的阶段以及地理性因素等。科特勒在《票房营销》中提到的观点是："组织通常选择结合两个以上的人口统计学变数以划分市场的区域，受教育程度和收

---

① 科特勒，雪芙. 票房营销[M]. 陈庆春，译. 北京：中国人民大学出版社，2004：31.

入，就是表演艺术活动出席率的两个主要指标。同时拥有高水平的受教育程度和收入，可说是比任何其他单一变数都更具代表性的出席率指标……如果增加更多的如职业以及生命周期阶段等变数，只不过是丰富了分析的内容而已，实际上没有太大的助益。"另外，科特勒在书中还列举出了多种创意的变数应用方式。

（1）PRIZM 地理群体划分方式。PRIZM 是依据"物以类聚"理论，参考了教育和富足程度、家庭生命周期、都市化程度、血统和种族、流动性等五大类共计 39 项因素将美国居民分为 62 个不同生活形态的群体，如少年得志、城市黄金海岸等。营销人员可以利用此划分依据回答"哪些群体是最有价值的顾客""哪些市场、表演场所和促销媒体为我们提供了最佳的成长机会"等问题。

（2）性别区域。调查发现，女性在表演艺术活动的出席者中占了大多数。很多情况下，男性之所以出席艺术演出就是为了陪伴女性，而做出出席决定的仍然是女性。从个性倾向方面去考虑原因，女性的特征主要表现在表达力、感性以及集体行动导向方面，而男性的特征则主要表现在独立性、活动力和自我导向方面。因此，营销者应该将其目标瞄准在那些能刺激消费者参与的人格特征上，也就是表达力和集体行动的倾向上，而不是仅仅把目标设定为女性而已。同时如果突出演出的活动力，那么男性也可以成为演出的目标人群。

（3）生活形态区域。生活形态衡量方式结合了心理学和人口统计学的衡量方法，又称为"心理人口统计学"，它比传统的社会经济特征更加有效，比性格区域更加具有动态性。目前已经有数种不同的方式可以用来表示各种生活形态的群体，其中大部分是以消费者的活动、兴趣和观点作为衡量的基础。例如，安德瑞森和贝尔克从受访者中获得的休闲活动信息，按照是否出席交响乐和戏剧演出将群体划分为消极的家庭至上者、积极的体育狂热分子、内在导向的自给自足者、积极的家庭至上者、文化顾客和社交活跃者。研究人员发现以审美需求为主导的文化顾客和以社交需求为主导的社交活跃者的交响乐和戏剧演出出席率最高。再如研究人员按照文化的、人口统计的、社会的以及家庭的生活形态特征将费城的文化市场划分为年轻的传统主义者、坚定支持者、年轻的追随时髦者、家庭至上者和充满自信的捐献者。

在划分市场区域时，需要注意划分的区域要相互独立又全面覆盖，要有标准衡量的可操作性与实用性。在实际划分区域的操作中，营销人员需要确定划分的标准和方法，不同类型的演出产品所适用的划分方法不同。例如，针对地域性的演出市场划分适用于当地人生活形态这项标准；高雅艺术演艺市场划分适用于观众利益需求的标准，审美需求和社交需求者的出席率要高于娱乐休闲需求者。划分市场的目的在于帮助演艺团体评估对每个区域的投入力度，以及用怎样的特定产品、沟通方式、演出场所及价格来接触每个区域。有效的市场划分将提高组织的营销效率。

## 二、选择目标

选择目标是指在完成市场划分之后，决策出一个或多个进入与服务的区域。为了更具有竞争力，演艺团体需要充分认识其相对的吸引力、在区域内成功的先决条件以及组织本身的优缺点，评估出最适合为其提供服务的区域。

目标市场又被称为单一区域，这种选择方式为其目标市场提供更为专业化的服务，在为此获得特殊名誉的同时，也承担了极大的风险。选择单一区域就要尽可能地深入了解这个目标市场，否则若失去了目标市场的支持，会遭遇毁灭性的打击。若选择多样化区域策略，可以吸引更广泛的艺术顾客层次，分散组织风险。演艺团体还可以聚焦于某些特殊的目标群体，如残障人士、同性恋人群等，建立新的观众群。

目标市场的选择需要演艺团体充分考虑市场趋势与环境，从中得出是应该设定新的区域目标还是集中精力建设现有区域。例如，一家单一区域的乐团在近些年来一直没有新的年轻的顾客出席，在做了市场调查后发现，固守原来的市场目标已经不能满足维持乐团的生存需求，因此决定实行扩大市场策略，结果在三年内同类型观众的规模增长了一倍。这就是在选择目标时根据市场情况选择扩大目标的成功案例。

在选择目标市场时还应该遵循一些规律，比如，组织的资源越有限，选择区域的针对性越强；区域间的相似性越高，组织的产品差异性需求越弱；某些区域中已经有了占据市场的竞争者，组织就需要寻找其他可以介入的区域，等等。

## 三、定位节目

定位是指设计组织的形象与产品，以使它在目标顾客的心目中，占据与众不同而且颇具价值的地位。正如广告大师艾尔·瑞兹和杰克·屈特所说："定位应该始于产品；但定位并不是你对产品做了什么，而是你对潜在顾客的想法做了什么。"在定位过程中，营销人员要选择一两个对于目标观众群最具吸引力的特征，建立与其相关联想，使顾客对节目形成整体性的印象。定位的决策对于影响顾客的感觉以及选择十分重要，明确的定位策略也可以确保营销计划的各项要素具有一致性，可以互相支持[①]。而且，有独特形象的组织，在长远的角度来看，更有机会生存并且茁壮成长。

确立定位的切入点很多，比较常见的有基于个人魅力定位、基于节目安排定位、基于表演者定位、基于地点和设备定位、基于名声和形象定位、基于价格或品质定位、基于用途定位、基于产品使用者定位、基于产品种类定位、基于竞争者定位、基于各种特征定位等。在进行定位时需要注意四点：第一，演艺团体采取的所有措施、活动都要与其定位保持一致；第二，避免进入拥挤的市场，因为在这种市场中，演艺团体难以找到恰当的差异性定位；第三，避免强调对于目标群不重要的特征，否则只会徒增成本，分散顾客的注意力；第四，避免近视型定位，即避免把焦点过度集中在卖方所提供的事物上，而没有集中于消费者的需求上。

一种核心产品并非只有一种定位方式，尤其是属于精神文化产品的文化演艺，它的价值没有固定的衡量标准，因此可以根据不同的市场目标进行区别性的定位方式。在 1993

---

① AAKER D A, SHANSBY J G. Positioning your product[J]. Business Horizons, 1982, 25(3): 56-62.

年的秋季，芝加哥交响乐团和美国国家交响乐团都以威尔第的《安魂曲》作为当季的开幕演出曲目。在芝加哥，音乐会所在的地点和氛围都显示出高档的气息，因此定价十分昂贵；而在华盛顿演出的《安魂曲》是为了纪念华盛顿特区因意外遭遇暴力伤害而亡故的儿童，音乐的表现对于那些新观众而言比较偏向于个人意义的层面，而且演出的票价也十分大众化，以广泛吸引华盛顿地区各种群体的参加。

## 四、演出制作与定价

### （一）演出制作

演出的制作是文化演艺市场营销中最为复杂又最为重要的环节，如果没有优质的演出内容，那么无论演艺市场营销的其他环节做得多么充分、引人注目，都不能长久地留住观众，维持市场的可持续发展。文化演艺制作既要克服单纯以文化艺术为中心的倾向，避免可能出现的阳春白雪、曲高和寡的局面；又要克服片面以消费者为中心的倾向，影响文化艺术作品的创新发展。这就需要演艺团体创造出一个既有艺术价值，同时与组织的使命、能力、限制相符合，又能够反映社区需求与兴趣的节目，即于艺术、社会效益与组织利益三者之间寻求微妙的平衡。

节目制作的流程主要有三步：首先是确定节目的艺术风格。艺术风格是文化演出的轮廓、框架，一个演艺团体在制定节目前需要对演出的艺术风格进行大致规划，以确保节目制作的顺利进行。很多演出团体在经历长时间的经营、创作经验积累后，逐渐形成了自己独特的艺术风格。艺术风格的确定还要考虑组织的条件和制作能力，如果组织的资金和制作能力有限，就需要选择适用于小制作的节目，如古典歌剧、轻歌剧等；而有的组织本身拥有庞大的艺术人员和制作人员队伍，场地条件也比较优越，可以制作大型歌剧。现代信息社会，人们总希望在短时期内能够欣赏到多种风格的节目，这对文化演艺市场提出了新的要求，演艺团体要尽可能地推出不同风格的节目，以吸引更多的观众群体。其次是确定节目的形式与内容。在确定节目时可以采用主题性的包装，这能使常态的表演变得有新意，节目的设定更加具有吸引力。可以通过节目顺序的调节，制造观众与陌生节目的接触机会，培养观众对陌生节目的艺术欣赏能力。在形式上，可以创造性地安排演出仪式，布置现场环境，举办节日庆典般的活动，运用多媒体现代科技等方式，使观众感受到不同寻常的氛围和体验。最后是确定节目的基本要素。演出的基本要素包括人员、时间和场所。艺术表演离不开演出人员，在确定一场表演的演出者时，需要考虑到他们的档期。由于演出者的演出需要消耗他们的艺术表演能力、体力，所以还需要考虑其恢复状态。一旦某个节目的主创人员确定后，剧院的节目制作部就要根据事先已经确定的首演时间来安排制作和排练日程，该日程一般在节目首演一年前确定，称年度日程表。随着时间的推移，准备和制作工作展开，在年度日程表的基础上，会相继制定出季度日程表、月日程表和周日程表。在经费预算协调一致后，就要进入节目的正式制作过程，其中包括布景、舞台、服装和道具、灯光的设计与制作，乐队、合唱队、独唱演员分头开始排练、合练，最后布景、道具、服装、灯光、音响全部到位正式排练，音响最后进入，效果合成。

### （二）定价

节目的定价也是文化演艺市场营销中非常重要的一环，不仅要满足普通百姓欣赏艺术的需要，还应引导观众珍惜欣赏艺术的机会。因此，票价要定到让每个有能力而且愿意支付如此高票价的人士，都能够出席表演；同时，让真正想欣赏表演的人，也都能负担得起票价。演艺团体的理想是制定出可以吸引到最多观众人数的票价。一项对美国交响乐团所做的控制条件下的实验结果发现，表演艺术的顾客通常不具有价格敏感性。实验结果显示，虽然当票价上升时，门票的需求会降低，但这种降低并不大，并且当票价上升到目前的两倍时，预计的总收入反而有所增加，证明了组织确实有机会将收入极大化。[①]

定价的策略分为两种：一是基于竞争对手的定价，即是以竞争对手的价格而非以本身的成本或者需求为基准来制定价格。选择这种定价策略不仅因为行业的共同价格代表了已经被认同的、合理的价格，还能使顾客和竞争者对价格差异的反应难以预测。但由于产品的差异性有助于降低购买者对价格差异的敏感度，演出内容的差异性越大，组织决定自身价格的空间也就越大。二是差异性定价，即是组织在成本没有显著差异的情况下，以两种或者更多的价格来出售其产品或服务。妥善使用不同的差异性定价技术，可以同时造成观众规模与收入的极大化。但是采取差异性定价也需要注意一些问题，比如差异性定价针对的不同区域要有实质性区别；享受低价位的区域不能转让给高价位区域；划分市场区域以及维持市场秩序的成本不可以超过由于价格差异产生的额外收益；差异性定价不能使顾客感到愤恨不平或是留下不好的印象等。

## 五、广告、促销与公关

在这个商品富足的时代，"酒香也怕巷子深"，尤其是文化演艺产品由于其非周期性特点，更加需要广告、促销、公关等沟通工具使其在观众群中创造注意力、建立兴趣和刺激销售（见表 13-1）。

表 13-1　常见的广告与促销、公关方式

| 广告 | 平面广告、广播广告、包装、邮寄、目录、新闻稿、简介手册、海报传单、索引、告示牌、展示牌、卖场立牌、视觉品、符合与标志 |
|---|---|
| 促销 | 竞猜、抽奖、赠品与礼物、取样、展示、优惠券、打折、分期付款、交换特权、搭配销售 |
| 公关 | 新闻稿资料、演说、研讨会、年度报告、活动赞助、出版物、社区关系、游说、媒体关系 |

### （一）广告

广告分为告知型广告、说服型广告、提醒型广告、加强型广告，使用广告进行信息传

---

① CURRIM I S, WEINBERG C B, WITTINK D R. Design of subscription programs for a performing arts series[J]. Journal of Consumer Research, 1981, 8(1): 67-68.

送时需要明确目标对象是什么人，应该选择何种方式、何种媒体在何种时间之内完成才能发挥作用，并且期望获得什么样的反应。要用一针见血的文案对准目标客户的社会阶层，并且选择在最有可能接触到该目标群的媒体上播出。例如，演唱会可在粉丝聚集的网络渠道上宣传；话剧可在报纸、全家皆宜的电视节目上做广告；等等。

制定广告策略要经过确定广告目标、决定广告预算、设计信息、选定媒体、决定在媒体上播出的时间、评估广告效果等步骤。这一系列步骤中的每一环节都有很多细节需要注意。例如，同一个演出产品为了吸引不同的观众群（男性与女性观众），使用不同的广告与诉求，推出有针对性的广告方案。女性观众主要欣赏舞蹈者的高雅、美感与创意，因此在报纸的生活版上投放"高雅型"广告，而男性观众主要欣赏舞蹈者的运动细胞，因此在报纸的体育版上投放"运动型"广告。但这种做法需要考虑，刊登两则广告所增加的成本是否会被吸引到的额外观众所抵消。这个案例显示了广告目标确定（男性和女性）、广告信息设计（高雅型和运动型广告）、广告媒体（报纸）和广告预算、广告效果评估（两个广告的成本是否值得）等问题的重要性。

除了使用大众媒体进行的广告宣传之外，还可以选择直接营销，即向目标客户发送邮件、信函或电话营销。这种直接营销方式有很大的顾客选择性，更加个人化和直接化，能够在更为适当的时机接触顾客，所获得的注意力也更集中。通过这种直接营销，组织能够更为精准的与目标客户建立良好的关系，有利于组织维护顾客数据库和营销接触名单。

### （二）促销

促销是用于刺激目标市场做出较早或较强回应的短期性行为。营销人员在制定促销方案时需要考虑以下问题：一是采取促销手段的目的。组织的愿望是提高上座率、吸引新顾客或者鼓励顾客尽早续购预售票，其相应使用的促销手段应不同。二是采取促销的具体形式。所提供的具体形式与组织所希望达到的结果之间的关系越密切，对于目标实现就越有利。例如，比起赠送礼品，收集5张票和免费兑换一张门票的促销更有利于刺激观众出席的频率；样品可以避免观众对促销产生理所应该的习惯心理；在刺激短期的销售方面，价格包装比优惠券更有效。三是促销所提供的数量和持续时间。如果采取的促销刺激过少，会导致效果不明显；若过多又导致浪费。其正确的数量应该随着消费者的经济状况或兴趣的大小而变化，有节制、有限制地规定促销的时间和普及度。不同层面的市场需要采取不同的具体策略，以使不同市场之间不会互相影响。

### （三）公关

公关的任务是形成、保持或者改变公众对于组织及其产品的态度，是对组织的目标、产品、形象和理念做系统的促销。随着广告成本的持续增长，而能接触的观众人数却不断下降，科特勒预言"不久的将来公关的效果必将会超过广告"。

公关活动可以分为三种类型：形象公关，包括使组织及其产品重获新生、重新开始和重新定位的形象公关和建立消费者的信心和信赖的形象公关；例行公关，包括介绍新产品，沟通新利益，用产品包围公众，培养新市场、接触潜在的目标市场和为当地观众量身定做营销规划；危机公关，形式也灵活多样，可以在报纸的各版面刊登主题故事、创造与其他话题相结合的专题报道、制作公益广告、发表演讲等。公关可以在低于广告成本的前提下给公众一个难以忘怀的印象，帮助参与艺术活动的观众理解艺术形式和作品，向他们提供对艺术做出反应的方向。

## 六、销售与售后服务

文化演艺市场营销的最后一环即研究如何使观众方便地获得入场机会，如何以最有效的方式来吸引每个单场演出的顾客，并找出鼓励他们成为常客的方法。销售是提高观众出席率的途径，而售后服务则是提高观众的出席频率和忠诚度的方法。

门票的销售方式可以分为实体销售点、邮件或信函销售、电话销售和网络销售四种。

（1）实体销售点一般设在演出场所附近，或是有固定的代售地点。流动性的实体销售点（如在商场、超市设置售票点）可以作为营销宣传活动的一部分，易于造成话题，用更加贴近顾客的形式使顾客了解信息，并便于其获得门票。但实体销售也有其缺点，比如层层销售代理增加了销售成本，成为抬高门票价格的原因之一。

（2）邮件或信函销售是指组织向潜在顾客发送简介手册、订票表格或回函卡。它可以精心地投向顾客的兴趣点，详尽地介绍演出产品信息。一旦潜在顾客发回回函卡，就表明他对出席演出有很大的兴趣，这种顾客也是组织最值得维系的顾客。但邮件或信函销售的缺点就是回复周期长，有时还要计入顾客没有收到或及时查看的时间，组织在面对这一问题时还要给忠诚顾客以延续时间的优惠政策。

（3）电话售票可以使顾客的决策制定和购买过程简单化。在电话营销过程中，电话营销人员可以对潜在顾客的购票过程一直加以引导，用有吸引力的语音描述即将推出的演出、解释比较不为人知的演出，以及提供包括选择套票、演出场次、座位挑选和门票价格等信息，促进潜在顾客做出购买决策。另外，试听服务使顾客事先接触了演出产品，对演出产品有了一定了解。很少人会拒绝试听的好意，其后选择不购买门票。

（4）网络售票是目前前景最广的售票方式，一旦网络售票系统建立并投入使用，可以大大减少售票的人力、物力成本，仅在一个网站之内就可看到所有票务信息，方便、快捷，降低了顾客的购票时间成本和心理成本，并且降低了由于信息不对称可能导致的顾客买到高价票、黄牛票的可能性。另外，顾客也有很大的自主权来选择自己想看的演出产品，化被动接受文化演艺信息为主动接触信息。

单票是指顾客只在演出售票期间购买了一场演出的门票，与之相对的是套票预购，即多项产品组合提前销售。即使单票购买者是观众的主力，但单票销售的盛况只有在商业性的"卖座"演出时才会发生，仅靠单票销售获取经济来源而长久维持演出团体是不现实的。单票购买者不想预购门票的理由十分充足，比如不想事先被某件事情束缚，只想选择自己想出席的音乐会，或者想使个人的时间表更具弹性，等等。因此，组织需要创造出预售票的价值感和紧迫感等利益，比如折扣、优先挑选座位的权利以及更换场次的权利等。考虑到观众的顾虑，在推出预售票时还可制定迷你型预售套票（非整季演出套票，可出席较少场数），弹性选择场次系列及会员制度。

将票销售出去并不代表着营销的完结，良好的售后服务也是非常重要的一环，可以带来良好的口碑与公关形象，以及顾客的持续续购。售后服务要在顾客购买门票后就有所行动。在顾客续购门票的 3～5 天，组织应该将感谢信寄出，同时告知他们预计将寄出门票的日期，并附带一张海报以强调有关转换场次的权利、停车设施、特殊教育节目以及就餐的信息等。

售后服务还要在演出结束后持续进行。组织要尽可能地为顾客创造机会，使他们能够充分发表正面的或负面的见解。当顾客抱怨时，组织必须及时地回应，尽可能以最快的方式加以改进。相比邮件，在平息抱怨时，电话的速度更快，更有私密性。组织人员不要为组织的行为寻找任何借口予以搪塞，而应该找出能使抱怨者满意的良方。

# 第三节　演艺市场的营销战略

演艺市场的营销分为战略营销和策略营销两部分。战略营销旨在通过对演艺市场宏观环境的把握和分析，推行一种"大营销"的理念。也就是说，对于演艺市场的营销研究具有一种全局性。与之相比，策略营销研究就集中在微观和局部领域内。这两者中，战略营销对策略营销具有指导性意义，而策略营销效用也将对战略营销产生反馈式的影响作用。

## 一、品牌营销战略

在激烈的市场环境中要塑造企业品牌，首先就要让企业有自身的企业文化。正所谓，品牌的精神力量是文化。如果说营销的功能是去影响行为，那么品牌营销的任务就是将组织形象推向大众并使之形成、保持或者改变对于组织态度的过程。公众对于演艺机构品牌最为直接的认知就是组织形象或是对演艺产品的消费行为，所以演艺机构在市场上可以通过营销公关的方式将品牌营销出去。汤姆·哈瑞斯（Tom Harris）给营销公关做出了如下定义："营销公关是计划、执行和评估规划的过程，该规划是通过适当的信息和感觉沟通，以找出能够满足公众需要、渴望、关心和感兴趣的组织及其产品，以鼓励购买并让消费者满意。"[①]

### （一）国内市场

我国演艺组织的主要市场在国内，营销公关的重点自然也就落在了地区市场及全国市场的形象塑造上。品牌是演艺机构的名片，是大众对于组织形成整体印象的关键，营销公

---

① HARRIS T. The market's guide to public relations[M]. New York: Wiley, 1991:12.

关中的形象公关就有市组织及其产品重获新生、重新开始和重新定位以及建立消费者的信心和信赖等种类①。

在国内演艺市场中，消费者对于演艺机构及演艺市场已有一定的印象和认识，要将品牌概念植入大众的潜意识中就需要一定的公关手段在观众中重新树立起市场新形象。国内的经理人和营销人员通常会认为好的创意、优质的作品、知名的演出者，本身就有很大的说服力，但现实的情况是，如果演出能够适合出席观众的胃口，那就自然可以为组织树立良好的形象②。这就意味着，任何的营销行为是以消费者为出发点，即使是推广品牌形象的形象公关也不例外。绍兴市演出有限公司就立足于绍兴这一国内越剧的中心市场，策划了"江浙沪经典越剧大展演""同唱一台戏""百年越剧万里行""越剧大舞台""越剧明星版《梁祝》"等演出品牌，以创新的模式引领越剧市场走出低谷，培养了大批年轻戏迷，使越剧艺术的继承和发展后继有人③。由于国内演艺市场对于品牌的意识较为薄弱，消费者也很少会因为对于品牌的影响力而选择某一演艺产品。这是中国演艺市场发展的软肋，但也只要采取合适的品牌营销策略就可以使其成为我国演艺市场发展和改革的突破点。

在我国，北京和上海是两个演艺市场的集中地，各种国内演出机构和产品都想方设法地想进驻到这两个城市中。但一两个市场即使再大对于演出的消化还是有一定的极限，无法让所有演艺产品在市场上得到其应有或是希望的回报，不管是经济上还是社会效应上的。品牌的营销也不仅意味着在单个演出扎堆的市场中脱颖而出，完全可以选择差异性的竞争策略，比如"农村包围城市""二级城市包围一级城市"或者"国际市场包围国内市场"等。

 **案例**

## 皇家粮仓厅堂版《牡丹亭》

昆曲是我国传统戏曲中最古老的剧种之一，也是我国戏曲艺术中的珍品，其中，汤显祖的《牡丹亭》是昆曲中比较有影响力和代表性的作品。坐落在拥有六百多年历史的皇家粮仓的厅堂版《牡丹亭》，是由著名戏剧导演林兆华和昆曲表演大师汪世瑜为主创班底打造的一场昆剧盛宴（见二维码13-1）。

皇家粮仓厅堂版《牡丹亭》被称为是"物质文化遗产与非物质文化遗产完美结合"的精品，最大的特点就是定位于"文化复归"，致力于还原给观众最原始、最真实的听戏感受。

从演出场地来说，皇家粮仓旧称东门仓，系明代永乐七年（1409）在

13-1

① KOTLER P, SCHEFF J. Standing room only strategies for marketing the performing arts[M]. Brighton: Harvard Business School Press, 2004:431

② CONRAD C. Analyzing organizational situations: introduction, in strategic organizational communication[M]. New York: Holt, Reinhart & Winston, 1985: 202

③ 苏唯谦. 品牌战略实施与文化产业发展：浙江绍兴市演出有限公司市场经营解[J]. 上海戏剧，2009（12）：41-43.

元代北太仓的基础上建造而成，它是古代京杭大运河南粮北运的终点站，是和故宫同年龄的建筑群落。这座粮仓历经明清 24 代君王，见证过从民国到共和国以及今天京都的全部历史，它是全国仅存的、规模最大、现状最为完好的皇家粮仓。[①]粮仓悠久的历史给了整场《牡丹亭》的演出很好的载体，在这样一个文化遗产里吟唱，会显出别样的情调。古老建筑的沉稳、大气和岁月的沧桑给演出增添了历史的深远感，观众们仿佛真的穿越千年，感受到最真实的杜丽娘和柳梦梅。

从舞台上看，为了给观众更好的观戏体验，厅堂版《牡丹亭》的舞台并不搭高，抛弃了清末以来舞台式的戏曲表演，回到旧时"家班"的厅堂式表演，此外，演剧空间充分尊重建筑原貌，现场全部采用明式家具。这样的设计一方面能够让观众与演员更加融为一体，另一方面也为了能让演员根据剧情需要，流畅地行走于任意区域，以寻找到更加自由的表演天地。也正因为舞台的特殊性，演员的一颦一笑、一言一行，观众都能尽收眼底，打破了观众与演员之间的"第四面墙"，观众由此能够感受到原汁原味的古典艺术之美。

从剧本上来看，厅堂版《牡丹亭》立足于汤显祖原著的整理而不是改编。由于受到演出的时间限制，它避开了折子戏与全本连台戏的弊端，保留了原作的故事结构、主旨精髓、曲词格调、文学精神和精彩段落，顾全了故事和情绪的完整性、合理性，突出了人物个性。此外，它还删除了过场，精简了松散的重复，将剧本凝练为极具舞台表现力和戏剧张力的最佳版本。[②]

从演员上看，厅堂版《牡丹亭》的演员都是从昆曲的发源地——苏州千里挑一而来的。扮演杜丽娘的女孩胡哲行，经过名师张继青等前辈的指点调教，拥有很高的昆曲专业水准，再加上本身扮相姣俏，具有江南女子的温柔婉约和大家闺秀的端庄秀丽，举手投足间仿佛真如原著中的杜丽娘一般；柳梦梅的扮演者曾杰，是汪世瑜的学生，眉目朗然，身形挺拔，十分符合柳梦梅的气质。

从演出形式上看，整场演出没有音响设备和扩音设备，回到没有电的时代，演员完全靠身段和嗓音、乐师完全靠自身功底。此外，观众席边上还鼎立着的八只全透明的大鱼缸，这八只鱼缸是整场演出的点睛之笔。鱼缸自始至终被灯光打亮，随着剧情的发展，鱼缸和其中的鱼儿成了戏中必不可少的道具之一。比如，当剧情发展至《游园》一节时，鱼缸接住了纷纷而落的玫瑰花瓣；而在《离魂》一节中，淅淅沥沥的雨水从空中落下，又在鱼缸中泛起了层层涟漪，仿佛是主人公心情的写照，也为演出增添了朦胧的意境美。

总而言之，无论是演出场地、舞台、剧本、演员还是演出形式，厅堂版《牡丹亭》都在原先各版本《牡丹亭》的基础上有所创新和优化，即使只有120分钟，也足够让你好好"梦一场"。

## （二）国际市场

在全球化的当下，国际市场必然是各国演艺市场和组织的必争之地。品牌在国际市场

---

[①] 郑晓林. 皇家粮仓品厅堂版《牡丹亭》[J]. 文化交流, 2007（6）: 18-21.

[②] 董海燕, 黄红平. 从青春版昆曲《牡丹亭》到厅堂版昆曲《牡丹亭》[J]. 大众文艺, 2009（24）: 75

上的重要性更多的是一种区别于其他市场的独特性标示。与国内市场营销不同的是，国际市场上的品牌营销可以采用大营销概念的模式，如以地区或国家文化为营销落脚点的方式。全球演艺市场上的品种众多、组织多元，而不同国家对于演艺市场的运作也不同，使得品牌营销策略的选择和实施在国际市场上的运作也会大相径庭。所以，在国际市场运作中只有识别性高的形象营销才能突出重围。

都说民族的就是世界的，我国演艺产品就因其多元的民族特色在国际市场上走出了一条具有"中国特色"的道路，也得到了国际市场的认可。我国单剧目的营销在国际市场上已取得一定的成效，如《风中少林》、杂技芭蕾《天鹅湖》等。但仅靠一张"民族牌"或是单剧目营销的成功未免过于单一，我国演艺市场在"走出去"上还远远不够，演艺产品的逆差表明我国演艺市场营销还存在不少问题和很大的发展余地。加拿大太阳马戏作为一个"新马戏"的创始者如今已然成了世界演艺市场的一只大鳄，演出所到之地无不一票难求。这完全仰仗于太阳马戏在20世纪末对于剧团品牌的成功营销上。每到一地巡演马戏团就将自己的演出帐篷搭建到哪里，这成了剧院的鲜明形象标志，也成了这一没有动物的马戏团品牌的标志。再加上优秀的节目，太阳马戏就这样一步步地巡演了全球，成为开拓国际市场的成功者。我国的演艺机构在"走出去"上也需要品牌形象的公关策略。这可以是在具体的演艺形式上，也可以在组织的多元化发展上。2005年2月，由上海大剧院、上海音乐厅、上海文化广场、上海交响乐团、上海芭蕾舞团、上海歌剧院和上海民族乐团组建了上海大剧院艺术中心。上海大剧院艺术中心通过国际性大赛、巡演及合作三种方式，着力提升机构的国际文化影响力。上海芭蕾舞团不少的青年演员在国际芭蕾舞比赛中脱颖而出；上海大剧院舞台还参与到世界经典歌剧首演制作中，不仅扩展了海外市场，而且提升了机构的国际影响力。例如，世界经典歌剧《图兰朵》和《卡门》，就分别是上海大剧院、上海歌剧院、上海交响乐团与瑞士苏黎世歌剧院、法国奥兰日歌剧节相互合作的产物。

 案例

## 杨丽萍——从《云南映象》到《寻找香格里拉》

大型原生态歌舞集《云南映象》是由我国著名舞蹈艺术家杨丽萍出任艺术总监和总编导并领衔主演倾情打造的艺术精品，是一台融传统和现代一体的舞台新作，将原生的原创乡土歌舞精髓和民族舞经典全新整合重构，展现了云南浓郁的民族风情。该歌舞集70%的演员来自云南各地州甚至田间地头的本土少数民族演员，演出服装还源于云南各民族民间着装的生活原型。在国内市场掌声不断的同时，《云南映象》从未忘记过自己走向世界的梦想。《云南映象》以《寻找香格里拉》的名字进军国际文化市场。《云南映象》已在日本、美国等多地演出。公司完全按照国际演出行业惯例对《云南映象》进行包装及商业运作，澳大利亚灯光师、舞美师等专家正在对《云南映象》进行再加工、再提炼，以使它成为真正属于世界的艺术产品。《云南映象》以成功的商业姿态第一个走向海外市场，并形成了固定品牌的歌舞集。

 **案例**

## 中演院线——直营苏丹后查丽苏菲雅歌剧院

苏丹后查丽苏菲雅歌剧院是马来西亚第二大城市新山市的首座歌剧院。它坐落于马来西亚公主湾扼守马来西亚通往新加坡的第一关口旁。剧院总面积约 7725 平方米，共有池座 500 个及包厢 5 个，总共可容纳约 600 人，可为交响乐、歌剧、话剧、芭蕾舞剧、爵士乐等各类文化艺术演出提供硬件支持。

中演演出院线发展有限责任公司是中国首家文艺演出院线，截至 2019 年已拥有来自国内 27 个省、市、自治区和直辖市的 70 家加盟剧院，管理总资产超过 100 亿元，拥有坐席数约 14 万个。2020 年 1 月苏丹后查丽苏菲雅歌剧院正式揭幕，中演演出院线受托运营管理，自此迈出了海外发展第一步，苏丹后查丽苏菲雅歌剧院就此成为中演院线的第一家海外直营剧院，亦成为中国各演出院线第一家落户海外的托管剧院，是中国演艺文化出海的探路石。

开幕之后，为丰富开幕演出季，苏丹后查丽苏菲雅歌剧院在中国农历春节期间安排了《鼓乐闹新春》《南国早春——乡音扣》两场演出。未来，中演演出院线将继续通过苏丹后查丽苏菲雅歌剧院建设中马民心相通的优质舞台和交流平台，将其打造为中国文化出海落地建设的综合示范基地。

## 二、非舞台营销战略

非舞台营销主要是众多衍生产品的开发，是演出产业链的一种延伸。对于演艺剧团来说，仅仅拥有门票的销售量是远远不够的，也需要从衍生影像制品以及各类演出纪念品等重新获得利润收入。非舞台营销就是针对这一部分提出的营销战略。如果说舞台营销是立足于演出本身的话，那么非舞台营销就是从演出外在价值出发而设计的营销战略。

衍生品营销在文化产业中并不是一个新潮的概念，在动漫产业、电影产业以及网游产业中都有涉及，并且已初具一定的规模和运作模式，但在演艺市场中，非舞台营销的地位更类似于舞台营销的附属品，并不是演出团体和组织在营销中考虑的重点之一。其实不然，看看国外成功的演出剧目和团体就不难发现，非舞台营销已经越来越受到市场业内人士以及各种营销企业的关注。百老汇著名音乐剧《猫》就有种类繁多的衍生产品，如带有《猫》剧标志的 T 恤衫、棒球帽，精美的节目说明、CD、VCD 等。而这些纪念品，要求用《猫》剧的注册标识，仅此一项，剧院和英国真正好集团（Really Useful Group）就可以获得丰厚的利润。值得说明的是，真正好集团对于相关纪念品的销售有严格的规定，即只能在剧场里定点销售，不能拿到剧院外兜售，这样，观众想要购买这些产品，就不得不买票来看这场音乐剧了。这样的互动关系使票房营销走下舞台、走出剧院，能够更紧密地贴近到大众的生活和日常消费中。

作为一种营销战略，非舞台营销也需要多方面的团体协作。首先是演艺衍生品的设计。衍生品设计不同于一般产品设计，它需要在保有自身属性的同时被赋予演艺产品的特性，因为它是演艺产品另一种形式的体现。表演艺术的不可复制性和现场创造性使得在对这些衍生品进行设计时要求设计师要对演艺产品有一定认识的前提下去进行，才能实现衍生品与演艺产品的价值统一。一出古典芭蕾舞剧的衍生品可能有相关艺术形象的公仔，如胡桃夹子、天鹅湖等，但很难想象一场古典交响音乐会的衍生品会包括朋克摇滚风的 T 恤衫。当然，衍生品的设计有时也需要突破常规，而获得意想不到的效果，如太阳马戏到上海演出时就专门针对中国市场设计了一系列的衍生品。其次，就是对衍生品的包装营销。衍生品是演艺产品的附属品，但如今也时常可以听到世界某地有人为了集齐某套衍生品而不惜血本的新闻。这就表明，当衍生品脱胎于演艺产品而独自具有营销价值的时候，演艺组织或营销公司就应及时采取相应的策略，让衍生品反作用于演艺产品本身，推动表演艺术的发展，吸引更多的大众进行演艺活动的消费。再者，衍生品的价值回收除了利润之外，非舞台营销也会产生同品牌营销相类似的外在品牌理念。消费者选择演艺产品的原因很多，其中也包括对于某种品牌的偏好。"郎朗"这两个字代表的不仅仅是一个中国钢琴天才，也是一个品牌。如今，中国有很多学钢琴的小孩以他为目标、为榜样，东方卫视就利用这样的品牌效应策划了相关的儿童钢琴综艺节目，最终大奖就是和郎朗合奏的机会。如此一档综艺类节目其实也是演艺市场的非舞台营销。郎朗的演出和品牌从舞台走入了电视机，走进了更"快餐"式的媒介中。通过这一衍生品，除了节目收视率有了保证之外，"郎朗"这两个字的价值也再次得到实现。在这之后，必将有更多的潜在消费者会走进剧院去欣赏郎朗的钢琴演出。

## 三、网络营销战略

网络已不仅仅是人们了解世界、接受咨询的平台，如今它更是成了现代市场营销领域内的"宠儿"。作为一个实体市场，借助网络的影响力和推动力，演艺市场营销也完全可以在此基础上开创一幅新的图景。网络战略的运用主要包括网络技术运用以及网络平台运用两部分，而演艺市场的特性使得市场营销更偏向于网络平台方面。具体来说，体现在以下几个方面。

（1）网络营销要实现将潜在消费者推向剧院的目标。科技的发展催生出一群"宅男""宅女"。他们几乎可以足不出户地完成任何事情，他们能够网上购物、网上聊天、网上视频……如何让这一部分的人群成为实体演艺市场的消费者，而不仅仅是通过网络来欣赏表演艺术呢？网络就成了解决的唯一途径。在与"宅人类"息息相关的网络上进行营销，不仅能够将营销触角衍生到无限远，也使得演艺市场与虚拟媒介形成新的关系纽带。SNS（Social Networking Services，社会性网络服务）社区是时下最流行的网络平台。SNS 专指旨在帮助人们建立社会性网络的互联网应用服务。源自人际联系的 SNS 已将市场营销概念引入其中。例如在微博、微信、抖音等平台上，都有各类企业或组织的账户及信息。在 SNS 中，企业和组织化生成为一名网络用户，在自己的账户上发布各种的咨询和信息，而大众一旦将其列为关注的对象，那么组织的被动营销行为将成为消费者的主动关注行为。对于演艺市场来说，这样的转变将使得潜在消费者走进剧场的可能性快速提升。

（2）多样的网络营销方式不断刺激主体的创新冲动。营销是让大众了解产品，同时也让产品适应消费者的过程。在演艺市场中，营销只是让消费者走进剧院是远远不够的。没有出色的表演作品，大众没有理由走入演艺市场进行消费。网络营销回馈机制的存在为解决这一问题提供了可能性。网络无边界、无时间的属性使得大众在消费完某一产品后，完全有可能在网络上发表自己的观点和见解。这些观点的收集其实就是一种回馈机制的体现。在演艺市场中，消费者对于表演形式的要求以及褒贬都是市场主体，即产品创作者所关注的。近年来，实验性话剧的走俏有很大程度上就是消费者通过网络"推捧"出来的。网络营销系统的完善将为更多演艺主体提供创作的素材和创新的激情。

（3）网络营销战略是复杂的多层级、多领域内的营销活动。网络常被人们形容为虚拟社会，那么在这一社会中进行的营销战略就注定要比一般的营销战略更为复杂。演艺市场的网络营销战略要与传统的战略营销形成互补，而不是互相削弱。要充分发挥各类营销战略的长处、回避不足。就网络营销来说，它比一般的营销战略的效用程度高，不仅能够接触到广泛的受众，而且对于表演艺术者及产品也有一定的推动促进作用。但同时，网络营销因其虚拟特性，使得具体操作的规划、制定和执行存在一定的风险。当然，网络已经不再是人们工作生活中的新兴事物，随着科学技术和营销理念的不断发展，网络营销必将在更大程度上发挥出它的功效。

## 四、受众营销战略

演艺市场承担了较多的教育职能使得消费者会出于教育的目的对表演艺术进行消费。要了解消费者的行为，就要涉及两个问题：观众为什么选择了表演艺术而不是其他的休闲方式？他们又为什么选择了某一特定艺术形式而不是其他[①]？要对这两个问题做出解答，就要对消费者的行为有一定的了解和洞悉，因为他们直接体现了演艺市场上观众的消费需求取向。

消费者选择表演艺术的因素很多，如个人喜好、票价、社会发展水平等。但不论出于何种动因，消费者进入演艺市场是有具体的决策过程。消费者若出于个人因素选择了某一演艺产品，对于市场来说要有足够的敏感度感知到消费者偏好是源于何种具体原因，如家庭传统、演出类型、明星演员等。对于具有观赏演出传统的家庭观众，市场就可以推出套票模式，希望一个忠实的观众能够拖家带口地走进剧院，并将家庭成员都发展成为日后的消费者。这一模式在欧美发达国家中较为普遍，因为皇室的存在以及传承使大众有欣赏艺

---

① MCCARTHY K F, BROOKS A, LOWEL l J, et al. The Perfoming Arts in a New ERA[R]. Santa Monica: RAND Corporation, 2001.

术就是自身社会地位提高的认识。而对于这部分消费者的演艺市场通常是传统剧目市场，即较为成熟的市场，如交响乐、芭蕾舞、歌剧等高雅艺术市场。很少能够在诸如演唱会等新兴剧目市场上发现存在这类消费心理的观众，在我国由于具体国情的不同，这样的情况更是少见。对于被演出类型吸引的消费者，市场已自然的会进行细分。对于市场上的企业或机构来说，在无法改变消费者取向的情况下，能够采取两种策略。一种是坚持现在所处的演艺市场，并将产品做出独特性，希望能在保持现有观众的情况下，吸引更多的潜在消费者。每个市场上都有忠实型消费者和随波逐流型消费者的存在，而且随波逐流者是大多数。这就使得不同市场在争取这一部分消费者时会有各种方式和措施，在这其中"内容为王"显然是首先应该做到的，"印象"系列就属于此类。另外一种方式就是改变自己所熟悉的市场，来迎合消费者可能推崇的新市场。如此策略的冒险性自然不言而喻，如同其他市场营销策略一样，并不是所有机构都有足够强的适应性来面对未知的风险。倒在转变之路上的机构也不占少数，不过一旦成功那就是演艺机构全新的起步和华丽的转身了。为打造城市音乐剧新品牌，上海大剧院自 1998 年开幕以来迎来了无数世界级表演团体和海内外众多的艺术名家，从帕瓦罗蒂、多明戈、卡雷拉斯三大男高音到四大欧洲歌剧流派悉数登场，更有维也纳爱乐乐团、柏林爱乐乐团、英国皇家歌剧院、巴黎国家歌剧院、莫斯科大剧院、马林斯基剧院、斯卡拉歌剧院等国际一流艺术院团及众多海内外知名的艺术家在此带来绝妙呈现。[①]

对于被明星演员吸引从而进入市场的大众来说，可以在剧院或售票处外张贴大幅的演员海报来介绍该演员近期将要演出的节目等。在演艺市场中，营业性演出会因其盈利的最终目标，更多的将消费者行为的研究放在"明星效应"上。这样既能在保证成本回收的情况下，实现更多的票房营收，其中最为典型的莫过于演唱会市场。我国演唱会市场是整个演艺市场中看似最为红火的领域了，特别是以娱乐明星为噱头的演唱会绝对是市场上的绝对主力。江苏卫视在主办"2008 周杰伦世界巡回演唱会南京站"活动时，就通过在北京、上海、广州、重庆、西安、南京六个大型城市以及其他 20 个中小型城市的问卷调查显示，市场上最受欢迎的流行艺人受众支持峰值数据稳定为"周杰伦"；从相关发行机构抽调的数据分析，近 5 年的音像品销量以及 3 年内最卖座电影票房，都显示了"周杰伦"这一比较明确的市场指向；新媒体的调研数据同样集中，互联网论坛发帖量、官网点击率均受到"周式旋风"的影响。2019 年周杰伦粉丝的一次"娱乐游戏"再次向大家证明，周杰伦依然是"顶流"。周杰伦有牢固且范围广泛的支持群体，因此，"周杰伦"这个品牌在全球华人界的影响不容小觑，演唱会举办必将有极高的受众关注度，项目的可操作性和营利性都比较明显。对于非营利性机构来说，虽然"明星效应"不那么明显，但同样也是吸引大众进行消费的因素之一。美国芝加哥第二城市喜剧团细分出了一部分能够吸引到商人走进剧院消费节目的演员，并专门就他们演出的节目向商人进行推荐，以提升票房销售[②]。要想发挥明星效应就需要营造一个"大营销"的概念，针对某一产品中"明星"的因素进行全方

① 上海大剧院. 走进大剧院：关于我们[EB/OL].（2021-09-19）[2021-09-19]. https://www.shgtheatre.com/about-us.
② BOONE L E, KURTZ D L. Contemporary Marketing[M]. Toronto: Nelson Education, 2009: 318.

位的营销。公关、广告、渠道等外部因素的全面介入是必然选择。

## 五、沟通营销战略

营销是一种影响行为的策略和战术——它既可以用来改变人们的行为（如鼓励人们前往观看现代音乐的表演），也可以用来防止人们行为的改变（如鼓励赞助商继续投资）。处理和艺术团体有关的人和事——包括它的节目、包装、员工、设施和活动——都应该建立在沟通的基础上。在绝大多数的艺术营销策略中，影响行为的最主要因素应当首推沟通[①]。营销讲究的是多种手段的组合作用，从而实现"以消费者为导向"的成功营销。

沟通模式专家拉斯维尔（Lasswell）认为沟通过程由提出沟通者、沟通的内容、沟通采取的渠道、沟通的对象和沟通的效果[②]。因此，要确立一整套的沟通时，要有以下几个主要步骤：① 明确沟通目标；② 决定沟通目的；③ 选择沟通渠道；④ 决定沟通组合；⑤ 沟通效果回收。

沟通目标的明确是成功营销沟通的第一步，它是对市场细分和机构定位的体现。针对不同的组织、产品和市场，目标群可能是潜在顾客、目前客户、社会知名人士等。目标群对于沟通内容、方式、对象等的不同要求将对沟通成效发挥极为重要的作用。所以说，演艺市场上的营销首先要明确目标人群及其对于演艺市场各方面的看法，这样的沟通才会卓有成效。在我国，某一演艺市场要确定目标人群可通过自身调研或是委托咨询机构进行。自身调研在我国使用较少，主要是对现有观众的问卷调查。由于不能直接对消费者进行深入的了解，这样的问卷形式多于实际。即使有一定的有效信息，对于市场之后的目标群发展指导性意义也较弱。而咨询机构因为有较多的渠道和手段可以给市场提供行之有效的研究成果，不过咨询机构对于演艺市场了解的缺失会使得其结论不能达到市场竞争者所希望的效果。两相比较，笔者认为演艺市场目标群的明确更多地采用自身调研的方式。在我国采取直接的上门营销方式有一定的难度，但是可以从我国纷繁复杂的人际网络出发。再者，人并不如传统经济所说的那样理性，行为经济学中对自我羊群效应、幼鹅理论以及零的理念等非理性因素的解读能使演艺市场营销策略的制定和开展更为有效。例如，一名想要购买交响乐门票的观众会被告知，如果他可以协助举办团体或机构完成具有一定质量的调研，就会有机会半价或免费欣赏这一演出。在欣赏完该场交响乐后，院方完全还可以将同样内容的问卷或调研材料交给观众，并附上一张小纸条，表示只要在下次购票前观众可以将这份问卷以同样的高质量回馈给主办方，就有机会享受下一次演出的优惠。也许这样的策略过于的功利性，但在我国自身调研还不够成熟，甚至可以说是匮乏的时候，进行较多物质上的刺激来推动大众对于机构调研的热忱度，也不失为演艺市场目标群确定的有效方式。只有培育起演艺市场，才能发挥出文化产业的特有动力。

---

① KOTLER P, SCHEFF J. Standing room only strategies for marketing the performing arts[M]. Brighton: Harvard Business School Press, 1997: 299.

② LASSWELL H D. Power and Personality[M]. New York: w.w.Norton & company, 1948: 37-51.

　　沟通目的可以非常多元化，从培养消费者对于艺术的鉴赏能力到吸引消费者注意某一产品，从在消费者心中树立起对机构的忠诚度到寻求更广范围的艺术与商业的合作，等等。但在演艺市场上最为重要的还是促成消费者消费以及再消费的行为。如图 13-1AIDA 模型所显示的，行动是所有活动的最后一步，也就是消费者在经过长期决策之后的最终结果，所以作为营销的重要一环，沟通就是要促使消费者不断的趋近购买的行为，并在进行了尝试之后能够持续地进行消费。

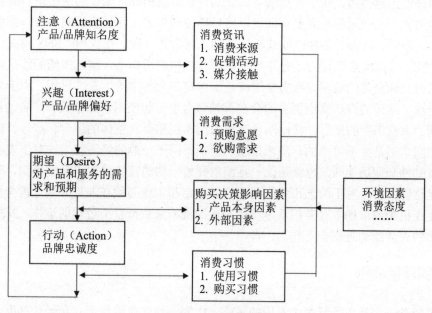

图 13-1　AIDA 模型

　　艾尔莫·里维斯在 1898 年首次提出了 AIDA 模型。他认为，销售对消费者的说服效果具有层级性，销售人员向消费者推销产品所产生的影响可以逐层划分为注意（Attention）、兴趣（Interest）、愿望（Desire）和行动（Action）[①]。

　　我国演艺市场上，许多演艺机构的沟通目的通常模糊不清，其中非营利性机构更是如此。许多肩负社会责任的非营利性机构在机构转制，脱离开国家财政的保护伞之后，迷失方向，不知如何将机构发展与市场相结合，从而一蹶不振，变成了"温室里的花朵"经不起"风浪"的考验。只有坚定沟通目的才能组织营销，只有决定市场定位才能实现机构目标。"好的开始是成功的一半"就是这个道理。

　　当目标群、沟通目的都已确定之后，如何将产品推到目标群前就取决于渠道的问题。一般来说，沟通的渠道分为个人渠道和社会渠道。所谓个人渠道就是以个人生活及社交圈为对象的沟通方式，如电话直销、上门推销、口碑营销等。如果要想吸引大众走进自己所不熟悉的演艺市场，口碑无疑是最为有效的方式。人们认为从朋友或家人那里获得的信息

---

① 陆雄文. 管理学大辞[M]. 上海：上海辞书出版社，2013：236.

要比从主办机构那里得到的更可信。而出席一场表演艺术活动是带有社交意味的活动，所以个人间的相互影响是非常重要的。所以，演艺市场如何发挥口碑营销的作用呢？根据传播学大师拉扎斯菲尔德（P. F. Lazasfeld）在两级传播论中的观点，就要找到舆论领袖。这些具有一定教育背景和社会地位的人是媒介到受众以及受众再到媒介的中间过程。舆论领袖会事先对产品信息进行筛选、评估、整合，由于他们经常是首先购买产品或者出席新表演艺术的人，因此他们也承受了很大风险[①]。演艺市场要尽可能地接触到这些舆论领袖，以促成口碑的迅速传播。除了传统的结盟计划、优惠促销外，如今的网络是口碑传播最为有效的渠道之一。一则动态的更新就足以将口碑传播出去，而且所面向的群体将更为的多元和宽广。微博、抖音上各种企业或机构的加入就可见一斑。在我国，SNS 模式已经兴起了一段时间，但市场营销行为还是集中在营利性机构的运作上，演艺市场的涉足显然还需要一定的时日和允许的政策。社会渠道就是媒体将信息传播给大众的过程。由于外部环境的不确定性，这样的沟通渠道更多的会在营销组合中一起使用，如公关和广告的结合等。

　　如同"大营销"的概念一样，演艺市场的沟通也需要有整体的组合。广告、促销、公关等外部因素都是必不可少的。演艺市场的营销不同于一般的经济行为，对于表演艺术的消费是及时性和现场性的，也就是说一旦演出开始一切的营销也就走到了尽头，单场的演出尤其是这样。所以对于演艺市场沟通组合的决定和实施必须在演出开场之前全部完成，这就需要在机构或市场中有专门从事营销沟通的机构来负责整个过程的运作、开支的合计以及后续的评估活动等整合工作。

## 六、连锁营销战略

　　连锁经营一直是市场营销中常用的策略，作为一种商业组织形式和经营制度，连锁策略使经营同类商品或服务的若干个企业，以一定的形式组成一个联合体，在整体规划下进行专业化分工，并在分工基础上实施集中化管理，把独立的经营活动组合成整体的规模经营，从而实现规模效益。连锁经营包括直营连锁、特许经营和自由连锁三种形式。而对于演艺市场来说，鉴于演艺产品的低复制性、场所的高成本性以及营销的高异质性，连锁策略还是一个较新的理念。在我国，部分民营组织已经开始了这方面的尝试，至于连锁策略的成效如何还有待于市场和时间的检验。

　　2009 年是杭州金海岸创业的第 10 个年头，金海岸演艺大舞台用了 10 年时间成为了 12 家连锁规模的文化企业。确定了连锁发展方向后，杭州金海岸以杭州本土为重点，先后开设了天水桥、红磨坊、东坡 3 家演艺大舞台，随后在浙江的义乌、诸暨、金华、湖州、台州，江苏的常州、镇江，山东的济南等地开设金海岸演艺大舞台，形成连锁规模的雏形。可复制性是娱乐演艺连锁企业发展成败的关键，而要快速、高效地发展连锁企业，标准化体系是核心。金海岸连锁娱乐演艺企业围绕节目的采购、研发、编排、销售、后勤管理等

---

① SOLOMON M. Consumer Behavior[M]. 3rd ed. Englewood Cliffs, NJ: Prentice-Hall, 1995: 359.

环节，制定或采用一系列的工作标准、管理标准和技术标准，将这三大系列标准有机整合，形成适宜企业发展的标准体系。

在实践中，杭州金海岸以演艺创作、演艺培训为重点，优势互补、合作发展，打造和提升自身的核心竞争力。韩建鸥认为，产业规模化发展，成本控制是关键，娱乐演艺行业成本的重头在演艺资源的费用支出。规模化发展迫使他们建立资源配置中心，对占成本较大的演员、服装、道具、演出设备等实行统一采购、统一配送、统一制作，在最大限度内降低成本。这一举措使这类成本下降20%左右，对一个连锁规模企业而言，节约的总量相当可观。

2003年，辽宁民间艺术团成立，承包了"沈阳大舞台"剧场，并改名为"刘老根大舞台"，使艺术团有了第一个演出阵地。如今，刘老根大舞台已在沈阳、哈尔滨、长春、天津、北京等地开了多家连锁剧场，其他地区的连锁剧场也正在筹备或谈判中[①]。

## 第四节　演艺市场的营销策略

目前中国文化演艺最遭人诟病的是票价过高，但这个问题在短时期内还难以有效解决。税费、票务代理费、剧场场租是如今演艺行业的三大负担。首先是税费，目前演艺行业营业税为3.39%～5.59%，而购买国外演出的外税为12%～20%，这意味着100万元的演出费，实际购买成本在115万元至125万元。反观国外，很多国家不仅有减免税费的政策，还有政府的贴补，比如纽约州，演艺行业的营业税是3.5%，且这个税是可以退的。欧洲一些国家演艺行业不仅税费全免，甚至对重点演艺机构进行全额资金支持。其次是票务代理费，以上海为例，一级代理的票代费占到票价的10%～12%，二级代理则往往达到14%～20%，这意味着卖出一张100元的演出票，至少有十几块钱要交给票代公司。而在百老汇和伦敦西区，票代费通常在5%以下。最后是场租，目前的大部分剧场不论国有还是民营，在经营上政府并没有将其视为公共文化设施，除了国家大剧院这样国字号的剧场外，其他剧场并没有常规性的大额度补贴，因此剧场的场租费必然要根据运营成本而设定。高昂的运营成本让剧场难以自降场租，于是压力便转给了演出方与市场。如今一线城市的大型剧场场租基本在4万元以上，有些甚至达十几万元，这对于需要长演才能盈利的音乐剧行业是一笔巨大的负担。在税费、票代费、场租费三者居高不下的情况下，降低演出票价显然是一种奢望。假设一个剧院引进一台剧目的演出成本在20万元，加上8万元的场租，再加15%的演出税费以及16%的票务代理费，衣食住行等全不算，票房收益至少要达到35万元方可保本。中间环节的支出要占到演出成本的近75%，这样的比率，票价焉能不高？

在这样的背景下，文化演艺市场尤其需要营销。文化演艺市场营销成功与否，可以借由以下标准做出判断。

---

① 隗瑞艳. 演出连锁经营在探索中扩张[N]. 中国文化报，2009-07-13.

1．是否使原本没有需求的群体产生观看的欲望

大众文化理论认为，大众文化不是受众自身产生的需求，而是创造出来的需求。文化演艺市场的需求创造有三种途径：情感营销、行为修正和舆论领袖。按照米切尔·L·雷伊的"思考—感觉—行为"的消费者行为模式，消费者通常先接受资讯，形成某种情感的回应，然后在拥有合适资源时采取行动。雷伊指出，人们的行动有时出于一种潜意识或无意识的作用，仅因为受到某种情感因素的影响而采取行动。譬如某位年轻女士之所以去观看芭蕾舞表演，只是为了重拾童年与母亲一同外出的相似记忆。[①]行为修正是指通过教导目标对象，如果采取某行动会得到其梦寐以求的结果，那么人们采取行动的机会将大大增加。因此表演艺术团队可以直接追求改变人们的行为而不必过于计较如何改变其态度。例如，告诉人们参与某场舞蹈演出会得到回馈（社交机会），这种回馈可能是一个单身之夜的同乐会，即使这没改变人们对舞蹈的态度，但仍会增加人们参与的可能性。此外，消费者还会受到舆论的影响。表述的观点会得到消费者充分重视的人被称为舆论领袖。亚特兰大芭蕾舞团的直接邮件中附有已观看表演的顾客发表的推荐证言和说话人照片，邮件发出五周后就获得巨大成功，表明了舆论领袖的作用。

2．是否在有限时间内使尽可能多的观众出席

文化演艺通常具有一定的档期期限，成功的营销手法能够使尽可能多的观众在有限的时间内出席。演出时间和地点的安排、演出场所的交通便利程度、演出产品价格的设定、演出入场门票获得途径的方便程度等都是影响文化演艺产品营销成果的重要因素。首先，演出地点应该设在交通便利，易于达到并且泊车方便的地方。其次，演出时间一般应设置在工作日的晚上或者周末，尽量避开下班高峰时段以免观众因交通问题迟到。演出结束时间也不应过晚，避免给观众回家造成困扰。再次，演出产品的价格应与目标市场人群的消费水平相适应，既不能与节目的定位相悖，也不应让观众望而却步。最后，演出入场门票的订购方式应让观众易于知晓、易于操作，最好选择电话订购、网上订购和现场售票等多种方式的组合。此外，可以开放一些人性化的销售渠道，比如某剧院在超市中出售演出门票，因此收获了大量中产阶层消费者。演出方还应为特殊人群提供周到服务，比如为残疾人士提供无障碍通道，设置残疾人看台，提供可供移动座椅方便陪同人与其同坐。

3．是否使消费者在竞争产品中选择所营销的产品

文化演艺市场正处于繁荣发展时期，演出产品众多，可替代性高，市场竞争激烈。文化演艺市场中的竞争可分为艺术形态的内部竞争、替代品的竞争和非直接性的竞争。当某位顾客在预购交响乐和歌剧演出的门票之间进行选择时，所反映的就是艺术形态内部竞争；如果顾客选择听录音作品或者是看歌剧录像带，而不是出席现场表演的话，那么交响乐和歌剧合唱团所面临的就是替代品的竞争。如果最终顾客决定去参加体育活动、看电影，那艺术团体面对的就是一种非直接性的竞争。在多层次的竞争环境中，如果通过营销使产品在消费者选择中脱颖而出，那么此次营销就是相对成功的营销。

---

[①] 科特勒，雪芙．票房营销[M]．陈庆春，译．北京：中国人民大学出版社，2004：76.

4. 是否获得可观的票房利润

营销的重要任务就是为选择演出的节目赢得最大限度的门票收入。经济效益是演艺团体得以持续发展的最重要基础，因而体现一次营销活动是否成功，最直观的指标就是票房。影响票房的主要因素有两个：文化演出内容的声誉和文化演出者的名气。澳大利亚歌剧院所做的一项研究显示，决定观众是否会出席的主要因素，就在于歌剧本身的声誉。[①]大名鼎鼎的歌剧《波西米亚人》与很少有人听说过的《鲁鲁》相比，显然应具有更大的吸引力。与此同时，演出者的名气也关系到被吸引观众的数量。由张学友出任主演和艺术总监的音乐剧《雪狼湖》创造了中国原创现代音乐剧的奇迹，1997年的粤语版和2005年的国语版全球公演过百场，场场爆满。其成功的原因除了高质量的舞台效果、剧情内容、大力宣传以外，也包括张学友、林忆莲和许慧欣等高人气演员的名人效应。

5. 是否拥有良好的口碑

一部成功电影的标准是叫好又叫座，文化演艺产品一样也要兼顾经济效益和社会效益。文化演艺市场营销在以消费者为中心的同时，各个文化艺术团体、组织还肩负文化艺术的大众化、精神文化传播、道德演绎的社会责任。良好的口碑有益于延展文化演艺产品的生命周期，开拓市场。歌舞剧《妈妈咪呀》从百老汇走进中国，即使两国的文化背景不同，但它凭借长久的舞台经验和良好的口碑效应，在中国同样大受热捧。

文化演艺市场的营销要取得成功，需要采取必要的营销策略。

## 一、品类切分

演艺市场门类众多，不同门类的演艺市场需要采取不同的营销方式。可以首先将演艺市场划分为独立文化演艺市场和跨界文化演艺市场两大类，其中独立文化演艺市场包括了原创文化演艺市场和引进文化演艺市场，跨界文化演艺市场包括旅游演艺市场、展馆演艺市场、餐饮演艺市场等。

独立文化演艺市场中的原创文化演艺市场和引进文化演艺市场在营销手段上应该有所区分。原创文化演艺市场中的产品类型主要有话剧、音乐剧和演唱会等，其在定位、定价、宣传和售后等方面具有一定特殊性。在定位方面，可以采取与其他演出完全相反或者与之结合的定位，以便观众对于本身完全陌生的演出产生熟悉感和亲切感，借用其他演出在观众心中已经存在的形象重新安排，加强产品在消费者心目中的地位。比如亚特兰大芭蕾舞团通过声称自己"与众不同、运动感十足而且十分逗趣"显示了自己与人们预期中的芭蕾舞团不同；或者一些改编剧、颠覆剧如套用《哈姆雷特》结构的《狮子王》，让观众对其的改编有所期待。在定价方面，原创演出的定价对于演艺团体来说是一个难题。本身演出的知名度难以与引进演出相比，组织会担心票价定高了会阻止顾客来观看，而票价低带来的收入又与其高投入有巨大差距，不足以支持组织生存。实际上，价格定得低不一定

---

[①] 科特勒. 雪芙. 票房营销[M]. 陈庆春，译. 北京：中国人民大学出版社，2004：76.

好，因为观众会觉得价格低就等于内容质量差，来观看等于浪费时间；即便是来了也不珍惜此次观看演出的机会，可能造成现场气氛的混乱。原创演出的定价可以综合考虑其演出内容的质量、前期投入以及观众的心理定位，并且真正的艺术顾客不具有价格敏感性，对价格低关心度的顾客也比高关心度的顾客更容易做出购买决定，因此好的定价策略还有可能带来收入极大化。此外，原创演出还可以使用一些创意定价，比如每个位置的定价都不一样，相邻的座位的差价仅为几块钱，这样每个观众都能各取所需，获得与付出价格相适应的座位。即使观众没有得到理想中的价位的座位，其周边的座位也不会有太大差价，也还是在观众的心理承受范围之内。这种创意的定价方式能够在成本不增加的条件下卖出高价位的票，获得更多的收益。在宣传方面，原创作品应该更具有铺天盖地之势，主要精力应该放在简单信息的广告，利用广泛的多媒体渠道，无孔不入，巧取人们的注意力。在首次演出时，让整个目标区域的人都注意到这场表演，向广泛的人群介绍该演艺团体本身以及其所提供的演出内容。在售后服务方面，要与观众之间建立起良好、持续的关系，因为让原有观众预购预售票（修正型的重复购买）比劝服新观众成本低得多，所以每一个愿意来尝试原创演出的顾客都是组织潜在的长期顾客。可以通过返礼券、赠节目预告等方式给忠诚的预售票顾客以优惠，因为忠诚是互惠的行为。

引进文化演艺市场是指将经典的戏剧、音乐重新排练搬上舞台或者得到国外文化艺术演出原版的授权之后进行本土化再创造搬上舞台。引进的文化演出相比于原创文化演出的优势在于观众对其作品已经有了一定的了解，因此在节目定位、制作、宣传等方面与原创文化演艺市场的营销略有不同。在定位方面，引进演出一般具有高品质，因此定位要有一系列连续性的体现。比如一场演出要走高端定位，那么艺术团体就要对演出的社会价值深信不疑，无论场地、接触渠道甚至销售人员都要符合定位形象；如果要走亲民定位，就要让人们觉得高雅艺术不是那么难以接近，其宣传、节目制定等要显示出随处皆宜的氛围。在制作方面，需要融入本土化的考虑。比如在中国演出的交响乐节目中总会有最为中国人熟知的乐曲节目，还经常会由外国人来演奏《茉莉花》《月亮代表我的心》之类的中国歌曲。另一个经典的案例是百老汇音乐剧《妈妈咪呀》中文版，这部世界级的音乐剧名作忠实地还原到中国舞台上，在品质、本土化和情感交流上几近完美。上演前，演艺团体对舞台表演和歌词不断进行优化调整，台词方面更是结合了时尚网络流行语，拉近了和年轻观众的距离。因为节目制作的用心，短短几个月时间内《妈妈咪呀》中文版在上海和北京连演112场，票房超过4500万元，创造了中国演艺产业的新纪录。在宣传方面，引进演出的宣传活动一般在开演前3周开始较为合适。由于如潮的好评，广泛的公关活动和极佳的口碑而使观众对其产生了浓厚的兴趣，因此组织可以把广告的重心调整在鼓励观众出席上。门票可能会很快售完的颇受欢迎的组织应该告知公众便利的售票地点，以鼓励他们捷足先登。由于引进演出一般都具有较大的规模，较高的预算，因此可以考虑举办活动进行宣传，激发观众的兴趣和热情。例如，蒙特利尔交响乐团以庆祝该组织60周年的名义举办了一次主题音乐会，演出了博里奥兹的作品《特洛伊人》，获得了巨大成功。此外，引进演出还适用于全方位的整合营销。音乐剧《妈妈咪呀》在宣传时运用多种营销手段，包括事件营销、病毒式营销、网络营销：借助主要演员的"选秀活动"和赞助商的系统文化营销活动在媒体上大量曝光；利用互联网传播主流媒体的相关报道和各类观众及网民的正面评价；通过拥有海量顾客信息的第三方顾客数据库公司筛选出目标观众进行短信群发和Email 群邮以达到大范围一对一精准的数据库营销推广。

旅游演艺是跨界文化演艺的典型代表，它是以异地观众为主要对象的艺术表演活动。这种艺术表演在大多数情况下以表现该地区的地脉、人脉、文脉为主要内容，以"异地观众"为主要客源，具有异地性、长期性、娱乐性、参与性、衍生性的特征。旅游演艺产品的目标顾客是旅游者，但在旅游者之中还需要继续细分。以《时空之旅》为例，其针对的庞大的流动客源可以分为两部分：境内外游客团体和商务客户。商务客户和外国游客常常会选择中高档票价的位置，并且是现金交易；而国内旅游客人是由旅行社集结的，一般购买价格较低的团体票。因此，《时空之旅》在目标群体选择上应以旅行游客聚集人气，以商务客户赚取利润。在销售促进方面，折价促销是旅游演艺最常用的推广方式，一般包括代理折让、团购折让、推广折让、合作促销、推销竞赛等。旅游演艺团体给中间商（旅行社、航空公司、旅途团购网站、票务代理商等）各种折让优惠，以吸引购买者，一般可分为现金折扣、数量折扣、实物折扣、季节折扣、同业折扣和推销津贴等方式。上海《时空之旅》与上海的 40 家旅游机构合作，如日本的交通公社 JTB、韩国的 HANATOUR，达成战略合作协议，进行在票务、营销和其他方面合作。这种方式向中间商提供佣金奖励，以保障稳定的上座率，但有时不一定有效，因此在采取折让促销策略时也要谨慎。此外，直接对旅游者的促销形式还有免费宣传册、折价赠券、无偿退票、减价优待、搭配减价、增票、有奖销售和积分优惠等。

## 二、O2O 模式

O2O（Online To Offline）模式就是近年来兴起的一种将线下交易与互联网结合在一起的商业模式，即把线下商店的消息推送给线上用户，用户在获取相关信息之后可以在线完成下单、支付等流程，之后再凭借订单凭证等去线下商家提取商品或享受服务。O2O 模式可以分为三种不同的类型，即广场模式、代理模式和商城模式。在广场模式下，网站为消费者提供产品或服务的发现、导购、搜索和评论等信息服务。通过向商家收取广告费获得收益，消费者有问题需找线下的商家。这种模式的典型网站有大众点评网、赶集网等。在代理模式下，网站通过在线上发放优惠券、提供实体店消费预订服务等，把互联网上的浏览者引导到线下去消费。网站通过收取佣金分成来获得收益，消费者有问题找线下商家。而商城模式则是指由电子商务网站整合行业资源做渠道，用户可以直接在网站购买产品或服务。企业向网站收取佣金分成，消费者有问题找线上商城。O2O 模式与传统的 B2C 和C2C 模式相比，区别在于 B2C 和 C2C 的交易对象主要是实物类商品，需要经过网上挑选商品、线上下单、物流和配送等环节，而 O2O 以本地化生活服务为交易对象，如餐饮、娱乐、旅游、保健养生、住宿、票券等，通过提供商家信息、服务在线预订、价格折扣等方式带动线下经营和线下消费；O2O 的交易流程仅涉及网上挑选服务、在线支付、线下消费体验三个环节，不受物流瓶颈制约；O2O 是先支付后消费，很容易评判线上推广效果，企业可以通过定制信息跟踪和支付数据挖掘提升客户关系管理和服务创新能力。

O2O 模式在文化演艺市场营销中的运用主要体现在在线电子票务销售平台的建立。当前，我国已经出现了中演票务通、大麦网、永乐票务等电子票务网络系统以及中票在线、中国演出票务网、大众票务、世纪票网、票务中国、票行天下等全国性的大型票务网站。这些票务网站集合了全国大大小小很多的演艺活动，并且提供订票服务。可以说，这些票务网站已经成为各个演艺活动一项很重要的宣传营销渠道。同时，通过这些网站，各个演艺产品能够接触更大范围的消费者，而不仅仅局限在产品所在城市的消费者。

电子票务网络系统能够以票务营销功能为主干将演艺产业的各类业务和活动有效地整合在一起，从而实现了演艺产业运营与管理的信息化、网络化。首先，电子票务网络系统不仅为消费者提供了一个便捷、互动的营销平台，也将分散的文艺院团、演出商、代理商、演出场馆以及消费者联系起来，有效降低管理成本、提高运营效率；其次，电子票务网络系统更是一个开放的信息平台、一个庞大的数据库，可以准确、及时、全面地收集演艺产业的各类数据和信息，并转化为丰富的知识资源，为演艺产业从业者和管理者的决策提供强有力的支持。[①]

但其实这些票务网站还只是提供票务销售。对于演艺与旅游等其他产业的结合则没有涉及。在 2013 年乌镇戏剧节中，该官方网站为消费者提供了从戏剧节订票到乌镇住宿、旅游等一系列服务。虽然说乌镇戏剧节与单独的演艺产品不太一样，戏剧节更多的是类似于会展的一项活动，因此，它主要不是要吸引本地居民来参加，而是要吸引外地游客来参与。但这也不是不能够被一般的演艺产品营销所借鉴。以演唱会来看，很多明星演唱会的成功都是依靠粉丝经济，有很多所谓的铁杆粉丝会追随自己的偶像转场多地的演唱会。如果票务销售平台能够利用这样的机会开展票务与当地旅游结合的业务，相信会为演艺产品的营销开拓出新的道路。

## 三、众筹定制

众筹商业模式（crowd-funding business model），又译为大众集资、众募或众融，是众（crowd-sourcing）商业模式的变体，意为创意者或小微企业等项目发起人（筹资人）在通过中介结构（众筹平台）身份审核后，在众筹平台的网站上建立属于自己的页面，用来向公众（出资人）介绍项目情况，并向公众募集小额资金或寻求其他物质支持。众筹融资模式包括四种方式，即基于捐赠的众筹（donation-based）、基于奖励或事前销售的众筹（reward-based or pre-sales）、基于股权的众筹（equity-based）和基于贷款或债务的众筹

---

① 王广振，曹晋彰. 中国演艺产业发展反思与演艺产业链的构建[J]. 东岳论丛，2013（4）：7-14.

（lending or debt-based）。基于捐赠的众筹是指众筹的过程中形成了没有任何实质奖励的捐赠合约。基于奖励的众筹是指项目发起人在筹集款项时，投资人可能获得非金融性奖励作为回报。这种奖励仅是一种象征，也可能是由某投资人来提供。与向银行借款不同，基于贷款的众筹主要是指企业（或个人）通过众筹平台向若干出资者借款。这一过程中，平台的作用是多样的，一些平台起到中间人的作用，一些平台还担当还款的责任。股权众筹融资是指众筹平台通过向出资者提供证券来为项目所有人筹集大量资金。

众筹方式与演艺产业的结合为文化演艺市场的定制服务开辟了新渠道。文化演艺产品的融资可以通过众筹平台来完成，而投资方在向这个产品进行投资的同时可以提出自己的要求从而使得该演艺产品成为自己专有的定制演唱会。和一般的定制服务不同的是，一般定制服务针对的都是个人，即产品完全按照个人的要求去制作完成，而演艺产品的定制服务则要以众筹的成功为前提。消费者想要有属于自身的定制，要通过众筹平台去完成对该项产品的投资才有可能实现。这样的定制服务并不完全属于个人，而是将每一位投资人的要求融合起来形成的一个综合性的定制产品。这种定制的演艺产品和一般的演艺产品相比，其投资风险相对要小，因为它的投资者就是它未来的观众基础。以 2016 年"王珮瑜京剧清音会"为例，在短短 50 余天内，戏曲演员王珮瑜的众筹项目成功获得了 302 人次的支持和 8.5 万余元的众筹款项，最终她演出当晚的《捉放曹》《四郎探母》《珠帘寨》《搜孤救孤》等经典唱段，均由戏迷"点单"投票选出。在这个例子中，消费者的预购可以被看作是演出方的一种众筹方式，而消费者所得到的回报或者说奖励则是能按照自己的想法去享受一场演出。因此，众筹模式和演艺产业的结合可以说是达到一箭双雕的效果，既寻找到了一条投融资的新道路，也为演艺营销开辟了新思路。

综上所述。我国演艺市场的起步与欧美发达国家相比相对较晚，这是机遇也是挑战。机遇是因为我们有更多的能够参照的先例和典范，通过对成功案例的研究从而为我国演艺市场的发展找寻到便捷的路径和适合的方式。挑战是因为世界演艺市场已经被起步较早的国家主控，我国演艺市场要想在其中占据一席之地，将要花费更多的努力，特别是在"走出去"的营销上。

品牌是如今市场营销的关注热点，各机构或组织都希望通过品牌的力量来吸引尽可能多的潜在消费者。演艺市场因其表演形式上的独特性，更需要在组织内部形成一种品牌意识，增强组织的品牌营销力量。在对外方面，演艺市场在国内市场中多以"单兵作战"的模式，各自发展，而到了国际市场后，"协同联盟"的方式更能得到市场的认同和营销的成功。所以，在演艺市场的品牌营销上要从内部和外部、国内和国外两个维度来进行统筹策划。

市场营销是立足于消费者各方面需求的，而演艺市场的营销重点是在消费者精神层面以及物质层面的双重满足，所以也就更为复杂。只有选择对了营销策略，才能发挥出营销对于市场发展的正面作用，而不是反面效应。由此，策略营销的关键就是对消费者的研究以及沟通。大众为什么选择这类演艺产品而不是其他、观众为什么会对这个剧团的演出感兴趣、消费者选择实验性演出又是出于何种目的……凡此种种都需要在制定具体的营销行为之前加以考虑和分析的。除此之外，成本和利润的计算是各类演艺组织和机构不能忽略问题。虽然机构地位不同、目标各异，但是如何在最终目标的指引下，实现可能的各类利润的回报是演艺市场营销中的关键环节。

## 思考题

1．面对我国演艺市场区域发展不平衡的情况，有什么解决方式？
2．非舞台战略是什么？如何进行非舞台战略营销？
3．文化演艺市场营销成功与否的判断标准是什么？
4．举例说明众筹定制策略的实施过程。

## 推荐阅读资料

1．科特勒，雪芙．票房营销[M]．陈庆春，译．北京：中国人民大学出版社，2004．
2．李希特．行为表演美学：关于演出的理论[M]．余匡复，译．上海：华东师范大学出版社，2012．
3．方世忠．世界演艺行业：国际对标和中国案例[M]．上海：上海文化出版社，2010．
4．周洪雷．音乐市场营销及案例分析[M]．上海：上海音乐学院出版社，2011．

# 第十四章

## 电影营销

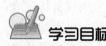 学习目标

通过对本章的学习，学生应掌握如下内容：
1. 电影作为艺术与商品的二重性；
2. 电影市场营销的流程；
3. 数字技术背景下的电影营销策略。

 导言

电影营销作为影视产业中最重要的环节之一，是电影产品是否能够达到令人满意的经济效益的关键步骤。有人把电影营销比作"将黄土卖成黄金"，也有人将电影营销比作火车的一节车厢——既要跟着火车头走，又要带动后面的车厢。如今电影营销正在成为除制作、发行和放映三个传统环节之外，电影产业的第四个环节，也正在成为推动电影票房增长的新动力。

## 第一节　电影、电影产业与电影市场

电影既是一种产品，也是一种艺术形式，它具有双重属性。如何平衡两者之间的关系，在保证艺术性的基础上创造更多的利润空间，是中国电影人应该重点关注的事情。电影产业的价值链分为自身价值链和衍生价值链。我国的电影衍生品产业虽然与好莱坞相比仍有很大差距，但各企业近年来在衍生价值链上频频发力，初有成效。我国电影市场日渐成熟，市场主体逐步确立，影片结构日渐合理，营销意识逐渐增强，可谓是一片蓝海。

### 一、作为商品与艺术的电影

电影产品是一种内容产品，也是一种信息产品，因而大多数国家将电影产业归入文化

产业或内容产业等新兴产业之中。电影作为产品，具有其特殊性。作为体验经济的产物，消费阶段同时参与了电影价值的生产。无论是艺术电影还是商业电影，电影工业化的生产形式和资本密集属性决定了电影必须考虑其价值和交换功能，即在电影产业中电影的商品属性被放在了首要位置。

### （一）商品属性

电影的商品属性强调电影应当具有简单化、差异化、相关性和亲近性的特点。

简单化是很多产品成功的关键，如宜家家居、苹果系列电子产品、皮克斯动画等。施拉姆的"传播获选的或然率公式"是这样表述的：小至一条消息，大至一家传媒，它被人们注意和选择的可能性与它能给人们提供的报偿程度成正比，与人们获得它的代价程度成反比。由此便能解释为何商业电影能在票房中获得巨大成功而阳春白雪的艺术电影却往往很少有人问津，因为在商业电影中，观众的感官体验是唾手可得的。有人将手机游戏的成功归纳为3S，即simple、shot、stupid。电影商品尤其是商业电影更应该遵循这一法则。

差异化是树立电影品牌的基础。在电影宣传过程中，营销公司往往抓住电影某个差异点进行宣传攻势的全面铺开。这个差异点能将其与其他同期上映的电影区分开来，进而达到吸引观众眼球的营销效果。

相关性是电影在拍摄初期就应当思考的问题。电影是用于消费的商品，因此是否满足受众需求成为一部电影成功与否的关键。电影题材、内涵与观众的相关性越高，意味着电影越受欢迎。《美人鱼》之所以能成为中国电影票房史上的佼佼者，就在于它用了周星驰式的手法，用人们最容易接受的喜剧类型通过童趣、荒诞、戏谑的手段去展现人性的斗争，批判现实，治愈人心，击中了人们心中所想，准确抓住了观众的需求，与观众之间形成了强烈的相关性（心理共鸣）。

亲近性是电影能够博得观众好感的根本。应当注意到艺术家与观众之间存在一种互反关系，电影制作者的创新冲动为他对特定传统和观众期待的实际认知所调和，观众需要仅仅限于熟悉的叙事体验语境内的创造性或者变化。好莱坞的《花木兰》《功夫熊猫》能够赢得全球观众包括中国观众的心，而《孔子》《赤壁》这样基于本土文化拍摄的影片却不能引起观众的共鸣，原因就在于中国电影人没有让文化经典与当代观众亲近，而是以一种高高在上的姿态树立文化权威。

### （二）艺术属性

在发明电影时，科学家是想创造一种记录和还原运动物体的"介质"，而非按照艺术的形式来发明电影。如同文字不等于文学、绘画不等于美术、大理石不等于雕塑艺术一样，最初的电影也只是一种表达"手段"，而非艺术。

随着技术的不断进步，电影可吸纳的手段更为多元化。每次电影制作技术的突破，总能给电影的本体带来一定的改变。每次改变也都影响着人们对于电影的认识。从默片到有声电影的过度中，阿恩海姆这样评价有声电影：有声电影——杂种的艺术。话虽不雅，但它鲜明地反映了有声电影技术如何冲击了人们对电影的认识，同时也说明电影是综合了绘画、文学、音乐、戏剧、摄影等多种艺术形式的新艺术体。意大利电影评论家卡努杜于 1911 年发表了《第七艺术宣言》，并在巴黎组织了"第七艺术俱乐部"，认为电影是可以与建筑、音乐、绘画、雕塑、诗歌、舞蹈并列的一门独立的艺术，即"第七艺术"。自此，电影的艺术属性开始在理论层面被确认。

匈牙利电影理论家、编剧贝拉·巴拉兹是视觉文化的最早提出者，他认为电影这门集"视""听"于一体的艺术，能够与其他门类的艺术相区别首先在于其独有的"镜头"语言，其次就是连接各镜头间的魔术——蒙太奇。可以说，电影之所以能与其他艺术相区别，关键在于它独特的本体语言，即电影自身特殊的艺术属性。

电影的艺术属性体现在两个方面：① 电影通过对片基、光影、声画等电影性元素和情节、叙事、表演等非电影性元素来创造声音、色彩、立体感等一应俱全的外部世界幻景。电影性元素和非电影性元素共同构成的电影作品本身就构成了一件艺术品。② 从电影题材构思、剧本编写到演员表演，从导演拍摄、剪辑影片到影片声效处理、配乐，从电影字幕、片头、片尾的设计到海报、片花的创意，无一不体现着电影制作团队的艺术创意、理念与追求。可以说，电影的制作过程也就是艺术创作的过程。

## 二、电影产业价值链

电影产业是文化产业的重要组成部分。1998 年，巴里·利特曼提出"大电影产业"概念，认为电影产业已经跨越了电影自身疆界，演变为媒介大产业中最有活力的组成部分，其价值链的核心特征是价值链自身的完善和扩窗效应与价值链的联动，即向各关联产业的价值链延伸。受众对电影的需求构成了电影产业价值链的基础，而电影衍生品的经济价值和社会价值则构成了电影产业价值链的最终目标。电影产业价值链包括自我构建和关联衍生两个重要环节。

### （一）电影产业价值链的自我构建

电影产业价值链的自我构建包括电影制作、发行、放映、营销等价值链核心环节。这种价值链构建的终极指向是寻求混合媒介的协同优势和范围经济。

（1）电影融资相当于产品生产线投资。随着我国电影产业的快速成长，金融界投向电影生产的资金持续增长，投资主体更加丰富，投资方式也多有创新。直接投资、银行贷款、版权预售、政府出资、电影基金、间接赞助、个人融资、广告投入、风险投资等方式都是目前电影融资最普遍的方式，也是目前相对成熟的电影投融资方式。

（2）电影制片相当于工厂制造产品。制片方的主营收入为电影版权销售，以影片票房分账为主，分账总额一般不低于票房的 40%。同时制片方的收入还包括电视播映权收入、音像版权收入和电影衍生产品收入。此外，电影植入性广告、贴片广告、公关活动广告等也构成制片方的收入来源。

（3）电影发行类似于产品代理。发行方通过竞争从制片方取得电影的发行权。电影发行的主要工作内容是分析影片题材、影片质量、观众喜好程度来决定用什么样的方式推广到影院。其推广工作包括与院线协商安排电影上映档期，与媒体联系计划安排电影的宣传广告和宣传活动。发行方的主营收入为电影的分账——其与制片方共享40%的分账。其中国产影片有分账和买断两种形式，进口影片只有分账形式。发行公司还可经营电影广告代理、影片销售及相关中介代理、物业租赁与管理、电影放映设备销售、影剧院设备的供应及装修、音像连锁等业务。

院线相当于产品销售渠道，是指由一个发行主体（如电影公司或制片公司）和若干电影院组合形成，实行统一品牌、统一排片、统一经营、统一管理的发行机制。其经营模式类似目前的"连锁店"，但它不是同一品牌影院的连锁化，而是给各个电影院提供片源的公司，以及在映期间为影院提供影片宣传品和宣传活动等。其营业收入一般为票房分账的7%～10%。

影院是电影最终放映的地方，相当于产品的零售商。在中国当今的"院线制"电影发行放映机制下，一个影院需加盟到一家院线公司体系内，由这家院线公司向这个电影院提供片源，电影院向这家院线公司交纳相应的片租和管理费。影院的票房分成一般不高于50%。

### （二）衍生产业价值链

在价值驱动力作用下，电影产业与电视、出版、音像等产业的价值链之间形成了一种双向价值互动传递机制，使得电影产业价值链和关联产业价值链实现双向对接和互动传递。电影产业作为内容供应商，其价值链不断向电视、出版、音像、动漫、游戏、网络、主题公园、旅游、服装、玩具等关联产业延伸，形成了网络状的价值链联动链环，并通过产业价值链的延伸，建构新的放映平台。电影产业创造不断延伸的边际价值，成为了最具活力的文化产业。

作为标准电影产业链中不可缺少的一环，衍生品能够有效推进电影 IP 的市场价值最大化，拓宽产业盈利渠道，激发影迷消费意愿，满足消费者需求，发挥进一步活跃整体市场的作用。好莱坞是电影衍生品开发的龙头，在好莱坞，电影衍生品市场可以创造出巨大的商业价值，直接影响电影行业的营收和运转。在美国电影市场，票房收入在电影总收益中的比重不到30%，剩余部分由后电影市场收入组成。根据 NPD Group 提供的数据，2016年从好莱坞电影中衍生出来的商品，仅玩具一项便获得了 57 亿美元的销售收入[①]，这个数字相当于 2020 年我国全年电影票房收入的27.9%；娱乐巨头迪士尼 2021 年的 7 月季度报告显示，截至 2021 年 7 月 3 日的 9 个月中，公司的影视娱乐板块中的影院发行收入为 23.2亿美元（不含家庭娱乐、电视分销等），仅占其整体营收的 0.16%，远低于其主题公园板

---

① 技点网. 电影衍生品的界定及中美差异 依托热门作品，依附经典角色[EB/OL]. （2016-11-25）[2021-06-02]. http://www.jidianwang.com/event/1224704.html.

块 229.8 亿美元的收入（不含度假村）。[①]

　　而中国虽然已经是全球第二大电影票房市场，衍生品收入的占比则少得可怜。国内衍生品市场处于刚刚觉醒的状态。2016 年之后，许多企业开始在电影衍生品方面发力。与 2015 年《捉妖记》《大圣归来》在衍生品上带给片方的惨痛记忆不同，2016 年后，国内领先的从业者在电影衍生品的产品认知到整个工业流程方面都有了飞跃性的变化；而电影观众对衍生品消费日渐增长的热情，也让我国越来越多的从业者开始意识到这块市场里的财富。尤其随着国漫强 IP 时代的到来、盲盒等潮玩的流行，电影衍生品市场的发展更是迎来了曙光。2021 年 3 月，优酷推出《乡村爱情》衍生品潮玩盲盒，以剧中人物作为开发设计灵感，受到网友热捧。同年，动画电影《白蛇 2：青蛇劫起》在哔哩哔哩平台上的正版授权周边衍生品通过众筹筹得 723 万元（耗时 15 天），远超众筹目标 8 万元。总的来说，我国影视衍生品开发处于发展阶段并逐渐提升，不过电影 IP 的持久性、精细化以及跨区域开发是中国电影亟需解决的问题。

 **案例**

# 时　光　网

　　时光网是国内最早关注电影衍生品开发的企业，是国内首屈一指的专业打造正版电影衍生品销售和开发的平台。时光网的电影衍生品生产流程是：首先需要向拥有 IP 的片商申请授权，片商审核时光网的资金能力、用户数、设计能力等，在审核通过并授权时，时光网会拿到一个关于可生产衍生品的品类、IP 有效期限以及分成比例的明细，每家片商对此都有不同的规定。目前时光网与迪士尼、索尼、派拉蒙、华纳兄弟、环球影业和二十世纪福克斯都有衍生品授权合作。

　　生产出来的衍生品，时光网有 3 条主要的销售渠道：一是线下影院，时光网与全国四千多家影院签订了合同，可以在影院内的实体店中销售商品；二是时光网专业版 App，上面为 B 端商家提供正版衍生品采购渠道，价格较 C 端更优惠；三是时光网 App，时光网商城可以为 C 端影迷提供衍生品购买渠道。目前，时光网面向 B 端与 C 端的出货量比例为 3∶7，线上与线下出货比例为 8∶2。[②]

　　2015 年，时光网因为《魔兽》的衍生品销售成为电影衍生品市场最大的赢家，根据时光网衍生品相关负责人透露，魔兽在上映前销售的衍生品占到了总量的 70%～80%，据此可以预估时光网代理的魔兽正版衍生品销售额在 1.3 亿元左右——这个天文数字毫无疑问是近年来国内公映电影里的第一名了。为了拿下魔兽电影的衍生品授权，时光网早在电影

① 美证券交易所. Quarterly report for quarter ending July 3, 2021Open document FilingOpen filing[EB/OL].（2021-07-03）[2021-09-12]. https://www.sec.gov/edgar/browse/?CIK=1744489&owner=exclude.

② Xiyao. 当阿里腾讯纷抢电影衍生品的风口，时光网已入局 3 年[EB/OL].（2016-06-05）. https://www.huxiu.com/article/151237.html.

上映前三年就开始与传奇影业方面接触，在十多次的沟通之后，时光网从传奇拿下了《魔兽》电影衍生品全品类的独家授权，从生活用品、数码、玩具到家具，品类丰富，时光网最后从超过一千多种设计中，提炼出三百多种产品。时光网对每一个产品的设计都要三个月左右的时间，并且开发团队还要尽可能让产品的艺术性和实用性达到最佳平衡。《魔兽》的电影衍生品从电影上映前 60 天就开始预售，每两周都有新品上线，轮番预热。而《魔兽》的主题巡展则从 2016 年 5 月底开始，在全国 11 个主要的票仓城市巡展，并且一直持续到 8 月底。在主题展上，观众可以看到各种手办及道具。在电影上映的半个月前，时光网又举办了一场电影衍生品发布会，展示了众多衍生品，从人物、1∶1大小的盔甲和宝剑，到印有联盟、部落图腾的手机壳，应有尽有。轮番的宣传，也点燃了魔兽粉丝的消费热情，《魔兽》首映的当天，不仅零点场次破了国内票房纪录，更是在全国各地随处可见穿着魔兽 T 恤和购买了衍生品的粉丝参加首映（见二维码 14-1）。[①]

14-1

## 三、中国电影市场

### （一）市场主体逐步确立

2003 年，国家广电总局《电影制片、发行、放映经营资格准入暂行规定》的颁布实施，意味着中国电影市场在制片、发行、放映领域全面放开，使得众多民营影视机构具备出品和发行电影的资质。经过十多年的培育，中国电影市场开始初具规模，市场主体得以初步确立。在电影投融资领域，国有资本、民营资本、境外资本并存。在政策扶持和市场机制的双重推动下，一大批民营影视企业迅速成长，民营资本已成为影视产业的中坚力量。

在制片领域，中影集团和上影集团成长为两个产业链完整的巨无霸，在市场中占据较高的份额，而华谊兄弟、新画面、博纳、光线传媒、橙天嘉禾等民营公司凭借十多年在制片领域的积累强势崛起。华谊兄弟、橙天嘉禾、博纳相继在国内外上市更让众多国有电影企业羡慕不已。另外，一批新的民营主体也相继登上舞台，备受瞩目，如具有游戏行业背景的"完美时空文化"，具有多年电视剧行业经验的小马奔腾等。他们推出的《失恋 33天》《等风来》《匆匆那年》《心花路放》等影片，或取得了不俗的票房成绩，或得到了业界的刮目相看。湖南电广传媒集团、上海文广集团、江苏广播电视总台这些传媒机构也纷纷试水电影行业，并且取得了较大突破。根据湖南卫视现象级综艺节目《爸爸去哪儿》衍生而来的大电影，总票房超过了 9 亿元。

在发行领域，以中影、华夏、上海东方、中影数字为代表的国有公司和以华谊兄弟、北京新画面、博纳、光线传媒为代表的民营公司形成两大阵营。从发行环节看，目前我国电影的发行方式主要有五种：① 投资出品加发行。这是目前我国大发行公司主要的发行模式，大发行公司同时也是投资公司。② 专业发行公司的代理发行。缺乏发行体系的制

---

① 师烨东. 2016 年是电影衍生品伪元年，其源头还是好内容[EB/OL]. （2017-01-17）. http://www.iyiou.com/p/37817.

片方负责宣传营销部分，专业发行公司代理发行部分，按一定比例提取发行代理费。③ 保底发行。制片公司与发行公司共同商定一个票房保底线（通常是制片公司对影片的最低票房预期或者是保本线），发行方预先支付保底费并垫付前期发行宣传费用。④ 买断地区版权发行。这种方式一般用于国内发行公司对进口批片的发行。⑤ 进口大片的分账发行，这只能由中影和华夏经营。

在放映领域，万达院线经过多年的积累，以其现代化的经营思路，已经高踞全国院线票房排行榜冠军。中影星美、上海联和、北京新影联等老牌院线依旧保持强劲势头，在全国攻城略地，市场群雄争霸的局面正在形成。可以预见，我国的制片、发行、放映领域的国有和民营企业的竞争将更加激烈，市场份额将更加集中。

### （二）影片结构渐趋合理

在近年来的电影市场上，现实题材、中小成本影片的崛起是看点之一，在产业化初期持续多年的大片垄断时代后，中国电影产业的影片结构正在趋于合理。

这一方面得益于一批青年电影导演的成长。与陈凯歌、张艺谋、冯小刚等出生于 20 世纪五六十年代的导演相比，这批"70 后"甚至"80 后"的导演更注重电影的现代性转换，同时，与当下电影市场主流观众群体更为接近的年龄，也使他们更加了解观众和市场的喜好，并对现实生活中具有社会关注度的题材和话题以及国内外最新的电影观念和技术更加敏感，这些都使影片与观众之间形成了更加紧密的关系。

但对于任何一个国家的电影产业来说，只有中小成本影片是不足以支持产业的持续健康发展的，这也正是在对待高工业水平、高科技水准的大片时不可矫枉过正的原因所在。国产大片集中体现了国产影片的最高水准，其对产业资源的整合、潜在市场的开掘和对整个行业的示范作用都不容小觑。尤其在目前三、四线城市成为电影市场新的增长点，新观众群体的影院观影习惯还没有形成的时候，大片在电影叙事、视听享受等方面的优势，赋予了它与生俱来的市场开拓能力，使其具有了不可或缺的重要地位。

值得一提的是，近年来上映的国产大片中，技术与影片内容的贴合也更为合理化和艺术化。3D 技术的应用较往年更为普遍，《狄仁杰之神都龙王》的水下 3D 摄影、《风暴》中中环爆炸的 3D 特效、《逃出生天》中的火灾 3D 特效，都已经在向世界先进的电影科技看齐。《捉妖记》和《大圣归来》中精致的动画特效也让人眼前一亮。在多屏时代的媒体环境下，在以好莱坞为主导的新的世界电影潮流中，高科技与电影创作的结合已经成为不可逆的趋势。中国大片对这种趋势的把握，从根本上体现了中国电影在世界电影格局中良好的发展态势和广阔的发展前景。

### （三）营销意识日益增强

中国电影正在经历一个从没有市场营销意识到市场营销淡薄再到各种市场营销手段不断翻新、花样层出不穷、策略不断升级的过程。

由于我国电影产业总量逐步扩大，产业链也快速细分，专业化的营销公司逐步出现。

目前行业主流的各类营销公司约有 30 家，企业竞争较为激烈，其中市场份额排名靠前的专业电影营销公司有：营销了《北京遇上西雅图》《天将雄师》的和颂世纪、《美人鱼》《致我们终将逝去的青春》的麦特传媒、《生化危机：终章》《私人订制》的影行天下、《让子弹飞》《澳门风云》的剧角映画、《七月与安生》《白日焰火》的光合映画、《八佰》《捉妖记》《我和我的家乡》的伯乐、《战狼2》《羞羞的铁拳》的黑马等。2020 年，我国电影总票房为 204.17 亿元（因疫情影响比 2019 减少 68.23%，但为首次全球票房市场第一），其中由第三方主导营销的影片平均票房，显著高于制片方主导营销的影片平均票房。

此外值得注意的是，电影营销"线下向线上转移"趋势明显，"两微一抖一快"成为电影宣发的核心分发平台。营销方开始更有意识地利用线上平台践行精准营销，根据用户的标签进行精准分发，以更少的预算更好的匹配度带动消费转化。对于营销方而言，几十万元的营销费用在北京等核心城市只能投放一块环线大型广告牌，但在线上却可以获得几亿级的曝光量，且传达的信息量更丰富、用户更精准。线上营销显然是大势所趋，不过线下营销在当前依然是不可或缺的。

## 案例

## 电影《美人鱼》的营销

根据艺恩网数据显示，《美人鱼》票房总数已达 33.9 亿元，位于中国电影票房榜前列。作为周星驰时隔 3 年重回春节档大荧幕的力作（见二维码 14-2），《美人鱼》从项目起始就受到高度关注，直到上映日期定档大年初一后才放出预告片和海报，同时宣布不设任何点映、首映、媒体场，吊足观众胃口，"饥饿营销+情怀营销+口碑营销"全案营销策略，帮助《美人鱼》站上华语票房顶峰。

14-2

**情怀营销**

对于很多年轻人，尤其是"80 后""90 后"来说，周星驰这个名字，是陪伴了他们成长的人生记忆。从看周星驰"演"到看他"导演"，昔日的小粉丝，变成了今天努力撑起周星驰电影票房的中坚力量。

情怀，是周星驰电影绕不过去的关键词，而《美人鱼》的发行方恰好善用这点。由莫文蔚和郑少秋演唱宣传曲也是精心策划的产物，就是为了唤醒情怀。并且，在媒体宣传中发行方也将话题方向引导至周星驰曾经带给我们什么，进一步"蛊惑"粉丝的内心。

**饥饿营销**

《美人鱼》的第一步营销动作其实可以追溯到女主角海选，2014 年 7 月 31 日，由 360 影视与周星驰旗下比高公司联合举办的电影《美人鱼》的主角甄选赛开幕。依托 360 影视的海量用户和周星驰的强大号召力，线上报名人数达到 12 万，引起了娱乐圈和社会大众的广泛关注。

此后一年多时间里不断有关于《美人鱼》的消息放出，持续吸引受众关注，直到2015年12月9日，发行方公布上映日期定在2016年大年初一。

与所有营销动作一样，《美人鱼》也从预热开始，以周星驰个人品牌效应为基础，不断推高公众的情感诉求，定档发布会当天才放出3段预告片，并接连投放出一百多张主题海报，一点点积累粉丝的迫切情绪，从而最终在电影上映后集中释放出粉丝消费力。电影上映4天，其票房破9亿元，9天破20亿元，远远超过同档期的《西游记之孙悟空三打白骨精》《澳门风云3》。

其实，虽然此招看似是步险棋，但正是出于对影片的信心。饥饿营销策略得到了周星驰本人及星辉影视的许可，周星驰在接受某电影杂志采访时曾表态"爱情是可以冲破所有界限的"，并且亲赴20个城市宣传、参加粉丝见面会，身体力行地为《美人鱼》造势。

**口碑营销**

《美人鱼》是周星驰耗时3年打磨出的力作，各种对于周星驰极致、苛刻的导演风格的报道也此起彼伏。情怀之外，好作品、好电影才是促使受众口碑传播的重要理由。

粉丝们为了找回忆、追偶像愿意自发消费，看着熟悉的周氏风格电影、新颖的故事题材，粉丝们憋闷已久的急切心情得到了释放，出了电影院就甘愿做起《美人鱼》的"自来水"。

同时，媒体也为《美人鱼》票房爆棚贡献不少力量，从口诛笔伐到一片好评，社交媒体上粉丝们的好评、差评都成为媒体报道的内容，周星驰这杆大旗无论影片好坏都是爆点。然而，随着观众口碑一致变成好评、票房不断刷出新高后，《美人鱼》自然而然登上各大媒体头条。[①]

# 第二节　电影市场营销的流程

电影市场在中国有一个逐步确立的过程，这一过程与中国电影市场政策改革相伴而生。1993年，国家广播电影电视部（93）3号、320号文件的出台与实施被视为中国电影市场化的萌芽。1994年，广电部电影总局下发了《关于进一步深化电影行业机制改革的通知》，电影分账发行制和自由交易终于开始正式实施，中国电影迅速崛起，市场迅速形成规模。而电影市场营销即是通过价值的创造、增值和传递以使电影效益最大化的过程，其核心是体验价值的创新。

电影营销不同于电影宣传。电影宣传是传统的电影推广方式，是一种一对多、单向的，以告知为目的的传播活动。电影宣传一般结合不同媒体特性，提供相对应的信息版本和内容，进而拉动不同细分受众的消费欲望。而电影营销则是建立在市场经济体系下的，是多向、互动、立体的，以建立品牌为核心，借助行业内和跨界资源整合，以增加影片收入为直接目的，以带动电影产业链价值增值为终极目的的营销活动。对于电影市场来说，植入

---

① 陈莹. 破解《美人鱼》营销组合拳："情怀+饥饿+口碑" [EB/OL].（2016-02-19）. http://www.meihua.info/a/66086.

广告、品牌拓展、其他品牌资源整合、导购、促销、版权授权等都是营销的一部分。电影宣传偏重职能性，其核心在于产品定位和核心受众的锁定，创意思维建立在对不同媒体属性的认知基础上，不易被量化。而电影营销是市场开发工作，其需要的更多是跨界资源整合的创意思维，直接涉及"创造新价值"，因涉及收入，工作可被量化。

电影市场营销分为影片阶段和延伸阶段。电影市场营销从电影需求出发，通过价值驱动机制在荧幕产业中发挥营销努力，再通过价值链的延伸开发电影衍生产业的经济利益。在好莱坞模式下，电影市场营销在银幕产业中做了80%的营销努力。而电影衍生产业的经济利益却占到了整个电影产业（银幕产业+电影衍生产业）经济效益的80%（见图14-1）。

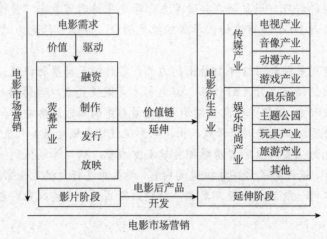

图14-1　电影市场营销流程图

# 一、影片阶段

## （一）制片

在制片环节，首先要进行市场细分并选定影片的目标市场，给产品进行市场定位——为影片塑造一个与众不同、受人欢迎的形象，并且对它可能涉及的各个角落进行宣传。电影营销面临着合作企业、院线/影院、传播媒体和观众等层面的对象，不可混淆。很多人认为，媒体认同+媒体传播=观众认同，事实上，媒体更加重视的是信息的新闻价值、话题价值，而不是影片本身的质量。作为电影的媒体受众，他可能会关注演员的片场八卦，从开机到关机甚至是首映，他会是电影整个传播过程的忠实受众，但是他可能并不会变成观众，原因是在这部电影所有的传播过程中，作为电影观众关注视角的核心要素——观影价值，并未被提及。这个消费者一直处于营销心理过程前端的关注和兴趣阶段，但始终未产生情感认同，也就不会有利益的期待，因此不可能推进到消费行为阶段。所以营销团队在媒体认同并传播之后，还要注重针对观众的营销，才能奏效。以观众需求为出发点，按照观众的认知特点，结合观众和媒体受众的综合需求，寻找能覆盖两个受众的共同话题，才能达成有的放矢的沟通。

完美时空影视文化有限公司出品的两部影片《失恋 33 天》和《钢的琴》分别是 2011年中国电影市场中"小成本高票房"和"小成本高口碑"电影的典范。同样是剧情好、制作精、口碑佳、接地气，但在票房成绩上，两部电影的命运大相径庭，一部创造了中国电影史上的票房奇迹，以总票房 3.56 亿元位列中国电影票房榜前列，而另一部在大片的夹击下以刚刚保本的 641 万元票房惨淡收尾。原因何在？《失恋 33 天》和《钢的琴》在上映前都运用了一系列的营销策略，其中也有一定相似的地方，结果是前者成功后者成仁，主要原因在于定位。

无论何种电影，首先都要给自己一个精准的定位。中国电影的供给是过剩的，影片要从这过剩的市场中脱颖而出，定位细化是关键。宣发过程中，切忌定位的范围过大和模棱两可。单看片名便知道《失恋 33 天》是一部爱情片，但观众对爱情片已经屡见不鲜，没有特别的吸引力。所以影片的制片方和发行方将影片细化定位为"爱情治愈片"，突出"治愈系"的概念，打出"爱，就疯狂；不爱，就坚强！"的宣传标语，特别强调这不是充满失恋悲观情绪的作品，而是一部告诉人们如何重新振作，积极面对生活的疗伤电影。相反的，《钢的琴》的定位就比较宽泛。中国电影市场对文艺片有着天生的排斥，该片的基本定位是"具有文艺气质的喜剧片"，可以看出电影希望借娱乐性和商业性吸引更多观众而做出的妥协。两个关键字"文艺"和"喜剧"太不具体，属于空洞的类型概念。同时影片也以"亲情""友情""爱情"作为诉求点，但这些概念同样都太过笼统，没有有效地表现出该影片的特色。《钢的琴》讲的是下岗工人陈桂林为了与前妻争夺女儿的抚养权，也为了女儿的梦想，在工友的热情帮助下为女儿制作一架钢琴的故事。该片一反以往下岗工人题材影片中尖锐伤痛的表现方式，叙事风格上表现为黑色幽默，以一种颇具戏谑的色彩刻画下岗工人的无奈伤感。影片中还流露出浓重的对 20 世纪 90 年代工业时代的怀旧情绪。因此，影片的定位营销完全可以以"怀有旧工业时代情怀的黑色喜剧"为中心，突出"父爱""下岗""制作钢琴"等关键字来吸引受众。

植入式广告是这一阶段主要的营销手段之一。完美的植入式广告，其商品、品牌、功能等应该与电影融为一体。制片方也需要与广告主、专业制作公司等广泛接触，根据产品、品牌和广告主的市场需求，综合考虑、量身定做，使产品、品牌和节目相吻合，兼顾"市场取向"和"社会取向"，使广告产品或品牌在最恰当的时候以最恰当的方式出现在观众眼前。制片环节具体包括以下几个方面。

（1）受众分析与市场定位。

（2）拍摄期的新闻素材投放传播。

（3）植入广告的合作与监测。

（4）EPK（electronic press kit）素材搜集与制作。

（5）商务合作与渠道合作策划。

（二）发行

电影发行处于电影产业链的中间环节，从整个电影产业链的各种经济关系来看，它又是电影经济的中间环节。随着发行窗口的开启，在"扩窗"过程中，发行环节自然就处在了至关重要的位置，在发行这一环节要做好宣传工作，这不仅对影片的票房至关重要，对其相关后电影产品的开发也举足轻重。对这种无形产品的宣传，要尽可能使"无形产品有形化"，即要尽可能使顾客看到某些有形的"证据"。比如精美的海报、片段等，甚至允许顾客参观拍片现场。

无论是内容上还是广度和深度上，这一阶段对市场的调研和分析只能不断强化而不能有丝毫的弱化。既要以影片的定位来选择适合的档期，也要以档期来选择适合的影片。从发行方、院线和电影院的角度来看，档期是由发行方、院线方及放映方根据影片上映的市场规律而选择的在全年范围内票房成绩相对而言较集中的影片的上映日到下档日的时间间隔；从观众角度讲，档期是市场上某类潜在观众有闲暇时间并且愿意集中看到某种类型影片的时间段。[①]通常档期分为首轮影院放映档期、二轮影院放映档期和三轮影院放映档期。一部影片的档期跨度长短通常是由发行方、院线方和放映方三者协商的结果，通常是一个月左右，但也不排除有些影片走势强劲，或者同档期内没有其他更强有力的竞争影片的出现而上映两三个月的情况；而有些影片虽然有可能跻身院线发行，但因为影片质量水准欠佳，放映一天就被电影院撤映的可能。虽然档期是发行方、院线方、放映方所选择和制定的，但发行档期的选择必须遵循观众的选择意愿而定，否则就会出现有档期无市场的情况；同时也应该看到，观众档期又需要发行档期的培育和引导，才能形成良好的市场观影气候，否则会出现市场太分散，形成不了固定和成规模的档期。因此，电影档期是由观众在时间上、娱乐方式上、生活习惯上对电影的需求而形成的，并非仅仅由上述三方单独决定。

如何利用档期最大化地获得效益是电影市场营销的重点。首先，要善于开发档期。优质档期并非适合所有影片，只有找准最有利于自己的档期才有可能获益。其次，要学会利用小档期来获得大收益。大档期的票房多被大制作的影片所夺去，小制作电影票房惨淡，在选择档期时绝不可一味跻身热门档期，否则众多影片在热门档期内的厮杀只会两败俱伤。"抢热门档"的这类档期安排虽有集中轰炸的效果，却也易使影片不能充分发挥自身的优势，对中小成本的类型片营销极为不利。最后，在制定档期时，还要善于选择"空档"，即那些被人们忽略的档期空隙，要注重二级市场、校园市场、农村市场的观众。市场的细分意味着电影发行已经由传统的粗放型进入了现代的精耕细作时代。以动画电影《哪吒之魔童降世》为例，2019年8月，该电影的单月票房高达33.8亿万元，2021年9月总票房已经超过50亿元，稳居中国历史票房TOP3。而档期的选择便是它最重要的成功要素之一。作为动画电影，《哪吒之魔童降世》将档期定在学生放假的暑期（7月26日），并与最大平行竞争对手（即其他动画电影）《爱宠大机密2》（7月5日）、《狮子王》（7月12日）、《全职高手》（8月16日）实现错峰上映。这种安排，使得《哪吒之魔童降世》成功在一众电影中脱颖而出。

① 夏卫国. 电影票房营销[M]. 北京：中国电影出版社，2009：162-163.

**案例**

## 《富春山居图》

2013 年端午节档期间，《富春山居图》尽管差评不断，但接近 40%的排片量，使其稳收超过两亿元的票房。与其形成鲜明对比的是包括零差评影片《逆光飞翔》、减压喜剧《大片》、动作电影《光辉岁月》在内的多部有口碑影片，集体遭遇票房"滑铁卢"。其票房失利的原因与"排片"相关。据相关数据显示，在端午节档期，除《富春山居图》外的多部国产影片，平均排片量不足 3%。以《大片》为例，全国排片量仅为 2.1%，对此，《大片》出品方北京必然秀文化传媒有限公司董事长陈见明告诉记者："电影票房的失利，肯定有排片的原因。我们的电影在上映前，干脆有的影院直接拒绝给我们安排放映场次。就是这仅有的 2.1%的排片量有许多还是无效场次。"与《大片》有着相同遭遇的还有《光辉岁月》，制片方因不足 3%的排片量，不仅和发行方光线传媒闹翻，还主动通过微博发出公告，要求全国各大影院暂停放映自己的影片。而凭借好口碑斩获台湾金马奖和釜山国际电影节观众奖的励志电影《逆光飞翔》，尽管在台湾地区上映后便立即收获了过千万元的高票房，但 6 月 8 日在内地首映后，排片量最低时仅为 1.69%。因此，据最新数据显示，该片截至 6 月 16 日的累积票房仅为 540 多万元。[①]

电影发行中要重点做好点映和首映两个环节。点映与公映相对，指影片先在少数城市或少数影院中预先放映，通过良好的口碑来增加电影公映期间的票房吸引力。在美国，独立电影和引自国外的影片基本都先采取点映。国产片《赤壁》《金陵十三钗》在征战北美市场时选择了点映，其票房成绩则作为能否进一步扩大院线的考量。点映通常和口碑营销配合使用。比如，《疯狂的石头》当时在上海、北京等一线城市点映，并在重点影院展开"免费看电影，你当评论人"活动。通过几天时间免费放映，靠着影片好玩好看、质量过硬的本体，在传统媒体和网络媒体上掀起了巨大的口碑效应。该片最终获得了不俗的票房成绩，其营销模式也成为中小成本电影相继模仿的典范。

点映是为了制造并传播口碑，同时从局部来预测市场反应，对点映后的影片做些调整以更好地适应观众的口味和偏好，从而为之后影片在院线的铺开起到以点带面的作用，进而安排影片的上映规模及范围。[②]点映不仅为影片带来口碑，对影院也是一样的效果，通过播放口碑好的电影，电影院会大大提高其知名度和美誉度。在进行电影点映时，首先要注意防范盗版行为，在影片还没有上映的情况下，盗版的出现对影片票房来说将是一个强大的打击；其次要注意如何在受众中传播口碑及如何控制不良口碑的影响，若点映口碑不佳，加之媒体对此的报道，受众很可能会受此影响而放弃影院观影；最后要注意人数安排，

① 卢扬. 谁是左右电影排片的幕后推手[N]. 北京商报，2013-06-21.
② 文硕. 电影"盈"销传播[M]. 北京：清华大学出版社，2011，103.

影片点映的人数安排可能会依不同制片商、导演和影片的质量而异。此外，在选择点映地点时，制片方和导演要经过充分考虑，以此来保证影片各方面的"安全"。这与点映地和制片方的关系、影片题材涉及的内容以及影片所要铺展的市场都有很大关系。

电影首映已经成为一种特别推崇的推广方式和营销工具。为一部新电影举办首映式，其意义不仅在于增加影片票房收入，更重要的是吸引观众眼球，引来更多媒体的关照，借助媒体的报道来推广影片，获得良好的口碑效应。另外，首映还可以借助主创人员的人气为影片造势，以及利用粉丝对偶像的追崇来获取粉丝效应，这些都有利于影片的宣传和推广。

首映式要综合考虑多种因素，包括选择的城市、院线，具体落实的地方，展示的形态，说明准备邀请出席的演职人员，舞台的布置，座位的安排，空间的布置，需要接待的嘉宾、观众，节目内容，通过媒体告知首映式之事件，发布会结束后的媒介和院线推广渠道，结束后的链接推广活动等。首映式应根据影片的特点突出一两个主题，这个主题就是首映式结束后观众形成的记忆符号，通过这个记忆符号来牵引观众进入电影院。首映选择的地点通常是比较大的中心城市，因为这些城市有大量的观影需求且人口众多，院线在这一类大城市也比较庞大，在此举办首映式必会带来良好的宣传效果。但随着电影市场的发展，需要从综合角度出发来选择首映地点。首先，要考虑城市的票房潜力以及有票房潜力但还没有被完全激活的地方，或者是和影片主题、影片背景故事发生地有紧密联系的地方。其次，随着市场运作技术的成熟，许多商业影片抢着在电影节进行首映，争取成为开幕式影片或者大张旗鼓地召开发布会。最后，具体场所的选择上则不局限于电影院，它已经开始脱离影片播放而单独成为一种推广形式。为了丰富首映式，还要在形式上进行创新，在演员观众见面活动中增加一些有情趣、有新意的内容，如请观众上台模仿剧中人物表演，让观众提问互动，并穿插赠送电影衍生品等。发行环节主要包括以下几个方面的内容。

（1）预告片和广告的投放和测试。

（2）宣传物料全媒体发布。

（3）消费者认知度追踪调查、民意调研。

（4）档期调研和影片选择。

（5）首映仪式、发布会、路演和影院宣传。

（6）媒体合作、平台渠道合作和商务合作。

（7）社交媒体、社会化互动和话题发酵。

**（三）放映**

电影的放映有实体院线与网络院线两种方式。实体院线放映的营销工作，主要由影院完成，部分工作如映后观众反馈等可以由市场营销人员负责。这一阶段又可细分为放映前和放映后。

在电影放映前，影院方面要为观众提供优质的服务，竭尽全力为观众提供良好的消费环境、良好的设施和良好的服务，以满足观众对电影审美、娱乐的需求。例如注重科技含量的大型综合影院的建设，为观众提供更多的选择，满足不同观众层的需求；同时还可融入商业和其他娱乐业等多种经营，使影院成为观众的"终极娱乐场所"，从而更好地把握电影的市场特征，为电影营销构筑强有力的据点提供良好的条件。

合理安排影片的档期，使影片票房最大化是影院方面在电影放映前的重点工作。在票价策略上，需要有更多的创意安排。目前全国大多数首轮院线的票价定在 60～90 元，VIP 厅更是高达 120 元。虽然 2006 年已推行"周二半价日"，个别院线还有上午半价的优惠，但这样的票价仍与我国人均收入不符。票价过高与豪华小厅影院的兴起，造成对有限的市场资源进行掠夺性和非可持续性的开采和占有，并以牺牲电影的大众性和日常性为代价，成为制约影院营销的一大掣肘，同时也加剧了盗版、网络免费电影的风行，电影市场处于一个相当恶劣的生态环境之中，这些又反过来极大制约了电影营销。有些影院推出的会员卡制度、情侣套票、学生票打折以及高考学生凭准考证可以享受进一步的优惠等，这些都可以吸引更多的观众走进影院。在适当降价的同时，还必须把高质量的影片推销给广大观众，培养人们对电影本身的消费兴趣。

近年来，随着互联网的浪潮以及智能手机的普及，人们渐渐地习惯在网上选座购买电影票，其便利的方式和便宜的价格让越来越多的人选择线上购买电影票。据统计，2019 年第一季度，线下渠道仅占电影购票市场份额的 14.3%，在线购票已占绝对优势。猫眼、淘票票是中国电影购票行业的领军人物，分别占市场份额的 42.6% 和 31.5%。两大平台分别背靠阿里和腾讯，各自具有发展特点，未来两大平台还将长期竞争。①

 **案例**

# 大众点评

随着"在线购票"的快速发展，逐渐出现两种发展模式。一种模式是把原本属于线下产生的票房搬到线上（在线购票），而总票房体量并没有明显提升，这种模式往往伴随"低价售票"获得用户和票房的现象；与此相对，另外一种发展模式，像大众点评电影 O2O 业务则是通过扩大对电影相关品类的用户触达，如美食、休闲娱乐等，借助相关品类的拉动作用覆盖更多用户的消费场景，获取电影的增量用户和增量市场。

大众点评电影在线选座业务，通过与时光网、网票网等国内多家选座服务商进行合作，达到覆盖全国最广的电影院数量。这对于用户而言，可以获得最方便、最快速的购票观影体验，一站式满足用户的选座需求；对于合作方来说，大众点评除了是一个"在线卖票平台"，还可以把大量吃喝玩乐用户转化为电影观众，为合作方开拓出观影的增量用户和市场，从而提升票房。

对于和多部电影的合作，大众点评依托自身城市消费平台，帮助电影片方在吃喝玩乐

① iiMedia Research．2019 中国在线电影购票市场监测报告[EB/OL]．（2019-04-22）[2021-06-02]．http://www.shujuju.cn/lecture/detail/5738.

等本地生活领域中精准挖掘潜在消费者，都助电影票房获取增量用户和增量市场。以大众点评联合出品的《匆匆那年》为例，此次合作中，大众点评发挥了吃喝玩乐入口以及媒体平台的作用，线上通过大众点评平台的优质广告资源以及大众点评合作伙伴包括QQ空间和微信等优质资源，线下通过地面部队锁定千万用户，帮助《匆匆那年》完成了共计2亿元吃喝玩乐用户的触达，并以不到4000万元的投资撬动了超过5.7亿元的票房。其他与大众点评进行合作的电影，票房也是相当可观。①

电影作为文化产品，其艺术价值会带来边际效用递增，所谓"越欣赏越懂欣赏"。如何利用二次营销来满足观众递增的审美愉悦从而实现电影价值链的延长，成为营销实践中可供开发的一个新领域。因此，在电影市场营销的过程中，影片的售后服务至关重要。在电影放映完以后，市场营销人员需要主动接受观众的信息反馈，接受观众的建议乃至投诉，并及时反映给影院和电影制片方，以便更好地改进服务，也为将来影片的创作提供宝贵的借鉴。

网络院线放映是实体院线放映的重要补充，对中小成本电影而言还可能是主战场。2011年3月17日，乐视网、腾讯网、激动网、迅雷网、暴风影音、PPTV、PPS七家互联网公司在北京联合组建了"电影网络院线发行联盟"，随后，优酷网、凤凰视频也加入，联盟成员扩展为九家。通过网上付费点播商业模式，将互联网打造为电影发行的第二大渠道。网络院线目前基本上是传统发行的辅助品，是传统院线的延伸。大片通常都在公映后期或结束后在视频网站上进行第二次发行。但对于国产中小成本影片来说，选择成本较低的网络院线既可以节省发行资金，又可以累积人气。尤其是那些对于没有能力进入主流院线的影片，走网络发行之路正是一条捷径，因此网络院线被认为是未来中小型成本电影和独立电影发行的最有潜力的平台。《钢的琴》在传统院线中受到排挤，票房失利，但其在搜狐视频的点击率已超过500万次，可见在传统渠道上被冷落的作品在网络上不一定没有人气，再加上网络院线没有公映期限的制约，对影片的压力要小很多。为了缓解当下内容同质化严重的问题，国内各大视频网站一直寻求着突破。基于视频网站和中小成本电影各自的需求，两者可以建立联盟，优势互补，共同发展，这样一方面可以弥补视频网站内容的缺憾，另一方面中小成本影片也找到发行与放映的空间。放映环节主要包括以下几方面的内容。

（1）映中物料新闻广告投放。

（2）影院多项目经营。

（3）档期及票价促销。

（4）社会化媒体话题互动、口碑维护。

（5）映后反馈与总结。

---

① 张瀛文. 大众点评瞄准电影增量市场 撬动观影增量用户[EB/OL]．（2015-01-07）[2021-06-02]．http://www.docin.com/p-1481794533.html

## 二、延伸阶段

电影产业的价值链不断向电视、出版、音像、动漫、游戏、网络、主题公园、旅游、服装、玩具等关联产业延伸，形成网络状的价值链联动链环，因此可以通过产业价值链的延伸，构建新的放映平台，创造不断延伸的边际价值。

电影后产品又名后电影产品、电影衍生品，主要有两种形式：一种形式是将电影的内容和版权向电视、音像制品、图书、网络等媒介形式的转换，也即传媒产业的延伸，如录像带、VCD、音乐磁带的制作发行及版权的授予、网络发行等；另一种形式是充分挖掘电影中的人物形象、声音、故事情节等，以此开发电影周边产品，也即娱乐时尚产业的延伸，如服装道具的拍卖、外景地的旅游开发、利用影片形象、电影元素用于促销宣传和销售的产品、电影随片广告以及宣传渠道组合营销等。不论其表现形式如何多变，其实质是最大限度地发掘电影放映以外的附加产值。

电影后产品消费本质上是一种文化符号消费，即亲近、占有、欣赏、品鉴与电影相关的意义载体而产生愉悦感和满足感的消费体验。这是顾客在物质生活达到一定水准后的精神消费内容。一般而言，只有在发达的后工业社会，顾客才会对附着了精神寄托的后产品投入更多的关注。因此，电影营销从业人员在开发电影后产品时需要通过调研明确电影消费者的消费心理，从电影的相关性角度如特定电影的情节、人物、场景、音乐以及各种造型入手，使消费者在情感共鸣产生购买欲望从而做出购买的决定。

在以美国好莱坞电影工业为代表的西方电影界，电影后产品的研究与开发已成为与电影的制片、发行和放映同等重要的一个环节。好莱坞著名的"火车头理论"，即电影作为火车头，它本身可能不赚钱，但它可以带动电影业的发展。在投资一部片子前，广告、音像、软件、旅游、娱乐、玩具、服装等行业的经营者会与制片人共同探讨相关产品的开发问题，他们甚至还会对戏中的人物造型提出自己的看法，而单纯的票房收入则只占全部利润的一小部分。在好莱坞等成熟的电影产业链条上，电影后产品是带来巨大利润的一个环节。其销售所得利润，超过了影片销售，在影视制作的基础上，好莱坞通过各种经营手段获得了成倍放大的利润。在美国，每年的电影票房收入仅占美国电影产业的27%，而电影后产品收入占73%，后产品收入往往是一部电影票房收入的2～3倍；而在中国，电影票房收入占到电影业总收入的90%～95%，几乎没有开发电影后产品。其原因在于中国目前电影产业的影片制片、发行和销售各自为战，制片公司不考虑后产品的开发，电影后产品企业不参与电影前期策划，原本就稀缺的后产品创意缺乏生存土壤，使得整个产业链处于隔断状态。与此形成鲜明对比的是，好莱坞电影产业通过打通电影产业各个环节，化零为整、统筹策划，已经实现了银幕营销、电视营销、家庭影院、网络营销和相关商品开发的"五位一体"的电影市场营销体系。好莱坞的经验告诉我们，中国电影市场后产品营销，将有赖于对电影进行综合性开发的大型媒体集团的建立和运营。

电影市场的后产品营销需要注意以下几点。

1. "后"产品的"前"瞻性

电影后产品的"后"并不是特指在电影产业链的末端，实际上后电影后产品既可以出现在电影放映后，也可以与电影同期出现甚至是先于电影放映出现。同理，电影后产品营销并不意味着是电影放映后的产品营销，相反，电影后产品的营销往往要具有前瞻性。它的创意设计、宣传营销都是在电影放映前就统筹安排好的内容，它的开发要贯穿电影从生产到销售的各个环节。

2. 从需求出发准确定位目标观众

从电影的生产角度来说，只有准确调查观众喜爱的电影类型与题材，掌握观众的观影心理和行为方式，才能创作和制作出符合市场需求的电影。这一理念，同样适用于电影后产品营销。例如，《哈利·波特》系列电影的题材类型、内容、演员、场景、道具、情节和教育效果等都非常符合小孩及家长的审美观点，能真实展现孩子心中的幻想，其衍生产品的开发也很好地遵循了孩子们的心理需求，因而如电影一样风靡全球。

3. 整合渠道建立"多位一体"营销体系

随着现代化多功能影院的出现，观众消费电影的模式已悄然发生了变化，从单一的看电影逐渐转变为看电影与其他休闲娱乐共享。因此，整合渠道是后电影产品营销制胜的关键，特别是让观众方便、快捷、成本低廉地享受到电影带来的后电影产品。例如，针对具有实物形式的电影衍生品，营销人员可以在宣传中加入后电影产品的推广计划，这样既可以节约宣传成本，又可以为后电影产品的推广与营销奠定基础，使影片与后电影产品形成联动机制，强化后电影产品的宣传效果。此外，针对电影内容的载体转换，营销人员可以通过电影产业链的全面贯通，实现从荧幕到电视、网络、移动终端的"多位一体"的营销体系。再如电子游戏、主题公园等衍生产品市场的营销，需要营销人员整合电竞产业、游艺产业的资源来开发更多的衍生产品，从而将电影后产品的价值链无限延长。

4. 把握节奏适时推进

电影后产品市场是一片巨大的蓝海市场，能够实现"长尾理论"价值的增值。后电影产品的整合营销贯穿于电影产业的制作、发行和放映的全过程，更是延伸到了其他相关产业部门，因此需要把握节奏，在不同阶段推出不同的后电影产品。好莱坞的经验是"时间窗"的做法，即电影后产品一般在电影首映时或稍晚于首映的一个时间推出，但并不是所有后产品都同时推出，而是分类分批地推出，即当市场对一批后产品的消化快要饱和时，再接着推出下一批后产品，就像"窗户一扇一扇被推开"，通过这种方式层层夺取与电影品牌有关的市场空间，割占市场份额，最大化地收获品牌所带来的效益。

 **案例**

<h3 style="text-align:center">在卖萌营销中停不下来的"小黄人"</h3>

圆滚滚的身子穿上蓝色工装裤，说着"胡言乱语"的台词，征服了全世界各个年龄层

观众。呆萌的胶囊造型，简单抽象，辨识度高，适合网络传播，当然也是理想的电影衍生品的原型（见二维码 14-3）。

14-3

早在《神偷奶爸 1》中小黄人就凭借着萌贱的个性把影迷们给"萌翻了"，它甚至比主角的受欢迎程度还要高，所以在《神偷奶爸 2》中，环球影业抓住了这一点，在电影中增加小黄人的戏份。上映 10 天，内地票房已突破 2 亿美元大关，其全球总票房更是达到了 9.54 亿美元，登上了 2013 年动画电影票房榜的宝座。创下如此佳绩，迷你萌物"小黄人"是最大的功臣。

比票房更火爆的是衍生产品。首先是动漫周边的开发。环球砸下 2.5 亿美元与超过 100 家特许经销商、宣传方进行合作，这其中包括麦当劳相关广告、奇基塔香蕉的奖票（香蕉是小黄人的最爱）、孩之宝的周边玩具、棋盘游戏以及按照小黄人佩戴的护目镜定制的 3D 护目镜等。这些电影衍生品为环球带来了电影票房之外相当可观的丰厚利润。

此外，环球还结合青少年的新媒体传播习惯，与百思买集团（Best Buy）合作，推出了一个名叫小黄人翻译器（The Minionator）的应用。只要你下载该应用在手机终端，就可以在看电影时听懂小黄人的语言，加强观众和电影的互动。在《神偷奶爸 2》上映之前，创作团队还推出了手机游戏 Minion Rush（小黄人快跑）。这款免费下载游戏横跨 PC、iPhone、iPad、安卓多个平台，让玩家可以在游戏中扮演小黄人。游戏推出三个月，下载量就已经破亿。

除了与产品结合的营销，小黄人还发动了一场丧心病狂的 cosplay。《金刚狼》《刺客信条》《蝙蝠侠》《剪刀手爱德华》，以及超级马里奥、Daft punk 乐队，甚至乱入了姜文新片《一步之遥》，不放过任何一个卖萌的机会，小黄人也证明了容易被 ps 的才是世界的，它在网上掀起了一阵病毒式的传播。

随着小黄人的病毒式传播，环球影城趁热打铁，在佛罗里达州奥兰多市推出了专门的主题乐园"神偷奶爸：小黄人大灾难"（Despicable Me, Minion Mayhem）。这一主题乐园相当受欢迎，因而在 2014 年的 4 月 11 日，环球公司在环球影城中建造的第二个主题乐园也正式向公众开放。

小黄人的文化现象已经流行，小黄人的动画形象也成为一种品牌。从小黄人的创意设计到《神偷奶爸 2》电影宣传，整个电影后产品的开发始终贯穿电影从生产到销售的各个环节。从动漫周边到电竞游戏到主题公园，小黄人和环球电影的成功就在于整合营销的完美运用和电影产业链的全面开发。

## 第三节　数字技术背景下的电影营销

如果说现在是一个"数字时代"，很少再会有人反对。数字技术已经渗透进现代社会生活的各个方面，融入了每个人的日常生活，用麻省理工学院媒体技术实验室主任尼葛洛庞帝的话说，我们已经进入了一个"比特时代"。

对于营销而言，数字技术可以称得上是一场革命。20 世纪 60 年代，麦卡锡将营销组合中的众多因素概括为"4P"（即 product、price、place、promotion），这一思想构筑了现代营销理论的基本框架。随着生产和供应能力不断增强，买方市场在世界范围内逐步形成，以企业为中心的 4P 理论表现出其局限性。20 世纪 90 年代初，劳特明提出了 4C 理论（即 customer、cost、convenience、communication），提出现代企业应该从"以企业为中心"转变为"以消费者为中心"，从顾客需求、顾客成本、顾客便利和顾客沟通的角度开展营销活动。从 4P 理论到 4C 理论，最深刻的变化是对现代"消费市场"的理解。现代社会中，需求的多元异质性日益显现，消费者的需求越来越个性化，"受众分化"和"用户体验"成为营销活动关注的核心价值。为不同的用户提供有针对性的营销策略，开展深度的、全方位的互动交流成为现代营销追求的目标。而以数字技术为核心的媒体形式和技术手段，如互联网、手机、富媒体、大规模数据库等可以充分实现现代营销理念，并为开展相应的营销活动提供技术支撑。

借助数字技术的支持，电影营销可以充分利用互联网、手机、户外媒体，精准地定位核心观影人群，快速而有效地传播影片信息，降低营销成本的同时，有效提高营销效果；在互联网和手机平台上，通过追踪和记录用户的网络浏览行为，获取并分析用户的个人喜好，划分出不同类型、不同倾向的观影人群，进行差别化的影片营销，将营销活动的关注点从少数大片扩展到消费者个性化的观影需求，从而使一些原本被忽视的"小众型"影片创造更大价值；集中了二维、三维动画、影像和声音的富媒体同时具有影音的娱乐特性、文字的力量和情感以及游戏活动的心理体验，汇聚了众多媒体的优点，借助与用户的多层次交互，富媒体可以通过增强用户体验使营销活动获得更为有效的传播。

## 一、精确定位

从《英雄》开始，中国电影看到了在市场上赚大钱的机会，这部影片的强势宣传运作显现了影片推广的重要性以及营销在票房上举足轻重的地位。靠一张海报、一个广告拉动电影票房的时代已经过去了，只有采取有力的营销攻势才能为影片创造票房奇迹。自此以后，电影营销计划越来越庞大，投入的费用日益高涨。例如，《千里走单骑》的首映庆典从加拿大空运了一座超大型魔幻剧院，耗资 1800 万元；《十面埋伏》的首映在北京工人体育场举办了一场大型晚会，耗资逾 2000 万元；而成本为 3 亿元的影片《无极》，其制片人陈红更宣布投入 1 亿元的宣传费用，营销成本比例直接向好莱坞大片看齐。从营销角度而言，投入巨额费用并不可怕，可怕的是投入的费用遭到了浪费。从诞生之日起，广告和宣传就伴随着浪费，因为传统的营销方式总是不可避免地在非目标群体中投入大量的资金与精力，影响营销活动的投资回报率。19 世纪末，美国百货零售业之父约翰·沃纳梅克（John Wanamaker）曾提出这样的困惑："我知道我的广告费浪费了一半，问题是我不知道哪一半被浪费了。"这句堪称经典的"牢骚"，历经一个多世纪之后，至今仍然是营销活动中的一个难题。

数字媒体和数字技术可以帮助电影制片人更加准确地定位影片的目标人群，使影片信息和营销活动准确快速地到达潜在消费者，从而提高营销效率，减少营销费用的浪费。准确定位可以从消费能力和消费行为的角度入手，户外电视观众和高端手机用户能为电影营销提供有效的客户群体。例如，分众传媒的液晶电视系统，位于全国一百多个城市的高端商务办公楼和机场巴士、宾馆酒店，信息传播对象平均收入在 7000 元以上，年龄在 25～50 岁；经营机场及机载电视系统的航美传媒，覆盖全国 53 家主要机场和 12 家航空公司，信息传播对象是乘坐飞机出差的中高端商旅人士；还有移动通信的高端用户，如每月通信费用支出在 500 元以上的人群。具有上述这些年龄、收入、消费行为特征的人群恰恰和具有电影消费能力和消费习惯的人群特征高度重合。因此，通过楼宇电视、机场电视和手机发送电影营销信息可以获得良好的到达效果。

除了通过特定区域锁定电影营销对象，还可以在互联网上通过多种形式聚集、筛选和拉拢具有观影意向的重点人群。电影社区、论坛和博客群是聚集电影爱好者的场所，在此可以获取各类影片信息，并且把个人对影片的感受和评论上传发布，相互讨论，形成传播热点，塑造出有利于营销活动的具有共同兴趣的用户群。新浪的"观影团"和影片《命运呼叫转移》借此开展的营销活动是一个典型案例。"观影团"是一个网友中电影爱好者组成的网络社区。通过各种活动形式，积极促进网友与影片互动。通过"抢票"、观摩、评论等一系列具有特色的活动，形成信息的传播和共享、观点的碰撞与升华。"观影团"所聚集的人群，代表着国内主流电影消费的中坚力量，除了不折不扣的电影发烧友身份外，他们往往还是网络舆论中最活跃的因子，在自身具备可观消费能力的同时，还凭借网络赋予的强大话语权影响着票房走向。以"观影团"社区为基础，《命运呼叫转移》联合新浪网开展了一系列营销活动，通过新闻追踪、视频报道、图片展示、博客评论等手段，为影片造势；影片点映时，在网站社区举办北京、上海、广州等五城市的免费领票活动，拉近影片与影迷的距离，这些营销活动最终获得了良好的回报，影片上映首周票房即突破千万元，这充分说明借助新媒体形式可以准确聚焦营销重点对象，为电影营销取得了事半功倍的效果。

## 二、受众细分

"在互联网上，没有人知道你是一条狗。"这种说法曾在虚拟的互联网世界风靡一时。然而时过境迁，如今在互联网上，人们不仅能够知道你是京巴还是松狮，精明的宠物产品商甚至可以根据你的网络行为而判断出你喜欢什么口味的狗粮及宠物玩具，来精准推广他们的产品。

随着技术的发展，互联网、手机等数字媒体可以追踪用户行为、研究用户偏好，这是新媒体得天独厚的营销优势。通过电脑或手机上网，每个 IP 背后网民的上网行为、浏览习惯、注册信息、点击频率都可通过技术手段获取、挖掘，通过对上述内容的长期积累和深度分析，便可以了解用户行为和喜好，按照每个用户的行为特点、地域、兴趣爱好等挑选最匹配的营销信息。以手机广告提供商分众无线为例，它的 WAP 用户数据库中有 8000 万用户信息，并为每一位手机用户分配唯一对应的 ID。当手机用户在访问 WAP 网站时，该手机号码的来源地域、WAP 网站来源、手机品牌型号等信息通过技术手段被获取，然后通过对用户的访问习惯、常用服务类型等信息的长期积累和分析，判断用户的性别、收入等更多信息，并将这些信息储存到庞大的数据库中。当该用户再次访问 WAP 网站时，分众无线的"用户身份识别系统"会对用户的身份进行识别，并在数据库中查找其对应的属性。而与之配套的"受众属性挖掘平台"，则是对用户的操作习惯进行分析、挖掘和积累。在用户的浏览过程中，会对用户的浏览习惯和点击记录进行积累和分析，经常浏览和点击的频道、内容和广告，其兴趣属性就会上升，反之则会减少。比如，一个人经常访问美容频道，系统通过对其访问习惯进行记录、分析和挖掘，在数据库中慢慢积累该用户的属性特征，然后将从广告库中挑选出的最匹配的美容类广告信息投放到用户手机终端上。

这种能追踪用户行为和喜好的数字化系统可以为电影营销活动提供很多新鲜的思路。首先，通过对不同类型观影人群的划分，可以扩展营销范围，进行差别化的影片营销，将营销活动的关注点从少数大片扩展到消费者个性化的观影需求。现代社会是一个兴趣和爱好分化的时代，更加注重差异和尊重个体，从"雅俗共赏"走向"雅俗分赏"。正是因为这样，市场需要具有差异的多元化产品来满足人们的不同需求，电影市场也是如此，应该为观众提供各种类型、各种风格的多样化电影作品。目前，中国电影的年产量已超过 500 部，其中只有很少的十部左右是热门的"大片"，而剩下的多数票房寥寥。这其中原因众多，但资金缺乏，营销缺位，造成很多影片不为人所知是重要的一点。在营销成本低廉、营销目标明确、营销效率倍增的数字化媒体和数字化技术支持下，数量巨大、内容多元的"非热门"影片可以有更多的机会展示自己，吸引人们的注意力，成为电影消费的选择。

当电影爱好者访问电影网站、栏目时，就可以按照数据库中记录的用户信息，包括用户的兴趣爱好、观影倾向等挑选最匹配的影片信息优先显示。一个武侠片爱好者与一个文艺片爱好者，在访问同一个网站的页面时，第一眼看到的影片广告并不相同，因为系统已经记录了他们的行为习惯和喜好，广告的设定不再千篇一律。这样，在先进的技术支持下，凭借较低的成本就可以使电影营销不再局限于少数几部"大片"，一些原本被忽视的"小众型"影片可以创造更大价值，观众的多元化需求也能得到更好地满足。即使对于同一部影片，营销活动也可以针对不同的目标消费人群设计相应的营销重点，从而更加准确地打动受众。同样一部影片，不同年龄、不同教育背景的观众关注的重点并不一样。比如《建国大业》，它是一部反映特定历史事件的主旋律影片，影片汇聚了一百多位影视明星，但《建国大业》上映，观众兴奋点大相径庭，"50 后""60 后"观众关注影片的历史感和教育意义，而"80 后"则主要是被影片的全明星阵容吸引过来的[1]。实际上，几乎每一部影片都有多种营销价值，在数字技术的支持下，营销活动完全可以根据访问用户的类型，设计完全不同的卖点，来吸引和打动他们。

---

[1] 于音. 50 后"看历史"，80 后"数星星"[N]. 新闻晚报，2009-09-17.

## 三、互动交流

传统媒体与网络、手机等数字媒体最本质的区别在于，前者的信息传播是单向，而后者则可以通过传播者与受众之间的互动，形成一种全新的沟通关系。

在互联网和手机平台上，富媒体是一种新型的信息传播方式，通过和受众之间多种形式的互动，不仅能传递信息，更能吸引消费者积极参与、主动体验，产生良好的营销效果。借助富媒体开展的互动营销方式有以下一些特点：① 参与性。在以消费者为中心的现代营销过程中，面对种类繁多的消费选择，要让消费者产生好感，必须摆脱宣传灌输式的形式，让消费者在互动参与的过程中不知不觉地沉浸其中，自发产生兴趣和好感。在线小游戏、上传视频或图片、知识答题都是吸引用户参与、体验的常用形式。② 趣味性。用户是否愿意参与互动活动，很大程度上取决于内容能否吸引人，如 Flash 小游戏就是一种常用的趣味形式，这类游戏一般难度较低，具有较强的趣味性，任何人都可以参与并且乐于参与。它不仅能聚集人气，更可以将品牌和产品信息在愉快的参与中潜移默化地传递给受众。③ 奖励性。一定的奖励是互动营销形式吸引人气的重要途径。愉快的参与体验加上诱人的物质奖励，是用户愿意注册并主动参与其中的重要保障。

富媒体这种形式在电影营销中得到了初步运用，《无极》《七剑》《疯狂的石头》等一些影片的营销中采用了富媒体的形式，获得了一定的效果。随着电影营销策划者对抖音、哔哩哔哩、小红书、各直播平台、微信公众号等数字化媒体平台的进一步重视和关注，富媒体和互动营销形式将获得更大的空间。[1]据《电影·短视频营销白皮书》显示，2019 年 5 月到 2020 年 5 月，电影类视频在抖音保持（单月）50 亿以上播放量。抖音电影相关内容包括剧情解说、预告片、花絮、创意短片、观众观影反应、直播抢票等。相比于传统的线下宣传，富媒体能更有效地传递影片信息并调动用户参与。

除富媒体外，社交网络也是电影互动营销的重地。郭敬明在营销电影《小时代》时就运用了微博作为营销手段之一（见二维码 14-4），利用自己庞大的粉丝规模，与受众进行互动，吸引受众的注意力，调动粉丝的好奇心，如让粉丝猜自己演出的角色等，使得影片还没上映就打上了"万众期待"的标签。

14-4

很多成功的营销案例都是事后的经验总结，具有参考性但不具有放诸四海而皆准的作用。成功的电影市场营销没有所谓的法则，因为一切的市场运作法则都是可以被打破的。真正的电影市场营销要在实践中结合动态的社会发展状况不断创新和完善。

乔布斯曾说："市场需要一种以产品为导向的文化，在技术公司也是如此。当产品人不再是推动公司前进的人，而是由营销人推动公司前进，这种情况是最危险的。"创意永远是拉动电影产业发展的火车头，电影营销的成功也来源于不断地创新。电影产业作为以内容为王的创意产业，其市场营销也应当始终坚持"内容为王"的策略，唯有如此，才能

---

[1] 吴振华. 精准、分众与互动：数字技术背景下的电影营销[J]. 当代电影，2009（12）：97-99.

获得长久的发展。

 **思考题**

1. 如何平衡电影的艺术与商品属性？
2. 如何开发电影后产品市场？
3. 如何在电影市场营销中运用大数据？

**推荐阅读资料**

1. 文硕. 电影"盈"销传播[M]. 北京：清华大学出版社，2011.

2. 詹庆生. 欲望与禁忌：电影娱乐的社会控制[M]. 北京：清华大学出版社，2011.

3. 夏卫国. 电影票房营销[M]. 北京：中国电影出版社，2009.

4. 利特曼. 大电影产业[M]. 北京：清华大学出版社，2005.

5. 埃斯盖特. 娱乐营销革命[M]. 北京：中国人民大学出版社，2003.

6. 吴春集. 中国电影营销：理论与案例（1993—2002）[M]. 上海：上海交通大学出版社，2012.

# 第十五章

# 网游营销

 学习目标

通过对本章的学习，学生应掌握如下内容：
1. 游戏理论的历史流变；
2. 网络游戏的收费模式；
3. 网络游戏的营销策略。

 导言

人类游戏的历史，可以说与人类的历史同样久远。早在两千多年前，游戏在古希腊就已发展为大规模的奥林匹克竞技运动，游戏娱乐所包含的一种精神境界成为了古希腊时期人们的追求。进入网络技术时代，网络世界成了巨大的生活演练场，各种生活形式通过计算机技术被虚拟化，网络游戏便应运而生。

网络游戏是以互联网为传输介质，以游戏运营商服务器和用户计算机、手机等设备为处理终端，通过 TCP/IP 协议实现多个用户同时参与，旨在实现娱乐、休闲、交流和取得虚拟成就的具有相当可持续性的个体性在线游戏产品。随着计算机、智能手机和互联网在中国的普及，网络游戏作为一种全新时尚的娱乐方式迅速流行起来。传统的营销策略不一定适用于网络游戏产品，如何在市场规模快速增长的同时抢占先机，做好网络游戏的市场营销，是摆在众多网络游戏开发和运营商面前的一道难题。

## 第一节　从游戏到虚拟游戏

从字面上解释，"游戏"一词由"游"与"戏"二字组成，"游"原意是在水面或水中自在的活动，后引申为"放纵"和"虚浮不实"的含义；"戏"意指玩耍活动。据古籍资料显示，"游戏"二字合用出现在战国时期，是游乐嬉戏的意思。英文中的"游戏"一

般用 game 表示，含义是"比赛、竞赛、游戏"，从词源上可以看出游戏与比赛运动一脉相承。

## 一、游戏的内涵与发展

人类对游戏的认识有一个渐进的过程。不同学科从不同角度对游戏有不同的定义，概括来说，生物学家和生理学家认为游戏是生物的本能，其主要功能是锻炼和培养技能；人类学家倾向于把游戏看成幼儿学习求生本领的过程；社会学家往往把游戏看成是幼儿社会化的必备条件；历史学家容易把游戏看成文化发展的动因。历史学家约翰·赫伊津哈认为，"游戏是在特定的时间和空间中开展的活动，游戏呈现明显的秩序，遵循广泛接受的规则，没有时事的必需和物质的功利"[①]。在他看来，"游戏即文明"，游戏是文化本质的、固有的、不可或缺的成分。媒介理论家马歇尔·麦克卢汉在其著作《理解媒介》中有一章节专门讨论"游戏"，认为人类在游戏中追求和补足"人性的整全"，所以游戏是"人性的延伸"，就如武器是人体的延伸一样。一切媒介均是人的感觉延伸。具有希望、动机属性的"货币"和内心生活属性的"游戏"与心理的整体延伸相关联。哲学家伯纳德·苏茨对游戏下的定义最为言简意赅：玩游戏，就是自愿尝试克服种种不必要的障碍。这个定义最接近现代游戏的本质特征。

毋庸讳言，游戏的产生与发展有其必然性，并且不同阶段的游戏均带有时代烙印。在人类社会生活中，游戏占很大比重，每个人在一生中不可避免地在不同程度上参与游戏。最初，游戏的内容基本上是对现实生活的模拟、对生产技能的训练。原始社会中，人类为了生存捕猎，发明了以跑、跳、投为内容的各种游戏，并最终发展为体育运动。原始游戏从生产劳动、宗教礼仪、禁忌风俗中分化演变而来。许多西方学者认为，游戏与文明一起诞生。远在荷马时代，斯巴达儿童就有了滚圈、木马、秋千等玩具。从整个发展历程来看，游戏经过了从体力活动到脑力活动、从群体活动到个人活动的变迁。起初，游戏是某种固定形式的劳动，后来随着社会生产力的发展与人类文明的进步，劳动力富余，人类不仅需要物质，精神文化也要求得到发展，备受原始社会人们喜爱的生产劳动开始转化成游戏活动。

西方与东方游戏类型的惊人类似进一步证明了人类共同的"游戏"本质。纵观古今，游戏的类型无非五种，即竞猜、益智、竞技、博戏与角力；渊源大致分为四种，即狩猎（模拟生活）、风俗仪式（祭祀）、角斗（军事战争）、外域舶来。随着时间演变、各国人民智力凝结投入以及其他文明因素渗透，游戏开始专门化、精良化、国际化。发展到现代，游戏的种类日益繁多，亦跳脱不了模拟生活、动物角斗、模拟祭祀、模拟政治、模拟战争等模式。原始打猎用的"石球"变为蹴鞠，进而演变为现代全人类所熟悉的足球运动；自然界中动物优胜劣汰、斗争存活的本能，被演变为人类祖先以观看动物角斗为娱乐消遣的乐事，据《战国策·齐策》中《苏秦为赵合从说齐宣王》记载，"临淄甚富而实，其民无

---

[①] Huizinga. 游戏的人：文化中游戏成分的研究[M]. 何道宽，译. 广州：花城出版社，2007：145.

不吹竽、鼓瑟、击筑、弹琴、斗鸡、走犬、六博、踏鞠者"①，这里的斗鸡与古罗马的斗兽在本质是相同的，人们通过观看这类游戏盛事满足积极的娱乐心理；随着宗教信仰日益淡化，斗百草、乞巧等活动的宗教内涵逐渐消退，渐渐变为纯消遣游戏；进入阶级社会之后，战争文明因素逐渐渗透到竞技类游戏与益智类游戏中，许多游戏是对战争时代的模拟，如象棋、围棋、射箭。据汉刘向《说苑·善说》记载："雍门周调孟尝君，足下燕则斗象棋，亦战斗之事乎。"可见当时象棋已盛行，除此之外，经过多年争议，已经英国学者李约瑟与南斯拉夫历史学家比吉夫证实，原型是中国象棋的西方象棋（国际象棋）同样是对战争的模拟。在近代出现汽车、飞机、轮船等科技交通用具后，飞行特技表演、航模比赛、赛车运动、跳伞运动等相同题材的游戏应运而生，这些游戏也增添了一些时代功利性特征。

中国古典哲学讲求"天人合一"。游戏作为人类与动物的天性，能够通过其娱乐性使紧张情绪得到发泄。游戏具有规则的自愿遵守与结果的未知属性，两者确定了其娱乐本质也导致人参与程度的加深。人类通过游戏来适应社会，释放本能。音乐、文学、电影分别通过旋律、文字、图像向人类传达知识、技能与情感，游戏则采用交互、规则、构建模式来加速实践玩家所学到的一切。

西方将游戏与艺术真正意义上联系在一起的哲学家是德国古典哲学与美学的创始人康德。康德认为，游戏和艺术在本质上具有自由性、主观性、审美性、娱乐性的相同特征，可以助人摆脱痛苦，释放压力。诗是想象力的游戏，而其他艺术形式是感受的游戏。康德也给出了广义的游戏与狭义的游戏两个概念，即一切内在目的的行为与活动为广义的游戏；一项以情感体验为内在目的的活动，包括快感体验目的与美感体验目的为狭义的游戏。后来学者称康德的游戏观念为"自由游戏论"，自由审美是游戏的本质。人在游戏中，感性及理性达到和谐、自由的理想境界，能够摆脱现实物质、精神困扰，并产生美感体验。德国著名诗人、哲学家席勒在《审美教育书简》中继承了康德游戏理论，认为有两种不同形式的游戏，分别是物质上过剩的体力游戏和审美上过剩的象征性游戏。唯有审美活动或游戏行为才能将人性的"感性"与"理性"层面统一起来，达到人性完善的目的。"唯有完全认识（理性与感性和谐）能力的人，才会游戏；而唯有当人游戏时，他才完全是人。"②游戏是人的本能、人的天性，只有当人进行审美游戏活动时，才真正意义上成为一个完整的"人"。人天性凭借"游戏冲动"而自由、愉快地完成艺术创作。通过对艺术起源问题的分析，席勒否定了艺术模仿论，得出了"游戏冲动"（感性冲动与理性冲动的自由统一）是艺术创作原始冲动的结论。

荷兰语言学家和历史学家约翰·赫伊津哈在《游戏的人：文化中游戏成分的研究》一书中为游戏下了定义："游戏活动在特定的时空范围内进行，有明显的秩序，遵循自愿接受的规则，远离生活必需的范围或物质的功利。游戏的心情或喜不自禁，或热情奔放，游戏的气氛或神圣、或欢庆，视天时地利而定。高扬的紧张情绪是游戏行为的伴侣，欢声笑

---

① 刘向. 战国策·齐策：卷八[M]. 长春：吉林人民出版社，1996：144.
② 席勒. 审美教育书简[M]. 冯至，等译. 北京：北京大学出版社，1985：80.

语和心旷神怡随之而起。"① 他还提出了游戏的三个特征，即规则性、目的性和自愿性。游戏存在具有约束力的规则，在此，出现了与前者截然不同的观念，游戏并不是完全的自由行为，带有倾向性也自有其目的性，并伴随一种紧张、愉快的情绪和对于"游戏中的现实"完全主宰的欲望，虽不是完全自由行为，但是完全自愿行为。他还有一个不同于以往的观点是，"游戏即文明"，游戏是文化本质的、固有的、不可或缺的成分。人类文化的种种形式均根植于游戏原始土壤，文化以游戏的形式出现，游戏在文化各方面的形成和表现方式均有所体现。游戏是人类与动物的天性，人类通过游戏构建了文化。游戏的人有几个特征：（1）有原始游戏冲动（认识冲动、功利冲动、宗教冲动都是游戏冲动的外在体现）；（2）在游戏中实现、认识"真正"的自己；（3）生活在游戏中，生活由不同游戏拼成，为自己设定游戏角色。德国哲学家汉斯-格奥尔格·伽达默尔在其著作《真理与方法》中，同样强调了"游戏规则"的重要性，指出人类文化没有游戏是不可想象的，但游戏不是无所顾忌的自由形态，完成游戏必须首先考虑"游戏规则"。"游戏的本质，在于使游戏的人脱离那种他在最初目的过程中所感到的紧张状态。"② 游戏者在参与游戏时会全神贯注，呈现出"严肃"状态，非严肃状态是对游戏的破坏，是无法最终完成游戏的。同时，他讨论了游戏的魅力，认为"游戏的魅力与其表现出的魅惑力正在超越游戏本身"，③ 游戏本身是不以游戏者的意志为转移的，历史上的经典游戏传承下来，不会因某个游戏者的消失而停止，游戏的魅力正在于其超越游戏者本身存在而成为主宰。伽达默尔的游戏说被称为"复合游戏论"，通过游戏活动的参与，游戏参与者们的意识相互融合，进而产生个体之间精神融合，这使游戏者在游戏中充分体会到自由和愉悦。

　　与前面的研究者不同，美国未来学家简·麦戈尼格尔从职业游戏设计师的角度去分析游戏。在其 2012 年编写的《游戏改变世界：游戏化如何让现实变得更美好》中，她分别阐述了现代虚拟游戏的功能、目标、运作机制和现实价值。或许是由于其身份的原因，其研究带有极大的主观性与乐观主义色彩，与赫伊津哈类似，她将游戏定义为人类文明的重要组成部分，却也不像赫伊津哈那样称"游戏即文明"。作为一名职业游戏设计师，同样也是一名资深游戏玩家，她认为游戏能够提升人的注意力和幸福感，并构建人类更美好的现实社会。游戏化的四大目标是更满意的工作、更有把握的成功、更强的社会联系和更宏大的意义。游戏化的运作机制是全情投入当下（参与机制）、实施反馈（激励机制）、创造更强大的社群（团队机制）、让幸福成为一种习惯（持续性机制）。除此之外，游戏可以带给这个时代的现实价值是可持续参与式经济、伟大的人人时代、认知盈余红利和超级合作者。综上可以看出，简·麦戈尼格尔对游戏是激励赞赏与推荐的，并试图向全民推广人人游戏的理念。作为 TED 大会的演讲者，她的关注度超过了比尔·盖茨，她吸引了众多人的目光，已经出色地胜任了全球数字游戏产业大使的职责。

　　"虚拟"有三个含义，分别是非现实情形、想象编造的事物以及利用高新技术实现的

① HUIZINGA. 游戏的人：文化中游戏成分的研究[M]. 何道宽，译. 广州：花城出版社，2007：145.
② 伽达默尔洪. 真理与方法[M]. 汉鼎，译. 上海：上海译文出版社，1999：138.
③ 伽达默尔洪. 真理与方法[M]. 汉鼎，译. 上海：上海译文出版社，1999：138.

仿实物或伪实物技术。虚拟游戏英文译为"virtual game"，意谓虚构的或仿实的游戏。虚拟游戏与网络游戏的概念不能完全等而视之。关于网络游戏的定义大多采用技术描述性。网络游戏又称"在线游戏"，简称"网游"，指以互联网为传输介质，以游戏运营商服务器和用户计算机、手机等设备为处理终端，通过 TCP/IP 协议实现多个用户同时参与，旨在实现娱乐、休闲、交流和取得虚拟成就的具有相当可持续性的个体性在线游戏产品。此定义范畴较窄，仅针对依靠互联网媒介的游戏，不包含 PC、手机、专门游戏机单机游戏等不需要联网的现代流行游戏类型。这些游戏多为人机对战模式，只需要一台计算机、一部手机、一部游戏机就能完成。虚拟游戏，尤其是大型的 MMO 游戏，必须构建虚拟空间、虚拟世界以致使游戏玩家有置入感，并尽量让虚拟世界占据人的感官。无论游戏平台是哪一种，都基本具备电子科技手段和虚构、仿实的基本特征。

虚拟游戏种类繁多，可以按照不同分类方法对虚拟游戏进行分类。按照运行平台分类，虚拟游戏可以分为电视游戏（即以电视为主机的游戏，其代表为《马里奥》系列游戏、《魂斗罗》《大金刚》等）、街机游戏（即商场与游戏厅的大型游戏机游戏，其代表为《PONG》《三国志》《足球世界杯》等）、掌机游戏（在 PSP、NDS 等便携式游戏机上运行的游戏，其代表为《任天狗》《无尽的回廊》等）、PC 游戏（以计算机为平台的游戏，其代表为《魔兽争霸》《开心农场》《梦幻西游》等）和手机游戏（其代表为《神庙逃亡》《水果忍者》《愤怒的小鸟》等）。按照内容架构分类，虚拟游戏可以分为角色扮演类游戏（RPG）、策略类游戏（SLG）、冒险类游戏（AVG）、动作类游戏（ACT）、体育类游戏（SPT）、模拟类游戏（SIM）、赛车类游戏、第一人称射击游戏（FPS）、益智类游戏（PUZ）等。

## 二、网游的类型与特点

网络游戏就是通过互联网进行相应游戏规则的操作，是以娱乐为目的的一种活动。网络改变了游戏的属性，网络游戏融合了电子、通信、美术、竞技、娱乐、交易等多重因素，每一个环节都具有广阔的发展潜力。

目前市场上的网络游戏种类纷繁复杂，市场细分程度非常高。根据不同的分类标准，网络游戏可以分为不同类别。

### （一）按网络游戏的载体划分

按网络游戏的载体划分，网络游戏可以分为网页游戏、客户端游戏和移动游戏。

网页游戏又称 Web 游戏、无端游戏，是基于网页的游戏，一般不用下载客户端，任何一台能上网的电脑就可以进行游戏，如 4399 网页游戏、德国人制作的大型网上战略游戏 Travian、瑞典的大型足球游戏 Hattrick、英国的大型多人在线角色扮演游戏 RuneScape，以及前几年深受白领喜爱的开心农场等。网页游戏具有跨平台、安装方便、配置要求低等特点。多数客户端游戏仅支持 Windows 系统，而符合规范的网页游戏在任何操作系统下都可以使用，无论是 Windows、Ubuntu，还是 Mac OS 等，且网页游戏没有客户端安装的需要，只需通过浏览器进行，方便使用，适合打发碎片化时间。另外，网页游戏对电脑配置的要求也相对较低，目前市场上很多大型多人线上游戏对电脑配置的要求较高，且经常需要升级，网页游戏则相对更加便捷。

客户端游戏是指与游戏服务器相对应，为客户提供本地服务的程式。一般安装在普通的用户电脑上，需要与游戏服务器端互相配合运行。服务器端是为游戏数据库服务的，而客户端就是游戏数据使用端。目前网络游戏市场上大部分都是客户端游戏，如美国的《魔兽世界》、冰岛的《EVE Online》、瑞典的《战地 Battlefield》、日本的《信长之野望 Online》、韩国的《天堂 2》、中国的《梦幻西游》等。玩家在玩这类游戏之前需要下载游戏客户端，并注册一个游戏账号，然后选择一个固定的人物角色来进行游戏。这类游戏的主要特征是大多数玩家都会拥有一个自己的专属角色，这是他在网络游戏中的虚拟身份。

移动游戏，顾名思义，是指在移动设备上玩的网络游戏，如 Candy Crush Saga、节奏大师、飞机大战等。网络游戏刚兴起的时候以 PC 为主要载体，随着移动互联网的快速发展，人们对移动游戏的需求越来越多，这也带来了移动游戏的快速发展。这类游戏主要以 App 的形式下载至移动设备，且能够满足碎片化时间的需求。有很多客户端游戏会同时研发同款移动游戏，来满足人们使用不同设备时对游戏的需求。

### （二）按照网络游戏的内容划分

从网络游戏的内容看，网络游戏一般可以分为休闲网络游戏、网络对战类游戏、角色扮演类大型网上游戏和功能性网络游戏。

休闲网络游戏以轻薄短小的精致游戏类型为主，上手快、耗时少，因此得到很多玩家的青睐，尤其是上班族。休闲网络游戏可以分为两类，分别是棋牌类休闲游戏和大型多人在线休闲游戏。棋牌类休闲游戏包括黑白棋、飞行棋、跳棋等，这类游戏一般以平台为基础，游戏从平台自身进行下载，如腾讯 QQ 游戏中就有这样的平台。同时，该类游戏简便、易操作，适合各个年龄层次的人进行休闲娱乐。大型多人在线休闲游戏又可以分为四类：大型多人在线第一人称射击游戏，如《穿越火线》《特种部队》；大型多人在线音乐游戏，如《劲舞团》《QQ 炫舞》《节奏大师》；大型多人在线体育游戏，如《FI-FA online》《街头篮球》；大型多人在线赛车游戏，如《跑跑卡丁车》《疯狂赛车》。

网络对战类游戏是玩家通过安装支持局域网对战功能的游戏，然后利用网络中间的服务器来实现对战，目前此类游戏中最具代表性的是《魔兽争霸》。这类游戏可以进行个人或团队模式的对战，具有强烈的对抗性、操作性和刺激性，吸引了一大批青少年玩家。

角色扮演类大型网上游戏由玩家通过注册一个账号，并选定一个固定的角色来扮演，通过执行游戏中的规定任务，使选定的角色等级不断提升，并获得珍贵的装备，此类网络游戏的代表有《梦幻西游》等。这类游戏需要玩家每天上线完成一定的任务，因此受众的忠诚度比较高，但游戏中的装备可以通过线上交易换取等价的人民币，所以即使耗时耗精力，也依然吸引了一大批玩家。

功能性网络游戏是网络游戏中比较特殊的一类，它并不是由网络游戏类公司开发以赚取利益的网络游戏，而是由一些具有特殊需求的组织发起，并借由网络游戏形式来实现特定功能，如中国人民解放军南京军区和无锡巨人联合推出的《光荣使命》，这款号称"中国首款军事游戏"的网络游戏主要是用于军事训练；被认为是一个新形态的功能性模拟竞技网络游戏的《由简股市气象台》，其本质目的是为全球诸多专业机构提供短期市场走势预报服务；由盛大游戏旗下成立的"∞工作室"（无限工作室）研发与运营的网络游戏"学雷锋 OL"则是一款具有教育意义的网络游戏。

与音像制品、图书报刊等实物文化产品不同，网络游戏产品是以互联网为传输媒介，以游戏运营商服务器和用户计算机为处理终端，以游戏客户端软件或网页为信息交互窗口的科技产品。不同于电影、电视节目等文化产品，网络游戏重在互动体验，不仅仅包含视觉、听觉享受，而且是自己参与其中生产快乐。因此，与其他文化产品相比，网络游戏产品具有其自身的特性。

（1）游戏性：网络游戏最重要的就是要具有游戏性。在《史玉柱自述：我的营销心得》一书中写道，史玉柱认为："一款网游，最终能获得多少利润，最终能获得多少在线，最重要的因素就是游戏性。一款游戏的游戏性只要到了一定程度，它就一定会成功。也就是说一款游戏的游戏性就是金子，放到哪里都会发光。"[①]

（2）虚拟性：网络游戏是通过计算机程序等手段创造出来的虚拟世界，它只不过是生活的映像，并不能直接和现实生活画等号。在游戏里，你可以是市长，可以是反恐精英，甚至可以是最高权力掌握者，但是退出游戏回到现实生活，你还是原来的你，一切如昔。

（3）社会性：虽然网络游戏具有虚拟性，玩家与玩家之间的关系不能直接延续到现实生活中，但这并不代表着这些关系不存在，事实上它们真真实实地存在着。玩家在网络游戏中互相认识、合作、竞争，形成了一个具体可感的社区，玩家身在其中体验的情绪和现实生活中几乎无差。也就是说，在虚拟的社区中也存在着社会性。

（4）互动性：网络游戏结合了网络自身即时通信的特点，可以实现很多人同时在线使信息双向交流，这极大地提高了网络游戏的互动性和竞技性。网络游戏的价值不仅在于游戏本身，更在于交流互动的过程，玩家之间的交流、组队、合作，特别是网络社区和公会的建立，增加了玩家之间互动的深度，而这也是网络游戏赢得利润最重要的方面之一。

（5）娱乐性：网络游戏是以实现娱乐、交流为目的的一种游戏方式，玩家在游戏里可以体验到现实世界无法实现的事情。同时，网络游戏的互动性也增加了其娱乐性，玩家可以在网络游戏的世界里通过互动和游戏获得乐趣。

## 三、网游营销基本原理

### （一）网络游戏营销的主体、客体与产业链

对于网络游戏而言，其主体必然是玩家，因为游戏的最初且最重要的目的是娱乐大众。而对于网络游戏营销而言，其主体为制作方，网络游戏营销的过程是制作方运用营销手段

---

① 优米网. 史玉柱自述：我的营销心得[M]. 北京：同心出版社，2013：103.

将自己的游戏推销给玩家，促进其购买，从而赚取利润的过程。从网络游戏的产业链来看，网络游戏营销的主体包括游戏开发商、运营商和渠道商三类，如图 15-1 所示。

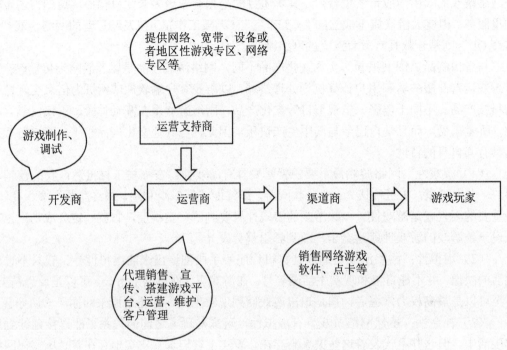

图 15-1  网络游戏产业链示意图

网络游戏开发商处于产业链的前端，以直接开发或者代理国外游戏产品为主。目前国际上著名的网络游戏开发商有美国的暴雪、电子艺界，日本的史克威尔艾尼克斯，韩国的 NCSOFT、网禅（WEBZEN）、NEXON、娱美德（WEMADE），中国的网易、盛大网络、巨人网络、久游网、完美时空等。电信运营商为网络游戏运营商、网吧、用户提供网络接入服务，处于产业链的中间环节。电信运营商越来越认识到网络游戏带来的利润增长点，所以纷纷开展网络游戏业务。游戏销售商处于产业链的后端，通过线上线下进行销售，同时将游戏周边产品一起搭售。

产业链的末端或者说终端就是游戏玩家，不同类别的游戏玩家构成了网络游戏营销的客体。按照性别可将游戏玩家划分为男性玩家和女性玩家，翁颖明在游戏差别化定位中，主要按照性别划分玩家类型（见图 15-2）。[①] 男性玩家喜欢玄幻、战争题材的网络游戏，女性玩家喜欢卡通、社交类游戏；男性玩家一般选择 MMORPG 或者传统游戏，女性玩家更倾向于选择网页游戏和手机游戏。网络游戏企业不仅可以根据两类目标受众的喜好来策划、开发游戏内容，还可以据此来制定游戏产品营销策略。例如游戏广告的投放平台，不同网络游戏类别在媒体选择平台上也会有所差异。大型在线角色扮演游戏选择在热门视频

① 翁颖明. 游戏策划与营销[M]. 上海：上海人民美术出版社，2011：75.

网站投放广告，而休闲类游戏广告投放最好是在互动社交或者淘宝网等电子商务网站。

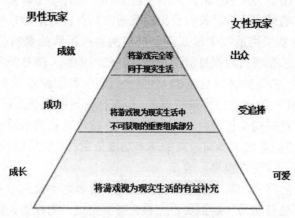

图 15-2　玩家性别划分图

按照忠实度由高到低，游戏玩家可以分为忠实玩家、游击玩家和潜在玩家。忠实玩家具有最高的游戏专注度和忠诚度；游击玩家对网络游戏的忠诚度次之，他们上网的时间没有一定规律可循，偶尔玩游戏的目的主要是消磨时间，不适合团队型的游戏；潜在玩家是指那些对网络游戏兴趣不大，没有打网络游戏需求概念的网络一般用户。

按照年龄段可将游戏玩家分为儿童玩家、青少年玩家和成年玩家。不同年龄层的玩家适合不同种类的网络游戏，选择精准的营销手段才能最大可能避免投放资源的浪费。一般情况下，青少年会选择卡通类、操作较为简易的网页游戏，中青年更倾向于操作难度系数较高、冒险类大型动作互动游戏，成年玩家则偏好棋牌类或者兴趣养成型社区类游戏。

为了尽最大可能挖掘新网络游戏玩家，某些公司专门为各年龄层的网民量身打造网络游戏，《赛尔号》就是其中的代表。2009 年 6 月 12 日上海淘米网络科技有限公司发布了网页游戏《赛尔号》。这是一款专门为 7～14 岁儿童开发的虚拟社区游戏，以探寻太空新能源为主题，设计了太空科幻探险虚拟飞船"赛尔号"。"儿童玩家"化身为勇敢的机器人赛尔，成为这个虚拟世界的主人，可以操作属于自己的太空能源探索机器人参与太空旅行，寻找地球新能源，研究和训练外星精灵，通过完成挖矿、采集气体等任务来赚取"赛尔豆"。该游戏一经推出深受少年儿童喜爱，因其知名度，导演王章俊在 2012 年推出了以《赛尔号》为原型改编的 TV 动画（见二维码 15-1）。

15-1

### （二）网络游戏的收费模式与定价

网络游戏收费模式主要为按在线时长收费（即 time-based）、按道具收费（即通常说的 item-based）和按"中介"收费三种模式，部分休闲游戏会按会员月费收费。这几种方式都是游戏玩家付费。网络游戏还可以通过植入广告收入模式向广告客户收取费用，称为IGA（in-game-advertising）。

　　按时长收费，是网络游戏刚刚开始的时候普遍采用的收费模式。国内目前几款按时长收费的游戏每小时费用在 0.4～0.48 元。除了按小时计费外，还有采用包月收费、连续收费（如连续 5 天等）的模式。按时长收费的游戏通常具有较好的游戏平衡性，所以按时长收费仍是部分游戏喜欢采用的收费模式，如目前网易在运营的暴雪公司的游戏《魔兽世界》、网易自主研发的在线人数保持着记录的《梦幻西游》、网易的另一款大作《大话西游2》、金山软件的《剑侠情缘网络版3》、盛大代理的韩国游戏《永恒之塔》等。

　　按道具收费，是指在游戏中出售虚拟道具，玩家拥有这些道具后可以提升战斗力水平、经验值等。按道具收费模式是目前主要的收费模式，按道具收费的游戏通常又称为"免费游戏"，但这个免费指的是玩家参与游戏的基本功能免费，道具是要购买的，如盛大的《梦幻国度》《热血传奇》《传奇世界》等。

　　按"中介"收费的模式，其本质是财富由人民币玩家之手流入非人民币玩家之手。付费玩家与免费玩家有选择交易（虚拟货币交易，甚至变现）的权力，而游戏开发、运营商则收取交易"中介费"或者"手续费"。

　　当一家网络游戏公司开发或者代理了一款新产品，并将它推入一个新的分销渠道或者一个地理区域时，定价就发生了。[①] 价格是企业营销人员销售产品的重要依据，也是企业获取利润的重要途径，它直接影响到企业的生存和发展。企业只有定好产品价格，才能更好地适应市场竞争，吸引更多的客户来购买企业的产品。企业成功定价的目的，除了积极参与市场竞争战胜对手外，还包含着企业对产品的市场筹划和利润期望。

　　在定价之前，公司必须明确定价的目标。通常，定价的目标主要有六种：生存、最大当期利润、最高当期收入、最高销售成长、最大市场撇脂、产品质量领先。如果公司遇上竞争激烈的市场环境或者消费者改变需求时，它们要把维持生存作为首要目标，为了保持公司继续生存和使产品继续拥有用户，它们必须定一个低的价格，并希望市场是价格敏感型的，因为利润比起生存来次要得多；如果选定最高利润这个目标，其前提是公司对其需求量和成本函数了如指掌，但在实践中这些难以精确预测；收入最大化则只需要估计需求函数即可，许多经理认为，最高收入将会导致利润的最大化和市场份额的扩大；有些公司认为销售额越高，单位成本就越低，长期利润也就越高，它们认为市场对价格十分敏感，故把价格定得很低，这称为市场渗透定价；许多公司喜欢制定高价来"撇脂"市场，它们估计出最高定价，每当销售额下降，便降低价格以吸引对价格敏感的更低层次的顾客；当然，公司还可以树立在市场上成为产品质量领先者这样的目标，暴雪公司就是一个典型的例子。暴雪公司开发的游戏产品是被世界玩家公认的最好的游戏产品，其每款游戏的售价和点卡价格都高于竞争者，其高质量/高价格战略使其产品投资回报率连续高于同行平均水平。[②]

　　每一种价格都将导致一个不同水平的需求并对其营销目标产生不同的影响。因此在确定定价目标以后还要确定需求。需求在很大程度上决定游戏公司制定产品的价格，并确定了最高价格限度，而游戏公司的成本是底线。游戏公司要制定的价格，应该包括它的所有

① 陈洪，任科，黄昆. 游戏运营管理[M]. 北京：清华大学出版社，2009：212.
② 陈洪，任科，黄昆. 游戏运营管理[M]. 北京：清华大学出版社，2009：214-216.

运营、分销和推销该产品的成本，以及对游戏公司所做的努力和承担的风险的一个公允的报酬。一个游戏公司的成本包括固定成本和变动成本，固定成本也称为一般管理费，是不随游戏开发运营或销售收入的变化而变化的成本，如租金、行政人员薪水等；变动成本是随着公司运营水平的变化而直接发生变化的，如一款游戏产品的成本包括服务器、带宽、维护管理人员、维护管理设备等费用，每款游戏在每套服务器上运行的成本是不变的，它们之所以被称为变动成本是因为它的总数是随着运营规模的变化而变化的。另外，竞争者的成本、价格和可能的价格反应也能帮助公司制定它们的价格。[①]

## 第二节　网游的市场营销

　　网络游戏进入市场后，在不同阶段需要不同的营销方式。可以将网络游戏的营销分为前营销时期和后营销时期。所谓网络游戏的前营销时期，是指游戏开发商和运营商在将网络游戏投放到市场后、玩家体验游戏前针对游戏本身所进行的一系列营销手段。这段时期开发者的主要任务是提升网络游戏的知名度和美誉度，让社会大众从"了解"到"熟知"、从"听说过"到"参与过"、从"不想玩"到"放不下"。从某种程度上讲，前营销时期的成功与否直接决定了该游戏的市场地位以及未来发展趋势。所谓网络游戏的后营销时期，是指游戏开发商和运营商在玩家体验游戏后针对玩家本身所进行的一系列营销手段。这一时期开发商和运营商的任务就是提高玩家的品牌归属感和游戏忠诚度，并且开发潜在市场，扩大游戏所占市场份额。一次成功的营销不仅包括详备的前期营销，促使玩家体验购买，更包括细致的后期营销，提升玩家认同度。

### 一、网游的前期营销

　　前营销时期是综合运用多种营销手段促使消费者购买的过程，从目前我国网络游戏营销情况来看，主要有参与式体验营销、微电影式故事营销、影视动漫营销、明星代言营销和广告营销几大类。

#### （一）参与式体验营销

　　网络游戏行业的特殊性决定了它重视产品，更重视服务，而体验营销是一种创新性服务营销手段。所谓"体验"就是企业以商品为道具，以服务为舞台，以顾客为中心，创造出能使消费者全面参与、值得消费者回忆的活动[②]。网络游戏营销可以称得上体验营销的一个典型缩影。美国体验营销专家施密特教授认为消费者体验有五种形态：感官、感情、思考、行动和关联。这五种形态完全融入网络游戏中，贯穿网络游戏营销始终，是一款成

---

[①] 陈洪，任科，黄昆. 游戏运营管理[M]. 北京：清华大学出版社，2009：216-218.

[②] 吉尔默. 体验经济[M]. 北京：机械工业出版社，2008.

功游戏必不可少的几大因素。感官引导玩家的游戏选择；情感使游戏变得人性化；思考锻炼大脑的潜在能力；关联使社交互动的魅力充分发挥。网游 Cosplay 是体验的一种方式，它是以网络游戏角色造型为基础进行模仿的活动。ChinaJoy[①] Cosplay 嘉年华大赛（见二维码 15-2）是目前国内唯一的大型面向游戏动漫爱好者的国家级 Cosplay 赛事。大赛的发展目标是创建网络游戏 Cosplay 文化品牌，推动我国成为网络游戏强国。

15-2

### （二）微电影式故事营销

作为最古老的品牌营销工具，故事营销正在成为当今企业品牌营销的宠儿。故事营销是指企业利用各种渠道，通过讲故事的方式向顾客传播企业的愿景、理念和成长经历，以强化顾客对企业的品牌认知和情感联系的活动。网络游戏成长时间较晚，故事营销欲达到别出心裁的效果，需要探索"讲故事"的新型方式。某些网络游戏公司老总、CEO 经常拿自己私生活或者制造"雷人"话题进行炒作，博得众玩家眼球。但这种方式不能经常使用，否则会引起玩家反感，产生负面效应。相比之下，利用"微博"热门话题、发布微电影、传播网络游戏宣传理念的方式是跳出传统故事营销"怪圈"的新的方式。微电影凭其所具有强大的传播力、亲和力、吸引力，正成为故事营销的新宠。

2012 年"世界末日"传言满天飞，不论是相关电影还是话题都备受瞩目。2013 年 3 月 19 日，一部名为《2012 症候群》的 4 分钟小成本微电影在新浪微博引发了广泛关注（见二维码 15-3）。男主角是一个典型的宅男，他在无意中发现了一个神秘网站之后，陷入了一种"恐慌"的情绪当中，他彻底放弃了正常的作息生活，疯狂地购买零食、帐篷、灯等求生用品，然后在 3 月 21 日的倒计时钟声响起时面色凝重地躲进帐篷，打开计算机。一系列

15-3

紧张气氛搭配的是恍然大悟的搞笑结局："2012 关我啥事，我还要去打游戏呢！"这句话迅速成为微博流行语，这部小成本的微电影也在 3 天内得到了超过百万次的网友点播。3 月 19 日当天，片中植入的网络游戏《海之梦》的百度指数飙升破万。之后《东方早报》《青年报》对影片的报道，以及《新闻晚报》对该片主要演职人员的整版报道，更将该片的影响力从互联网领域延伸至大众传媒界，形成了立体化的传播热点。

### （三）影视动漫营销

采用影视动漫里面的主角形象营销可以称之为"品牌"带动"品牌"营销。作为娱乐时尚风标的热门影视动漫之所以长盛不衰，与人们追求快乐、自由的心态有很大关系。如果企业运用观众熟知的影视动漫手段进行产品营销，将更容易深入消费者心理、被消费者接受。无论是传统企业还是高科技企业，影视动漫元素都是一种锐利而有效的营销方式，它使快乐化营销成为可能。许多网络游戏产品均采用这种营销手段，如《三国杀》《梦幻

---

① ChinaJoy（中国国际数码互动娱乐展览会）是继美国 E3 展、日本东京电玩展之后的又一同类型互动娱乐大展，尤以网络游戏为主。

西游》《笑傲江湖》《鹿鼎记》《喜羊羊与灰太狼》。当然也有"反向"营销手段，即由热门网络游戏改编成影视作品。例如，湖南卫视热播剧《轩辕剑》就是根据同名网络游戏改编，并且创下了不俗的收视率。

2011年5月6日搜狐畅游（搜狐旗下在线游戏开发和运营商）宣布与唐人电影制作有限公司（代表作有《步步惊心》《仙剑奇侠传三》）达成战略合作伙伴关系。畅游旗下新网络游戏产品《鹿鼎记》成为首个合作项目。唐人负责首部以"清穿"网络游戏为主题的电影拍摄工作，将引入由畅游团队提供技术支持的虚幻3游戏3D引擎，运用到这部电影外域星球的3D特效制作上，并将制作数字版及3D版两个版本且同步发行。唐人旗下的明星不仅为游戏做整体代言，更将全面加入到《鹿鼎记》的武打动作设计、动画制作、特效处理、形象植入、音乐制作、游戏配音、动作和面部捕捉、游戏内外活动等开发环节中（见二维码15-4）。双方就影视和游戏进行双向延伸，即唐人的影视作品将由畅游进行游戏化，而畅游旗下的游戏将由唐人实现电影化，这将是对两大行业领域不同格局的一次有力冲击。

15-4

### （四）明星代言营销

为使企业产品达到市场营销的最大效用、促进需求数量最大化，明星营销是树立企业品牌形象必不可少的手段之一。《梦幻西游》（周杰伦）、《神兵传奇》（张柏芝）、《倩女幽魂》（罗云熙等）、《王者荣耀》（杨幂等）均采用明星为其代言，包括广告、配音、背景音乐等。"名人效应"在网络游戏行业中愈演愈烈，现在此模式仍然被众多网络游戏运营商继续追捧，但同时也引起相关部门警惕。2021年中央宣传部印发《关于开展文娱领域综合治理工作的通知》，指出应研究制定演艺明星代言游戏产品的监管规则以形成规范限制。[1] 但是产品与服务为王的网络游戏产品，仅仅靠明星并不是万能的，巨人网络的史玉柱曾说过，"找明星代言，就会造成讨厌这个明星的潜在用户流失。"如果没能准确定位市场和了解用户的需求，明星代言的市场效果就会被削弱到最低点。

2013年5月7日，网易旗下"第一战斗网游"《大唐无双2》在公测将至之际邀请台湾明星林志玲加盟。虽然在此之前林志玲也曾为其他网络游戏产品代言，但本次合作又有新的重大创新与突破。明星不仅仅是卖"人气"，而是史无前例地"深度"参演新版主线剧情。明星面貌以100%高保真的方式还原至游戏中，并首度为网络游戏角色配音，实现画面感官、战斗体验、玩法交互全面革新，使《大唐无双2》在公测之前备受瞩目（见二维码15-5）。

15-5

### （五）广告营销

广告营销是网络游戏领域非常重要的营销手段。营销人员会利用各种媒体进行广告宣传，媒体通过广告时间、空间和点击率来收取广告费用。一般来说，报纸、杂志等传统媒

① 中国新闻出版署. 中宣部印发通知部署文娱领域综合治理工作[EB/OL].（2021-09-02）[2021-09-12]. http://www.nppa.gov.cn/nppa/contents/719/98853.shtml.

介按版面收费；电视、电影、视频按时间收费；网站、网页则按点击率收费。那么网络游戏应该如何选择广告投放平台，采取什么广告形式呢？眼花缭乱的广告投放平台刺激着消费者和企业营销人员的大脑神经。在网络游戏领域，从最初的门户、网吧到现在的游戏类网站、视频类网站、社交类网站等，平台、渠道的增加在使影响范围"辐射"到更多的潜在用户的同时，也会增加广告费用开支。找准投放平台能够提高营销推广效率。不同的网络游戏产品，如 MMORPG、休闲游戏和网页小游戏，在媒体选择平台上会稍微有些差异。根据各种渠道的用户数量与性格不同，MMORPG 一般会选择视频类媒体（如电视、优酷等）进行投放，休闲游戏广告投放会选择社交网站来进行。目前各大游戏开发、运营商采用的广告形式有电视广告、网站广告和户外广告。

在电视节目中插播视频广告是按秒计费的，网络游戏采用电视广告形式作为宣传手段的例子并不多。针对某些特殊观众，如游戏玩家，营销人员可以把广告投放到这类人群着重关注的有限时间段内。由网易公司开发、运营的网络游戏《梦幻西游》（游戏以著名的章回小说《西游记》故事为背景），其电视广告从最初周杰伦出演的明星推广广告到如今的"严禁山寨"创意广告，得到的公众关注力毋庸置疑，自身品牌持续提升的同时，也带动了整个行业营销水准的进步。

在各大卫视黄金时间播出的主题为"玩创新、超经典"的《梦幻西游》电视广告中，三个年轻人以曼妙的身姿分别模仿迈克·杰克逊、玛丽莲·梦露、李小龙的招牌动作，结果却闹出笑话。短短 30 秒的广告片，场景极具年代感，剧情先扬后抑，使人忍俊不禁。犀利的广告创意在让人爆笑的同时也让我们不得不反思各行业的"山寨"乱象（见二维码 15-6）。

15-6

我国最常见的网络游戏网站广告有三种：① 横幅广告。它是最有效、收费最高的网络广告形式，一般面积较大。在网络浏览器的画面里，通常把最上方被称为"不得不看"的位置规划为横条型的广告区域。② 弹出式广告，或称窗口广告。当网友在浏览网页画面时，会自动另外跳出小窗口，强制性向网友传达广告信息。弹出式广告看似最不受网友欢迎，其实不然，来自 Dynamic Logic 的数据显示，只有 28%的网友讨厌弹出式广告，因为较成功的弹出式广告为降低其扰人指数，会有几个设计特点：画面简洁、内容简单、构思巧妙，并且设有关闭按钮。③ 流媒体视频广告。它与电视广告类似，通常在网络用户要观看的内容（综艺节目视频、音乐视频等）的播放过程中插播 15～30 秒，与此同时并不影响加载视频或者游戏。

网络广告的付费方式分为四种：① 按点击量付费（CPC）。从技术层面讲，由于"曝光次数"不易衡量，付费点击按网络用户点击广告的次数计费，比较合理。② 按网页阅读次数（CPM）付费。当一则广告成功地被传送给符合资格的访客时，即完成了一次"广告曝光"。③ 按时间付费。这种计费方式和传统方法最接近，广告刊登时间是付费基础，这种方式现已基本被广告平台所放弃。④ 按购买结果付费。这是符合在线购物网站的方式，根据实际的交易次数、销售量、销售金额来计费，但不适合虚拟类的网络游戏产品。

户外广告是指设置在户外的广告。传统的户外广告媒体有路边广告牌、楼顶广告、电梯广告、高立柱广告牌、灯箱、霓虹灯广告牌、LED看板等。随着人们旅游和休闲活动的增多以及高新科技的广泛运用，户外媒体已成为广告主的新宠，其增长速度大大高于传统电视、报纸和杂志媒体。特别是分众传媒在纳斯达克成功上市后，"户外媒体"成为风险投资商们聚焦的新热点。21世纪，户外广告早已突破了形式单一的店招式广告牌类型，出现了更多的新型户外广告——飞艇广告、热气球广告、汽车车身广告、地铁站广告、候车亭广告、三面翻广告等。网络游戏的开发、运营商使用户外广告的并不多，但值得一提的是盛大游戏运用投影技术的"永恒之塔"新型户外广告。

2009年4月5日，由盛大网络公司（包括盛大游戏、盛大文学、盛大在线等）特制的"世界最大游戏广告"正式登陆上海地标建筑金茂大厦（楼高420.5米）。这个广告是为其即将推出来进行公开测试的个性网页游戏《永恒之塔》做前期宣传。由镭射灯光在金茂大厦西侧外墙分两帧投射出高、宽均达到数百米的"永恒之塔盛大网络"字样，并有"永恒之塔"唯美华丽的角色造型映射在群楼楼身。整个金茂大厦宛如批上一件华丽的梦幻彩衣，成就了从视觉到心理震撼上的永恒画面，引发众多游客、路人驻足观看和拍照留存（见二维码15-7）。

15-7

## 二、网游的后期营销

一般来说，网络游戏的后期营销包括社交式营销和游戏衍生产品开发。

### （一）社交式营销

社交式营销模式是由消费者基于其社交范围参与的营销手段。在网络游戏行业中，有三种具体方式：病毒式营销、口碑营销和游戏社区营销。

病毒式营销致力于通过一个核心受众向其他消费者传递信息，实际上是在做营销人员所做的工作。一般采取的方式有两种，一是营销人员可以首先为传播信息的消费者提供一种激励，给这部分人以优惠，交换条件是让他们介绍更多的朋友参加。二是努力创造一种营销因素来吸引消费和消费者注意力，让消费者不由自主地将信息传递给其他人。由于其潜在的高影响率和相对低廉的费用（相比大众媒介），病毒式营销活动受到各行业的推崇。

口碑营销与病毒式营销有很大的相似之处，同样是靠消费者口口相传。企业在推广一项产品或服务前，会制订一系列的口碑推广计划，让消费者自动传播公司产品和服务的良好评价，让更多的人通过口碑了解产品，从而树立品牌形象，加强市场认知度，最终达到企业销售产品和提供服务的目的。有专家认为随着计算机的推广与普及，网吧模式已成过去，网络游戏营销主要靠玩家的口碑。巨人网络的前任总裁史玉柱曾说过，"网络游戏的玩家，他大部分时间是在游戏里面待着，在网络上待着，他不看电视，不看报纸，所以传统的广告对他来说是无效的。最多在一些网站上打点广告，所以广告对他来说是施展不开的，网络游戏的传播最主要靠口碑，一个同事说好玩，我一般直接就去玩了。"[1]

---

[1] 优米网. 史玉柱自述：我的营销心得[M]. 北京：同心出版社，2013：103.

游戏社区营销是指一款网络游戏在正式上市之后，会建立自己的游戏论坛服务机制，为玩家提供交流渠道。在这里会有新手指南、游戏入门介绍、完全游戏攻略和玩家交流机会。游戏论坛或玩家社区可以说是同一类玩家、同一款游戏迷互动性最强、最活跃的地方。在游戏论坛或玩家社区的大家庭里，游戏玩家们交朋友、交流自己玩游戏的经验，把喜欢的游戏品牌推荐给其他玩家，这种推荐的成功率往往最高。

游戏社区营销方式的变体是圈子营销。所谓圈子营销，就是针对细分领域，如足球类、角色类、武侠类等，一是用圈内名人去影响圈内人和玩家，二是利用圈内的资源，覆盖渗透特定玩家。比如手机网络游戏《酋长萨尔》，与魔兽名人和"骨灰级"玩家深度联合，引发了魔兽圈内的高度关注。推广期间众多魔兽相关的微博大号主动对其进行了曝光和转载。《酋长萨尔》刚刚上线1天，首日玩家下载量便达到了50万次，收入破100万元。这款游戏60%以上的玩家为魔兽玩家，在魔兽玩家中的渗透率非常高。

### （二）游戏衍生产品开发

从网络游戏衍生出来的巨大周边市场，无疑有着足够的诱惑力。网络游戏衍生产品的开发作为营销的后续阶段，对游戏的销量影响也很大。2003年5月28日，中国邮政历史上第一本网络游戏套册——《传奇世界》珍藏版邮票在全国同步上市。这套邮票限量发行3万套，邮品的售价从98元炒到180元，最高达300元。当然，网络游戏衍生品绝不仅仅是邮票，它已经延伸到服饰、纪念品和文化出版传媒等诸多领域（见二维码15-8）。

15-8

在游戏衍生的服饰、纪念品方面，腾讯做得相当不错。早在2003年，腾讯已经在全国开了二百多家服饰、纪念品专卖店，专门销售印有QQ商标的玩具、服装和配饰等。作为一家网络游戏运营巨头，腾讯通过游戏衍生产品的开发最终提升了玩家的归属感和认同度，也为潜在市场的挖掘打下了坚实基础。

盛大集团开发的一系列游戏道具、礼盒也是让玩家喜欢不已。屠龙刀作为游戏中的极品道具，盛大把它打造成挂坠、项链、戒指、手镯和徽章等不同产品形式。游戏礼盒还把游戏文化和工艺性、实用性结合得恰到好处，对于骨灰级玩家来说，不仅线上可以体验到玩游戏的快感，线下还能感受到实物的温度，实在妙不可言。

有文化底蕴、有市场生命力的网络游戏是衍生产品商业模式的最好载体，同样，富含游戏文化同时具备工艺性和实用性的游戏衍生产品也是网络游戏生命周期得以延续的根本保障。游戏开发商利用网络游戏本身的优势，充分挖掘玩家的商业潜力，开发有游戏文化内涵的产品对网络游戏进行进一步营销，这种营销手段同样适用于音乐、电影等文化产业的营销。

### （三）跨界融合营销

所谓跨界融合营销是指为了谋求企业的最大化利益，合理优化配置、整合资源，同行业的两个或两个以上企业会达成战略联盟，这种情况一般会出现在处于产业链的上下游环节的企业之间，不同行业双方也会为了在技术、商务、品牌、国际化等多个领域形成良好效益的共同战略目标而合作。网络游戏开发商与运营商的合作时有发生，并不稀奇。为了发挥双方资源整合、强强联手的优势，在品牌、渠道营销方面开展合作，近些年出现了网络游戏开发运营一体化的企业与另一行业领域企业建立战略同盟的情况，其合作战略通常有两种：一种是"强制植入性"营销合作战略，一种是游戏衍生品营销合作战略。

2010年1月1日虎年新春在即，百游汇数码网络科技有限公司正式启动新春攻略——魔幻网络游戏《兽血沸腾》的玩家，在完成相应游戏任务之后，不仅会有获得10G免费网盘和游戏中的限量"火车头"坐骑的机会，在完成游戏中10个指定任务后还会有100%获得春运期间全国各地往返火车票的机会。与此同时，"玩《兽血沸腾》送春运车票"地面推广活动也在全国近百所城市、近千所学校同步启动，各地玩家在自家门口即可享受新春大礼。百游公司成功借助"春运一票难求"这一热门话题提升了网络游戏《兽血沸腾》的知名度（见二维码15-9）。

15-9

2008年9月16日，金山软件正式与王老吉药业股份有限公司建立战略合作伙伴关系，双方合作的具体产品是网络游戏《剑侠世界》和"王老吉"品牌饮料。《剑侠世界》把"王老吉"作为其促销奖品，并同步举行"王老吉—江湖防上火行动"，植入道具"王老吉"，使用该道具玩家有经验加成等功能；同时"王老吉"凉茶饮料则推出印有《剑侠世界》游戏标志和画面人物的专属软包装。该营销手段是继2005年"可口可乐"与《魔兽世界》"饮料+网游"这一跨行业合作模式的又一成功案例。该合作实施之后，《剑侠世界》在未进入公测阶段的情况下同时在线人数已达到28万人，刷新了当时国产网络游戏内测阶段在线人数新高（见二维码15-10）。

15-10

## 第三节　网游营销的流弊与创新

根据 CNNIC《第46次中国互联网络发展状况统计报告》[①]显示，截至2020年6月，我国网络游戏用户规模达5.40亿，占网民整体的57.4%；手机网络游戏用户规模达5.36亿，占手机网民的57.5%。2020年上半年国内网络游戏市场销售总收入中，移动游戏占比为75.04%，远超其他各类游戏。由此可见，我国移动类游戏市场正日益盛大，已成大流。

该报告还指出，庞大的移动类游戏市场和较高的收益为中小企业发展创造了条件，为新模式、新玩法的出现提供了成长空间，与此同时游戏厂商也不断加强对外合作，提升移动类游戏用户体验。实际上，2019年，中国已与日国、韩国、美国共同包揽了全球用户支出排名前十的移动类游戏，我国移动类游戏已在全球范围内处于第一梯队。

---

① CNNIC. 第46次中国互联网络发展状况统计报告[EB/OL].（2007-07-04）[2021-06-02]. http://www.cnnic.cn/hlwfzyj/hlwxzbg/index.htm

未来，随着 5G 技术的普及，人们在手机端花费的时间还会继续增长。营销者需要根据环境及消费者行为的变化在营销上做出应对。

# 一、网游营销的流弊

## （一）营销战略无法执行

现在市场上的网络游戏通常的规律是这样的：内测或公测的时候，吸引了大量的玩家，等到正式运营开始收费时，服务器内冷冷清清，或是开始运营比较成功，等到中后期时营销策略开始疲软，最终不了了之。中国的网络游戏市场崛起之迅速是任何人都没想到的，低廉的成本和高额的利润促使代理公司数量井喷式增长。当代理公司在市场上凭借自己的网络游戏运营赚得第一桶金后，往往并无资力与心力去建设和经营自己的营销网络，只好寻找业内的经销商做代理，然而目前经销商的发展速度远不如代理商的发展速度，从而造成营销脱节，有时一个经销商会同时代理数十款游戏，导致各个代理商的营销战略迟迟不能运行。

## （二）营销手段单一无力

目前中小游戏开发商并无太多资力去经营营销网络，其营销手段也比较单一趋同，随着网络游戏在中国文化市场的蓬勃发展，传统的营销手段已经不足以诱导消费者体验游戏，植入广告、明星代言成为众多中小型游戏开发商最普遍使用的营销手段，而体验营销、故事营销也只适用于大型游戏开发商。

Outwitters 是游戏开发商 One Man Left 重度推荐的一款手机创意策略网络游戏，但是据 Wired 近期报道显示 Outwitters 仅获得了 40 万美元的营收，从某种程度上说是一款失败的游戏。Outwitters 是一款 free-to-play 模式的 iOS 游戏，开发成本超过 30 万美元，苹果的推荐带来了大约 56 万的下载量，同时游戏在 iTunes store 得到了编辑推荐，在 App Store 首页待了一个星期之久（见二维码 15-11）。

15-11

Outwitters 游戏的启示是，单一的广告或是明星代言、推荐已经不能营销现代网络游戏，现代网络游戏需要依靠多种营销手段的综合运用才能促进购买。

## （三）营销内容饱受争议

由于游戏玩家主要是男性，越来越多的小型游戏开发商决定采用美女营销方式进行游戏推广，更有甚者采用情色敏感词汇配上衣着暴露的代言人来获取玩家眼球。这种营销手段始终是在打法律和道德的擦边球，对一些心智尚未成熟的青少年玩家影响甚大。

低俗营销是一些游戏厂商为了降低成本，追求营销的轰动效应带来的畸形经济利益，利用低俗内容进行的推广活动。一方面，低俗营销其实是变相的黄赌毒，已经严重影响了青少年的心理健康，直接触犯了相关法律法规。另一方面，低俗营销并没有达到游戏开发商预期的目标，反而对游戏行业造成致命伤害：一是降低了行业诚心值；二是自损形象，破坏了行业社会认知度；三是提高推广成本，压缩利润空间；四是玩家会对此产生负面情绪，从而抵制。

网易游戏针对低俗营销进行了网上不记名调查，调查结果显示（见二维码 15-12）：

15-12

（1）近半数玩家（47.7%）都选择了"相比游戏，更喜欢他们的宣传"。由此看来很多游戏的内容并不被玩家看好，远不如那些秀色可餐的美女们来的实在。

（2）部分（27.8%）玩家认为"玩这种靠情色宣传的游戏丢人"。想必这将近三分之一的玩家更看重游戏的品质，对游戏开发商的低俗宣传嗤之以鼻。

（3）少数玩家（14.4%）认为"游戏好玩最重要，不在意宣传方式"。由此可见，对于这种宣传方式，大多数玩家都没有表示非常排斥，所以厂商也乐此不疲地频繁尝试。

（4）极少玩家（10.1%）会因为看过这些低俗宣传而去"找游戏资料试着玩玩看"。这类玩家的猎奇心理比较大，可见开发商耗尽心血进行的低俗营销，其影响率也只有 10%。

根据玩家的投票和对游戏分析专家的访谈，不难发现，这种低俗的营销方式并不能给游戏本身质量带来飞跃式的提升，只是一种宣传噱头。在如今铺天盖地的网络游戏宣传中，玩家的头脑也越发冷静了，如果只依靠这种低俗的宣传手段，而不从根本上提高游戏质量，恐怕并不能给游戏添光加彩，无非就是又一次安装和卸载而已。

## 二、网游营销的创新

### （一）生命周期策略

一款网络游戏的生命周期对于网络游戏公司来说至关重要，若周期太短会面临亏损，因此，网络游戏公司要尽量延长网络游戏产品的生命周期，确保收益。例如盛大的《传奇》，不仅有 3D 版，还开发了休闲 Q 版。产品的系列化不仅扩展了产品线，避免了玩家的流失，同时也可以利用已成功作品的号召力和稳定的玩家规模，提高以后作品成功的概率。

当然，在网络游戏产品不同的生命周期也要采取不同的营销策略。在引入期，可以采取"免费试玩"的噱头，不仅可以利用这个机会找到并清除产品漏洞，也可以吸引大量玩家；在成长期，网络游戏公司可以将营销重点放在扩大用户群，提高用户体验上；在成熟期，可以通过不停投放新的补丁、提供新的内容与玩法来留住玩家，这一时期的重点在于延长游戏的生命周期，降低玩家流失率，而非吸引新用户；在衰退期，则以提供补丁和新功能为主，同时挖掘游戏周边市场的潜力，如玩偶、服饰、文具等。

### （二）差异化策略

网络游戏市场竞争激烈，同质化现象严重，要想在这样激烈的竞争环境中脱颖而出，必须要实施差异化策略。差异化策略包括游戏类型差异化、游戏题材差异化、盈利模式差异化等。

按照不同的分类标准，网络游戏可以分成不同的类型，而市场上的网络游戏种类纷繁杂多，想要在游戏类型上实现差异化并不是一件容易的事情。而游戏题材则有较大的创新空间，目前市场上主流的游戏题材包括体育、音乐、格斗、对战等，医学、航海、教育模拟、旅游度假等题材的游戏比较少见。虽然有些领域看似艰深，不适合作为网络游戏题材，但是只要游戏开发人员加以创新，加入游戏元素，也会成为一个新的游戏题材。

互联网行业是一个发展很快的行业，网络游戏作为其中的一项分支，也一直处在发展和变化之中，因此，网络游戏自身也要改变以适应千变万化的时代和环境。没有一种盈利模式能长期有效，盈利模式的创新从本质上说是商业模式的创新，是商业行为最本质的地方。网络游戏可以通过内嵌式广告、售卖游戏周边产品、异业合作等模式来创新盈利模式。

### （三）品牌策略

在网络游戏研发领域，欧美一些老牌公司在市场上具有很强的号召力。例如，著名游戏制作公司"Blizzard（暴雪）"在业界享有盛誉，开发了魔兽争霸系列、星际争霸系列以及暗黑破坏神系列游戏，魔兽争霸和星际争霸均被多项知名电子竞技比赛列为主要比赛项目。其《魔兽世界》在2004年被公布要制作后，就一直占据玩家"最令人期待游戏排行榜"的首位。相反，很多小型公司虽然产品制作精良、创意十足，但是由于缺乏品牌号召力，市场占有率非常低。不仅如此，品牌还意味着正面的社会形象。网络游戏很容易招致负面评论，有人视玩网络游戏为玩物丧志，有人认为网络游戏充满了暴力与色情。网络游戏本身是一种休闲放松的方式，但在社会这一层面，只有去除暴力色情因素，加入教育功能，才能树立良好的社会形象，游戏才能得以持续发展。因此，必须重视网络游戏的品牌建设。

### （四）社会化媒体营销策略

社会化媒体营销具有三大特点：精准营销、关系营销、口碑营销。社会化媒体可以为网络游戏营销人员提供大量用户数据，包括用户偏好、浏览习惯、消费心理等。根据STP理论，即市场细分（segment）、目标市场选择（targeting）和市场定位（positioning），这些数据有助于网络游戏公司精准地抓住用户需求，并实现信息的精准推送。在社会化媒体时代，营销是"强关系"的过程，它建立在人际关系的基础之上，是一种与人互动的能力。[1]与他人互动的目的不在于发展客户，而在于建立关系，社会化媒体营销就是深化与客户关系的过程。口碑最重要的一个特征就是可信度高，因为在一般情况下，口碑都是在朋友、亲戚、同事、同学等关系较为亲密的群体之间形成和传播，在口碑传播之前，群体内已经建立了一种长期稳定的关系。随着社会化媒体的出现和快速发展普及，这个亲密关系群体在社会化媒体平台得到扩展，很多现实生活中的陌生人成了社会化媒体平台中"最熟悉的陌生人"，口碑传播的范围得到极大拓展。因此，社会化媒体营销不仅有利于网络游戏产品的推广，也有利于增强网络游戏的互动性以及增强用户黏度。

---

[1] 斯特莱登. 强关系：社会化营销制胜的关键[M]. 魏薇，译. 北京：中国人民大学出版社，2012：9.

### （五）移动网络游戏策略

当你无所事事只能干等的时候，通过移动设备玩玩游戏不失为一种选择。从这一点来看，移动设备是非常适合异步游戏的。当搭乘火车或在医院候诊时，你可以随时拿出移动设备通过玩游戏打发时间。[①] 根据 CNNIC 发布的《第 48 次中国互联网络发展状况统计报告》显示，截至 2016 年 6 月，我国手机网民规模已达到 10.07 亿，较 2020 年 12 月新增手机网民 2092 万，网民中使用手机上网的比例达 99.6%。在整体移动互联网发展的带动下，随着硬件环境的发展、移动设备性能的提升、社交元素的引入和增强，再加上移动设备随身、实时的特点，以及人们碎片化时间的增加，移动网络游戏未来还存在很大的发展空间。因此，网络游戏公司要找准市场增长点，大力发展移动网络游戏，迎合人们对网络游戏便捷、易操作的需求。

### （六）服务策略

每件产品或服务被消费者购买以后，厂商都需要为其提供良好的延续服务。当人们为了生存而购买某产品的需求得到满足以后，他们会将目光转向产品的售后服务。做好售后服务也就是我们常说的做好客户关系管理（CRM），网络游戏也不例外。客服部是网络游戏公司中的一个重要部门，所担任的是一个承上启下的职责：上为公司，负责把玩家的意见、建议、游戏里发生的问题等及时地反映到公司其他相关部门，使游戏能更好地运作；下为玩家，也就是用户，把公司最新的动态和游戏最新的更新，在第一时间送到玩家的手上，让玩家及时了解公司对于所运营产品的思想，及时认真地解决每一个玩家所遇到的问题。[②] 除了聆听客户的声音、及时提供服务解决客户的问题之外，客服也可以了解市场趋势、掌握新的客户商机，为公司创造更大的利益。客服人员是客服部门的灵魂中枢，因此要对客服人员进行专业特质和技巧培训，以在客户关系管理过程中展现多元化、多思维、多角度的客服文化和企业文化。[③]

网络游戏产业作为文化产业的重要组成部分，存在着巨大的发展潜力。做好网络游戏产品的市场营销，能够极大地促进相关产品的优化和再开发过程，同时亦可带动整个研发团队乃至全企业的发展和进步。传统的营销手段已经不能诱导现代玩家消费或体验，低俗、单一的营销模式更不是企业发展的长久之计，游戏开发商需要综合运用多种现代营销策略，将体验营销、故事营销、广告营销和跨界融合营销整合到游戏开发和销售的各个渠道之中，优化产业渠道，根据玩家和时代需求，以内容为主，以形式为辅，开发出符合社会主义文化发展要求并为社会大众喜闻乐见的游戏，这样才能改变传统网络游戏在人们心中的位置，让网络游戏带动文化产业发展，增强文化软实力。

① 拉多夫. 游戏经济：以社交媒体游戏促进业务增长[M]. 北京：电子工业出版社，2012：155.
② 陈洪，任科，黄昆. 游戏运营管理[M]. 北京：清华大学出版社，2009：259.
③ 陈洪，任科，黄昆. 游戏运营管理[M]. 北京：清华大学出版社，2009：260.

**思考题**

1. 网络游戏的使用价值有哪些？
2. 网络游戏的营销流弊有哪些？
3. 举例说明网络游戏是如何开展动漫营销的。

**推荐阅读资料**

1. MCGONIGAL. 游戏改变世界[M]. 杭州：浙江人民出版社，2012.
2. HUIZINGA. 游戏的人：文化中游戏成分的研究[M]. 何道宽，译. 广州：花城出版社，2007.
3. 王永平. 游戏、竞技与娱乐：中古社会生活透视[M]. 北京：中华书局，2010.
4. 井上里. 任天堂快乐创意方程式[M]. 郑敏，译. 海口：南海出版社，2011.

**本书拓展阅读章节**

文旅营销

地方营销